Schritte
PLUS NEU 2 Niveau A1.2

Deutsch als Zweitsprache
Lehrerhandbuch

Susanne Kalender
Petra Klimaszyk
Isabel Krämer-Kienle

Hueber Verlag

Bildredaktion: Nina Metzger, Hueber Verlag, München

Symbole / Piktogramme

 Binnendifferenzierung

 Achtung

 ▸ Ausspracheübung

 methodisch-didaktischer Tipp

 ▸ landeskundliche Informationen

 Hier kann eine bestimmte Aufgabe aus der Rubrik „Zwischendurch mal ..." eingeschoben werden.

Zu dieser Aufgabe gibt es einen Film.

Abkürzungen

EA: Einzelarbeit

GA: Gruppenarbeit

HA: Hausaufgabe

PA: Partnerarbeit

PL: Plenum

WPA: wechselnde Partnerarbeit

IWB: interaktives Whiteboard

6. 5. 4.   Die letzten Ziffern
2028 27 26 25 24   bezeichnen Zahl und Jahr des Druckes.
Alle Drucke dieser Auflage können, da unverändert, nebeneinander benutzt werden.
1. Auflage
© 2016 Hueber Verlag GmbH & Co. KG, München, Deutschland
Redaktion: Büro Veronika Kirschstein, Lektorat und Projektmanagement, Gondelsheim
Umschlaggestaltung: Sieveking · Agentur für Kommunikation, München
Gestaltung und Satz: Sieveking · Agentur für Kommunikation, München
Druck und Bindung: Friedrich Pustet GmbH & Co. KG, Regensburg
Printed in Germany
ISBN 978–3–19–611081–4

Art. 530_19765_001_04

Inhalt

Schritte plus Neu ist die umfassende Neubearbeitung des Lehrwerks *Schritte plus*.

1 Rahmenbedingungen

Schritte plus Neu ist ein Lehrwerk für Lernende auf den Niveaustufen A1, A2 und B1 des Gemeinsamen Europäischen Referenzrahmens (GER), die in einem deutschsprachigen Land leben oder arbeiten möchten. Ziel ist es, den Lernenden die Integration in Alltag und Beruf zu erleichtern und alltägliche Situationen sprachlich zu bewältigen.

Schritte plus Neu geht bei der Stoffauswahl von den Vorgaben des GER aus und deckt die Lernziele des Rahmencurriculums für Integrationskurse des Bundesamts für Migration und Flüchtlinge sowie die Prüfungsvorgaben der Prüfungen *Start Deutsch 1* und *2*, des *Deutsch-Tests für Zuwanderer (DTZ)* und des *Zertifikats Deutsch* ab.

2 Aufbau *Schritte plus Neu*

2.1 *Schritte plus Neu* in sechs oder drei Bänden

Schritte plus Neu liegt in einer sechsbändigen Ausgabe (Arbeitsbuch integriert) und einer dreibändigen Ausgabe (Arbeitsbuch separat) vor:

Schritte plus Neu 1 *Schritte plus Neu 2* oder *Schritte plus Neu 1+2*	A1 / *Start Deutsch 1*
Schritte plus Neu 3 *Schritte plus Neu 4* oder *Schritte plus Neu 3+4*	A2 / *Start Deutsch 2*, *Goethe-Zertifikat A2*
Schritte plus Neu 5 *Schritte plus Neu 6* oder *Schritte plus Neu 5+6*	B1 / *Deutsch-Test für Zuwanderer*, *Zertifikat Deutsch*, *Goethe-Zertifikat B1*

2.2 Die Bestandteile von *Schritte plus Neu*

Schritte plus Neu bietet ein umfangreiches Angebot an Materialien und Medien, die aufeinander abgestimmt und eng miteinander verzahnt sind:

- ein Kursbuch
- ein Arbeitsbuch
- ein Medienpaket mit den Audio-CDs zum Kursbuch und einer DVD mit den Filmen zum Kursbuch
- eine digitale Ausgabe von Kursbuch und Arbeitsbuch mit allen Audios und Filmen
- eine App mit allen Audios und Filmen zu Kurs- und Arbeitsbuch
- ein Lehrerhandbuch
- Glossare zu verschiedenen Ausgangssprachen
- Intensivtrainer
- Berufstrainer
- Testtrainer
- eine Übungsgrammatik

Der Lehrwerkservice im Internet unter www.hueber.de/schritte-plus-neu enthält u.a.:
- ausführliche Unterrichtspläne zu Kurs- und Arbeitsbuch
- zahlreiche Kopiervorlagen, z. B. zu den Transferaufgaben/Aktivitäten im Kurs und den Filmen
- ein Lerner-Portfolio
- interaktive Zusatzübungen für die Lernenden zu den Selbsttests im Arbeitsbuch
- alle Audios zum Kurs- und Arbeitsbuch

Der Lehrwerkservice wird sukzessive immer wieder mit aktuellen Informationen und zusätzlichen Angeboten für den Unterricht ergänzt.

2.3 Medienüberblick: Die Verfügbarkeit von Filmen, Hörtexten, interaktiven Übungen und Kopiervorlagen

Material	Medienpaket	Lehrwerkservice www.hueber.de/ schritte-plus-neu	App*	LHB
Hörtexte Kursbuch	×	×	×	
Hörtexte Arbeitsbuch		×	×	
Audio-Dateien zur Foto-Hörgeschichte	×	×	×	
Foto-Hörgeschichte als Slide-Show	×		×	
„Laras Film"	×		×	
Kopiervorlagen zu „Laras Film"		×		
Filme zu „Zwischen- durch mal …"	×		×	
Audiotraining	×	×	×	
Videotraining	×		×	
Lektionstests				×
Kopiervorlagen zu den Lernschritten				×
Kopiervorlagen zu den Aktivitäten im Kurs		×		
Interaktive Übungen zu den Selbsttests im AB		×		
Kopiervorlagen zum Portfolio		×		

* Mit der neuen, kostenlosen *Schritte plus Neu*-App können alle Filme und Hörtexte ganz einfach per Smartphone oder Tablet direkt aus dem Buch heraus abgerufen werden. Sie sind jederzeit verfügbar und somit ideal einsetzbar für das individuelle Lernen und Wiederholen. Die App ist im App Store oder Google Play Store verfügbar.

3 Das Kursbuch

Jeder Band von *Schritte plus Neu* enthält sieben Lektionen.
Diese folgen einem klaren und einheitlichen Aufbau.

Aufbau einer Lektion

Die Foto-Hörgeschichte
Motivierender Einstieg über eine Foto-Hörgeschichte mit hoher Identifikationsmöglichkeit für die Lernenden

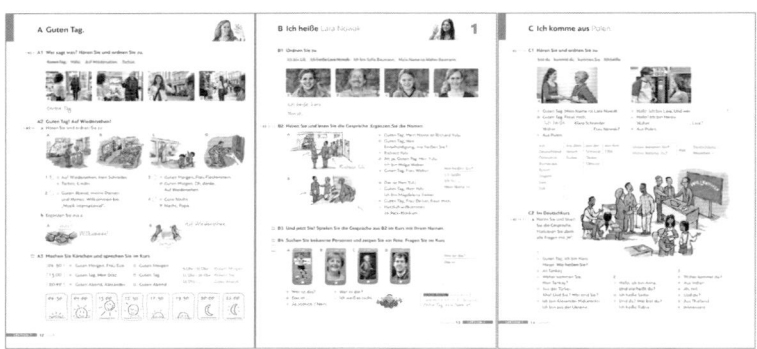

Die Seiten A bis C
Einführung und Einübung des neuen Lernstoffs in abgeschlossenen Einheiten

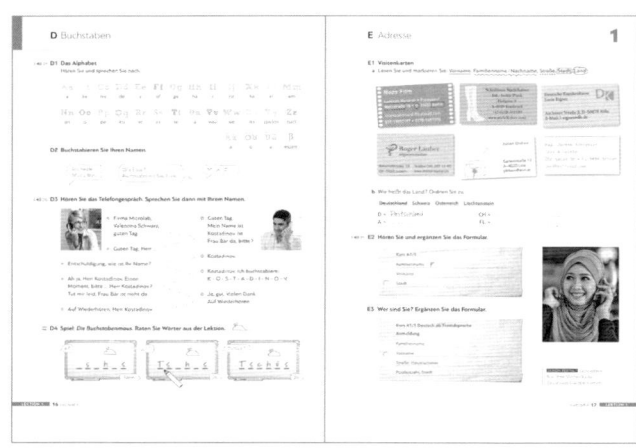

Die Seiten D und E
Training und Erweiterung der rezeptiven und produktiven Fertigkeiten

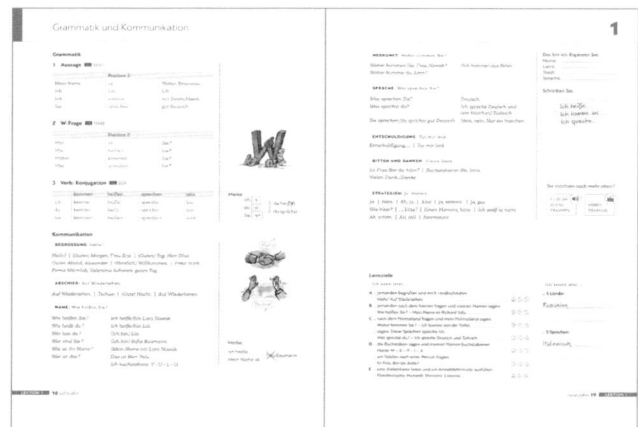

Die Seiten „Grammatik und Kommunikation"
- Übersicht über Grammatikstrukturen und Redemittel, dazu Übungen, Tipps, Visualisierungen und Merkhilfen
- Übersicht über Lernziele und Möglichkeit zur Selbstevaluation
- Verweis auf Videotraining und Audiotraining

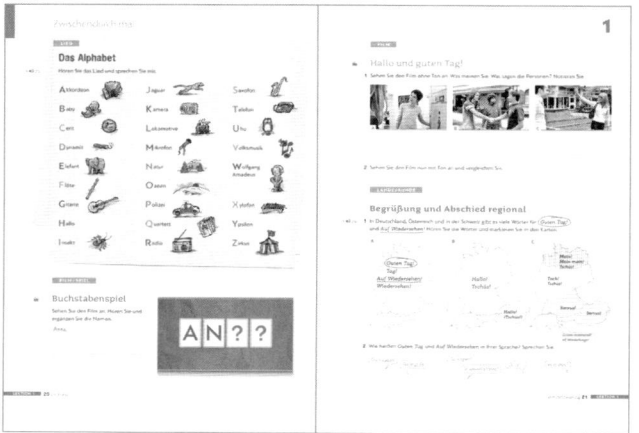

Die Seiten „Zwischendurch mal ..."
Fakultatives Angebot mit Filmen, Projekten etc. zum variablen Einsatz im Unterricht

3.1. Die Foto-Hörgeschichte

Jede Lektion beginnt mit einer Foto-Hörgeschichte. Die Lernenden begleiten die junge Deutschlernerin Lara in ihrem Alltag. Dadurch wird ein motivierender Einstieg geschaffen, der nah an der Lebenssituation der Lernenden ist und durch die emotional ansprechenden Inhalte zu größeren Lernerfolgen führt.

Die Foto-Hörgeschichte bildet den sprachlichen und thematischen Rahmen der Lektion: Sie führt die Kommunikationsmittel und den grammatischen Stoff in einer zusammenhängenden Episode ein und entlastet damit den Lernstoff. Zugleich trainiert sie das globale Hörverstehen. Die Geschichte kann über die Audios ◀)) gehört werden, während die Lernenden parallel die Fotos im Kursbuch ansehen. Sie steht aber auch als Slide-Show 🎞 zur Verfügung und kann im Unterricht am interaktiven Whiteboard gezeigt werden (→ siehe „2.3 Medienüberblick" auf S. 5).

„Laras Film" / „Tims Film"
Ergänzt wird die Foto-Hörgeschichte jeweils durch einen kleinen Film („Laras Film" / „Tims Film"). 🎞

Laras Film

Diese Filmsequenzen erzählen kurze Alltagsszenen aus der Perspektive der Hauptfiguren Lara und Tim und lassen diese dadurch noch lebendiger werden. Darüber hinaus wird das Hör-Sehverstehen geschult. Diese Filme sind fakultativ einsetzbar und können gemeinsam im Unterricht angesehen werden, eignen sich aber auch gut zum selbstständigen Nachbereiten und Ansehen zuhause. Eine Kurzbeschreibung des Filminhalts sowie konkrete Vorschläge, an welchen Stellen die Filme im Unterrichtsablauf der Lektion eingesetzt werden können, finden Sie in diesem Lehrerhandbuch am Ende der Hinweise zu den Foto-Hörgeschichten. Tipps, Hinweise zum Einsatz im Unterricht sowie Kopiervorlagen zu den Filmen finden Sie im Lehrwerkservice unter www.hueber.de/schritte-plus-neu (→ siehe „2.3 Medienüberblick" auf S. 5)

3.2 Die Seiten A bis C

Die **Kopfzeile** enthält ein Zitat aus der Foto-Hörgeschichte und repräsentiert den Lernstoff der Seite. Die neue Struktur ist fett hervorgehoben. So können Sie und die TN sich rasch orientieren.

Kopfzeile

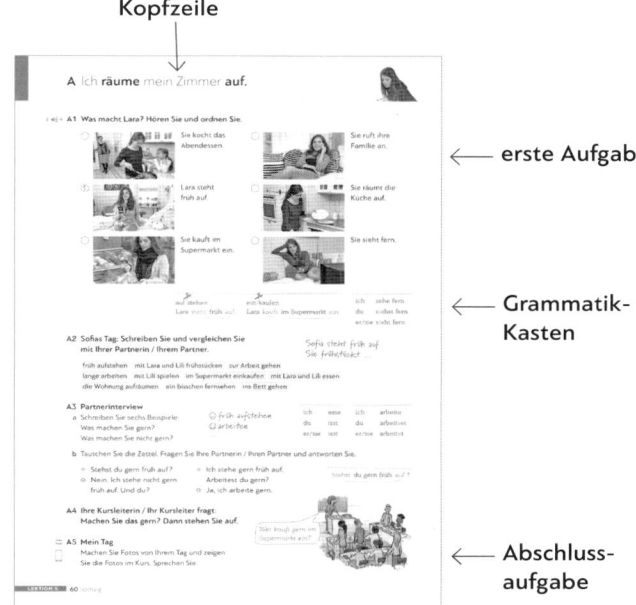

← erste Aufgabe

← Grammatik-Kasten

← Abschluss-aufgabe

Die **erste Aufgabe** dient der Einführung des neuen Stoffs. Sie bezieht sich ebenfalls im weiteren Sinne auf die Foto-Hörgeschichte und schafft damit den inhaltlichen und sprachlichen Kontext für die neu zu erlernenden Strukturen.

Der **Grammatik-Kasten** fasst den Lernstoff übersichtlich zusammen und macht ihn bewusst. In den **folgenden Aufgaben** üben die TN den Lernstoff zunächst gelenkt und dann in freierer Form.

Die **Abschlussaufgabe** ist mit dem Piktogramm 🔁 gekennzeichnet und dient dem Transfer des Gelernten in den persönlichen Anwendungsbereich (z. B. über sich selbst sprechen oder schreiben, seine Meinung sagen) oder bietet die Möglichkeiten, den Lernstoff auf spielerische Art und Weise aktiv und interaktiv anzuwenden. Manche Aufgaben sind zusätzlich mit dem Piktogramm ▭ versehen. Dieses weist darauf hin, dass die TN bei dieser Aufgabe ihr Smartphone oder Tablet nutzen können. Hinweise dazu finden Sie in diesem Lehrerhandbuch jeweils bei den didaktischen Vorschlägen zu den entsprechenden Aufgaben. Der Einsatz dieser Medien ist jedoch fakultativ!
Hinweis: Zur Vereinfachung und Unterstützung Ihrer Unterrichtsvorbereitung finden Sie zu vielen der Abschlussaufgaben Kopiervorlagen im Lehrwerkservice unter www.hueber.de/schritte-plus-neu.

3.3 Die Seiten D und E

Die Seiten D und E dienen der Vertiefung und Erweiterung der vier Fertigkeiten Lesen – Hören – Schreiben – Sprechen. Die Textsorten zu den Fertigkeiten Lesen und Hören entsprechen ebenso den Anforderungen der Niveaustufe A1 wie die Sprech- und Schreibanlässe (→ siehe „5.2 Fertigkeitstraining" auf S. 12).

3.4 Übersicht: Grammatik und Kommunikation

Diese Doppelseite gibt einen Überblick über die neue Grammatik und die wichtigen Wendungen der Lektion. Mithilfe der Übersicht kann der Stoff der Lektion selbstständig wiederholt und nachgeschlagen werden. Die Übersicht enthält zudem Verweise auf die *Schritte Übungsgrammatik*.

Darüber hinaus soll auf dieser Seite mit kleinen Aufgaben, Tipps, Merkhilfen und Visualisierungen auch wiederholend und vertiefend gearbeitet werden. Diese sind den Grammatiktabellen oder den Redemittelkästen jeweils am rechten Rand direkt zugeordnet. Auf dieses Zusatzangebot kann entweder im Unterricht eingegangen werden oder Sie weisen Ihre Lerner darauf hin, wie sie mit diesen Seiten sinnvoll eigenständig arbeiten und sie zum Nachschlagen nutzen können. Entsprechende Hinweise finden Sie in diesem Lehrerhandbuch auf den Seiten 18/19 und in den didaktischen Hinweisen direkt bei den Aufgaben mit den jeweiligen Grammatikthemen bzw. Wendungen. Sollten mehrere Verweise zu einem Grammatik-Teil vorkommen, dann steht die kurze Anleitung an der „Hauptstelle" und von den „Nebenstellen" wird auf die Hauptstelle verwiesen.

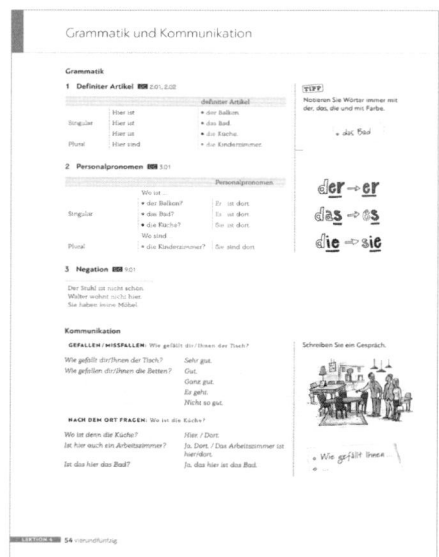

Die Rubriken „Audiotraining" und „Videotraining" verweisen auf ein umfangreiches fakultatives Trainingsangebot, das Lernende und Lehrende im Medienpaket, im Internet und über Smartphone/Tablet abrufen können. (→ siehe „2.3 Medienüberblick" auf S. 5).

Sie können die Übungen zum Audiotraining und Videotraining anfangs in den Unterricht integrieren, um Ihre TN mit diesen Übungsformen vertraut zu machen und sie später zur selbstständigen Beschäftigung mit diesem Zusatzangebot anzuregen.

Eine Kurzbeschreibung des Inhalts und mögliche Vorgehensweisen finden Sie in diesem Lehrerhandbuch unter → „5.12 Arbeit mit den Übersichtsseiten ‚Grammatik und Kommunikation'" auf den Seiten 18/19 und direkt in den didaktischen Hinweisen zur jeweiligen Lektion.

Audiotraining
Das Audiotraining umfasst jeweils drei Übungen zum Wiederholen, Üben und mündlichen Einschleifen der wichtigen Wendungen der Lektion.

Videotraining
Kleine Filmsequenzen mit den Hauptdarstellern der Foto-Hörgeschichte zeigen wichtige Redemittel und Strukturen der Lektion in kleinen Spielszenen und bieten ein aktives Übungsangebot für die Lernenden. Zu jeder Lektion gibt es einen Film, in dem wichtige Wendungen der Lektion präsentiert werden sowie einen weiteren Film, in dem die Lernenden aktiv einbezogen werden und durch Nachsprechen oder Variieren von Redemitteln das Gelernte festigen können.

Den Abschluss der Doppelseite bildet die Übersicht über die Lernziele der Lektion. Diese schafft Transparenz und eignet sich zur Selbstevaluierung. Sie ist nach den Lernschritten A bis E gegliedert (→ siehe „5.12 Arbeit mit den Übersichtsseiten ‚Grammatik und Kommunikation'" auf S. 19).

3.5 Zwischendurch mal …

Auf diesen Doppelseiten finden Sie zwei bis vier kleine Angebote, die Sie fakultativ im Kurs einsetzen oder zur Binnendifferenzierung nutzen können.

Die Rubriken sind: LIED FILM SPIEL LANDESKUNDE PROJEKT COMIC SCHREIBEN LESEN HÖREN

Der Schwerpunkt dieser Aufgaben und Projekte liegt nicht mehr auf dem Erwerb und Einüben von Strukturen, sondern die Lernenden können hier das in der Lektion erworbene Wissen aktiv und oft spielerisch anwenden und erweitern. Diese Zusatzangebote sind völlig unabhängig voneinander und an verschiedenen Stellen der Lektion einsetzbar. Eine Beschreibung der Einsatzmöglichkeiten finden Sie in diesem Lehrerhandbuch unter „Zwischendurch mal …" in der jeweiligen Lektion. Die Stellen im Unterrichtsablauf, an denen ein Angebot aus „Zwischendurch mal …" eingesetzt werden könnte, sind mit diesem Symbol ZDM gekennzeichnet.

4 Das Arbeitsbuch

Im Arbeitsbuch finden Sie vielfältige Übungen und Aufgaben zu den Lernschritten A bis E für die Still- und Partnerarbeit im Kurs oder als Hausaufgabe. Auch hier erscheinen – wie auf der entsprechenden Kursbuchseite – in der Kopfzeile ein Zitat und ein Foto aus der Foto-Hörgeschichte als Strukturierungs- und Memorierungshilfe.

4.1 Basisübungen – Vertiefungsübungen – Erweiterungsübungen

Die Übungen und Aufgaben berücksichtigen unterschiedliche Lernniveaus innerhalb des Kurses und bieten so Möglichkeiten zur Binnendifferenzierung. Die Aufgaben sind folgendermaßen gekennzeichnet:
- Keine Kennzeichnung: Basisübungen für alle TN
- ◇ : vertiefende Übungen für TN, die noch mehr üben wollen/müssen
- ❖ : erweiternde Übungen als Zusatzangebot oder Alternative für schnellere TN

4.2 Die Rubriken
Neben den oben beschriebenen Basis-, Vertiefungs- und Erweiterungsübungen finden Sie im Arbeitsbuch folgende Aufgaben:
- **Schreibtraining:** eine Schreibaufgabe, passend zum Thema und den neuen Inhalten jeder Lektion
- **Grammatik entdecken:** Aufgaben, die neue Grammatikphänomene durch die Art der Aufgabenstellung bewusst machen und zum eigenen Entdecken des neuen Stoffs einladen
- **Prüfung:** Aufgaben, die in ihrem Aufbau genau den gängigen Prüfungsformaten der Prüfungen *Start Deutsch 1* und *2* sowie des *Deutsch-Tests für Zuwanderer (DTZ)* und des *Zertifikats Deutsch* folgen und zur Prüfungsvorbereitung eingesetzt werden können
- **Phonetik:** ein systematisches Aussprachetraining mit Übungen passend zur Lektion, das sich je nach Bedarf der TN gut in den Unterrichtsablauf integrieren lässt

4.3 Der Selbsttest

Den Abschluss jeder Arbeitsbuchlektion bildet ein Lernertest zur Selbstevaluation.

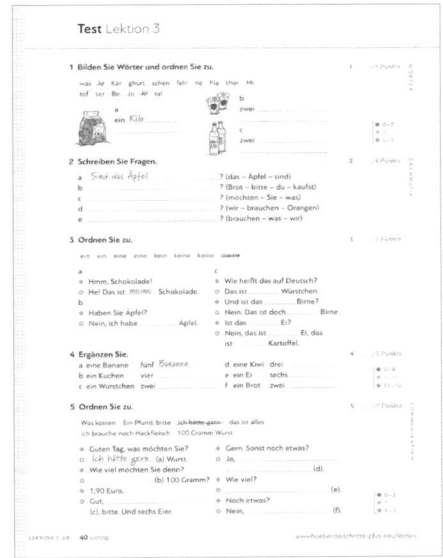

- drei Rubriken: Wörter – Grammatik – Kommunikation
- Punkteauswertung mit „Ampelsystem"
- Vertiefungs- und Erweiterungsübungen im Lehrwerkservice unter www.hueber.de/schritte-plus-neu/lernen

4.4 Die Fokus-Seiten

Die Inhalte der Fokus-Seiten am Ende jeder Arbeitsbuchlektion orientieren sich an konkreten Sprachhandlungen, die im Alltag der TN eine Rolle spielen. Sie greifen Lernziele auf, die im Rahmencurriculum für Integrationskurse festgeschrieben sind. Sie bieten zusätzliche Materialien zu den Aspekten „Alltag", „Beruf" und „Familie". Der Schwerpunkt liegt auf dem Thema „Beruf", das in jeder Lektion behandelt wird. Die Fokus-Seiten können fakultativ – jeweils den Bedürfnissen und Lerninteressen der TN entsprechend – im Unterricht behandelt werden. Methodisch-didaktische Hinweise zu jeder Lektion finden Sie in diesem Lehrerhandbuch.

4.5 Der Lernwortschatz

Am Ende des Arbeitsbuchs gibt es auf den Seiten LWS 1 – LWS 26 ein integriertes „Wörterlernheft" in Form einer Liste mit dem Lernwortschatz und Visualisierungen zu Kernthemen der Lektion. Der Lernwortschatz ist chronologisch nach Lektionen sortiert und innerhalb der Lektion den Aufgaben zur Foto-Hörgeschichte sowie den Lernschritten A–E zugeordnet. Die TN können eigene Übersetzungen in ihrer Muttersprache ergänzen. Es gibt mehrere Memorierungshilfen für die TN: Zu jedem Wort gibt es einen Kontextsatz, der das Lernen des Wortes unterstützt. Zudem sind die Nomen mit farbigen Genuspunkten und Artikeln versehen. Am Ende des Lernwortschatzes jeder Lektion finden die TN eine bebilderte Darstellung eines Wortfelds sowie einen Lerntipp zum Wörterlernen.

4.6 Die Grammatikübersicht

Am Ende des Buches befindet sich eine Übersicht über den gesamten Grammatikstoff des Bands zum Nachschlagen. Die Übersicht enthält Verweise auf das Vorkommen in den Lektionen sowie auf die *Schritte Übungsgrammatik*.

5 Methodisch-didaktische Grundlagen und praktische Tipps

5.1 Arbeit mit der Foto-Hörgeschichte

Der Einstieg in jede Lektion erfolgt über eine Foto-Hörgeschichte. Diese …

- ist authentisch: Die Sprache wird im Kontext vorgestellt. Die Lernenden können sich intensiv mit einer Geschichte auseinandersetzen, wodurch das Memorieren von Wörtern und Strukturen erleichtert und verbessert wird.
- ist motivierend: Die Fotos erleichtern eine situative und lokale Einordnung der Geschichte und aktivieren das Vorwissen. Durch die Kombination von Foto und Hörtext/Geräuschen verstehen die Lernenden eine zusammenhängende Episode. Sie erkennen, dass sie am Ende der Lektion in der Lage sein werden, eine ähnliche Situation sprachlich zu meistern.
- macht neugierig: Die Geschichten sind so amüsant, dass sie das Interesse der Lernenden wecken und zur Identifikation einladen.
- vermittelt implizit Landeskunde und regt zu interkulturellen Betrachtungen an.

Neben den Audio-Dateien steht Ihnen die Foto-Hörgeschichte auch als „Slide-Show" zur Verfügung. Diese können Sie im Unterricht am interaktiven Whiteboard abspielen und haben damit eine direkte Verknüpfung von Bild und Ton. Alternativ können die TN die Slide-Show zur Nachbereitung auf dem Smartphone oder Tablet ansehen (→ siehe „2.3 Medienüberblick" auf S. 5).

„Laras Film" / „Tims Film"
Die Foto-Hörgeschichte wird ergänzt durch kleine Filme. Jede Filmsequenz passt zur Foto-Hörgeschichte und erweitert das Thema der Foto-Hörgeschichte um einen Aspekt aus der Perspektive der Hauptfiguren Lara und Tim. Die Hauptfiguren erzählen in kleinen „Handyfilmen" ergänzende Geschichten aus ihrem Alltag. Dies lässt Geschichte und Figuren lebendiger werden, vermittelt darüber hinaus vertiefende landeskundliche Inhalte und bietet motivierende Sprechanlässe.

Praktische Tipps:
Arbeit mit der Foto-Hörgeschichte

Beginnen Sie den Unterricht nicht direkt mit dem Hören der Geschichte. Die TN lösen zu jeder Episode Aufgaben vor dem Hören, während des Hörens und nach dem Hören. Generell sollten Sie die Geschichte so oft wie nötig vorspielen und ggf. an entscheidenden Passagen stoppen. Achten Sie darauf, jede Episode mindestens einmal durchgehend vorzuspielen.

Hören Sie am Ende jeder Lektion die Geschichte mit den TN noch einmal. Das ermutigt sie, denn sie können erleben, wie viel sie im Vergleich zum allerersten Hören nun schon verstehen, und das fördert die Motivation.

Aufgaben vor dem Hören
Die Aufgaben vor dem Hören machen eine situative Einordnung der Geschichte möglich. Sie führen neue, für das Verständnis wichtige Wörter der Geschichte ein und lenken die Aufmerksamkeit auf die im Text wichtigen Passagen und Schlüsselwörter. Für die Vorentlastung bieten sich außerdem viele weitere Möglichkeiten:

Fotosalat und Satzsalat
Kopieren Sie die Fotos und schneiden Sie die einzelnen Fotos aus. Achten Sie darauf, die Nummerierung auf den Fotos wegzuschneiden. Die Bücher bleiben geschlossen. Verteilen Sie je ein Fotoset an Kleingruppen mit 3 bis 4 TN. Die TN legen die Fotos in eine mögliche Reihenfolge, hören die Geschichte mit geschlossenen Büchern und vergleichen die Foto-Hörgeschichte mit ihrer Reihenfolge. Sie korrigieren ggf. ihre Reihenfolge.
Diese Übung kann um Satzkarten erweitert werden: Schreiben Sie zu den Fotos einfache Sätze oder Zitate aus der Geschichte auf Kärtchen, die die TN dann den Fotos zuordnen. Sie können hier auch zwischen geübteren und ungeübteren TN differenzieren, indem Sie geübteren TN weniger Vorgaben und Hilfen an die Hand geben als den ungeübteren.
Auf fortgeschrittenerem Niveau können sich die TN zu ihrer Reihenfolge der Fotos eine kleine Geschichte ausdenken oder Minidialoge schreiben. Ihre Geschichte können sie dann beim Hören mit dem Hörtext vergleichen.

Poster
Jede Foto-Hörgeschichte gibt es auch als großes Poster, das Sie im Kursraum aufhängen können oder für einen Fotosalat verwenden können. Wenn Sie nur ein Poster haben, geben Sie je ein aus dem Poster ausgeschnittenes Foto an eine Kleingruppe. Die Gruppen versuchen dann, den richtigen Platz in der Geschichte für ihr Foto zu finden, und entwickeln eine gemeinsame Reihenfolge. So müssen sich alle beteiligen und mitreden. Alternativ können die TN aus ihrer Gruppe auch je einen TN bestimmen, der sich mit den anderen gewählten TN vor dem Kurs in der richtigen Reihenfolge aufstellen muss, sodass diese TN die Reihenfolge der Geschichte bilden und das Foto vor sich halten. Das macht Spaß, weil die TN sich bewegen müssen und womöglich mehrmals umgestellt werden, bis alle mit der Reihenfolge einverstanden sind.

Hypothesen bilden
Verraten Sie den TN nur die Überschrift der Lektion und zeigen Sie ggf. noch eines der Fotos auf Folie. Die TN spekulieren, soweit es die Sprachkenntnisse zulassen, worum es in der Geschichte gehen könnte (Wo? Wer? Was? Wie viele? Wie? Warum?). Oder die TN sehen sich die Fotos im Buch an und stellen Vermutungen über den Verlauf der

Handlung an. Das motiviert und macht auf die Geschichte neugierig. Zudem wird das spätere Hören in der Fremdsprache erleichtert, weil eine bestimmte Hör-Erwartung aufgebaut wird. Fortgeschrittenere Anfänger können sich im Vorfeld Minigespräche zu den Fotos überlegen und ein kleines Rollenspiel machen. Nach dem Hören vergleichen sie dann ihren Text mit dem Hörtext.

Situationsverwandte Bilder/Texte
Vielleicht finden Sie einen passenden Text oder ein Bild / einen Comic, den Sie verwenden können, um in das Thema einzuführen und unbekannten Wortschatz zu klären. Diese Übungsform eignet sich, wenn Sie erst ganz allgemein auf ein Thema hinführen wollen, ohne die Fotos aus der Foto-Hörgeschichte schon zu zeigen. Zeigen Sie z. B. beim Thema „Einkauf" das Bild eines gefüllten Einkaufskorbs. Die TN nennen die ihnen bekannten Lebensmittel. Dadurch wird das Vorwissen der TN aktiviert.

Aufgaben während des Hörens
Die TN sollten die Geschichte mindestens einmal durchgehend hören, damit der vollständige Zusammenhang gegeben ist. Dabei ist es nicht wichtig, dass die TN sofort alles erfassen. Sie haben verschiedene Möglichkeiten, den TN das Verstehen zu erleichtern:

Mitzeigen
Beim Wechsel von einem Foto zum nächsten ist ein „Klick" zu hören, der es den TN erleichtert, dem Hörtext zu folgen. Bei jedem Klick können die TN wieder in die Geschichte einsteigen und mithören, falls sie den Faden einmal verloren haben sollten. Als weitere Hilfestellung können Sie zumindest in den ersten Stunden einen TN bitten, auf dem Poster der Foto-Hörgeschichte mitzuzeigen. Die übrigen TN zeigen in ihrem Buch mit, sodass Sie kontrollieren können, ob alle der Geschichte folgen können.

Wort-/Bildkärtchen
Stellen Sie im Vorfeld Kärtchen mit Informationen aus der Foto-Hörgeschichte her (z. B. Lektion 5: Bild- oder Verbkärtchen mit den Tätigkeiten der Familie). Die TN hören die Geschichte mit geschlossenen Büchern und legen die Kärtchen während des Hörens in die Reihenfolge, in der die Informationen in der Geschichte vorkommen.

Antizipation
Wenn die TN wenig Verständnisschwierigkeiten beim Hören haben bzw. wenn die TN schon geübter sind, können Sie die Foto-Geschichte natürlich auch während des Hörens immer wieder stoppen und die TN ermuntern, über den Fort- und Ausgang der Geschichte zu spekulieren. Allerdings sollten Sie die Geschichte im Anschluss auch einmal durchgehend vorspielen.

Aufgaben nach dem Hören
Die Aufgaben nach dem Hören dienen dem Heraushören von Kernaussagen. Sie überprüfen, ob die Handlung global

verstanden wurde. Lesen Sie die Aufgaben gemeinsam mit den TN, geben Sie Gelegenheit zu Wortschatzfragen und spielen Sie die Geschichte noch weitere Male vor, um den TN das Lösen der Aufgaben zu erleichtern. Stoppen Sie die Geschichte ggf. an den entscheidenden Passagen, um den TN Zeit für die Eintragung ihrer Lösung zu geben. Darüber hinaus können Sie die Foto-Hörgeschichte für weitere spielerische Aktivitäten im Unterricht nutzen und so den Wortschatz festigen und erweitern:

Rollenspiele
Vor allem schon geübtere TN können kleine Gespräche zu einem oder mehreren Fotos schreiben. Diese Gespräche werden dann vor dem Plenum als kleine Rollenspiele nachgespielt oder mit dem Smartphone aufgenommen und dann gezeigt. Regen Sie die TN auch dazu an, die Geschichte weiterzuentwickeln und eine Fortsetzung zu erfinden.

Pantomime
Stoppen Sie das Audio beim zweiten oder wiederholten Hören jeweils nach der Rede einer Person. Bitten Sie die TN, in die jeweilige Rolle zu schlüpfen. Lassen Sie die TN pantomimisch darstellen, was sie soeben gehört haben. Fahren Sie dann mit der Foto-Hörgeschichte fort. Wenn die TN schon geübter sind, können die TN die Geschichte pantomimisch mitspielen, während Sie diese noch einmal vorspielen.

Kursteilnehmerdiktat
Die TN betrachten die Fotos. Ermuntern Sie einen TN, einen beliebigen Satz zu einem der Fotos zu sagen, z. B. „Heute ist das Wetter gut." Alle TN schreiben diesen Satz auf. Ein anderer TN setzt die Aktivität fort, z. B. „Wir machen heute ein Picknick." etc. So entsteht eine kleine Geschichte oder ein Dialog. Die TN sollten auch eine Überschrift für ihren gemeinsam erarbeiteten Text finden. Schreiben Sie oder einer der TN auf der Rückseite der Tafel oder auf Folie mit, damit die TN abschließend eine Möglichkeit zur Korrektur ihrer Sätze haben. Diese Übung trainiert nicht nur eine korrekte Orthografie, sondern dient auch der Wiederholung und Festigung von Wortschatz und Redemitteln.

Situationsverwandte Bilder/Texte
Auch nach dem Hören können Sie situationsverwandte Bilder oder Texte zur Vertiefung des Themas der Foto-Hörgeschichte nutzen. Die TN können die Unterschiede zwischen der Foto-Hörgeschichte und dem Text oder der Situation herausarbeiten. So könnte z. B. in Lektion 6 mithilfe einer Statistik über das Freizeitverhalten der Deutschen dargestellt werden, welchen Freizeitaktivitäten die Deutschen nachgehen.
Texte oder Bilder können auch in eine andere Situation überleiten und nach dem Hören der Foto-Hörgeschichte zur Erweiterung eingesetzt werden (z. B. Lektion 3: Einkaufen auf dem Markt; weiterführend: Einkäufe in der Bäckerei, in der Fleischerei, im Schreibwarengeschäft). Damit werden Wörter und Redemittel in einen anderen Zusammenhang transferiert und erweitert. Sie können so individuell auf die Interessen Ihres Kurses eingehen.

Phonetik

Die Foto-Hörgeschichte bietet sich sehr gut für das Aussprachetraining an, denn sie enthält viele für den Alltag wichtige Redemittel, die sich gut als Formeln merken lassen. Greifen Sie wesentliche Zitate/Passagen aus der Geschichte heraus, spielen Sie diese isoliert vor und lassen Sie die TN diese Sätze nachsprechen. Der Hörspielcharakter und der situative Bezug innerhalb der Foto-Hörgeschichte erleichtern den TN das Memorieren solcher Redemittel. Außerdem lernen die TN, auch emotionale Aspekte (Empörung, Freude, Trauer, Wut, Mitgefühl ...) auszudrücken. Schließlich kommt es nicht nur darauf an, was man sagt, sondern vor allem darauf, wie man es sagt. In jeder Sprache werden ganz unterschiedliche Mittel benutzt, um solche emotionalen Aspekte auszudrücken.

Nicht zuletzt können auch Modalpartikeln wie „doch", „aber", „eben" unbewusst eingeschliffen werden. Die Bedeutung von Modalpartikeln zu erklären ist im Anfängerunterricht schwierig und daher oft wenig sinnvoll. Mithilfe der Zitate aus der Foto-Hörgeschichte können die TN diese aber verinnerlichen und automatisch anwenden, ohne dass Erklärungen erforderlich sind.

Praktische Tipps:
Arbeit mit „Laras Film / Tims Film"

Es gibt mehrere Möglichkeiten für den Einsatz im Kurs:

* Sie können die Filme im Unterricht zeigen, nachdem Sie die Foto-Hörgeschichte durchgearbeitet haben. In diesem Lehrerhandbuch finden Sie Hinweise dazu, wie und wann Sie die Filme im Unterricht einsetzen können. Darüber hinaus gibt es im Lehrwerkservice unter www.hueber.de/schritte-plus-neu Arbeitsblätter zu jedem Film, die Sie im Kurs bearbeiten können (→ siehe „2.3 Medienüberblick" auf S. 5).
* Sie können die Filme im Unterricht auch als motivierenden Abschluss der Lektion zeigen.
* Die TN können die Filme nutzen, um ihr eigenes Verständnis des Lektionsstoffs zu überprüfen.
* Die Filme bieten neben der Foto-Hörgeschichte eine situative und authentische Einbindung des Lernstoffs, sodass die TN sehen, wo und wie sie das Gelernte umsetzen können.
* Die TN nutzen die Filmvorlage für entsprechende eigene kleine Handyfilme, z. B. im Rahmen eines kleinen Projekts. Anschließend zeigen die TN ihre Filme im Kurs oder stellen sie auf die Lernplattform.
* Alternativ können sich die TN analog zu den Handyfilmen weitere Situationen ausdenken, eigene Rollenspiele entwickeln und diese im Kurs präsentieren.
* Wenn Sie keine Möglichkeit haben, Filme im Unterricht zu zeigen, sollten Sie Ihre TN auf jeden Fall auf das Filmsymbol hinweisen. Sie können die Filme dann im Internet über ihre Smartphones/Tablets abrufen und haben damit eine motivierende Möglichkeit, den Lernstoff zu wiederholen (→ siehe „2.3 Medienüberblick" auf S. 5).

5.2 Fertigkeitstraining: Lesen – Hören – Schreiben – Sprechen

Das gezielte Fertigkeitstraining spielt in *Schritte plus Neu* eine tragende Rolle. Sowohl die rezeptiven Fertigkeiten (Lesen und Hören) als auch die produktiven Fertigkeiten (Schreiben und Sprechen) werden systematisch geübt.

Lesen
Die TN üben das Lesen anhand einfacher authentischer Textsorten. Dazu gehören auf dem Niveau A1 Schilder, Prospekte, Kataloge, Kleinanzeigen, einfache E-Mails und Kurznachrichten. Kurze Zeitungsartikel, Blogeinträge und Reportagen runden das Programm ab.

Hören
Die TN lernen, Kernaussagen und wichtige Informationen aus alltagsrelevanten Textsorten zu entnehmen. Dazu gehören z. B. Lautsprecherdurchsagen, automatische Telefonansagen, Meldungen im Radio etc.

Schreiben
Die TN lernen, einfache formelhafte Notizen zu machen sowie persönliche E-Mails, Kurznachrichten und Mitteilungen zu schreiben. Um die Schreibfertigkeit der TN aufzubauen, enthält das Arbeitsbuch ein systematisches Schreibtraining.

Sprechen
Die TN werden zur sprachlichen Bewältigung einfacher Alltagssituationen hingeführt. Dazu gehören z. B. das Bitten um Informationen, Terminabsprachen, Entschuldigungen und Einladungen. Sprechen auf der Niveaustufe A1 heißt: Fragen stellen und Antworten geben. In *Schritte plus Neu 1* und *2* üben die TN daher häufig kurze Frage-Antwort-Gespräche.

5.3 Grammatikvermittlung

Die Grammatikprogression in *Schritte plus Neu* orientiert sich an den Lernzielen des Rahmencurriculums für Integrationskurse und den Vorgaben der Prüfung *DTZ*. In übersichtlichen kurzen Lernschritten werden die Strukturen in kleinen „Portionen" eingeführt und intensiv geübt. Häufige Wiederholungsschleifen festigen das Gelernte und bereiten auf die Erweiterung einer grammatischen Struktur vor. Dort, wo es sich anbietet, wird der neue Stoff auch induktiv eingeführt, d. h. die TN erarbeiten und entdecken neue Strukturen/Paradigmen mithilfe der Aufgaben selbst. Deshalb werden ab *Schritte plus Neu 2* manche Grammatik-Kästen von den TN selbst ausgefüllt.

Von Anfang an gibt es im Arbeitsbuch die Rubrik „Grammatik entdecken", die den TN neue Grammatikphänomene durch die Art der Aufgabenstellung bewusst macht und zum eigenen Entdecken des neuen Stoffs einlädt.

Grammatik-Kasten
Der Grammatik-Kasten fasst den neuen Stoff anhand von Beispielen einfach und verständlich zusammen. Farbsignale ersetzen Regelerklärungen, die die TN im Anfängerunterricht noch gar nicht verstehen würden.

Das Erlernen des Artikelsystems wird durch eine besondere Farbkennzeichnung unterstützt:

(blau) • der Fernseher, -
(grün) • das Bett, -en
(rot) • die Dusche, -n
(gelb) • die Möbel (Pl.)

Diese Farbkodierung, die sich durch alle Bestandteile des Lehrwerks zieht, unterstützt als Memorierungshilfe den Lernprozess (→ siehe „4.5 Lernwortschatz" auf S. 9).

Praktische Tipps: Arbeit mit den Grammatik-Kästen

- Schreiben Sie die Beispiele aus den Grammatik-Kästen an die Tafel / ans IWB und heben Sie die neuen Strukturen – wie im Grammatik-Kasten – visuell hervor. Verweisen Sie auf die erste Aufgabe auf den A–C-Seiten und zeigen Sie die dahinter stehende Struktur auf.
- Die TN sollten immer das Gefühl haben, Grammatik als Hilfsmittel für das Sprechen und Schreiben zu lernen und nicht als Selbstzweck. Zeigen Sie deshalb immer den konkreten kommunikativen Nutzen der erlernten Grammatik auf und arbeiten Sie mit Beispielen.
- Sollten Ihre TN ab Band 2 die Grammatik-Kästen selbst ausfüllen, ist es wichtig, dass Sie immer im Anschluss die richtige Lösung an der Tafel / am IWB präsentieren.
- Verweisen Sie im Verlauf der Unterrichtsstunde immer wieder auf den Grammatik-Kasten. Er soll den TN auch bei den anschließenden Anwendungsaufgaben als Gedächtnisstütze und Orientierungshilfe dienen.
- Der Grammatik-Kasten kann auch als Vorlage für Plakate dienen, die im Kursraum aufgehängt werden. Sie zeigen kurz und knapp das Wichtigste. Vor allem zu Beginn eines Kurses und bei lernungewohnten TN ist es sehr nützlich, wichtige Strukturen immer „im Blick" zu haben und schnell darauf verweisen zu können.
- Die Aufgaben „Grammatik entdecken" im Arbeitsbuch dienen dem induktiven Lernen. Sie können auch vor der Arbeit mit dem Grammatik-Kasten eingesetzt werden. Alternativ können Sie diese Aufgaben auch vertiefend bearbeiten, nachdem Sie die Strukturen erklärt haben.
- Verweisen Sie auch immer wieder auf die Tabellen auf der Übersichtsseite „Grammatik und Kommunikation" sowie die dort angebotenen Zusatzaufgaben und Memorierungshilfen.
- Achten Sie von Anfang an darauf, dass die TN neue Nomen mit dem Genuspunkt und der Pluralmarkierung (analog zum Lernwortschatz) und ab Band 2 auch die Verben immer mit dem Partizip Perfekt und dem entsprechenden Hilfsverb notieren.

5.4 Wortschatzvermittlung

Die Wortschatzprogression orientiert sich ebenfalls an den Lernzielen des Rahmencurriculums für Integrationskurse und den Vorgaben der Prüfung DTZ. Der Wortschatzarbeit liegen folgende Überlegungen zugrunde:

- Neuer Wortschatz wird mit bekannten Strukturen eingeführt, damit die TN sich auf die neuen Wörter konzentrieren können.
- Nach Möglichkeit werden Wortfelder eingeführt.
- Im Lernwortschatz am Ende des Arbeitsbuchs wird jedes neue Wort mit einem Kontextsatz aus der Lektion und einer Schreiblinie ergänzt, auf der die TN die Übersetzung in ihre Muttersprache eintragen können. Sie können sich damit selbst abfragen und den neuen Wortschatz im Kontext lernen. Zahlreiche Wörter und Wortfelder sind im Lernwortschatz visualisiert. Auch dies erleichtert das Vokabellernen.
- Kleine Lerntipps zum Vokabellernen im Lernwortschatz helfen den TN beim Spracherwerb.
(→ siehe „4.5 Lernwortschatz" auf S. 9)

Praktische Tipps

- Achten Sie darauf, dass die TN von Anfang an gezielt ein Wörterbuch (oder eine Wörterbuch-App) benutzen. Das fördert das autonome Lernen.
- Nutzen Sie auch die Foto-Hörgeschichten für die Wortschatzarbeit. Die TN suchen im Wörterbuch passende Wörter zu den Fotos.
- Achten Sie auf regelmäßige Wiederholung der Lernwörter.
- Geben Sie regelmäßig die Lernwörter der jeweiligen Kursbuchseiten als Hausaufgabe und fragen Sie diese in der nächsten Stunde ab. Erstellen Sie zum Abfragen einen kleinen Lückentext mit Lücken für die neuen Wörter.
- Lassen Sie neue Wörter pantomimisch darstellen: Die anderen raten.
- Lassen Sie neue Wörter zeichnen: Die anderen raten.
- Umschreiben Sie die Wörter. Die TN raten das passende Wort.
- Erstellen Sie Bildkarten oder ein Bilder-Bingo, um den Wortschatz spielerisch zu wiederholen.
- Die TN bilden Wortketten im Rahmen eines „Ich packe meinen Koffer"-Spiels.
- Die TN erstellen Wortschatzübungen füreinander (Kreuzworträtsel, Buchstabensalat etc.)
- Die TN bilden zwei Gruppen, laufen abwechselnd zur Tafel und notieren neue Wörter.
- Die TN laufen im Kursraum herum und murmeln die neuen Wörter. Das hilft beim Einprägen.
- Ermuntern Sie die TN, neue Wortfelder in ihrem Portfolio zu notieren.
- Fragen Sie auch immer wieder Wörter aus vorhergegangenen Lektionen als Wiederholung ab, indem Sie z. B. ausgewählte Wörter auf Kärtchen schreiben und nach Wortarten, Artikeln oder Wortfeldern sortieren lassen.
- Weisen Sie die TN auf die Lerntipps zum Wörterlernen auf den Lernwortschatz-Seiten hin.

5.5 Automatisierung

Für einen erfolgreichen Spracherwerb ist es wichtig, neue Strukturen nicht nur kognitiv zu erfassen, sondern sie auch immer wieder einzuschleifen. Durch diese Automatisierung bekommen die TN ein Gespür für die neuen Strukturen. Durch das aktive Verwenden und Memorieren werden diese zu beherrschbarem Sprachmaterial. Die TN gewinnen Vertrauen in die Erlernbarkeit des Neuen. Dafür bietet *Schritte plus Neu* mehrere Möglichkeiten an:

*   Variationsaufgaben: Kurze, alltagsbezogene Modellgespräche, die die TN variieren sollen.
*   Audiotraining: Einschleifübungen zu Grammatik und Redemitteln der Lektion
*   Videotraining: Präsentation und Einschleifübungen zu den Redemitteln der Lektion

Praktische Tipps zum Audio- und Videotraining finden Sie unter → „5.12 Arbeit mit den Übersichtsseiten, Grammatik und Kommunikation" auf den Seiten 18/19 und direkt in den didaktischen Hinweisen zur jeweiligen Lektion.

Praktische Tipps: Arbeit mit den Variationsaufgaben

*   Die TN decken den Modelldialog zu und hören ihn zunächst nur. Falls vorhanden, sehen sie dazu das Bild/Foto an und konzentrieren sich auf die Situation. Wenn Sie die Bilder/Fotos auf Folie kopieren / am IWB zeigen, können die TN die Bücher geschlossen lassen.
*   Stoppen Sie das Modellgespräch beim zweiten Hören nach jedem einzelnen Sprechpart. Die TN sprechen im Chor nach. Dabei sollen sie den Text nicht mitlesen, sondern sich auf das Hören und Nachsprechen konzentrieren.
*   Die TN hören das Gespräch noch einmal und lesen mit.
*   Die TN lesen und sprechen das Gespräch in Partnerarbeit.
*   Die TN lesen die Varianten und sprechen das Gespräch in Partnerarbeit mit den Varianten. Die farbigen Unterlegungen helfen den TN zu erkennen, welche Teile des Gesprächs variiert werden sollen.
*   Die TN wechseln regelmäßig die Rollen.
*   Die TN sollten manche Gespräche auch auswendig lernen und vor dem Kurs vorspielen.
*   Die TN können oder sollen auch eigene Varianten bilden.

5.6 Aktivitäten im Kurs ⇆

In den Abschlussaufgaben auf jeder Kursbuchseite wird der Lernstoff in den persönlichen Bereich der TN übertragen. Sie befragen sich auf ganz unterschiedliche Art gegenseitig zu verschiedenen Themen oder üben den Lernstoff durch eine spielerische Aktivität in Kleingruppen.
Achten Sie darauf, dass die TN sich bei diesen Aktivitäten möglichst oft im Kursraum bewegen. Das fördert das Memorieren von Wörtern und Strukturen. Bewegung ist für viele TN auch konzentrationsfördernd und trägt zur Aktivierung beider Gehirnhälften bei. Dadurch wird neuer Wortschatz im Gedächtnis besser verankert.
Bei dieser Art von Aufgaben geht es häufig darum, dass die TN selbst Kärtchen, Plakate oder Fragebögen erstellen, was

nicht nur ein gutes Schreibtraining ist, sondern sich auch positiv auf das Kursklima auswirkt. Wenn Sie im Kurs nicht genug Zeit für Bastelarbeiten haben, können Sie zu den entsprechenden Aufgaben Kopiervorlagen aus dem Lehrwerkservice unter www.hueber.de/schritte-plus-neu nutzen (→ siehe „2.3 Medienüberblick" auf S. 5).

Praktische Tipps

*   Vermeiden Sie in diesen Phasen zu viele Korrekturen. Die TN sollen Gelegenheit haben, sich frei auszudrücken.
*   Achten Sie auf den Wechsel von Sozialformen.
*   Nutzen Sie einen Ball für Frage-Antwort-Gespräche.
*   Rollenspiele sollten nicht nur gesprochen, sondern auch gespielt werden. Wenn Ihre TN im Besitz von Smartphones sind, können Sie sie auch anregen, kleine Videos von den Rollenspielen aufzunehmen.
*   „Kugellager": Die TN stehen sich in einem Außenkreis und einem Innenkreis gegenüber. Der Außenkreis stellt Fragen, der Innenkreis antwortet. Nach jedem Mini-Gespräch bewegt sich der Innenkreis im Uhrzeigersinn, damit stehen sich zwei neue Partner gegenüber. Alternativ können Sie die TN sich auch zu Musik im Kreis bewegen lassen. Wenn die Musik stoppt, sprechen sie mit der Partnerin / dem Partner, die/der ihnen gerade gegenübersteht. Auf diese Weise können Sie Bewegung und Musik in den Unterricht integrieren.
*   Texte, Plakate etc. werden im Kursraum aufgehängt. Die TN gehen herum und sprechen darüber.
*   Die TN suchen andere TN mit möglichst vielen Gemeinsamkeiten oder Unterschieden.
*   Die TN sprechen mit wechselnden Partnern (WPA), um so möglichst oft die Dialoge oder Aufgaben zu wiederholen und zu variieren.
*   Sie können hier gezielt geübtere und ungeübtere TN zusammenarbeiten lassen und so eine Differenzierung vornehmen, ohne dass sie den TN sofort bewusst wird.

Praktische Tipps zur Paar- und Gruppenbildung
Paare:

*   Verteilen Sie Kärtchen, auf denen z. B. Frage und Antwort stehen. TN mit einer Frage suchen den TN mit der passenden Antwort. Dies können Sie später auch mit Verbformen (Infinitiv und Partizip), Gegensatzpaaren, Komposita oder mehrsilbigen Wörtern usw. durchführen.
*   Kleben Sie vor dem Unterricht unter oder hinter die Stühle der TN Zettelchen, von denen je zwei die gleiche Farbe haben. Das geht auch mit Bonbons. So können Sie die Partnerfindung steuern.
*   Nehmen Sie ein Bündel Schnüre, Anzahl: die Hälfte Ihrer TN. Die TN fassen je ein Ende einer Schnur, am anderen Ende der Schnur finden sie ihre Partnerin / ihren Partner.
*   Das „Atomspiel": Die TN stehen auf und bewegen sich frei im Raum, evtl. können Sie Musik dazu vorspielen. Als Stoppzeichen rufen Sie „Atom 2" (alternativ: 3/4/5/...). Die TN finden sich paarweise (bzw. zu Dreier-, Vierer-, Fünfergruppen ...) zusammen.

Gruppen:

- Zerschneiden Sie einen Satz in seine Bestandteile: Die TN müssen den Satz zusammenfügen (z. B. „Und wie heißen Sie?") und bilden eine Gruppe.
- Lassen Sie die TN abzählen (bei einer Gruppe von 21 TN von 1 bis 7, alle Einser gehen zusammen, alle Zweier etc.).
- Zerschneiden Sie Postkarten (Bilderpuzzle) oder Spielkarten und verteilen Sie sie: Die TN suchen die fehlenden Puzzleteile und finden so gleichzeitig ihre Partner.
- Definieren Sie bestimmte Merkmale: Alle mit Brille, alle mit blauen Augen, … bilden eine Gruppe.

5.7 Binnendifferenzierung

Ein (Integrations-)Kurs setzt sich aus TN mit unterschiedlichen Muttersprachen sowie unterschiedlichen Lernerfahrungen und Lernzielen zusammen. Binnendifferenzierung ist eine Möglichkeit, den Unterricht für alle TN interessant zu gestalten, auf die unterschiedlichen Bedürfnisse der TN einzugehen und jeden Einzelnen so gut wie möglich zu fördern. Binnendifferenzierung bedeutet Gruppenarbeit: Innerhalb des Kurses werden (zeitweise) mehrere Gruppen gebildet, die unterschiedliche Lerninhalte bearbeiten. Das kann beispielsweise heißen, dass leistungsstärkere Gruppen mehr oder schwierigere oder freiere Aufgaben erhalten oder dass für einzelne Gruppen verschiedene Lernziele gesetzt werden. *Schritte plus Neu* bietet vielfache Unterstützung für einen binnendifferenzierenden Unterricht:

- in den Unterrichtsplänen durch praktische Hinweise zum binnendifferenzierenden Arbeiten; diese sind mit ⬅➡ gekennzeichnet
- explizit im Kursbuch durch gekennzeichnete Zusatzaufgaben für schnellere TN SCHON FERTIG?
- implizit im Kursbuch durch Lesetexte oder Rollenspiele in unterschiedlichen Schwierigkeitsgraden
- implizit im Kursbuch durch die „Zwischendurch mal …"-Seiten: Die Aufgaben auf diesen Seiten können in Einzelarbeit, in Gruppenarbeit oder auch im Kurs bearbeitet werden. In den Unterrichtsplänen finden Sie jeweils Verweise dazu, wie und wann schnelle oder interessierte TN die Aufgaben auf diesen Seiten bearbeiten können. ZDM
- implizit im Kursbuch durch die Extra-Aufgaben auf den Übersichtsseiten „Grammatik und Kommunikation"
- explizit im Arbeitsbuch durch die mit ◇ gekennzeichneten vertiefenden Übungen für Lernungewohnte und die mit ❖ gekennzeichneten erweiternden Übungen für Lerngewohnte
- implizit im Arbeitsbuch durch die Selbsttests: Das „Ampelsystem" in der Auswertung ermöglicht den TN, im Internet unter www.hueber.de/schritte-plus-neu/lernen die passenden Anschlussübungen zu finden. Die TN können mit diesen Übungen den Stoff der Lektion selbstständig wiederholen und sich ggf. auch auf den Test vorbereiten. (→ siehe „4.3 Der Selbsttest" auf S. 9).

Praktische Tipps

Wichtig: Es ist nicht nötig, dass immer alle alles machen! Teilen Sie die Gruppen nach Kenntnisstand und/oder Neigung ein. Die einzelnen Gruppen können ihre Ergebnisse dem Plenum präsentieren. So lernen die TN miteinander und voneinander.

Binnendifferenzierung / Kursbuch

- Verweisen Sie schnellere TN immer wieder auf die „Schon-fertig?"-Aufgaben, auf die passenden Aufgaben auf den „Zwischendurch mal …"-Seiten und den Übersichtsseiten. Gehen Sie herum und helfen Sie individuell.
- Lassen Sie nach Abschluss von Lektion 1 alle TN den Selbsttest im Arbeitsbuch machen. Erläutern Sie das „Ampelsystem" und zeigen Sie – wenn möglich – exemplarisch im Internet, wie die TN mit den zusätzlichen Übungen umgehen sollen.
- Wenn Sie einen Computerraum zur Verfügung haben, bieten Sie für die erste Lektion an, die Übungen gemeinsam im Kurs durchzugehen. So können Sie helfen, wenn die TN mit den Übungsformen noch nicht vertraut sind.
- Ermuntern Sie die TN, das Audio- und Videotraining und die Handyfilme aktiv zu nutzen. Schnellere TN können diese Aufgaben mithilfe von Smartphone/Tablet und Kopfhörer auch nutzen, während andere TN noch Aufgaben aus Kurs- oder Arbeitsbuch lösen.
- Stellen Sie Mindestanforderungen, die von allen TN gelöst werden sollen. Besonders schnelle TN bekommen zusätzliche Aufgaben, z. B. Erweiterungsübungen im Arbeitsbuch. Reduzieren Sie die Vorgaben und Hilfestellungen für lerngewohnte TN. Entfernen Sie z. B. Vorgaben oder Schüttelkästen in den Aufgaben.
- Binden Sie schnellere TN als Co-Lehrer mit ein: Wenn diese eine Aufgabe beendet haben, können sie die Lösung schon an die Tafel oder ans IWB schreiben.
- Stellen Sie die Gruppen nach Neigung oder Lerntypen zusammen. Haben Sie beispielsweise visuell orientierte TN, können Sie neue Grammatikstrukturen mit Beispielen und Farben an der Tafel oder dem IWB präsentieren. Kognitiv orientierte TN erhalten Tabellen, in denen sie neue Formen eintragen – für diese TN sind die „Grammatik entdecken"-Aufgaben im Arbeitsbuch besonders gut geeignet.
- Lassen Sie bei unterschiedlich schwierigen Aufgaben die TN selbst wählen, welche sie lösen möchten und wie viel sie sich zutrauen. Damit vermeiden Sie eine feste Rollenzuweisung, denn ein TN kann sich einmal für die einfachere Aufgabe entscheiden, weil er sich selbst noch unsicher fühlt, ein anderes Mal aber für die schwierigere, weil er sich in diesem Fall schon sicher fühlt.
- Aufgaben zum Lesen: Nicht alle TN müssen alle Aufgaben lösen. Langsamere TN können sich auf die Aufgaben zum globalen Lesen konzentrieren oder nur weniger Absätze lesen und den restlichen Text als Hausaufgabe bearbeiten. Schnellere TN finden eine Reihe von weiteren Lesetexten auf den „Zwischendurch mal …"-Seiten.

- Aufgaben zum Hören: Sie können die TN in Gruppen aufteilen: Jede Gruppe achtet beim Hören auf einen bestimmten Sprecher und beantwortet die entsprechenden Fragen.
- Aufgaben zum Sprechen: TN, die noch Hilfestellung benötigen, können bei Sprechaufgaben auf die Redemittel auf den Kursbuchseiten und auf der Übersichtsseite zurückgreifen. Geübtere TN sollten das Buch schließen.
- Aufgaben zum Schreiben: Achten Sie auf die Vorlieben der TN. Nicht alle haben Freude am kreativen Erfinden von kurzen Texten. Bieten Sie auch Diktate (im Internet unter www.hueber.de/schritte-plus-neu) an oder unterstützen Sie TN, die noch Schwierigkeiten beim Schreiben haben, indem Sie ihnen Beispieltexte mit Lücken zum Ausfüllen geben.

Binnendifferenzierung/Arbeitsbuch
Die binnendifferenzierenden Übungen im Arbeitsbuch (siehe auch Seite 9) können im Kurs oder als Hausaufgabe bearbeitet werden. Es empfiehlt sich folgendes Vorgehen:

- Die Basisübungen (ohne Kennzeichnung) sollten von allen TN gelöst werden.
- Zusätzlich können die Vertiefungsübungen (◇) und die Erweiterungsübungen (❖) gelöst werden. Lassen Sie nach Möglichkeit die TN selbst entscheiden, wie viele Aufgaben sie lösen möchten, oder geben Sie bei der Stillarbeit im Kurs einen bestimmten Zeitrahmen vor, in dem die TN die Übungen lösen sollten. So vermeiden Sie, dass nicht so schnelle TN sich unter Druck gesetzt fühlen.

Die Basis- und Vertiefungsübungen sollten Sie im Plenum kontrollieren – durch Vorlesen im Kurs oder durch Selbstkontrolle der TN mithilfe einer Folie, auf der Sie oder ein TN zuvor die Lösungen notiert haben. Erweiterungsübungen führen über den Basiskenntnisstand hinaus. Hier gibt es auch freiere Übungsformen, z. B. das Schreiben von Dialogen anhand von Vorgaben. Die TN können sich bei diesen Übungen selbstständig zu zweit kontrollieren oder Sie verteilen eine Kopie mit den Lösungen. Bei freien Schreibaufgaben sollten Sie die Texte einsammeln und in der folgenden Unterrichtsstunde korrigiert zurückgeben.

5.8 Wiederholung

Damit sprachliche Strukturen und Wörter gefestigt werden können, müssen sie immer wieder aktiviert werden. *Schritte plus Neu* setzt daher auf häufige Wiederholungssequenzen:

- Im Lehrwerkservice finden sich interaktive vertiefende und erweiternde Übungen zum selbstständigen Weiterüben. Sie sind mit den Selbsttests am Ende jeder Arbeitslektion verknüpft.
- Mit dem Audio- und dem Videotraining auf den Übersichtsseiten „Grammatik und Kommunikation" können die TN wichtige Wendungen aus der Lektion selbstständig üben.
- Im vorliegenden Lehrerhandbuch gibt es zu jeder Lektion eine Kopiervorlage zur Wiederholung.
- Im Internet finden sich weitere Kopiervorlagen zur Wiederholung („Wiederholungsstationen").

Praktische Tipps

- regelmäßige Wortschatzwiederholung am Anfang jeder UE, z. B. durch spielerische Aktivitäten zum Einstieg (→ siehe „5.4 Wortschatzvermittlung" aus S. 13)
- Greifen Sie bereits bekannte Hör- und Lesetexte nochmals wiederholend auf und erstellen Sie kleine Wiederholungsübungen dazu (z. B. Lückentexte).
- Nutzen Sie die Wortfeld-Abbildungen auf den Lernwortschatz-Seiten zur Wortschatzwiederholung- und erweiterung. Kopieren Sie dazu die Abbildungen (z. B. ohne Artikel oder ohne Wörter) auf Folie, zeigen Sie sie am IWB und lassen Sie sie von den TN ergänzen.
- Wiederholen Sie Wortschatz, besonders Verben durch pantomimische Darstellung. Verteilen Sie dazu Wortkarten an die TN. Diese spielen das jeweilige Wort pantomimisch vor, die anderen raten.
- Die TN erstellen zu Beginn der Kursstunde kleine Plakate zu einem bestimmten Wortfeld der letzten Kursstunde. Achten Sie darauf, dass alle Nomen immer mit dem richtigen Artikel (und Genuspunkt) präsentiert werden. Lerngewohnte TN können in dieser Phase selbstständig mit dem Wörterbuch arbeiten und das Wortfeld um weitere Wörter ergänzen.
- Erstellen Sie zusammen mit den TN eine „Schatzkiste", indem Sie die TN in regelmäßigen Abständen bitten, die neuen Wörter auf Kärtchen zu schreiben und zu visualisieren. Die „Schatzkiste" kann dann bei Bedarf zur Binnendifferenzierung oder Wiederholung genutzt werden.

5.9 Lernstrategien/Lernerautonomie

Viele Lernende verfügen aufgrund ihrer Lernbiografie nicht über die Mittel, ihren Lernprozess eigenständig zu strukturieren und zu steuern. Deshalb gibt es in *Schritte plus Neu* dazu einige Hilfestellungen:

- Durch die Übungen im Arbeitsbuch lernen die TN in der praktischen Anwendung verschiedene Lerntechniken kennen (z. B. „Grammatik entdecken").
- Auf den Übersichtsseiten „Grammatik und Kommunikation" und auf den Lernwortschatzseiten finden die TN kleine Tipps zu verschiedenen Lerntechniken.

Merke:

Ich heiße

Mein Name ist ~~Frau~~ Baumann.

⌐TiPP¬
Lernen Sie Fragen und Antworten immer zusammen.

- Auf den Übersichtsseiten „Grammatik und Kommunikation" finden Sie die Lernziele der jeweiligen Lektion. (→ siehe „3.4 Übersicht: Grammatik und Kommunikation" und „5.12 Arbeit mit den Übersichtsseiten ‚Grammatik und Kommunikation'" auf S. 8 und 18)
- Im Lehrwerkservice steht eine Kopiervorlage für ein komplettes Portfolio zu jedem Band zur Verfügung (→ siehe „2.3 Medienüberblick" auf S. 5). Das Portfolio bietet die Möglichkeit, das Gelernte individuell zu dokumentieren und den Lernfortschritt am individuellen Lebensalltag zu spiegeln. Die TN halten Angaben zu sich und ihrem Umfeld fest, die sie sprachlich bereits bewältigen können und reflektieren an konkreten Beispielen über ihren Sprachlernprozess.

Praktische Tipps

- Verweisen Sie regelmäßig auf die Lerntipps auf den Übersichtsseiten „Grammatik und Kommunikation" und den Lernwortschatzseiten.
- Achten Sie darauf, dass die TN die Lerntipps ausprobieren und tauschen Sie sich darüber im Unterricht aus, z. B. indem Sie Kärtchen mit Smileys an Ihre TN verteilen, damit sie die Lerntipps bewerten und erstellen Sie ein Plakat mit den hilfreichsten Tipps für Ihren Kurs.
- Nehmen Sie sich eine feste Zeit in der Unterrichtswoche vor, in der sich die TN mit dem Thema Sprachenlernen beschäftigen.
- Kopieren Sie das Portfolio möglichst für alle TN. Alternativ können die TN sich die Seiten auch selbst aus dem Internet herunterladen (→ siehe „2.3 Medienüberblick" auf S. 5).
- Bitten Sie alle TN, sich einen Ordner für das Portfolio anzulegen und die erarbeiteten Blätter dort abzuheften.
- Begleiten Sie die Arbeit der TN am Portfolio aktiv. Ermuntern Sie Ihre TN, das Portfolio regelmäßig zu führen und planen Sie innerhalb des Unterrichts Phasen ein, in denen die Portfolio-Arbeit thematisiert wird.

5.10 Landeskunde

Die Vermittlung von Landeskunde ist für Migrantinnen und Migranten, die den Alltag in Deutschland meistern wollen und müssen, besonders wichtig. In *Schritte plus Neu* werden landeskundliche Inhalte gezielt angeboten:

- durch die Foto-Hörgeschichte, die den deutschen Alltag authentisch abbildet und dabei implizit landeskundliches Wissen vermittelt sowie interkulturelle Diskussionsanlässe bietet
- durch die Handyfilme zu den Foto-Hörgeschichten, die ebenfalls den Alltag in Deutschland zeigen
- durch landeskundlich relevante Lese- und Hörtexte auf den D- und E-Seiten sowie auf den „Zwischendurch mal ..."-Seiten
- durch die fakultativen Fokus-Seiten im Arbeitsbuch, die konkrete Informationen und Hilfestellungen zum Leben in Deutschland geben
- durch Projekt-Vorschläge auf den „Zwischendurch mal ..."-Seiten, die die TN anregen, sich mit ihrem Wohnort, ihrem unmittelbaren Umfeld und ihrem Alltag zu beschäftigen

Landeskundliche Informationen, über die die TN nach dem Rahmencurriculum für Integrationskurse verfügen sollten und die für das Leben in Deutschland wichtig sind, finden Sie in diesem Lehrerhandbuch. 🌍

Praktische Tipps

- Führen Sie mit ihren TN ein Kurs-Tagebuch, in dem sie wichtige landeskundliche Informationen, Ergebnisse von Projektarbeit etc. dokumentieren
- Regen Sie an, dass die TN Dinge und Gewohnheiten, die ihnen im deutschen Alltag auffallen, im Kurs thematisieren.

- Ermuntern Sie die TN, Gegenstände, Dokumente etc. aus Ihrem Lebens- und Berufsalltag in den Unterricht mitzubringen
- Lassen Sie die TN landeskundliche Informationen mit ihren Heimatländern vergleichen.

5.11 Phonetik

Häufig erwerben Lernende gute Kenntnisse in Wortschatz und Grammatik. Damit haben sie einen wichtigen Schritt für die Kommunikation mit Muttersprachlern der Zielsprache gemacht. Aber selbst wenn die Wörter von ihrer Semantik her richtig verwendet werden, kann es durch eine falsche Aussprache oder Betonung zu Missverständnissen bis hin zum völligen Scheitern der Kommunikation kommen. Deshalb wird in *Schritte plus Neu* von Anfang an Wert auf eine gründliche Ausspracheschulung gelegt:

In *Schritte plus Neu 1* und *2* stehen neben der Schulung einzelner Laute und Lautkombinationen vor allem Wortakzent, Satzakzent und Satzmelodie im Vordergrund. Bei der Lautartikulation wird der Schwerpunkt auf die Vokale gelegt, die als Akzentträger des Wortes für die Verständlichkeit von besonderer Bedeutung sind.

Die Ausspracheschulung in *Schritte plus Neu* hält sich an folgende Prinzipien:

- Sie erfolgt in einem Wechselspiel aus imitativem und kognitivem Lernen, z. B. durch Hören, Erkennen und Nachsprechen oder Hören, Erkennen und Markieren oder Hören und Nachsprechen.
- Die Laute werden zunächst im Wort und darauf aufbauend im ganzen Satz geübt.
- Die Beispiele ergeben sich aus der Lektion. Dadurch steht die Phonetik in einem für die TN relevanten und nachvollziehbaren Kontext. Zudem ergibt es wenig Sinn, Wörter nachzusprechen, die man nicht versteht.

Praktische Tipps

- Regen Sie die TN dazu an, phonetische Phänomene zunächst zu übertreiben, um die Lautbildung/Betonung zu üben und dadurch sicherer zu werden.
- Einzelne Sätze und Sequenzen aus der Foto-Hörgeschichte eignen sich sehr gut, um gesprochene Sprache zu hören und zu üben, z. B. wenn emotionale Ausdrücke und Aussagen dabei sind.
- Lassen Sie die TN Wortschatz zu einem bestimmten Laut sammeln und anschließend nach Schreibweise ordnen.
- Die TN oder Sie können aus Wörtern zu einem bestimmten Phänomen auch kleine Texte schreiben, in denen möglichst viele Laute einer bestimmten Sorte vorkommen, z. B. „Ist Iris im Iran?" – „Ich bin nicht sicher." / „Wo? Rot?" – „Da! Das Fahrrad!"
- Sprechen Sie mit den TN Wörter/Sätze laut, leise, geflüstert, gebrummt etc. Variieren Sie in der Stimmung und lassen Sie die TN mit ihrer Stimme spielen.

5.12 Arbeit mit den Übersichtsseiten *Grammatik und Kommunikation*

Die Übersichten über den Grammatikstoff und die wichtigen Wendungen der Lektion dienen den Lernenden zur Wiederholung direkt im Anschluss an die Lektion oder auch später.

Bei den Grammatik-Kästen sind jeweils Verweise zu den entsprechenden Abschnitten der *Schritte Übungsgrammatik* zu finden. Hier können die Lerner den Grammatikstoff weiterführend nachschlagen und trainieren (→ siehe „3.4 Übersicht: Grammatik und Kommunikation" auf S. 8).

Aufgaben / Tipps / Visualisierungen
Zu den einzelnen Grammatikphänomenen und den systematisch gruppierten Wendungen werden über die Übersicht hinaus am rechten Rand die folgenden Möglichkeiten angeboten:

In kleinen freien Aufgaben wenden die Lernenden den Lernstoff noch einmal an – meist in Bezug auf ihre eigene Lebenswelt.

Tipps zu Lernstrategien unterstützen den Lernprozess.

Visualisierungen helfen beim Memorieren der neuen Strukturen.

Kleine Suchaufgaben oder Rätsel wiederholen den gelernten Stoff spielerisch.

Illustrationen von Situationen verdeutlichen den Kontext des Gelernten.

Praktische Tipps

- Erstellen Sie Lückentexte aus den Übersichten. Die TN ergänzen die Lücken in Partnerarbeit und vergleichen anschließend mit dem Buch.
- Die TN ergänzen die Grammatikübersichten um eigene Beispiele.
- Verweisen Sie im Unterricht immer wieder auf diese Seiten, damit sich Ihre TN an den Umgang mit den Übersichten gewöhnen. Tipps zur Einbindung der Übersichten in den Unterrichtsablauf finden Sie auch hier in diesem Lehrerhandbuch.

- Aufgaben: Diese Aufgaben können zur Wiederholung im Unterricht bearbeitet werden, als Hausaufgabe gegeben werden oder zur Binnendifferenzierung genutzt werden.
- Tipps: Lesen Sie die Tipps – wenn möglich – gemeinsam mit Ihren TN und lassen Sie sie – wenn möglich – auch direkt praktisch anwenden.
- Lassen Sie die TN aus den Übersichten Plakate erstellen, die im Kursraum aufgehängt werden und so immer einen schnellen „Zugriff" zum neuen Stoff bieten.
- Achten Sie darauf, dass Sie die Grammatikübersichten aktiv in den Unterricht einbinden, damit die TN die Scheu vor diesen verlieren und lernen, sie als Hilfsmittel zu nutzen.
- Erläutern Sie den TN, dass diese Übersichten die wichtigen Strukturen zeigen, die zum Gebrauch der Sprache wichtig sind und kein Selbstzweck.

Audiotraining und Videotraining
Die Automatisierung spielt im Sprachlernprozess eine wichtige Rolle. Deshalb bietet *Schritte plus Neu* ein umfassendes Programm zum Einschleifen der wichtigsten Strukturen und Redemittel an (→ siehe „5.5 Automatisierung" auf S. 14).

Dieses Angebot können die TN zum selbstständigen Üben und Festigen von Strukturen und wichtigen Wendungen nutzen. Sie können die Übungen zum Audio- und Videotraining anfangs in den Unterricht integrieren, um Ihre TN mit diesen Übungsformen vertraut zu machen und die selbstständige Beschäftigung mit diesem Zusatzangebot anzuregen.
In den Unterrichtsplänen finden Sie Hinweise dazu, wie Sie diese Lerneinheiten konkret im Unterricht nutzen können.

Audiotraining
Zu jeder Lektion gibt es drei Übungen, die die wichtigen Wendungen und Strategien in kleinen Sätzen / Gesprächen aufgreifen. Die Übungen sind selbsterklärend und ausschließlich über die Informationen in den Audios zu lösen. Jede Aufgabe beginnt mit einem Beispiel, das die Aufgabenstellung transparent macht. Das Trainingsprogramm besteht aus Übungen zum Nachsprechen und Variieren der gelernten Wendungen nach einfachem Muster. Mit Hilfe dieses Trainings schleifen die Lernenden diese noch einmal ein und automatisieren so ihre Verwendung.

Praktische Tipps

- Weisen Sie Ihre TN auf diese Trainingsmöglichkeit und das Potenzial der Automatisierungsübungen hin. Spielen Sie zwei oder drei Sequenzen im Unterricht vor und zeigen Sie, wie Ihre TN selbstständig mit diesen Aufgaben arbeiten können.
- Spielen Sie das Audiotraining im Unterricht vor, die TN laufen im Kursraum herum und sprechen die Aufgaben mit.
- Spielen Sie das Audiotraining im Kurs vor und lassen Sie die TN die Lösungen im Chor sprechen.
- Die TN nutzen das Audiotraining der vorhergehenden Lektionen zur Wiederholung und Festigung.

Videotraining

Zu jeder Lektion gibt es eine Filmsequenz, die in zwei Teile geteilt ist:
Im ersten Teil sehen die Lernenden eine kleine Szene (gespielt von den Hauptdarstellern der Foto-Hörgeschichte), in der wichtige Wendungen der Lektion aufgegriffen werden. Im zweiten Teil werden die Lernenden direkt angesprochen und müssen Aufgaben zum Lernstoff lösen.
Die TN können das Videotraining selbstständig zur Wiederholung und Festigung nutzen. Sie sollten jedoch zu Beginn des Kurses einige dieser Videotrainings mit den TN zusammen ansehen und die TN zum Mitmachen auffordern, damit sie das Prinzip kennenlernen und es später selbstständig nach Bedarf nutzen können.

Praktische Tipps

Zeigen Sie die Filme im Unterricht als motivierenden Abschluss der Lektion und arbeiten Sie damit im Kurs. Hier gibt es mehrere Möglichkeiten:

- Zeigen Sie die kleinen Szenen und lassen Sie sie von den TN in kleinen Rollenspielen oder pantomimisch nachspielen.
- Zeigen Sie die Mitmachszenen und lassen Sie Ihren Kurs im „Chor" mitmachen.
- Sollten Ihre TN im Unterricht genügend Smartphones oder Tablets zur Verfügung haben, können sie die Filme auch in Partner- oder Gruppenarbeit ansehen, mitsprechen und nachspielen.
- Die TN nutzen die Filmvorlage für entsprechende eigene kleine Handyfilme. Anschließend zeigen die TN ihre Filme im Kurs oder stellen sie auf die Lernplattform.
- Sollten Sie keine Möglichkeit haben, Filme im Unterricht zu zeigen, weisen Sie Ihre TN auf jeden Fall auf das Symbol zum Videotraining hin. Die TN können die Filme dann eigenständig ansehen und haben damit eine motivierende Möglichkeit, den Lernstoff zu wiederholen (→ siehe „2.3 Medienüberblick" auf S. 5).

Lernziele

Die Auflistung der Lernziele dient der Transparenz des Lernprozesses. Für jeden Lernschritt A bis E können Lernende und Lehrende das Lernziel nachvollziehen. Diese Liste dient dazu, dass die Lernenden ihren Lernfortschritt selbst überprüfen können, indem sie ihr Können selbst einschätzen.
Durch Ankreuzen können die TN in der Rubrik „Ich kann jetzt ..." selbst bestimmen, ob sie die Ziele erreicht haben. Darüber hinaus ergänzen sie in der Rubrik „Ich kenne jetzt ..." Wörter aus dem erlernten Wortfeld. Auch dies dient der Überprüfung des Gelernten.

Praktische Tipps

- Verweisen Sie nach jedem erarbeiteten Lernschritt A bis E auf die Lernziele auf der Übersichtsseite und motivieren Sie Ihre TN dazu, anzukreuzen, wie sie ihren Lernerfolg einschätzen.

- Gehen Sie im Kurs umher und fragen Sie nach. Geben Sie unsicheren TN Tipps, wie sie den Stoff nochmals wiederholen oder vertiefen können, zum Beispiel, indem Sie ihnen geeignete Aufgaben im Arbeitsbuch, auf der Übersichtsseite oder die interaktiven Übungen im Internet empfehlen.
- Lassen Sie die Rubrik „Ich kenne jetzt ..." nach Abschluss der Lektion ergänzen. Vergleichen Sie die Ergebnisse im Kurs und nutzen Sie diese Unterrichtsphase zur Wiederholung der Wortfelder. Verweisen Sie ggf. auch auf die Lernwortschatzseiten der Lektion.

5.13 Arbeit mit den Seiten *Zwischendurch mal ...*

Die Einheiten auf diesen Seiten können Sie während der Arbeit mit den einzelnen Lernschritten der Lektion benutzen. In den Unterrichtsplänen finden Sie Verweise auf eine optimale Verknüpfung des Lernstoffs mit den Aufgaben auf diesen Seiten. Sie können diese Einheiten aber auch zur Wiederholung und Festigung des Stoffs im Anschluss an die Lektion bearbeiten. Sie sind fakultativ und spiegeln den Stoff der Lektion – oft in spielerischer Form.
Die Aufgaben können teilweise auch in Selbstarbeit bearbeitet und gelöst werden. Damit sind sie sehr gut zur Binnendifferenzierung geeignet (→ siehe „5.7 Binnendifferenzierung" auf S. 15).
Auf diesen Seiten finden Sie folgende Rubriken, die komplett unabhängig voneinander als eigenständige Zusatzaufgaben einsetzbar sind:

PROJEKT Hier wenden die TN den Stoff noch einmal praktisch und frei an, und zwar in Teamarbeit. Die Projekte fördern auch soziale Kompetenzen, den Umgang mit Informationsmedien und das selbstständige Handeln.

FILM Zu vielen Lektionen gibt es landeskundlich interessante Filmsequenzen, die das Thema der Lektion unter einem neuen Blickwinkel aufgreifen. Die Aufgaben dazu schulen das Hör-Sehverstehen. Zusätzlich zu den Aufgaben auf den „Zwischendurch mal ..."-Seiten finden Sie in diesem Lehrerhandbuch noch Kopiervorlagen mit weiteren Didaktisierungsvorschlägen zu den Filmen. (→ siehe „2.3 Medienüberblick" auf S. 5)

LESEN Ergänzende, landeskundlich interessante Lesetexte vertiefen und erweitern den Stoff und schulen das globale Leseverstehen.

HÖREN Ergänzende Hörtexte vertiefen und erweitern den Stoff und schulen das globale Hörverstehen.

SCHREIBEN Zusätzliche authentische und kreative Schreibanlässe bieten die Möglichkeit zum gezielten Schreibtraining.

LANDESKUNDE Interessante landeskundliche Zusatzinformationen und Themen schärfen den Blick für die deutschsprachige Lebenswelt der TN und bieten Anlass zum interkulturellen Vergleich.

SPIEL/RÄTSEL/COMIC Das spielerische Wiederholen des Lernstoffs soll die TN motivieren und ist besonders gut nach längeren, kognitiv orientierten Unterrichtsphasen einsetzbar.

LIED Beim Einsatz von Musik im Unterricht haben Sie vielfältige Möglichkeiten, Ihre Lernenden durch die Kombination von Text und Rhythmus anzuregen. Auch der Einsatz von Bewegung in Form von Pantomime oder Tanz trägt in vielen Lerngruppen zur zusätzlichen Motivation bei.

Praktische Tipps

PROJEKT

- Bereiten Sie die Projekte immer sprachlich so weit wie nötig vor. Wiederholen Sie erforderliche Redemittel. Das gibt den TN Sicherheit bei der Durchführung der Projekte.
- Sie können die Projekte als Hausaufgaben aufgeben, die einzeln oder im Team gelöst werden sollen. Wenn Sie genug Unterrichtszeit zur Verfügung haben, können Sie die Projekte auch für selbstständige Gruppenarbeitsphasen nutzen.
- Wichtig ist, dass die Ergebnisse der Projekte im Kurs präsentiert und/oder auf die Lernplattform gestellt werden.

FILM

- Nutzen Sie die Fotos und die Überschriften im Buch, um Erwartungen an die Filme zu wecken.
- Stellen Sie W-Fragen (wer – was – wann – wo – wie – warum) zum Film.
- Lassen Sie den Film zunächst ohne Ton laufen und ermuntern Sie die TN, Hypothesen zum Gesehenen aufzustellen.
- Lassen Sie nur die Tonspur ablaufen und lassen Sie die TN Hypothesen zum Gehörten aufstellen.
- Zeigen Sie ausgewählte Standfotos aus den Filmen und lassen Sie die TN beschreiben, was gerade passiert oder was sie sehen.
- Stoppen Sie den Film nach kurzer Zeit. Die TN äußern Vermutungen, was weiter passiert.
- Lassen Sie die TN Szenen aus dem Film nachspielen.

LESEN/HÖREN/LANDESKUNDE

- Nutzen Sie Bilder und Überschriften, um Erwartungen an den Text zu wecken und das Vorwissen der TN zu aktivieren.
- Die TN können auch eigene Aufgaben füreinander erstellen, z. B. Richtig-Falsch-Aufgaben, Fragen zum Text, Lückentexte etc.
- Wortschatzarbeit: Die TN suchen wichtige Wörter aus dem Text und sortieren sie nach Wortfeldern.
- Die TN stellen anhand der Informationen im Text interkulturelle Vergleiche an. Das kann paarweise, in Gruppenarbeit oder im Plenum geschehen.

COMIC

- Schneiden Sie die einzelnen Bilder des Comics aus, die TN setzen den Comic wieder richtig zusammen.
- Entfernen Sie Teile oder auch komplette Texte aus den Sprechblasen, die die TN dann zuordnen oder auch komplett neu schreiben. Damit können Sie entweder Leseerwartungen wecken oder die TN zu weiteren eigenen Variationen anregen.

LIED

- Arbeiten Sie mit dem ersten, ganzheitlichen Höreindruck (Melodie/Gesang), indem Sie das Lied als Ganzes vorspielen. Fragen Sie dann, wie die TN das Lied finden bzw. worum es gehen könnte.
- Nutzen Sie Bilder und Überschriften, um Erwartungen an den Text zu wecken und das Vorwissen der TN zu aktivieren.
- Spielen Sie, wenn vorhanden, zunächst nur den Refrain vor und tragen Sie im Kurs zusammen, was die TN verstanden haben.
- Die TN hören das Lied und notieren, welche Wörter sie verstanden haben. Notieren Sie diese dann auf Zuruf an der Tafel und lassen Sie Vermutungen über den Liedinhalt anstellen.
- Schreiben Sie einige Schlüsselwörter auf Kärtchen, verteilen Sie sie im Kurs und bitten Sie die TN, sie hochzuhalten, wenn das Wort im Lied vorkommt. Alternativ können Sie die TN bitten, aufzustehen und sich nach den gehörten Worten chronologisch aufzustellen.
- Schreiben Sie den Text satzweise auf Papierstreifen und bitten Sie die TN, die Sätze während des Hörens in die richtige Reihenfolge zu legen.
- Abschließend können die TN das Lied oder den Refrain auch mitsingen. Dabei können verschiedene Zeilen oder Strophen im Kurs aufgeteilt werden.

Die erste Stunde im Kurs

Form	Ablauf	Material	Zeit
	Bevor Sie mit Lektion 8 beginnen, sollten Sie, je nach Ausgangssituation Ihres Kurses, diese Seite bearbeiten.		
Situation 1	Ihr Kurs läuft weiter und alle TN kennen *Schritte plus Neu 1* bereits.		
GA/PL	1. Sie halten mit den TN eine kurze Rückschau: Die TN lesen die Texte zu den Protagonisten der Foto-Hörgeschichte und ergänzen, was sie sonst noch alles über sie wissen. Stellen Sie Fragen: „Wo lebt Laras Mutter?", „Hat Tim Geschwister?", „Sind Tims Eltern geschieden?" etc. Lassen Sie auch die Ereignisse in den Foto-Hörgeschichten in *Schritte plus Neu 1* Revue passieren, indem Sie fragen: „Was sind Pfannkuchen?", „Wo machen Lara und Tim gern zusammen Pause?", „Wie wohnt Lara?", „ Wie ist Laras Tag?" etc. Als Gedankenstütze dienen die Foto-Hörgeschichten aus *Schritte plus Neu 1*. *Variante:* Wenn Sie wenig Zeit haben, können Sie auch direkt mit Lektion 8 beginnen.	Kopien/Poster/ Slide-Shows der Foto-Hörgeschichten	
Situation 2	Ein neuer Kurs beginnt und einige TN haben schon mit *Schritte plus Neu 1* gelernt.		
PA	1. Bitten Sie die TN, sich kurz vorzustellen und ein Namensschild aufzustellen. Die TN lesen dann das Beispiel und die Redemittelhilfen für ein Partnerinterview und befragen sich zu zweit. Achten Sie darauf, dass möglichst TN zusammenarbeiten, die sich noch nicht kennen. Abschließend werden die Partner im Plenum vorgestellt.		
⟷ ⚠	2. Teilen Sie den Kurs in „neue" und „alte" TN. Die „neuen" TN lesen die Texte im Buch und bekommen so einen ersten Eindruck von den Protagonisten der Foto-Hörgeschichte. Helfen Sie ggf. bei unbekannten Wörtern. Die „alten" TN versuchen gemeinsam, sich an die wichtigsten Informationen zu den Protagonisten zu erinnern, und machen sich Notizen. Es ist nicht notwendig, dass die TN Details sprachlich wiedergeben können. Es geht hier vielmehr darum, möglichst viele Informationen zu den Protagonisten zu sammeln. Gehen Sie herum und helfen Sie mit gezielten Fragen wie bei Situation 1.		
GA	3. Die TN finden sich in Kleingruppen zusammen, die aus „neuen" und „alten" TN bestehen. Die TN, die die Foto-Hörgeschichten schon kennen, erzählen, soweit sprachlich möglich, was sie bereits über die Protagonisten wissen.		
Situation 3	Ein neuer Kurs beginnt und die TN kennen *Schritte plus Neu 1* alle noch nicht.		
PL	1. Sie sollten den TN zunächst Gelegenheit zu einer Vorstellungsrunde und einem kleinen Partnerinterview geben. Die TN bilden z. B. einen Innenkreis und einen Außenkreis. Zwei TN stehen sich also gegenüber. Spielen Sie Musik vor, die beiden Kreise laufen in jeweils entgegengesetzter Richtung, bis Sie die Musik stoppen. Die TN, die sich nun gegenüberstehen, stellen sich gegenseitig Fragen bis die Musik wieder einsetzt. Dann gehen sie weiter, bis die Musik wieder stoppt etc.	Musik	
TiPP	Kennenlernspiele nehmen die erste Anspannung und sorgen für eine angenehme Lernatmosphäre.		
PL	2. Die TN lesen die Texte im Buch. Stellen Sie sicher, dass die TN die Texte verstanden haben, und fragen Sie: „Wer ist Tim?", „Woher kommt er?", „Was macht Lara in München?", „Ist Tim ihr Bruder?", „Wer ist Lili?" etc. Deuten Sie dabei jeweils auf die Fotos.		
PL	3. *fakultativ:* Nutzen Sie die erste Unterrichtsstunde für eine Einstimmung auf das gemeinsame Lernen und spielen Sie den TN alle Foto-Hörgeschichten aus *Schritte plus Neu 1* vor. Zeigen Sie dabei jeweils die Fotos auf Folie oder am IWB. Dies ist nicht nur ein „gemütlicher" Einstieg in den Kurs, sondern die TN, die alle bereits etwas Deutsch gelernt haben, aktivieren ihre Kenntnisse und können Fragen stellen, wenn sie etwas nicht verstanden haben. Es ist auch eine gute Möglichkeit, den Wortschatz und die Strukturen, die in *Schritte plus Neu 2* vorausgesetzt werden, aufzugreifen. Sie können dabei rasch feststellen, wo Wiederholungsbedarf besteht.	Folie/IWB	

BERUF UND ARBEIT

Folge 8: Total fotogen

Einstieg in das Thema „Beruf und Arbeit"

	Form	Ablauf	Material	Zeit
1		**Vor dem ersten Hören: Vermutungen über die Inhalte der Foto-Hörgeschichte äußern**		
	PL	1. Die Bücher sind geschlossen. Deuten Sie auf Foto 6 und fragen Sie: „Wo spielt die Geschichte?", „Wer sind die Personen?" etc. Die TN stellen Vermutungen an. Sammeln Sie neuen Wortschatz wie „Krankenhaus", „Arzt", „Praxis", „Patient" etc. mit bestimmtem Artikel an der Tafel.	Folie/IWB	
	EA/PA ⟷	2. Die TN öffnen die Bücher, sehen sich nun die anderen Bilder an, lesen die Aufgabe und kreuzen an. Die Zeichnungen helfen den TN beim Erschließen des neuen Wortschatzes. Geübtere TN lösen die Aufgabe in Stillarbeit. Ungeübte TN arbeiten zu zweit.		
	TiPP	Indem die TN Hypothesen bilden, wird der Text vorentlastet, d. h. er wird zum einen situativ eingebettet, zum anderen erarbeiten sich die TN auf diese Weise die sprachlichen Voraussetzungen, die sie zum Textverständnis später benötigen. Jeder TN kann so sein Vorwissen individuell einbringen, die TN lernen von- und miteinander und erweitern bzw. festigen so ihren Wortschatz.		
2		**Beim ersten Hören: Die wesentlichen Inhalte verstehen**		
	EA	1. Die TN hören die Foto-Hörgeschichte, bei Bedarf auch mehrmals, und vergleichen mit ihren Lösungen. Abschlusskontrolle im Plenum. *Lösung: a in Sofias Praxis, b ein Interview für den Deutschkurs, c Ausbildung und Beruf, d Sofias Patient, e Hausmeister*	CD 3/1–8, Folie/IWB	
3		**Beim zweiten Hören: Informationen im Detail verstehen**		
	EA/PA ⟷	1. Deuten Sie auf die Wörter und fragen Sie: „Was passt?" Ein TN liest Beispiel a vor und ergänzt den Satz. Die TN lesen dann die anderen Sätze und ordnen zu. Geübtere TN lösen die Aufgabe in Stillarbeit. Ungeübte TN arbeiten zu zweit. Gehen Sie hier noch nicht auf unbekannte Wörter ein. Die TN erschließen sich den neuen Wortschatz im Kontext selbst. Zum Abschluss der Aufgabe können Sie die neuen Wörter, z. B. „von Beruf", „eigene Praxis" und „fotogen", noch einmal anhand von weiteren Beispielen erklären.	Folie/IWB	
	EA	2. Die TN hören die Gespräche noch einmal und vergleichen mit ihren Lösungen. Abschlusskontrolle im Plenum. *Lösung: a Beruf, b Hausmeister, c Physiotherapeutin, d Praxis, e Chef, f Patient, g 35, h Journalisten* *Hinweis:* Hier können Sie zur Erweiterung der Aktivitäten auch „Laras Film" einsetzen. Fragen Sie die TN vor dem Sehen: „Seit wann arbeitet Eda Erden in der Physiopraxis Baumann? Was hat sie vorher gemacht?". Die TN sehen sich „Laras Film" an und machen Notizen. Zeigen Sie den Film bei Bedarf mehrmals. Sammeln Sie anschließend alle Informationen zu Eda Erden an der Tafel.	CD 3/1–8, Folie/IWB	
	WPA	3. *fakultativ:* Die Bücher sind geschlossen. Verteilen Sie die Kärtchen von der Kopiervorlage, sodass jeder TN mindestens eine Wort- oder Bildkarte erhält. Schreiben Sie: „Was sind Sie von Beruf?" an die Tafel und bitten Sie einen TN, die Frage vorzulesen. Deuten Sie auf sich und sagen Sie: „Ich bin Lehrer(in) von Beruf.". Schreiben Sie die Antwort ebenfalls an die Tafel. Die TN gehen im Kursraum herum und suchen die Partnerin / den Partner mit der jeweils passenden Karte. Gemeinsam hängen die Partner ihr Kartenpaar im Kursraum auf.	KV L8/FHG	

⚠	*Hinweis:* Alle abgebildeten Berufe stammen aus *Schritte plus Neu 1* oder aus der Foto-Hörgeschichte dieser Lektion, sodass die Aufgabe für „alte" TN eine Wiederholung bzw. Bewusstmachung der Berufsbezeichnungen, für „neue" TN eine Erweiterung des Wortschatzes darstellt.	
	Gehen Sie an dieser Stelle noch nicht auf die maskuline bzw. feminine Form der Berufsbezeichnungen ein. Diese lernen die TN in Lernschritt A kennen.	
TiPP	In Inlandskursen können Sie darauf zurückgreifen, dass viele TN schon einige Zeit im deutschsprachigen Raum leben und bereits erworbenes Wissen mitbringen. Versuchen Sie so oft wie möglich, dieses Vorwissen zu aktivieren. Die TN können sich so gegenseitig etwas beibringen und einander helfen. Ziehen Sie Nutzen aus dem vorhandenen Wissen der TN. Antworten Sie z. B. bei der Frage nach einer Wortbedeutung nicht sofort selbst, sondern geben Sie die Frage an das Plenum weiter. Vielleicht kann ein TN das Wort erklären. Verfahren Sie ebenso mit Fehlern: Geben Sie erst anderen TN die Möglichkeit, einen Fehler zu korrigieren, bevor Sie selbst korrigieren.	
🎬 Laras Film	In „Laras Film" berichtet die Praxishelferin Eda Erden von sich, ihrer Familie, ihrem Ausbildungsweg und ihrer Arbeit in Sofias Praxis. Sie können den Film am Ende der Foto-Hörgeschichte zur Erweiterung der Aktivitäten oder nach B5 zur Variation des Themas „Arbeit und Ausbildung" und zur Festigung der modalen Präposition „als" einsetzen.	„Laras Film" Lektion 8

A ICH BIN PHYSIOTHERAPEUTIN.

Wortbildung bei Nomen: maskuline/feminine Berufsbezeichnungen; lokale Präposition *bei*, modale Präposition *als*

Lernziel: Die TN können Berufe benennen und erfragen sowie über ihre berufliche Situation sprechen.

	Form	Ablauf	Material	Zeit
A1		**Präsentation des Wortfelds „Berufsbezeichnungen" und der Präpositionen *als* und *bei***		
	PL	1. Deuten Sie auf die Fotos und fragen Sie: „Wer ist was von Beruf?". Die TN sehen sich die Fotos an und ordnen zu. Abschlusskontrolle im Plenum. *Lösung: B Arzthelferin, C Hausmeister*	Folie/IWB	
	PL	2. Deuten Sie auf Bild A und fragen Sie: „Was ist Sofia von Beruf?" und „Was ist Eda von Beruf?". Warten Sie die Antworten der TN ab und schreiben Sie die Frage-Antwort-Paare an die Tafel. Verdeutlichen Sie, dass man im mündlichen Sprachbrauch sowohl mit „Sie ist ... von Beruf." als auch mit „Sie ist ... ." antworten kann.	Folie/IWB	
	PL	3. Deuten Sie dann auf Bild C und fragen Sie: „Was ist Herr Koch von Beruf?". Notieren Sie „Er ist Hausmeister (von Beruf)." und „Er arbeitet als Hausmeister bei ‚TerraMax Immobilien'." Erklären Sie, dass beide Formulierungen korrekt sind, dass man die Formulierung mit „als" aber vor allem dann verwendet, wenn man etwas anderes arbeitet als man ursprünglich gelernt hat. Das deckt sich mit der Lebenswirklichkeit vieler TN, die in Deutschland oft nicht gleich eine Arbeit in ihrem Beruf finden. Wenn man angeben möchte, bei welcher Firma man angestellt ist, verwendet man die Formulierung mit „bei". Verweisen Sie an dieser Stelle auch auf den Grammatik-Kasten und die Grammatikübersicht 2 (Kursbuch, S. 102) und die nebenstehende kleine Schreibaufgabe.	Folie/IWB	

A2		Systematisierung: Feminine und maskuline Berufsbezeichnungen		
a	PL	1. Deuten Sie auf Bild A und fragen Sie: „Was ist sie von Beruf?". Die TN nennen die Berufsbezeichnung und sehen sich das Beispiel „der Arzt" und „die Ärztin" im Grammatik-Kasten an. Verdeutlichen Sie noch einmal, dass es sich auf dem Foto um eine Frau handelt und man deshalb nicht „Arzt", sondern „Ärztin" sagt.	Folie/IWB	
	EA	2. Die TN sehen sich die anderen Fotos an und ergänzen in der Tabelle jeweils die maskuline bzw. feminine Form der Berufsbezeichnung. Abschlusskontrolle im Plenum. *Lösung: männlich: B Mechatroniker E Krankenpfleger, weiblich: D Polizistin C Hausfrau*	Folie/IWB	
	PL	3. Fragen Sie, welche Endung die Berufsbezeichnung für eine Frau meistens trägt. Warten Sie die Antwort der TN ab und markieren Sie die Endung „-in". Fordern Sie die TN auf, die Endungen in ihrem Buch ebenfalls zu markieren. Machen Sie deutlich, dass es sich bei „Hausfrau/Hausmann" und „Krankenpfleger/Krankenschwester" um Sonderformen handelt. Verweisen Sie auch auf die Grammatikübersicht 1 und auf die nebenstehende kleine Übung zu den Berufsbezeichnungen (Kursbuch, S. 102). *Lösung: ist Arzt, ist Ärztin*	Folie/IWB	
	GA	4. *fakultativ:* An dieser Stelle können Sie die KV L8/FHG noch einmal verwenden. Die TN ordnen, wie in der Tabelle im Buch, die Karten nach maskulinen und femininen Berufsbezeichnungen und ergänzen die jeweils fehlende Bezeichnung.	KV L8/FHG, Kärtchen	
b	PA	5. Die TN machen analog zum Info-Kasten eine Liste mit mindestens zehn weiteren Berufsbezeichnungen. Dabei können sie ihr Vorwissen einbringen und die Regel zur Bildung maskuliner bzw. femininer Berufsbezeichnungen anwenden. Bei Bedarf können sie auch im Wörterbuch nachschlagen. Abschlusskontrolle im Plenum.		

TiPP	Fordern Sie Ihre TN auf, die bestimmten Artikel immer gleich dazuzuschreiben, auch wenn das Genus bei Berufsbezeichnungen oft an der Endung erkennbar ist.		

	PL	6. Bitten Sie die TN, jeweils einen Beruf auszuwählen, diesen auf eine Karte zu schreiben und ihn pantomimisch darzustellen und/oder mit Worten zu beschreiben. Die anderen TN raten. Abschließend werden die Karten mit der maskulinen/femininen Berufsbezeichnung im Kursraum aufgehängt.	Karten	
	⚠	Hier sollen die TN noch nicht verraten, was sie selbst von Beruf sind. Das folgt in Aufgabe A3. Sie sollen stattdessen einen Beruf präsentieren, den man leicht pantomimisch darstellen kann.		
		Hinweis: Zur Vertiefung des Themas „Arbeit und Beruf" können Sie hier mit dem Film „Heidis Lieblingsladen" aus „Zwischendurch mal ..." (Kursbuch, S. 104) arbeiten, in dem es um den Arbeitsalltag des Gemüsehändlers Kenan Cinar geht. Wenn sich Ihre TN für das Thema Kindererziehung/Kinderbetreuung in Deutschland interessieren, können Sie an dieser Stelle auch mit dem Lesetext „Liebe plus Zeit – von Beruf Erzieherin" aus „Zwischendurch mal ..." (Kursbuch, S. 105) arbeiten. Hier geht es um das Berufsbild „Erzieher/in".	ZDM	
	EA/HA	Arbeitsbuch 1–3		

A3		Aktivität im Kurs: Über die eigene Berufstätigkeit sprechen		
	PL	1. Deuten Sie auf die Redemittel und gehen Sie bei Bedarf auf neue Wendungen wie „Ich mache eine Ausbildung als ..." ein. Verweisen Sie an dieser Stelle auch auf die Redemittelübersicht „Über den Beruf sprechen: Was sind Sie von Beruf?" (Kursbuch, S. 103). Als Hausaufgabe können die TN die nebenstehende, kleine Schreibaufgabe lösen und am nächsten Kurstag in Kleingruppen die Berufe ihrer Freunde präsentieren.		

WPA	2. Die TN gehen im Raum herum und befragen wechselnde Partner nach ihrer beruflichen Tätigkeit. Die Redemittel helfen ihnen dabei. Gehen Sie ebenfalls herum und helfen Sie, wenn nötig. Wer möchte, kann abschließend seine Berufsbezeichnung auf eine Karte schreiben und diese zu den anderen Berufsbezeichnungen hängen. Auf diese Weise werden alle im Kurs repräsentierten Berufe auch visualisiert. *Hinweis:* An dieser Stelle bietet sich der Comic „Der kleine Mann: Was sind Sie von Beruf?" aus „Zwischendurch mal …" (Kursbuch, S. 104) an. Die TN können anschließend ähnliche Rätsel zu bereits bekannten Berufsbezeichnungen formulieren und so spielerisch den neuen Wortschatz einüben.	Karten ZDM

TiPP	Denken Sie daran, dass das Lehrwerk nur die Rahmenbedingungen für Ihren Kurs schaffen kann, die an die Gegebenheiten und Bedürfnisse der TN angepasst werden müssen. Wichtig ist, dass die TN den Bezug zu sich und ihrer Lebenswelt sehen und über ein Thema in dem Maße sprechen dürfen, wie es ihnen wichtig ist. Sprechen Sie bei Interesse weiter über die Berufe („Was macht ein Mechatroniker?", „Was ist wichtig für eine Polizistin?" etc.).
EA/HA	Arbeitsbuch 4–7
PA Schreib- training	Arbeitsbuch 8: im Kurs: Die TN formulieren analog zu Übung 7 nun einen kurzen Text über sich selbst. Geübtere TN können weitere Informationen ergänzen, z. B. zu ihrer Ausbildung, aktuellen Tätigkeit etc. Ungeübtere TN konzentrieren sich auf die vorgegebenen Stichpunkte. Gehen Sie herum und helfen Sie ggf. beim Formulieren.

PL	Arbeitsbuch 9–10: im Kurs: Die TN hören die Berufe in Übung 9 und sprechen im Chor nach. Die TN hören noch einmal und achten genau darauf, wo „r" im Wort nicht zu hören ist. Die TN markieren. Erklären Sie, dass der Buchstabe „r" im Deutschen für zwei unterschiedliche Laute steht. Am Wort- oder Silbenanfang oder nach kurzen Vokalen hört und spricht man „r". Am Wort- und Silbenende hört man eine Mischung aus offenem „e" und kurzem „a". In Übung 10 machen sich die TN den Unterschied von „-e" und „-er" am Silben- bzw. Wortende bewusst. Sie ergänzen die Lücken und sprechen die Sätze im Chor nach.	AB-Track 2/1–4
⚠	Es gibt noch weitere Regeln für das vokalische „r". Beschränken Sie sich vorerst auf die im Deutschen sehr häufige Wortendung auf „-er".	

B WANN HAST DU DIE AUSBILDUNG GEMACHT?

Temporale Präpositionen *vor*, *seit*

Lernziel: Die TN können private und berufliche Informationen über Vergangenheit und Gegenwart austauschen.

	Form	Ablauf	Material	Zeit
B1		**Präsentation der temporalen Präpositionen *vor* und *seit***		
	PL	1. Deuten Sie auf das Bild und fragen Sie: „Wo sind Sofia und Lara?", „Was machen sie?", „Was fragt Lara?" etc. Die TN stellen Vermutungen an.	Folie/IWB	
	EA	2. Die TN lesen die Aufgabe, hören das Gespräch und verbinden die Sätze. Die TN hören bei Bedarf zweimal. Abschlusskontrolle im Plenum. *Lösung: b Drei Jahre, c Meine Praxis habe ich jetzt seit vier Jahren.*	CD 3/9	

PL	3. Schreiben Sie an die Tafel:			

> **Wann hast du die Ausbildung gemacht?**
>
> Vor zehn Jahren.   jetzt/heute

Erklären Sie anhand des Tafelbilds, dass man mit „Wann?" nach einem Zeitpunkt fragt und mit „vor" einen Zeitpunkt in der Vergangenheit angibt. Zur Verdeutlichung können Sie auch mit Jahreszahlen arbeiten.

⚠ Zur Antwort benötigen die TN den Dativ, der aber an dieser Stelle noch nicht systematisch eingeführt wird. Sie lernen die Antwort hier als feste Verbindung von Präposition und verschiedenen Zeitangaben.

PL	4. Stellen Sie den TN weitere Fragen nach einem Zeitpunkt in der Vergangenheit, z. B. „Wann haben Sie Ihre Ausbildung gemacht?" oder „Wann sind Sie nach Deutschland gekommen?", um sicherzustellen, dass sie die Erklärung verstanden haben.			
PL	5. Fahren Sie dann mit folgender Tafelanschrift fort:			

> **Seit wann bist du schon selbstständig?**
>
> Seit vier Jahren.   jetzt/heute ------>

Machen Sie anhand des Tafelbilds deutlich, dass man mit „Seit wann?" nach einem Zeitraum fragt, der in der Vergangenheit begonnen hat, bis heute andauert und noch **nicht** abgeschlossen ist. Zur Angabe eines Zeitraums, der zu einem bestimmten Zeitpunkt begonnen hat, benutzt man „seit".

PL	6. Stellen Sie den TN einige weitere Fragen, z. B. „Seit wann bist du verheiratet?" oder „Seit wann lebst du hier?", um das Verständnis zu sichern.			
PL	7. Schreiben Sie Folgendes an die Tafel:			

> **Wie lange hat die Ausbildung gedauert?**
>
> Drei Jahre.

Verdeutlichen Sie anhand des Tafelbilds, dass man mit „Wie lange?" ebenfalls nach einem Zeitraum fragt, dieser aber bereits (in der Vergangenheit) abgeschlossen ist. Die Angabe eines Zeitraums erfolgt ohne Präposition.

PL	8. Stellen Sie den TN weitere Fragen, z. B. „Wie lange hat Ihre Ausbildung gedauert?", „Wie lange sind Sie zur Schule gegangen?" oder „Wie lange haben Sie studiert?" etc.			

B2	**Hörverstehen: Zeitangaben verstehen**			
EA/PA ⟷	1. Die TN lesen das Interview und ergänzen die Sätze mithilfe des Tafelanschriebs. Geübtere TN arbeiten in Stillarbeit. Ungeübtere TN arbeiten zu zweit.			
EA/PA	2. Die TN hören das Interview und vergleichen mit ihren Lösungen. Verweisen Sie die TN an dieser Stelle auf den Grammatik-Kasten. *Lösung: Vor, Seit*	CD 3/10		
PA	3. Die TN lesen das Gespräch mit verteilten Rollen.			
EA/HA	Arbeitsbuch 11–12			

B3	**Anwendungsaufgabe zu den temporalen Präpositionen *seit* und *vor***			
PL	1. Deuten Sie auf die E-Mail und sagen Sie: „Frau Szabo möchte bei der Firma ,mediaplanet' ein Praktikum machen. Sie schreibt eine Bewerbung."			

EA/PA ⟷	2. Ein TN liest die Aufgabe und das erste Beispiel vor. Geübtere TN arbeiten allein. Ungeübtere TN arbeiten paarweise zusammen. Gehen Sie herum und helfen Sie, wenn nötig. Abschlusskontrolle im Plenum: Schreiben Sie die Fragen an die Tafel. *Lösung: 1 Wann haben Sie das Diplom gemacht? 2 Seit wann leben Sie in Deutschland? 3 Wie lange machen Sie schon das Praktikum bei „Inova-Marketing"? 4 Wann haben Sie bei „S & P Media" gearbeitet? 5 Seit wann lernen Sie Deutsch?*		
EA/HA	Arbeitsbuch 13		

B4	**Erweiterung: Präsentation des Dativs bei den temporalen Präpositionen *seit* und *vor***		
PL	1. Die TN lesen die möglichen Antworten zu den Fragen in B3. Verweisen Sie auf das vorgegebene Beispiel und zeigen Sie, dass die Antwort zu Frage 1 passt, indem Sie Frage und Antwort an die Tafel schreiben.		
EA/PA ⟷	2. Die TN hören das Gespräch so oft wie nötig und ordnen die passenden Fragen zu. Geübtere TN arbeiten allein. Ungeübtere TN arbeiten paarweise zusammen. Abschlusskontrolle im Plenum. Während die TN den gesamten Text noch einmal hören, schreibt ein TN die richtigen Antworten zu den Fragen an die Tafel. *Lösung: 1 Vor einem Jahr. 2 Seit sechs Monaten. 3 Seit einem Monat. 4 Das war vor zehn Monaten. 5 Schon vier Jahre.*	CD 3/11	
PL	3. Unterstreichen Sie die temporalen Angaben in den Antworten und umkreisen Sie die Artikelendungen nach „vor" und „seit". Schreiben Sie Folgendes an die Tafel: Erklären Sie anhand des Tafelbildes, dass die unbestimmten Artikel nach „seit" und „vor" die Endung „-em"/„-er" bekommen und das Nomen im Plural die Endung „-(e)n" erhält. Verweisen Sie auch auf den Grammatik-Kasten und die Grammatikübersicht 3 (Kursbuch, S. 102).		
GA	4. *fakultativ:* Kopieren Sie die Kopiervorlage für jede Gruppe einmal und schneiden Sie die Karten aus. Mischen Sie die Karten gut durch. Die TN legen aus den Satzteilen passende Fragen und Antworten. Es sind mehrere Lösungen möglich.	KV L8/B4	
PL	5. Sammeln Sie mit den TN an der Tafel, welche Zeitangaben sie bereits kennen und formulieren Sie gemeinsam einige Beispiele. Notieren Sie Folgendes an der Tafel:		

Wann? / Wie lange?

der Monat → vor/seit einem Monat
das Jahr → vor/seit einem Jahr
die Woche → vor/seit einer Woche
die Jahre → vor/seit drei Jahren

Montag   Dienstag   _____

_____   _____   drei Uhr

Wochenende

Morgen   Vormittag

_____

am   um

Ich bin vor ...   vor   Zeit   seit   Ich wohne seit ...
einem Monat, zwei Monaten   einem Monat, zwei Monaten
ein Jahr, zwei Jahr   ein Jahr, zwei Jahr
ein Woche, zwei Woch   ein Woche, zwei Woch
ein Tag, zwei Tag   ein Tag, zwei Tag
... nach Deutschland gekommen.   im   Montag, Dienstag ...
                                                    2008
                                Sommer   ... in Rostock.
                                Herbst

		Auf diese Weise machen sich die TN noch einmal bewusst, wann welche Präposition benutzt wird. Besonders wichtig ist es hierfür, die Präpositionen immer in Verbindung mit einem Beispielsatz zu lernen.		
	EA/PA	Arbeitsbuch 14–15		

B5		**Aktivität im Kurs: Ein Kursalbum erstellen**		
	TiPP	Möglicherweise kennen sich die TN in Ihrem Kurs noch nicht so gut, weil mit *Schritte plus Neu 2* ein neuer Kurs begonnen hat. In diesem Fall ist ein Kursalbum zu Beginn des Kurses eine schöne Möglichkeit, sich näher kennenzulernen. Aber auch wenn sich die TN bereits kennen, haben sie hier die Möglichkeit, noch Neues übereinander zu erfahren, z. B. über den beruflichen Werdegang.		
a	PL/EA	1. Fordern Sie einen TN auf, die Stichpunkte zusammen mit den Beispielsätzen vorzulesen. Machen Sie deutlich, dass noch weitere Fragen möglich sind. Die TN erarbeiten dann einen individuellen Fragenkatalog für ein Partnerinterview. Verweisen Sie die TN auch auf die Redemittel „Über Privates sprechen: Wann bist du geboren?" in der Rubrik „Kommunikation" (Kursbuch, S. 103). Die nebenstehende Schreibaufgabe können die TN als Hausaufgabe machen und zur Korrektur abgeben oder in Kleingruppen mündlich präsentieren. *fakultativ:* Zur Unterstützung der Aktivität können Sie auch auf die Kopiervorlage im Lehrwerkservice unter www.hueber.de/schrittw-plus-neu zurückgreifen.	Folie/IWB, KV L8/B5 im Lehrwerkservice	
b	PL	2. Um über die Vergangenheit berichten zu können, brauchen die TN Jahreszahlen. Verweisen Sie daher vorab auf den Info-Kasten und machen Sie den TN bewusst, dass bis zum Jahr 2000 alle Zahlen als Hunderterzahlen gesprochen werden. Fragen Sie einen TN: „Wann sind Sie geboren?" oder „Wann haben Sie geheiratet?". ⚠️ Beschränken Sie die Antworten hier auf die Jahreszahlen. Die Ordinalzahlen, die die TN für Datumsangaben brauchen, lernen sie in Lektion 14.		
	PA	3. Die TN lesen die Beispiele im Buch, interviewen sich dann gegenseitig und machen Notizen. Gehen Sie herum und helfen Sie, wenn nötig.		
c	EA	4. Die TN sehen sich die Beispiele im Buch an und schreiben anhand ihrer Notizen ebenfalls einen kurzen Text über ihre Partnerin / ihren Partner. *Variante:* Die TN können ein digitales Buch oder einen Blog erstellen. *Hinweis:* An dieser Stelle bietet sich die Arbeit mit „Laras Film" an, in dem Eda Erden über sich und ihren beruflichen Werdegang berichtet.		
	EA/HA	Arbeitsbuch 16–18		

C ICH HATTE JA NOCH KEINE BERUFSERFAHRUNG.

Präteritum von *sein* und *haben*

Lernziel: Die TN können von Ereignissen und Aktivitäten in der Vergangenheit berichten.

	Form	Ablauf	Material	Zeit
C1		**Präsentation des Präteritums von *sein* und *haben***		
	PL Wiederholung	1. Arbeitsbuch 19: Die TN wiederholen die Bildung des Perfekts mit „sein" und „haben" (A1/L7). Gehen Sie bei Bedarf noch einmal genauer auf die Bildung sowie die Satzstellung in Sätzen mit Perfekt ein. Dazu können Sie auf die Grammatikübersicht 3–5 in Lektion 7 (*Schritte plus Neu 1*, S. 90) zurückgreifen.		

		Hinweis: Wenn Sie viele neue TN im Kurs haben können Sie ausgewählte Übungen aus dem Arbeitsbuchteil von *Schritte plus Neu 1*/Lektion 7, z. B. Übung 15–19 und 23–25, für die neuen TN kopieren. Wenn auch einige der „alten" TN im Gebrauch des Perfekts noch unsicher sind, empfiehlt es sich, eine Wiederholung mit dem gesamten Kurs einzuschieben, bevor Sie in diesem Kapitel mit dem Präteritum von „sein" und „haben" eine weitere Vergangenheitsform einführen.	
		Hinweis: Ebenfalls zur Wiederholung und Erweiterung des Perfekts können Sie an dieser Stelle mit dem Film „Heidis Lieblingsladen" aus der Rubrik „Zwischendurch mal ..." (Kursbuch, S. 104) arbeiten und im Anschluss an Aufgabe 1 von Kenan Cinars gestrigem Arbeitstag berichten. Schreiben Sie dazu an die Tafel: „Gestern bin ich früh aufgestanden. Ich bin in die Großmarkthalle gefahren. ..."	ZDM
	PL	2. Die TN hören das Gespräch, wenn nötig mehrfach, und ergänzen die Lücken. Abschlusskontrolle im Plenum. *Lösung: 1 Hattest, 2 war, war*	CD 3/12–13
	PL	3. Lesen Sie den ersten Satz. Deuten Sie an, dass hier über etwas gesprochen wird, was in der Vergangenheit liegt, indem Sie z. B. hinter sich deuten. Schreiben Sie zur Verdeutlichung folgendes an die Tafel: 2012 heute/jetzt ———————————————→ Ich hatte ... Ich habe ... Ich war ... Ich bin ...	

C2		**Erweiterungsaufgabe: Bewusstmachung von Präsens vs. Präteritum**		
a	EA/PL ⟷	1. Deuten Sie auf das Foto und sagen Sie: „Das ist Anna." Fragen Sie dann: „Wie war Annas Job früher und wie ist er heute?". Die TN lesen den Text und ergänzen die Tabelle. Geübtere TN lösen die Aufgabe in Stillarbeit. Ungeübtere TN arbeiten paarweise zusammen. Abschlusskontrolle im Plenum. *Lösung: Arbeit: heute: nicht mehr so viel Arbeit; Chef: früher: nicht nett, heute: toll; Deutsch: früher: war schlecht, heute: sehr gut; gute Kellnerin: früher: nein*	Folie/IWB
b	PL	2. Die TN lesen die Konjugation der Verben „sein" und „haben" im Präteritum. Bitten Sie einen TN, den Beispielsatz vorzulesen. Veranschaulichen Sie die Satzstellung in Sätzen mit Inversion durch ein Tafelbild. Weisen Sie die TN dann auf die Markierungen (Kreis für das Verb, Dreieck für das Subjekt) hin: 1 2 3 Früher ____ (hatte) △Anna△ viel Arbeit. △Anna△ (hatte) früher viel Arbeit. Heute (hat) △sie△ nicht so viel Arbeit. △Sie△ (hat) heute nicht so viel Arbeit. Machen Sie deutlich, dass das Verb im Aussagesatz an Position 2 steht, unabhängig davon, ob der Satz mit dem Subjekt oder einer temporalen Angabe (also mit Inversion) beginnt und unabhängig davon, in welcher Zeitform das Verb steht.	
	PA ⟷	3. Deuten Sie auf die Tabelle in a und fordern Sie die TN auf, anhand der Stichpunkte weitere Beispielsätze zu bilden. Geübtere TN formulieren die Sätze mündlich, ungeübtere schreiben die Sätze zuerst auf und sprechen dann. TN, die schneller fertig sind, bilden weitere Sätze nach dem gleichen Muster.	Folie/IWB

EA/PA Grammatik entdecken ⟷	**Arbeitsbuch 20:** im Kurs: Hier machen sich die TN die Konjugation im Präteritum bewusst. Geübtere TN lösen die Aufgabe in Stillarbeit, ungeübtere TN arbeiten zu zweit. Verweisen Sie zur Kontrolle auf die Grammatikübersicht 5 (Kursbuch, S. 102) und fordern Sie schnellere TN auf, die nebenstehende Schreibaufgabe zu lösen. Sie können ihre Sätze präsentieren, wenn alle mit Übung 20 fertig sind. *Lösung: 1 Früher war ich Schüler. Heute bin ich Arzt. 2 Früher hatte ich eine Katze. Heute habe ich einen Hund. 3 Früher war ich klein. Heute bin ich groß.*		
GA	4. *fakultativ:* Wenn Sie der Meinung sind, dass eine Übung zur spielerischen Einübung des Präteritums von „sein" und „haben" sowie zur Wiederholung des Perfekts an dieser Stelle sinnvoll ist, können Sie die Dominokarten von der Kopiervorlage ausschneiden und an jede Kleingruppe ein Kartenset verteilen.	KV L8/C2	

C3	**Aktivitäten im Kurs: Ratespiel**		
EA	1. Fragen Sie: „Wie war Ihr erster Job? Was machen Sie heute?" und deuten Sie auf das Beispiel im Buch. Die TN lesen die Beispielsätze und schreiben ähnliche Sätze zur eigenen Person ohne ihren Namen auf einen Zettel. Verweisen Sie die TN an dieser Stelle auch auf die Redemittel „Über Berufserfahrungen sprechen: Ich hatte viel Arbeit" in der Rubrik „Kommunikation" (Kursbuch, S. 103).	Folie/IWB, Zettel	
WPA/ PL	2. Sammeln Sie die Zettel ein, mischen und verteilen Sie sie neu. Wer zufällig seinen eigenen Zettel erhält, tauscht mit einem anderen TN. Die TN lesen die Informationen, gehen herum und versuchen, durch Fragen wie „Waren Sie früher Koch?", „Hatten Sie früher viel Spaß?" etc. herauszufinden, wer hier über seinen Job berichtet. Wer die gesuchte Person gefunden hat, liest deren Zettel und hilft ihr bei der Suche nach der passenden Person oder setzt sich wieder. *Variante:* Alle stehen im Kreis. Jeder liest seinen Zettel vor und alle stellen gemeinsam Vermutungen an, um wen es sich handelt. *Hinweis:* An dieser Stelle bietet sich die Arbeit mit dem Lesetext „Liebe plus Zeit – von Beruf Erzieherin" aus der Rubrik „Zwischendurch mal …" (Kursbuch, S. 105) an, in dem die junge Erzieherin Luisa porträtiert wird. Im Anschluss an den Text können die TN einen kurzen Text über ihre eigene Kindheit schreiben und beispielsweise erzählen, ob sie auch in einen Kindergarten gegangen sind, mit wem sie den Tag verbracht haben und was sie am liebsten gespielt haben. Die Texte geben Sie Ihnen zur Korrektur und/oder präsentieren sie im Kurs.	⟨ZDM⟩	

⟨TiPP⟩	Üben Sie mit Ihren TN immer wieder, sich sprachlich zu äußern, auch wenn der Wortschatz noch fehlt, z. B. durch Wortumschreibungen oder einen Blick ins Wörterbuch. Leiten Sie die TN an, einfache, kurze Sätze nach den bekannten Mustern zu bilden. Das Ziel sollte sein, dass die TN lernen, frei und ohne Hemmung zu sprechen.		

EA/HA	**Arbeitsbuch 21**		
EA/PA ⟷	**Arbeitsbuch 22–23:** im Kurs: Alle TN bearbeiten Übung 22. Im Anschluss lesen die TN den Text in Übung 23 und formulieren in Stillarbeit oder zu zweit Sätze wie im Beispiel vorgegeben. Gehen Sie herum und helfen Sie bei Schwierigkeiten. Achten Sie darauf, dass die TN die korrekten Verbformen benutzen und die Satzstellung beachten. Wer möchte, kann seinen Text abschließend im Plenum vorlesen.		

D STELLENANZEIGEN

Temporale Präposition *für*, Zeitangaben *vormittags*, *montags* etc.

Lernziel: Die TN können Stellenanzeigen verstehen, am Telefon Informationen zu einem Stellenangebot erfragen und ein Stellengesuch schreiben.

	Form	Ablauf	Material	Zeit
D1		**Lesestrategie: Wichtige Informationen farbig kennzeichnen**		
	EA/PL	1. Die TN lesen die Aufgabe und den Text über Marie Kovalská. Bitten Sie einen geübteren TN, die markierten Angaben mit eigenen Worten wiederzugeben, z. B. „Marie Kovalská hat eine Ausbildung als Krankenschwester gemacht. Sie hat in Deutschland als Altenpflegerin gearbeitet. Sie will nur am Nachmittag arbeiten und am Vormittag Deutsch lernen."		
	EA/PA	2. Die TN lesen die anderen beiden Texte und markieren die Kernaussagen in den drei Farben. Geübtere TN lösen die Aufgabe in Stillarbeit, ungeübte TN arbeiten zu zweit. Zur Abschlusskontrolle markieren die TN die früheren und aktuellen Tätigkeiten sowie die möglichen Arbeitszeiten auf der Folie/am IWB. *Lösung: Was haben die Leute früher gemacht? 2 Verkäufer, 3 Fremdsprachensekretärin; Was machen sie heute? 2 Fahrer bei einem Paketdienst, 3 Intensivsprachkurs; Wann können/wollen die Leute arbeiten? 2 tagsüber immer Zeit, 3 am Nachmittag oder am Abend* *Variante:* Ungeübte TN lesen einen Text, während die geübteren TN beide Texte lesen. Als Hausaufgabe lesen die TN dann alle Texte.	Folie/IWB	
	EA/HA	Arbeitsbuch 24		
	EA/PA Schreibtraining	Arbeitsbuch 25: im Kurs: Die TN lesen den Text. Fragen Sie dann: „Wer ist das?". Notieren Sie auf Zuruf „Das ist Luca Bianchi." an der Tafel. Deuten Sie auf die fett gedruckten Wörter und fordern Sie die TN auf, die Antwort mit den markierten Wörtern einzuleiten. Fragen Sie: „Was ist Luca von Beruf?" und schreiben Sie: „Von Beruf ist er Architekt." und „Er ist Architekt von Beruf." untereinander, sodass die Satzstellung mit Inversion noch einmal veranschaulicht wird. Die TN schreiben die ersten Beispielsätze ab und formulieren nach dem gleichen Muster um.	Folie/IWB	
D2		**Leseverstehen: Berufe und Arbeitszeiten**		
	PL	1. Fragen Sie die TN, was für Anzeigen sie hier sehen: „Was brauchen/suchen die Firmen?" Deuten Sie auf D1 und sagen Sie: „Diese Personen suchen Arbeit." Deuten Sie auf D2 und sagen Sie: „Diese Firmen suchen einen Mitarbeiter." Gehen Sie in diesem Zusammenhang auf die Wörter „Stellenmarkt" bzw. „Stellenanzeige" ein.	Folie/IWB	
	EA	2. Deuten Sie auf Text A und fragen Sie: „Wen sucht die Firma und für welche Arbeitszeit?". Die TN lesen den Text und sehen sich die Markierungen an.	Folie/IWB	
	EA/PA	3. Die TN lesen die übrigen Texte selbstständig und markieren die gesuchten Berufe und die Arbeitszeiten. Wer fertig ist, vergleicht mit seiner Partnerin / seinem Partner. Abschlusskontrolle im Plenum. *Lösung: Berufe: B Nachhilfe für Englisch, C Pflegefachkräfte, D Aushilfen in der Küche, E Vollzeitkraft im Service/Verkauf; Arbeitszeiten: B montags und donnerstags von 16 bis 18 Uhr, C nachmittags 14 bis 17 Uhr, D von 14 bis 21 Uhr, E Mo–Sa 9 bis 16 Uhr*	Folie/IWB	

Projekt	*fakultativ:* Wenn sich Ihre TN für das Thema „Berufe" interessieren, bringen Sie Zeitungen oder Links zu Jobportalen mit in den Unterricht. Erklären Sie den TN das Projekt anhand der Stellenanzeigen im Buch: Die TN bilden Kleingruppen, suchen aus den Zeitungen Anzeigen heraus, die ihnen interessant erscheinen, schneiden sie aus und kleben diese auf ein Wandplakat. Die TN schreiben aus den Stellenanzeigen die wichtigsten Informationen wie die Arbeitszeit, den Verdienst etc. heraus. Die TN notieren außerdem alle ihnen unbekannten Abkürzungen. Wenn Ihre TN Stellenanzeigen in einem Jobportal ansehen, fordern Sie sie auf, die Anzeigen in ein Textdokument zu kopieren und auszudrucken, und ihre Notizen mit dem Computer zu schreiben und anschließend auszudrucken. Klären Sie dann mit den TN die Bedeutung der gesammelten Abkürzungen.		
EA/HA	Arbeitsbuch 26–27	AB-Track 2/5	

D3	**Leseverstehen: Passende Stellenanzeigen finden**		
PA	1. Die TN überlegen, welche Anzeige aus D2 zu welcher Person aus D1 passt.		
PL	2. Abschlusskontrolle im Plenum. Die TN stellen ihre Vorschläge vor. Bitten Sie sie, ihre Auswahl zu begründen, z. B. „Anzeige A passt zu Manos Oikonomou. Er hat schon als Verkäufer gearbeitet und kann tagsüber arbeiten. In der Anzeige steht: Arbeitszeiten sind ganztags oder halbtags. Er kann da bis 14 Uhr arbeiten. Abends geht er in den Deutschkurs. Er kann nicht bis 20 Uhr arbeiten." Zeigen Sie bei Bedarf nochmals die Anzeigen. *Lösung: Herr Oikonomou A, Frau Kovalská C, Frau Pricope B*	Folie/IWB	
PL	3. Deuten Sie auf Anzeige C und fragen Sie: „Was bedeutet nachmittags?". Die TN suchen die Uhrzeiten aus dem Text heraus. Verweisen Sie dann auf den Info-Kasten und machen Sie deutlich, dass „nachmittags" bedeutet, dass man etwas jeden Nachmittag, also regelmäßig, tut. *Hinweis:* An dieser Stelle bietet sich die Arbeit mit „Fokus Beruf: Eine Anzeige schreiben" (Arbeitsbuch, S. 102) an.	Folie/IWB	

D4	**Hörverstehen: Auf eine Stellenanzeige telefonisch antworten**		
EA	1. Die TN lesen die Anzeige und markieren wie in Lernschritt D2 den Beruf und die Arbeitszeiten.		
PL	2. Die TN lesen die Aussagen a–d. Dann hören sie das Telefonat so oft wie nötig und kreuzen die richtigen Antworten an. Abschlusskontrolle im Plenum. *richtig: b, c*	CD 3/14, Folie/IWB	
EA/PA Prüfung	Arbeitsbuch 28: im Kurs: Diese Übung bereitet auf „Sprechen Teil 2" der Prüfung *Start Deutsch 1* vor. Die TN notieren unter Verwendung der vorgegebenen Fragewörter jeweils zwei Fragen zu jedem Kärtchen. Anschließend befragen sie sich gegenseitig (ca. sechs Minuten).		

D5	**Rollenspiel: Informationen zu einer Stellenanzeige telefonisch erfragen**		
PL	1. Die TN sehen sich das Bild an. Fragen Sie: „Wo arbeitet er?". Die TN stellen Vermutungen an.	Folie/IWB	
PL	2. Deuten Sie auf die Anzeige und fragen Sie: „Wen sucht die Firma?", „Wie sind die Arbeitszeiten?". Die TN lesen die Anzeige und beantworten die Fragen.	Folie/IWB	
PL	3. Sagen Sie dann: „Sie möchten bei ‚Fibio' arbeiten und rufen an. Was sagen Sie?". Die TN überlegen gemeinsam. Notieren Sie an der Tafel mit. Gehen Sie dann mit den TN die Dialogstruktur durch und klären Sie neuen Wortschatz, wie „das passt", „Verdienst pro Stunde" etc.		

EA	4. Die TN hören noch einmal exemplarisch das Gespräch aus D4. Darin kommen die wesentlichen Redemittel vor. Verweisen Sie an dieser Stelle auch auf die Redemittel „Am Telefon nach einer Stelle fragen: Ist die Stelle noch frei?" in der Rubrik „Kommunikation" (Kursbuch, S. 103).	CD 3/14	
PA ⟷	5. Ungeübtere TN schreiben mithilfe des Dialoggerüsts ein Telefongespräch zur Stellenanzeige im Buch. Die TN üben ihr Telefongespräch ein und präsentieren es anschließend im Plenum. Geübtere TN schreiben ein Telefongespräch zur Stellenanzeige im Buch oder suchen sich alternativ eine „reale" Stellenanzeige von den Wandplakaten (Projekt) aus. *Hinweis:* Achten Sie darauf, dass die Situation möglichst authentisch nachgespielt wird: Die TN sitzen z. B. Rücken an Rücken und halten je ein Handy ans Ohr.		
TIPP	Es sollten immer alle TN die Möglichkeit bekommen, ihre Gespräche im Kurs vorzuspielen. Oft ist dafür keine Zeit oder es würde zu langweilig, so viele ähnliche Gespräche zu hören. Verteilen Sie daher die Präsentationen auf mehrere Unterrichtstage, z. B. indem Sie immer die letzten zehn Minuten einer Stunde als Abschluss für Rollenspiele oder freie Aktivitäten reservieren. Diese zehn Minuten sind dann zugleich eine ideale Wiederholung der letzten Unterrichtsstunden. Alternativ dazu können die TN ihre Gespräche auch in zwei bis drei Gruppen von 8–10 TN parallel präsentieren. Gehen Sie dann von einer Gruppe zur anderen, sodass Sie von allen Präsentationen etwas mitbekommen.		
EA/HA	Arbeitsbuch 29	AB-Track 2/6	

D6	**Anwendungsaufgabe: Ein Stellengesuch schreiben**		
PL	1. Überlegen Sie gemeinsam mit den TN, was sie in eine Anzeige schreiben würden, wenn sie eine Stelle suchen würden (z. B. Beruf, Arbeitszeiten, Telefonnummer etc.).		
PL	2. Ein TN liest die Anzeige im Buch vor. Verweisen Sie auf den Grammatik-Kasten und machen Sie deutlich, dass der unbestimmte maskuline Artikel nach der Präposition „für" die Endung „-en" bekommt. Den Akkusativ haben die TN schon in *Schritte plus Neu 1*/Lektion 6, kennengelernt. Die Frage „Wie lange?" ist den TN ebenfalls bereits bekannt. Erklären Sie noch einmal, dass mit „für" und Zeitangabe ein Zeitraum bzw. die Dauer angegeben wird. Machen Sie die TN in diesem Kontext auch darauf aufmerksam, dass im Deutschen zwischen „Uhr" und „Stunde" unterschieden wird. Man trifft sich also „um ein Uhr", aber „für eine Stunde". Verweisen Sie auf den Grammatik-Kasten und die Grammatikübersicht 4 (Kursbuch, S. 102). Die kleine Schreibübung können die TN als Hausaufgabe machen. *Musterlösung: 2 Ich möchte gern für eine Woche Urlaub in den Bergen machen. 3 Ich möchte gern für einen Tag Koch sein. 4 Ich möchte gern für ein Jahr in Amerika leben. 5 Ich möchte gern für einen Monat im Kindergarten arbeiten.*	Folie/IWB	
EA/PA ⟷	3. Die TN schreiben selbst ein Stellengesuch. Gehen Sie herum und helfen Sie bei Schwierigkeiten. Wer möchte, kann seine Anzeige anschließend im Plenum vorlesen. Schnelle TN bearbeiten zusätzlich die Rubrik „Schon fertig?" und schreiben einen kurzen Text über ihren Traumberuf, ihre Lieblingsarbeitszeiten und ihre aktuelle Tätigkeit. *Variante:* Alternativ können Sie hier auch mit „Fokus Beruf: Eine Anzeige schreiben" (Arbeitsbuch, S. 102) arbeiten.		
EA/HA	Arbeitsbuch 30		
EA/PA/HA Grammatik entdecken	Arbeitsbuch 31: im Kurs: Die TN markieren die Zeitangaben in Übung 30 und ergänzen anschließend die Tabelle. Auf diese Weise machen sie sich noch einmal bewusst, dass die Präpositionen „seit" und „vor" den Dativ nach sich ziehen, „für" dagegen den Akkusativ.		
GA	*fakultativ:* Wenn Sie noch Zeit haben, können Sie hier die Wiederholung zu Lektion 8 anschließen.	KV L8/Wiederholung	
Lektionstests	Einen Test zu Lektion 8 finden Sie hier im LHB auf den Seiten 176–177. Weisen Sie die TN auf den Selbsttest im Arbeitsbuch auf Seite 101 hin.	KV L8/Test	

AUDIO- UND VIDEOTRAINING

Form	Ablauf	Material	Zeit
Audiotraining 1: Mein Beruf			
EA/HA	Die TN hören „Ich arbeite als (Verkäuferin)." und antworten in den Sprechpausen mit „Aha, du arbeitest als (Verkäuferin)." Nach der Sprechpause hören die TN die korrekte Antwort. Hier kommt es besonders auf die Betonung an.	CD 3/15	
Audiotraining 2: Wie bitte?			
EA/HA	Die TN hören im ersten Teil eine Aussage und fragen mit „Wie bitte?" nach. Nach der Sprechpause hören die TN die korrekte Antwort. Hier kommt es besonders auf die Betonung an. Anschließend hören sie die Antwort auf ihre Nachfrage, sodass eine natürliche Gesprächssituation simuliert wird. Im zweiten Teil werden die TN nach ihren eigenen Angaben gefragt und antworten frei.	CD 3/16	
Audiotraining 3: Berufserfahrung			
EA/HA	Die TN hören eine Frage und antworten in den Sprechpausen mit „Ja, ich war (Taxifahrer)." und wiederholen die berufliche Tätigkeit. Nach der Sprechpause hören die TN die korrekte Antwort. Hier kommt es besonders auf die Betonung an.	CD 3/17	
Videotraining 1: Was bist du von Beruf?			
EA/HA	Die TN sehen im Film Lara und Tim drei Gespräche spielen, in denen es um die Frage: „Was bist/Was sind Sie von Beruf?" geht.	Film „Was bist du von Beruf?"	
Videotraining 2: Ist die Stelle noch frei?			
EA/HA	Mit diesem Film können die TN Telefongespräche zu Stellenanzeigen üben. In den Sprechpausen werden Fragen zu Vakanz und Arbeitszeiten eingeblendet. Die TN sollen diese laut sprechen, sodass ein natürliches Gespräch simuliert wird. Durch die Wiederholung bestimmter Wendungen wie „Was kann ich für Sie tun?", „Ich habe Ihre Anzeige gelesen." oder „Ist die Stelle noch frei?" prägen sich die TN diese ein und können sie im Alltag wiedererkennen bzw. selbst verwenden.	Film „Ist die Stelle noch frei?"	
TIPP	Wenn Sie die Übung im Kurs durchführen, können die TN im Anschluss weitere Telefongespräche nach dem gleichen Muster erfinden und dann vorspielen. Dazu hören sie zunächst ein Beispiel noch einmal und notieren sich die Fragen. Dann überlegen sie sich mit ihrer Partnerin / ihrem Partner eigene Gespräche. Ungeübte TN beschränken sich auf ein eigenes Beispiel. Geübtere TN simulieren mehrere Telefongespräche.		

ZWISCHENDURCH MAL ...

	Form	Ablauf	Material	Zeit
🎬		**Heidis Lieblingsladen (passt z. B. zu A2 oder C1).** **Die Kundin Heidi Engler beschreibt einen Arbeitstag ihres Obst- und Gemüsehändlers Kenan Cinar.**		
1	PL	1. Deuten Sie auf die Fotos und fragen Sie: „Was ist er von Beruf? Was macht er?". Sammeln Sie mit den TN den neuen Wortschatz wie „Laden/Gemüseladen" an der Tafel, der für die Arbeit mit dem Film wichtig ist.	Folie/IWB	

	EA	2. Die TN sehen den Film an und ordnen die Tätigkeiten den Bildern zu. Zeigen Sie den Film ggf. zweimal. TN, die schon alle Tätigkeiten zuordnen konnten, kontrollieren beim zweiten Sehen noch einmal die richtige Reihenfolge. Abschlusskontrolle im Plenum. *Lösung: 3 Obst und Gemüse kaufen 4 zu seinem Laden fahren und alles vorbereiten 5 Laden öffnen 6 Kunden kommen 7 aufräumen und sauber machen 8 Laden schließen*	Folie/IWB	
	EA/PA ⟷	3. *fakultativ:* Zur Wiederholung und Erweiterung des Perfekts (*Schritte plus Neu 1/ Lektion 7*) und der Inversion können die TN im Anschluss an Aufgabe 1 die Kopiervorlage bearbeiten. Machen Sie ein oder zwei Beispiel mit den TN gemeinsam. Geübte TN lösen dann die Aufgabe in Stillarbeit. Ungeübtere TN arbeiten paarweise zusammen.	KV L8/ZDM	
2	HA	1. Fordern Sie die TN auf, als Hausaufgabe mit ihrem Mobiltelefon oder Tablet einen kleinen Film über ihren (Arbeits-)Alltag zu drehen oder Fotos zu machen und Stichpunkte für die Präsentation ihres Arbeitstags vorzubereiten.		

TiPP	Vermutlich haben nur einige Ihrer TN derzeit einen Job. Auch ist es nicht an jedem Arbeitsplatz möglich, zu filmen oder Fotos zu machen. Die eigene Berufsausbildung bzw. Berufsqualifikation ist aber für viele Menschen identitätsstiftend und gerade in einer neuen Lebensumgebung wichtig für das Selbstverständnis. Geben Sie den TN deshalb die Möglichkeit, über ihren Beruf/ihre Tätigkeit in ihrem Heimatland zu sprechen – auch wenn sie kein Bildmaterial dazu haben.	

	GA	2. Die TN berichten am nächsten Kurstag den anderen, wenn möglich, anhand ihres Films oder ihrer Fotos von ihrer beruflichen Tätigkeit. Wenn Sie die technischen Möglichkeiten dazu haben, können einige TN ihren Film / ihre Fotos auch über Beamer/am IWB im Plenum präsentieren.	Beamer/IWB	
Comic		**Der kleine Mann: Was sind Sie von Beruf? (passt z. B. zu A3)**		
	PL	1. Fragen Sie: „Was ist der kleine Mann von Beruf?". Die TN lesen den Comic und beantworten die Frage.	Folie/IWB	
	EA	2. Ein TN liest das Beispiel vor. Anschließend schreiben die TN selbst ein Rätsel zu einem anderen Beruf und die Auflösung des Rätsels auf einen Zettel. Die TN orientieren sich dabei am Beispiel im Buch.	Zettel	
	WPA	3. Die TN gehen mit dem Zettel im Raum umher und stellen sich gegenseitig ihre Rätsel. Wenn die Partner beide Rätsel aufgelöst haben, tauschen sie die Zettel und stellen mithilfe des Zettels das Rätsel einem anderen TN. Auf diese Weise wird der Wortschatz zum Wortfeld „Arbeit und Beruf" spielerisch eingeübt und erweitert.		
Lesen		**Liebe plus Zeit – Von Beruf Erzieherin (passt z. B. zu A2 oder C3)**		
1	PL	1. Deuten Sie auf das Foto und fragen Sie: „Das ist Luisa. Wo arbeitet sie? Was ist sie von Beruf?". Die TN stellen Vermutungen an. Notieren Sie neuen Wortschatz an der Tafel.	Folie/IWB	
	EA	2. Fragen Sie weiter: „Was macht Luisa mit den Kindern im Kindergarten?". Die TN lesen den Text und markieren die Schlüsselwörter. Abschlusskontrolle im Plenum. *Lösung: singen und tanzen zusammen, machen Musik und Sport, basteln und malen; kochen und essen gemeinsam, bei jedem Kind schauen: Was macht es? Wie geht es ihm? Was kann es schon? Wie lernt es? Spielt es mit den anderen Kindern oder ist es oft allein? Ist es gesund? Gibt es Probleme?*	Folie/IWB	
2	EA	1. Die TN lesen die Aufgabe. Klären Sie ggf. neue Wörter wie „Migrantenfamilie". Die TN lesen dann den Text noch einmal und kreuzen an, welche der Aussagen richtig sind. Abschlusskontrolle im Plenum. *Lösung: richtig: d*	Folie/IWB	

EA/HA	2.	*fakultativ:* Im Anschluss können die TN einen kurzen Text über ihre eigene Kindheit schreiben und z. B. erzählen, ob sie auch in einen Kindergarten gegangen sind, wo ihre Eltern waren, mit wem sie den Tag verbracht haben und was sie am liebsten gespielt haben. Stellen Sie ein paar Fragen, um die Erinnerung der TN anzuregen. Die TN schreiben ihre Kindheitserinnerungen auf und geben Ihnen ihre Texte zur Korrektur und/oder präsentieren sie im Kurs.		
Projekt		*fakultativ:* Wenn sich Ihre TN für Kindererziehung und Betreuungseinrichtungen in Deutschland interessieren, können Sie mit ihnen einen Kindergarten oder eine Kindertagesstätte besuchen. Machen Sie dazu vorher einen Termin aus und klären Sie, wer Ihr Ansprechpartner ist und ob sie/er Zeit hat, einige Fragen zu beantworten. Erarbeiten Sie zusammen mit den TN Interviewfragen für das Gespräch und verteilen Sie diese, sodass möglichst viele TN aktiv am Interview teilnehmen. Im Anschluss an den Besuch können Sie mit den TN über ihre Eindrücke sprechen. Ggf. können die TN auch Vergleiche mit ihren Heimatländern anstellen.		

FOKUS BERUF: EINE ANZEIGE SCHREIBEN

Die TN können ein Stellengesuch für sich selbst schreiben.

	Form	Ablauf		Material	Zeit
1		**Leseverstehen: Schlüsselinformationen verstehen**			
a	PL	1.	Klären Sie zusammen mit den TN den Begriff „Stellengesuch", indem Sie auf die Stellenanzeige im Kursbuch, S. 101/D6 verweisen, und wiederholen Sie den Begriff „Nachhilfe", den die TN bereits aus den Stellenanzeigen (Kursbuch, S. 100/D2) kennen.	Folie/IWB	
	EA/PA ⟷	2.	Fragen Sie: „Welches Stellengesuch passt zu welchem Link?" Geübtere TN lösen die Übung in Stillarbeit. Ungeübtere TN arbeiten zu zweit. Abschlusskontrolle im Plenum. *Lösung: 2 Altenpflegerin mit Erfahrung 3 Nachhilfe gesucht? 4 Brauchen Sie eine Kellnerin?*	Folie/IWB	
b	EA/PA ⟷	3.	Die TN lesen die Anzeigen noch einmal genau und markieren wie im Buch vorgegeben. Geübtere TN lösen die Übung in Stillarbeit. Ungeübtere TN arbeiten zu zweit. Abschlusskontrolle im Plenum. *Lösung: Wer sucht einen Job und was kann die Person? 2 Marta, deutschsprachige Altenpflegerin, viel Erfahrung als Pflegerin von Senioren; 3 Eva, Studentin, viel Erfahrung als Nachhilfelehrerin; 4 Franzi, Schülerin, Erfahrung im Service, kann kochen / Welchen Job sucht die Person? 2 Arbeit als Aushilfe; 3 Job als Nachhilfelehrerin; 4 Job als Kellnerin / Wann kann die Person arbeiten? 2 ein Tag in der Woche; 3 ein bis zwei Stunden am Tag; 4 montags, mittwochs und am Wochenende*	Folie/IWB	
2		**Schreibaufgabe: Ein Stellengesuch formulieren**			
a	EA/PA	1.	Die TN lesen die Aufgabe und beantworten die Fragen zur eigenen Person schriftlich. Fordern Sie die TN auf, für sie wichtige Begriffe im Wörterbuch nachzuschlagen.		
b	EA/PA	2.	Die TN schreiben ein Stellengesuch für sich selbst. Dabei sollen sie eine passende Überschrift für ihren Text finden und ihre Kontaktdaten angeben.		
	GA	3.	Die TN präsentieren ihre Anzeige in Kleingruppen. Die anderen TN stellen Fragen, wenn Sie eine Information interessant finden und mehr darüber erfahren möchten. *Hinweis:* Sammeln Sie die Texte der TN anschließend ein, um individuell Feedback geben zu können. Eventuell will der eine oder andere TN tatsächlich ein Stellengesuch aufgeben. Dann sollte es sprachlich korrekt sein.		

FOKUS BERUF: NACH DER AUFGABENVERTEILUNG FRAGEN

Die TN lernen das Tätigkeitsfeld „Hotel" kennen. Sie können mit Vorgesetzten die Aufgabenverteilung absprechen und bestätigen, dass sie eine Aufgabe verstanden haben und annehmen.

	Form	Ablauf	Material	Zeit
		Da dieser Fokus möglicherweise nur für einen Teil der TN von Interesse ist, können die Übungen auch als Hausaufgabe gegeben werden, sofern die TN auf die Arbeitsbuch-Audios im Lehrwerkservice zugreifen können.		
1		**Wortfeld „Aufgaben in einem Hotel"**		
	PL	1. Die TN betrachten das Schaubild mit dem Hotelteam. Fragen Sie: „Was sind die Personen von Beruf? Was machen sie?". Sammeln Sie mit den TN gemeinsam Wortschatz zum Wortfeld „Aufgaben im Hotel" an der Tafel. Die TN aktivieren ihr Vorwissen oder schlagen im Wörterbuch nach. Zur Veranschaulichung neuer Begriffe, wie „Rezeption", „Rezeptionistin", „Kellnerin" etc. können Sie die Bilder in Übung 1 nutzen. Die TN versuchen mit einfachen Worten, die Funktionen oder Aufgaben der sechs Personen zu benennen: „Frau Stoll arbeitet an der Rezeption / als Rezeptionistin. Sie telefoniert und reserviert Zimmer." etc.	Folie/IWB	
	EA/PA	2. Deuten Sie auf Bild A und sagen Sie: „Alicja Wozniak ist Praktikantin im Hotel Sonnenschein. Welche Aufgaben hat sie?" Ein TN liest das Beispiel vor. Die TN lesen dann die Vorgaben und ordnen zu. Geübtere TN lösen die Übung in Stillarbeit. Ungeübtere TN arbeiten zu zweit. Abschlusskontrolle im Plenum. Erklären Sie bei Bedarf „Speisekarte", indem Sie z. B. im Internet eine Speisekarte eines Restaurants aufrufen oder eine Speisekarte mit in den Kurs bringen. *Lösung: B an der Rezeption arbeiten C im Büro arbeiten D Betten machen*	Folie/IWB, Speisekarte	
2		**Anwendungsaufgabe: Nach der Aufgabenverteilung fragen**		
	PL	1. Sagen Sie: „Alicja möchte wissen: Wer macht was? Was fragt sie?". Ein TN liest zuerst die Stichworte in a und dann das Beispiel vor. Gehen Sie an dieser Stelle (noch einmal) auf die Konjugation und die Satzstellung des trennbaren Verbs „aufräumen" ein, die für TN, die neu im Kurs sind, evtl. noch unbekannt sind. Schreiben Sie bei Bedarf einige weitere Beispiele mit trennbaren Verben an die Tafel. Formulieren Sie dann exemplarisch Satz c zusammen mit den TN, um die Satzklammer bei Modalverben noch einmal bewusst zu machen und klären Sie die Bedeutung von „verantwortlich sein".	Folie/IWB	
	EA/PA	2. Die TN formulieren dann die übrigen Sätze. Bilden Sie für diese Übung ggf. Paare aus „alten" und „neuen" TN, damit sie sich gegenseitig helfen können. Abschlusskontrolle im Plenum. *Lösung: b Wer ist morgens für das Frühstück verantwortlich? c Kann ich wieder die Speisekarte schreiben? d Wann kann ich im Büro arbeiten?*		
3		**Hörverstehen: Arbeitsaufträge verstehen**		
a	EA	1. Sagen Sie: „Frau Sommerburg, Ben und Alicja planen zusammen die nächsten beiden Tage. Was sind Alicjas Aufgaben?". Die TN hören das Gespräch und markieren Alicjas Aufgaben in Übung 1. Abschlusskontrolle im Plenum. *Lösung: an der Rezeption arbeiten, Zimmer aufräumen, Betten machen, den Frühstücksraum vorbereiten, die Speisekarte schreiben*	AB-Track 2/7	
b	EA	2. Die TN hören das Gespräch noch einmal und ergänzen, wann Alicja was machen soll. Abschlusskontrolle im Plenum. *Lösung: morgens: den Frühstücksraum vorbereiten, vormittags: für zwei Stunden an der Rezeption arbeiten, mittags: die Speisekarte schreiben, nachmittags: Betten machen*	AB-Track 2/7	

ÄMTER UND BEHÖRDEN

Folge 9: Na los, komm mit!

Einstieg in die Themen „internationaler Führerschein" und „ein Auto mieten"

	Form	Ablauf	Material	Zeit
1		**Vor dem Hören: Umfrage im Kurs**		
	GA	1. Klären Sie anhand des Fotos das Wort „Führerschein". Die TN lesen die Aufgabe und erzählen, ob sie einen Führerschein und ein Auto haben.		
	PL	2. *fakultativ:* Die TN befragen sich gegenseitig „Seit wann/Wie lange hast du deinen Führerschein?" und stellen sich in chronologischer Reihenfolge auf. Sie üben dadurch Sätze mit „seit" noch einmal. Wenn die Reihe steht, sagt jeder TN zur Überprüfung, wie lange sie/er den Führerschein hat.		
TiPP		Wenn viele TN keinen Führerschein haben, können Sie auch Zettel mit Jahreszahlen vorbereiten. Die Zettel dürfen nicht einfach gezeigt werden, sondern die TN lösen die Aufgabe sprachlich.		
2		**Vor dem Hören: Schlüsselinformationen ordnen**		
	PL	1. Fragen Sie die TN: „Welche Ämter und Behörden kennen Sie?" Da die TN schon einige Zeit in Deutschland leben, können sie sicher einige aufzählen. Halten Sie sie an der Tafel fest und notieren Sie in Stichpunkten, was man auf diesen Ämtern macht.		
		Machen Sie deutlich, dass „Amt" und „Behörde" bedeutungsgleich sind und offizielle Stellen im Staat, im Land oder in der Stadt bezeichnen.		
	WPA	2. *fakultativ:* Bringen Sie das Thema auf die persönliche Ebene. Die TN erzählen, auf welchem Amt sie schon einmal waren und was sie dort gemacht haben.		
	EA/PA	3. Die TN sehen sich die Fotos an und ordnen die Sätze. Ungeübtere TN arbeiten zu zweit. Anschließend Kontrolle im Plenum. Stellen Sie sicher, dass alle TN die Bedeutung der Orte verstehen. Erklären Sie, dass „Omnibus" die selten gebrauchte Form von „Bus" ist. Sprechen Sie ggf. darüber, wo diese Orte im Kursort zu finden sind. *Lösung: (von oben nach unten) 3, 1, 2*		
	PL	4. *fakultativ:* Die TN bilden nach dem gleichen Muster Sätze zu den Fotos 1 und 5 und spekulieren: „Wo sind Lara und Tim?", „Was wollen sie machen?".		
3		**Beim ersten Hören**		
	PL/PA	1. Die TN hören die Foto-Hörgeschichte und zeigen mit dem Finger auf das jeweilige Foto. Anschließend schreiben sie in Partnerarbeit zu jedem Foto ein bis zwei Sätze. Geben Sie dazu Hilfsfragen: „Wo sind Lara und Tim?", „Was machen sie?". Mit ungeübteren TN schreiben Sie die Sätze im Plenum. *fakultativ:* Verteilen Sie vor dem Hören die Kärtchen der Kopiervorlage. In Partnerarbeit ordnen die TN die Überschriften den Fotos zu. Dann hören sie und vergleichen bzw. korrigieren. Anschließend Kontrolle im Plenum.	CD 3/18–25, KV L9/FHG	
	PL	2. Die TN schlagen die Landkarte im vorderen Umschlag auf und suchen Salzburg. Fragen Sie die TN, was sie über Salzburg wissen, z. B. Salzburg liegt in Österreich. Dort ist Wolfgang Amadeus Mozart geboren. Die Altstadt gehört zum UNESCO-Weltkulturerbe etc. *fakultativ:* Die TN informieren sich mit dem Smartphone kurz über Salzburg und berichten.		
	PA/PL	3. *fakultativ:* In Kursen mit geübteren TN schreiben die TN in Partnerarbeit zu jeder Überschrift zwei bis drei Sätze. In Kursen mit ungeübteren TN können Sie die Sätze im Plenum schreiben.	KV L9/FHG	

4		Nach dem ersten Hören: Den wesentlichen Inhalt verstehen		
	EA/PA	1. Die TN lesen die Sätze und korrigieren sie zunächst aus dem Gedächtnis. Dann vergleichen sie zu zweit ihre Ergebnisse.		
	PA/PL	2. Die TN hören die Foto-Hörgeschichte noch einmal und vergleichen. Anschließend Kontrolle im Plenum. *Lösung: a Polen Salzburg, b acht sechs, d einen keinen, e kaufen mieten, f 21 20, g neun zwei, h „Zimmer ohne Balkon" Zentraler Omnibusbahnhof*	CD 3/18–25	
	WPA	3. *fakultativ:* Wenn Sie ein Gespräch zum Thema „Wochenendaktivitäten" üben möchten, hören die TN den Hörtext zu Foto 1 noch einmal. Stoppen Sie nach „Okay!". Schreiben Sie das Gespräch mithilfe der TN an die Tafel. Zwei TN spielen das Gespräch vor. Anschließend spielen die TN eigene Gespräche mit anderen Städten und Entfernungen. Hilfe finden sie auf der Landkarte im vorderen Umschlag. Geübtere TN können zusätzlich auch andere Verkehrsmittel wählen. Achten Sie darauf, dass die TN dann Sätze mit „nehmen" bilden: „Ich nehme den Zug."	CD 3/18	
	Laras und Tims Film	Lara und Tim spielen das „Dürfen-und-müssen-Spiel". Sie suchen Schilder in der Stadt und formulieren Sätze, die aussagen, was man hier (nicht) darf oder muss. Für jeden Satz mit „dürfen" oder „müssen" bekommt man einen Punkt. Wer zuerst zehn Punkte hat, gewinnt. Sie können den Film als Wiederholung und Festigung nach C3 oder E2 nutzen. Die TN sehen den Filmabschnitt bis 0:28 mit Ton, in dem Tim die Spielregeln erklärt. Dann sehen sie den Film ohne Ton. Stoppen Sie bei jedem Schild. Zu zweit erklären die TN das Schild mithilfe von „dürfen" und „müssen". Gehen Sie im Film zurück. Die TN hören nun die Erklärung von Lara oder Tim. Dann geht es weiter zum nächsten Schild. Verfahren Sie hier ebenso. Als Hausaufgabe können die TN mit ihrem Smartphone zwei Schilder fotografieren, die dann im Kurs besprochen werden.	„Laras und Tims Film" Lektion 9	

A SIE MÜSSEN EINEN ANTRAG AUSFÜLLEN.

Das Modalverb *müssen*; das Pronomen *man*

Lernziel: Die TN können Abläufe auf dem Amt und im Alltag erklären.

	Form	Ablauf	Material	Zeit
A1		**Präsentation des Modalverbs *müssen***		
a	EA/PL	1. Klären Sie vorab die Bedeutung von „einen Antrag ausfüllen". Bringen Sie ggf. einen Anmeldeantrag der Sprachschule mit, den die meisten TN kennen. Die TN lesen die Sätze und ordnen die Fotos zu. Abschlusskontrolle im Plenum. *Lösung: B, A, C*		
	PL	2. Ein TN liest die Beispielsätze noch einmal vor. Verweisen Sie auf den Grammatik-Kasten, insbesondere auf den Vokalwechsel in den Singularformen sowie auf die fehlende Personalendung in der 1. und 3. Person Singular – einem Charakteristikum der Modalverben, das die TN schon von „können" und „wollen" (*Schritte Plus Neu 1*/Lektion 7) kennen. Wiederholen Sie diese Formen ggf. Erinnern Sie die TN auch an die Satzklammer (*Schritte Plus Neu 1*/Lektion 7) und machen Sie diese noch einmal anhand eines Tafelbilds deutlich, indem Sie das Modalverb auf Position 2 und den Infinitiv am Ende wie im Grammatik-Kasten hervorheben. Verweisen Sie die TN auch auf die Grammatikübersicht 1 und 2 (Kursbuch, S. 114).	Folie/IWB	

	TiPP	Bereiten Sie zu Hause Kärtchen mit den Personalpronomen und einigen Namen aus dem Kurs vor. Üben Sie mit den TN die Formen von „müssen", indem Sie in willkürlicher Reihenfolge Kärtchen zeigen. Die TN bilden jeweils die dazugehörige Form von „müssen". Wenn die TN den Ablauf der Übung verstanden haben, können sie auch in Kleingruppen weiterarbeiten. Diese Übung kann mit den anderen Modalverben erweitert werden und eignet sich auch gut als Warming-up zu Beginn einer Stunde.	
b	PA	3. Die TN hören das Beispiel und variieren das Gespräch. *Hinweis:* Hier können Sie „Kafauer – ach, ist dort nicht das Kreisverwaltungsreferat?" aus „Zwischendurch mal ..." (Kursbuch, S. 116) einflechten. In einem Telefongespräch wird einem jungen Mann erklärt, was er auf dem Amt tun muss.	CD 3/26 ZDM
b	GA	4. *fakultativ:* Verteilen Sie an jede Gruppe einen Spielplan der Kopiervorlage, einen Würfel und für jeden TN eine Spielfigur. Die TN setzen ihre Figur auf ein beliebiges Feld. Der erste TN würfelt und zieht seine Figur entsprechen vor. Die Würfelzahl zeigt an, welches Personalpronomen benutzt werden muss, z. B. eine 3: „Sie muss den Antrag unterschreiben." *Variante:* Wenn die TN die Formen von „müssen" sicher anwenden, können Sie andere Vorgaben für die Würfelzahlen machen, z. B. 1 = meine Eltern, 2 = Lara, 3= ich, 4 = Lili und Sofia, 5 = mein Mann / meine Frau, 6 = Herr Struwel.	KV L9/A1, Würfel, Spielfiguren
	EA/HA	**Arbeitsbuch 1**	
	EA/PA Grammatik entdecken ⟷	**Arbeitsbuch 2**: im Kurs: Die TN machen sich die Verbstellung in Sätzen mit Modalverb noch einmal bewusst. Die Übung kann von geübteren TN in Stillarbeit gelöst werden. Ungeübtere TN arbeiten paarweise zusammen.	
	PL	**Arbeitsbuch 3**: im Kurs: Verdeutlichen Sie anhand dieser Übung, wie eine Aussage mit Modalverb durch die Verschiebung des Satzakzents nuanciert werden kann. Bei neutraler Betonung liegt der Satzakzent auf dem Verb im Infinitiv am Satzende. Will man seine Aussage bekräftigen oder verstärken, kann der Akzent aber auch auf das Modalverb gelegt werden. Die TN hören, markieren die Betonung und sprechen nach. Wenn die TN Lust haben, können sie eigene Mini-Gespräche erfinden und im Kurs mit der passenden Betonung vorspielen.	AB-Track 2/8

A2	**Präsentation des Pronomens *man***		
a	PL	1. Die Bücher sind geschlossen. Zeigen Sie auf die Zeichnung. Fragen Sie die TN, wo die Personen sind und was sie wohl machen.	Folie/IWB
	PA	2. Die TN überlegen, was die beiden Personen sagen könnten und schreiben ein kleines Gespräch. Einige Paare spielen ihre Gespräche im Plenum vor.	

	TiPP	Achten Sie darauf, dass alle TN die vorgespielten Gespräche verstehen. Besonders geübtere TN haben schnell einen größeren Wortschatz als ungeübte TN, den sie in solchen freien Aufgaben einbringen oder auch im Wörterbuch nachgeschlagen haben. Erklären Sie Wörter, die nicht alle kennen.	
	PL	3. Die TN lesen die Aufgabe im Buch. Dann hören sie das Gespräch und kreuzen an. Abschlusskontrolle im Plenum. *Lösung: 1 Der Mann versteht den Automaten nicht. 2 Der Fahrkartenautomat funktioniert. 3 Der Mann bekommt eine Fahrkarte.*	CD 3/27
b	PL	4. Ein TN liest die Stichpunkte im Buch vor. Fragen Sie, was man am Fahrkartenautomaten machen muss.	
	EA	5. Die TN hören das Gespräch noch einmal und ordnen die Tätigkeiten. Anschließend Kontrolle, ggf. Klärung unbekannter Wörter, z. B. „stempeln", „Ziel", „wählen". *Lösung: 3, 2, 1, 4, 5*	CD 3/27

	TiPP	Bevor Sie neue Wörter erklären, fragen Sie, ob ein TN das Wort kennt und es erklären kann.	

c	PL	6. Schreiben Sie den ersten Satz an die Tafel: „Zuerst muss man das Ziel wählen." Unterstreichen Sie „man" und verweisen Sie auf den Grammatik-Kasten und die Grammatikübersicht 3 (Kursbuch, S. 114). Machen Sie deutlich, dass „man" jeder sein kann und nichts mit dem Wort „Mann" zu tun hat.		
	PL	7. Zeigen Sie mithilfe des Tafelbilds, wie man einen Text durch Zeitadverbien in eine chronologische Reihenfolge bringen kann: `zuerst → dann → danach → zum Schluss` Diese „kleinen Wörter" sind für das flüssige Erzählen von längeren Zusammenhängen sehr wichtig und sollten von den TN unbedingt beherrscht werden. Weisen Sie die TN auch auf die Rubrik „Eine Aussage gliedern: Zuerst ..." (Kursbuch, S. 115) und die kleine Übung rechts hin, die die TN als Hausaufgabe machen können. *Musterlösung: Zuerst haben wir ein Gespräch gehört. Dann haben wir einen Text gelesen. Danach haben wir eine Übung gemacht. Zum Schluss hat die Lehrerin die Grammatik erklärt.*		
	PL	8. Ein TN bildet den nächsten Satz. Schreiben Sie auch diesen an die Tafel.		
	PA ⟷	9. Die TN schreiben und sprechen den Text in Partnerarbeit. TN, die schneller mit der Aufgabe fertig sind, schreiben weitere Hinweistexte, z. B. für einen Geldautomaten oder den Getränkeautomaten (falls es in der Sprachschule einen gibt). Abschlusskontrolle im Plenum. Die schnelleren TN präsentieren außerdem ihre Hinweistexte. *Lösung: Zuerst muss man das Ziel wählen. Dann muss man Erwachsener/Kind auswählen. Danach muss man bezahlen und dann die Fahrkarte und das Wechselgeld nehmen. Zum Schluss muss man die Fahrkarte stempeln.*		
	EA/HA	Arbeitsbuch 4		
	EA/HA ⟷	Arbeitsbuch 5–6: Wenn Sie die beiden Übungen im Kurs durchführen, lösen alle TN Übung 5. Geübtere TN ergänzen außerdem auch Übung 6. Wenn Sie die Übungen als Hausaufgabe aufgeben, sollten sie von allen bearbeitet werden.		
	EA/HA	Arbeitsbuch 7		
	EA/PA Schreibtraining	Arbeitsbuch 8: Hier sollen die TN einen Hinweistext schreiben, in dem sie auch die „kleinen Wörter" für Zusammenhänge benutzen. Sammeln Sie die Texte zur Korrektur ein.		
TiPP		TN, die viele Fehler im Text gemacht haben, sei es in der Rechtschreibung oder in der Grammatik, sollten den ganzen Text noch einmal abschreiben. Sehen Sie auch diesen Text noch einmal durch.		
A3		**Aktivität im Kurs: Über Pflichten für diesen Tag sprechen**		
	PL	1. Ein TN liest das Beispiel in der Sprechblase vor. Sagen Sie: „Ich bin Lehrerin." und fragen Sie die TN: „Was denken Sie, was muss ich heute noch machen?". Die TN finden gemeinsam Beispiele: „Sie müssen die Tafel putzen.", „Sie müssen die Grammatik gut erklären." etc. Notieren Sie die Antworten an der Tafel.		
	PL	2. Machen Sie mit den TN noch ein weiteres Beispiel aus dem Leben eines TN.		
	GA/ WPA	3. Die TN überlegen in Stillarbeit, was sie heute noch alles tun müssen, machen sich Notizen und erzählen in Kleingruppen. *Variante: Die TN suchen andere TN, die möglichst viele Pflichten für diesen Tag mit ihnen gemeinsam haben.*		

B SIEH MAL!

Der Imperativ

Lernziel: Die TN können Aufforderungen verstehen und Anweisungen geben.

	Form	Ablauf	Material	Zeit
B1		**Präsentation des Imperativs in der 2. Person Singular**		
a	PL	1. Die TN hören das Gespräch so oft wie nötig und ordnen die Verben zu. Abschlusskontrolle im Plenum. *Lösung: komm, Geh, warte, Bring*	CD 3/28	
	PL	2. Schreiben Sie die Beispiele des Grammatik-Kastens und ggf. weitere Imperative aus dem Gespräch an die Tafel. Zeigen Sie die Bildung des Imperativs in der 2. Person Singular. du siehst → Sieh mal! du kommst → Komm mal! du wartest → Warte mal!		
	PL	3. Erklären Sie den TN, dass es sich hier um Aufforderungen handelt. Der Sprecher möchte, dass der Gesprächspartner etwas Bestimmtes tut. Geben Sie weitere Beispiele, indem Sie die TN konkret auffordern, etwas zu tun, z. B. „Mario, mach das Licht an.". Ergänzen Sie auch diese Beispiele an der Tafel.		
	PL	4. Lesen Sie die Beispiele an der Tafel noch einmal vor, diesmal mit dem Wörtchen „mal" und ergänzen Sie es jeweils im Tafelbild. Machen Sie den TN deutlich, dass „mal" Aufforderungen etwas abschwächt, indem Sie die Aufforderung „Mach das Licht an!" mit strenger Stimme und strengem Gesichtsausdruck sagen, anschließend freundlicher mit sanfter Stimme und dem Wörtchen „mal": „Mach mal das Licht an!". Für geübtere TN können Sie hier auch „bitte" einfügen: „Mach mal bitte das Licht an!".		
	(TiPP)	Modalpartikeln wie „mal", „doch", „aber", „etwa" etc. sind von ihrer Bedeutung her auf dem Niveau A1 kaum zu erklären. Durch die häufige Anwendung, z. B. in Variationsaufgaben, und einen festen Kontext können sie sich jedoch sehr gut einschleifen. Achten Sie gezielt darauf, dass die TN bei Aufforderungen die Partikeln „mal", „doch" und „doch mal" benutzen.		
	PL/PA	5. Zeigen Sie noch einmal Foto 5 der Foto-Hörgeschichte, aus der das Gespräch stammt. Auf dem Foto ist gut zu sehen, dass Lara und Tim ihr Gespräch mit Gesten begleiten. In Partnerarbeit lesen die TN das Gespräch noch einmal und verwenden ebenfalls Gesten. Anschließend spielen es einige TN im Plenum vor. *Hinweis:* Den TN sollte deutlich werden, dass gerade Aufforderungen wie „Sieh mal!" oder „Komm mit!" oft mit den entsprechenden Gesten „Zeigen" und „Heranwinken" benutzt werden.	Folie/IWB	
b	PL	6. Die TN lesen die Aufgabe. Besprechen Sie das erste Beispiel an der Tafel: du fährst → fahr du holst ab → hol ab! → Fahr zu Walter und hol Lili ab.		
	PL	7. Weisen Sie die TN auf den Grammatik-Kasten und die Sonderform des Imperativs von „sein" hin. Anschaulich dargestellt finden die TN die Regeln auch in der Grammatikübersicht 4 (Kursbuch, S. 114). Machen Sie sie besonders auf die Hinweise in der rechten Spalte aufmerksam.		
	EA/PA	8. Die TN bearbeiten die Aufgabe in Einzelarbeit weiter, ungeübtere TN arbeiten zu zweit. Anschließend Kontrolle im Plenum.. *Lösung: Fahr zu Walter und hol Lili ab. Mach die Hausaufgaben. Bring einen Kaffee mit. Sei leise. Erklär Lili die Matheübung. Schreib eine E-Mail an die Lehrerin.*		

| TiPP | Die TN sollten die gebräuchlichsten Imperative als feste Wendungen lernen. Denn in einer konkreten Situation dauert die Anwendung der Regel zu lange. Machen Sie mit den TN eine Liste der Imperative, die sie oft brauchen. Anschließend erstellen die TN ein Plakat und hängen es im Kursraum auf. | |

B2		**Präsentation des Imperativs in der 2. Person Plural**		
a	PL	1. Die TN sehen sich die Zeichnung an. Fragen Sie: „Wo ist das?", „Was machen die Personen?".	Folie/IWB	
	EA	2. Die TN hören, was der Lehrer sagt, und kreuzen an. Anschließend Kontrolle. *Lösung: Seid bitte nicht so laut! Macht doch die Handys aus! Öffnet bitte die Bücher! Hört doch bitte zu.*	CD 3/29	
	PL	3. Schreiben Sie die Beispiele des Grammatik-Kastens und der Lösung an die Tafel und zeigen Sie die Bildung des Imperativs auf. Weisen Sie auf die besondere Form von „sein" hin. Alle Regeln finden die TN auch in der Grammatikübersicht 4 (Kursbuch, S. 114). ~~ihr~~ hört zu → Hört zu! Thematisieren Sie auch hier noch einmal wie in B1 die Modalpartikeln.		
b	PA/PL	4. Die TN schreiben drei Regeln für die anderen TN im Kurs. Anschließend werden die Regeln vorgelesen.		
	PA	5. *fakultativ:* Die TN erhalten zu zweit je einen Kartensatz der Kopiervorlage. Die Paare mischen die Karten und verteilen sie gleichmäßig untereinander. Zuerst wird immer eine „Verbkarte" ausgespielt. Der andere TN „bedient" mit einer „Personen-karte". Ist darauf eine Person abgebildet, bildet der TN den Imperativ mit der 2. Person Singular, sind zwei Personen abgebildet, bildet er den Imperativ in der 2. Person Plural. Ist seine Aufforderung richtig, bekommt er die Karten. Ist sie falsch, darf der andere TN den Satz sagen und erhält die Karten. Dann spielt wieder einer der TN eine „Verbkarte" aus etc. Gewonnen hat der TN, der die meisten Karten bekommen hat. TN, die bereits eine Runde gespielt haben, spielen eine weitere Runde, diesmal benutzen sie „bitte", „doch bitte", „mal", „doch mal".	KV L9/B2	
	EA/HA	Arbeitsbuch 9		
	EA/HA Grammatik entdecken ◀▬▶	Arbeitsbuch 10: Hier können sich die TN die Bildung des Imperativs selbstständig erarbeiten bzw. die Regel wiederholen. In Kursen mit geübteren TN können Sie diese Übung auch statt einer Erklärung an der Tafel einsetzen.		
	EA/HA	Arbeitsbuch 11		
	EA/HA ◀▬▶	Arbeitsbuch 12–13: im Kurs: Geübtere TN lösen die Übungen in Stillarbeit. Unge-übtere TN arbeiten paarweise zusammen.		

B3		**Präsentation des Imperativs in der 3. Person Plural**		
	EA	1. Die TN lesen den Text und ergänzen die Tabelle. Anschließend Kontrolle. *Lösung: Bringen Sie Ihren Pass mit! Bezahlen Sie! Seien Sie ...*		
	PL	2. Erklären Sie den TN, dass der Imperativ in der 3. Person Plural genauso gebildet wird wie die Frage. Auch hier hat das Verb „sein" eine Sonderform, die die TN extra lernen müssen. Verdeutlichen Sie den TN auch wieder, dass „bitte" die Auffor-derung freundlicher macht. Die TN sagen die Aufforderungen in der Tabelle noch einmal mit „bitte". Verweisen Sie die TN auch auf die Grammatikübersicht 4 (Kurs-buch, S. 114), insbesondere auf die Visualisierung in der rechten Spalte. *Hinweis:* Hier können Sie auf den Comic von der Seite „Zwischendurch mal ..." (Kursbuch, S. 116) zurückgreifen. Die TN schreiben Anweisungen für ihre Partner. *Hinweis:* Hier passt auch „Fokus Beruf: Einen Arbeitsplan absprechen". Die TN be-schäftigen sich mit einem Gespräch zwischen einem Hausmeister und seinem Chef.	ZDM	

	Form	Ablauf	Material	Zeit
	PL	Arbeitsbuch 14: Imperativsätze in der 3. Person Plural sehen genauso aus wie Ja-/Nein-Fragen. Der Unterschied liegt in der Satzmelodie. Bei Ja-/Nein-Fragen geht die Stimme am Ende leicht nach oben (*Schritte Plus Neu 1*/ Lektion 3). Beim Imperativ geht die Stimme nach unten. Machen Sie die entsprechende Handbewegung.	AB-Track 2/9–11	
	EA/HA	Arbeitsbuch 15		
B4		**Aktivität im Kurs: Regeln für den Kursleiter schreiben**		
	PA	1. Die TN schreiben drei Regeln für Sie. Lesen Sie die Beispiele und machen Sie deutlich, dass diese Aufgabe auch unernst bearbeitet werden darf.		
	PL	2. Die Paare hängen ihre Regeln im Kursraum auf. Die TN gehen herum und lesen die Regeln, wobei sie Fehler korrigieren dürfen. Gehen Sie herum und korrigieren Sie ggf.		
	PL	3. Verteilen Sie an jeden TN drei Klebepunkte, die jeder an die Regeln kleben darf, die sie/er für die wichtigste hält. Werten Sie das Ergebnis im Plenum aus. *Hinweis:* Hier können Sie auch mit dem Comic von der Seite „Zwischendurch mal ..." (Kursbuch, S. 116) arbeiten.	Klebepunkte ZDM	

C SIE DÜRFEN IN DER EU AUTO FAHREN.

Das Modalverb *dürfen*

Lernziel: Die TN können sagen, was erlaubt und was verboten ist.

	Form	Ablauf	Material	Zeit
C1		**Präsentation des Modalverbs *dürfen***		
	PL	1. Die TN hören das Gespräch so oft wie nötig und kreuzen an. *Lösung: a Tim, Er, b Tim, c Lara*	CD 3/30	
	PL	2. Verweisen Sie auf die Grammatik-Kästen und erklären Sie, dass „dürfen" verwendet wird, wenn etwas erlaubt ist und „nicht dürfen", wenn etwas verboten ist.		

> Tim darf im Moment nicht in Deutschland Auto fahren.   Verbot ☹
> Lara darf in der EU Auto fahren.   Erlaubnis ☺

		Weisen Sie die TN auch auf die Grammatikübersicht 1 und 2 (Kursbuch, S. 114) hin. Zur Verdeutlichung finden Sie rechts Verbots- und Erlaubnisschilder. Die kleine Übung kann von den TN auch als Hausaufgabe gemacht werden. *Musterlösung: 2 Ich darf immer kochen. 3 Mein Mann muss einkaufen. 4 Meine Kinder müssen ihr Zimmer aufräumen.* *Hinweis:* In einigen Sprachen gibt es keinen Unterschied zwischen „können" und „dürfen" bzw. „nicht müssen" und „nicht dürfen". Sollten die TN Schwierigkeiten bei der adäquaten Verwendung von „dürfen" / „nicht dürfen" haben, geben Sie ihnen als Merkhilfe die Sätze „Es ist erlaubt." / „Es ist verboten." an die Hand.		
	PL	3. Die TN befragen sich reihum: „Darfst du / Dürfen Sie in der EU Auto fahren?"		
	EA/HA	Arbeitsbuch 16		
C2		**Variationsaufgabe zu *dürfen* und *nicht dürfen***		
	PL	1. Zwei TN lesen das Gespräch zu Situation A laut vor. Das Gespräch ist ein gutes Beispiel dafür, dass das verneinende Äquivalent von „müssen" eben nicht „nicht müssen", sondern „nicht dürfen" ist.		

	Form	Ablauf		
	PA	2. Die TN betrachten die Situationen B–D und spielen weitere Gespräche. Geübtere TN versprachlichen zusätzlich die Situation auf den Zeichnungen. Geben Sie dazu die W-Fragen „Wer?", „Wo?", „Was?" vor.		
	PA	3. *fakultativ:* TN, die schneller fertig sind, überlegen sich neue Situationen, malen Schilder dazu und spielen Mini-Gespräche. Die Paare können ihre Schilder auch austauschen.		
	EA/HA	Arbeitsbuch 17		
	EA/HA	Arbeitsbuch 18–19: Wenn Sie die beiden Übungen im Kurs durchführen, lösen alle TN Übung 18. Geübtere TN bearbeiten außerdem auch Übung 19. Wenn Sie die Übungen als Hausaufgabe aufgeben, sollten sie von allen bearbeitet werden.		
C3	**Aktivität im Kurs: Über Regeln sprechen**			
	PL	1. Die TN sehen sich nur die Zeichnung an. Fragen Sie: „Wo ist das?", „Was machen die Personen?". Die TN spekulieren, wohin die Busse fahren.	Folie/IWB	
	PA	2. Die TN lesen den Notizzettel und das Beispielgespräch. Mit den Beispielen aus dem Schüttelkasten notieren sie weitere Regeln wie auf dem Notizzettel und formulieren sie dann. Danach ergänzen sie weitere eigene Regeln.	KV L9/C3 im Lehrwerkservice	
		fakultativ: Schnelle TN können ihre Notizzettel mit einem anderen Paar tauschen und versprachlichen die neuen Regeln. Zur Unterstützung und Erweiterung der Aktivität können Sie auch auf die Kopiervorlage im Lehrwerkservice unter www.hueber.de/schritte-plus-neu zurückgreifen.		
		Hinweis: Hier können Sie auch „Laras Film" einfügen, der weitere Beispiele für „müssen" und „dürfen" gibt.		
		Hinweis: Hier können Sie den Lesetext „Viel ‚müssen' – wenig ‚dürfen'" aus „Zwischendurch mal ..." (Kursbuch, S. 117) einflechten. Es geht um die Pflichten im Alltag einer jungen Frau.	ZDM	
	EA/HA	Arbeitsbuch 20		

D MELDEFORMULAR

Das Verb *helfen*

Lernziel: Die TN können ein Meldeformular ausfüllen und um Erklärungen und Verständnishilfen bitten.

	Form	Ablauf	Material	Zeit
D1	**Leseverstehen: Ein Meldeformular verstehen**			
	PL	1. Die TN betrachten das Formular im Buch. Fragen Sie: „Was ist das für ein Formular? *fakultativ:* Bringen Sie einige Meldeformulare mit in den Unterricht. Fragen Sie: „Was für ein Formular ist das?", „Auf welchem Amt bekommt man das?" und „Wann braucht man das?". Einige TN erkennen das Formular sicher wieder.	Meldeformulare	
	EA/PL	2. Die TN lesen das Formular im Buch und kreuzen an. Abschlusskontrolle im Plenum. *Lösung: a in Köln. b nicht allein.* Gehen Sie hier noch nicht auf Verständnisfragen der TN ein, denn der Wortschatz des Formulars wird in D2 thematisiert.		

D2	Hörverstehen: Um Erklärungen und Hilfe beim Verständnis bitten		
a PA	1. Die TN lesen die Aufgabe und die Stichwörter und überlegen, welche Wörter sie auf dem Formular nicht verstehen und markieren diese.		
EA	2. Die TN hören das Gespräch so oft wie nötig und markieren in einer anderen Farbe, was Giorgio Greco nicht versteht. Abschlusskontrolle im Plenum. *Lösung: das Geschlecht, der Familienstand, der/die Angehörige*	CD 3/31	
EA/PL	3. Die TN vergleichen die Wörter, die sie nicht verstehen, mit denen von Giorgio. Die meisten werden feststellen, dass sie die gleichen Fragen haben.		
b EA	4. Die TN hören das Gespräch noch einmal und markieren die Fragen und Sätze, die Giorgio stellt bzw. sagt. Abschlusskontrolle im Plenum. *Lösung: Was bedeutet denn „bisherige Wohnung"? Was heißt „Geschlecht"? Das habe ich nicht verstanden. Noch einmal, bitte.*	CD 3/31	
PL	5. Fragen Sie die TN, was „bisherige Wohnung", „Geschlecht", „Familienstand" und „der/die Angehörige" bedeuten. Die TN versuchen, diese Wörter mit eigenen Worten zu erklären. Fragen Sie nach weiteren Wörtern aus a und dem Meldeformular.		
PA	6. Die TN schreiben mithilfe der Fragen und Sätze ein Gespräch zwischen der Angestellten im Meldebüro und Giorgio. Machen Sie deutlich, dass es nicht darum geht, das gehörte Gespräch wortgetreu wiederzugeben, sondern dass die Paare versuchen sollen, eigene Gespräche zu führen.		
PL ⟷	7. Einige Paare spielen ihre Gespräche im Plenum vor. In Kursen mit ungeübteren TN können Sie ein gelungenes Gespräch an der Tafel notieren. Wischen Sie dann die konkreten Angaben aus, sodass ein Dialoggerüst entsteht, das den TN im Weiteren (vgl. D3) als Orientierung und Hilfe dient. *Hinweis:* Hier können Sie „Kafauer – ach, ist dort nicht das Kreisverwaltungsreferat?" aus „Zwischendurch mal ..." (Kursbuch, S. 116) einflechten. *Hinweis:* Hier passt auch „Fokus Alltag: Auf dem Wohnungsamt". Die TN setzten sich hier mit einem ausführlicheren Gespräch auf einem Amt auseinander.	ZDM	
EA/HA	Arbeitsbuch 21: im Kurs: als Vorbereitung auf das Rollenspiel in D3.		
D3	**Aktivität im Kurs: Rollenspiel**		
PA	1. Die TN lesen die Redemittel, die die sprachlichen Mittel für die vorgegebene Rolle bereitstellen. Hilfe finden die TN auch in der Rubrik „Nachfragen: Wie bitte?" (Kursbuch, S. 115), wo die TN rechts noch eine Illustration der Kommunikationssituation finden.		
PA	2. Die TN lesen die Rollenkärtchen und legen ihre Rollen fest.		
PA ⟷	3. Die TN notieren das Gespräch und spielen es für sich einmal durch. Regen Sie die TN an, richtig „Theater zu spielen", d. h. sie stehen auf, kommen nach vorne und stellen/dekorieren Tische und Bänke nach Bedarf um. So können die TN sich besser in ihre Rolle einfühlen. Ungeübtere TN können sich darüber hinaus am Dialoggerüst an der Tafel orientieren.		
TIPP	Manchen TN bereitet es Probleme, sich in eine fiktive Rolle hineinzuversetzen. Gehen Sie mit ihnen ihre Rolle durch. Soll jemand z. B. die Rolle des Angestellten in der Meldebehörde übernehmen, überlegen Sie gemeinsam, wie die Person wohl aussieht, woher er kommt, wie er spricht, was er sagt und wie er sich fühlt. Gelenkte Rollenspiele oder kleine nachgesprochene Mini-Gespräche sind für die TN eine gute Vorbereitung, um sich später auf freiere Rollenspiele einzulassen. Auch pantomimische Übungen können als Vorarbeit hilfreich sein, da sich die TN hier auf das Theaterspiel konzentrieren, ohne gleichzeitig auf die Sprache achten zu müssen.		

PA ⟷	4. Je zwei Paare tauschen die Partner. Mit dem neuen Partner spielen die TN nun ein freies Gespräch. In Kursen mit ungeübteren TN können Sie diese Phase noch ein bis zwei Mal wiederholen, damit die TN mehrere Gespräche zu diesem Thema führen und Sicherheit in den Formulierungen bekommen. Abschließend können Sie auch die Tafel zuklappen, sodass die TN einmal ganz frei sprechen.

fakultativ: Zur Unterstützung der Aktivität können Sie auf die Kopiervorlage im Lehrwerkservice unter www.hueber.de/schritte-plus-neu zurückgreifen. Jeder TN erhält ein Rollenkärtchen der Kopiervorlage. Wenn Sie mehr TN als Rollenkärtchen haben, verteilen Sie einige Kartenpaare mehrfach. Die TN bilden in passende Paaren und spielen das Gespräch. Sammeln Sie die Kärtchen ein und verteilen Sie sie erneut, sodass die TN neue Rollen erhalten. | KV L9/D3 im Lehrwerkservie | |
[TiPP]	Wenn sich die TN mit diesen freien Gesprächen schwertun, verteilen Sie die Kärtchen so, dass jeweils zwei Paare dieselbe Situation haben. Die Paare spielen ihre Gespräche, anschließend tauschen die Paare mit demselben Gespräch die Partner. Die neuen Paare spielen die Gespräche noch einmal, dabei sollte jeder Partner nun die andere Rolle spielen. Danach erhalten die Paare neue Rollenkärtchen.		
PL	5. Verweisen Sie auch auf den Grammatik-Kasten und die besonderen Formen des Verbs „helfen". Den TN sind inzwischen ja bereits mehrere Verben mit Vokalwechsel bekannt („nehmen", „lesen", „sehen", „essen" ...).		
[TiPP]	Schreiben Sie hin und wieder Verbdiktate, damit den TN die Verbformen der Verben mit Vokalwechsel präsent bleiben. Bereiten Sie große Karten mit allen Personalpronomen und einigen Eigennamen bzw. Personenbezeichnungen vor. Sagen Sie ein Verb und halten Sie eine Karte hoch. Die TN notieren die Person und das Verb in der korrekten Form. Mischen Sie auch Verben ohne Vokalwechsel darunter. Das Verbdiktat können Sie auch schnell zum Stundeneinstieg durchführen oder wenn Sie am Schluss der Stunde noch ein paar Minuten Zeit haben.		
EA/HA Schreib-training ⟷	**Arbeitsbuch 22: im Kurs:** Die TN bearbeiten die Übung wie angegeben. Gehen Sie herum und helfen Sie bei Schwierigkeiten. Anschließend schreiben alle TN den Brief einmal komplett ab. TN mit guten Vorkenntnissen können auch einen freien Antwortbrief schreiben. Sammeln Sie die Briefe zur Korrektur ein.

fakultativ: Es ist eine gute Übung, TN einen Brief mit Fehlern zu geben. Bereiten Sie einen solchen Brief vor. Die TN korrigieren dann die Fehler. Ungeübte TN korrigieren zu zweit. So regen Sie die Kommunikation über Sprache an, da sich die beiden TN über die Fehler verständigen müssen. Anschließend Korrektur im Plenum. | | |
| EA/HA Prüfung | **Arbeitsbuch 23: im Kurs:** Die TN füllen das Formular anhand der vorgegebenen Informationen aus.

Variante: Wenn Sie die Übung als Aufgabe zur Prüfungsvorbereitung auf *Start Deutsch 1* gestalten möchten, geben Sie den TN eine bestimmte Zeit, z. B. fünf bis sieben Minuten vor.

Hinweis: In der Prüfung sollen die TN an fünf Stellen Informationen ergänzen und erhalten pro richtige Information einen Punkt. | | |

E EINREISE NACH DEUTSCHLAND

Lernziel: Die TN können Abläufe auf dem Amt verstehen.

	Form	Ablauf	Material	Zeit
E1		**Leseverstehen 1: Den wesentlichen Inhalt und Schlüsselbegriffe verstehen**		
	GA	1. Schreiben Sie die Begriffe „Botschaft", „Visum", „Reisepass" und „Personalausweis" an die Tafel. Die TN sprechen bei geschlossenen Büchern über die Bedeutungen. Viele TN werden die meisten Begriffe kennen, da sie bereits nach Deutschland eingereist sind. *fakultativ:* Die Bücher sind geschlossen. Jede Kleingruppe erhält eine Kopiervorlage. Die TN bearbeiten Übung 1 der Kopiervorlage. Anschließend Besprechung im Plenum.	KV L9/E1, Übung 1	
	GA	2. *fakultativ:* Wenn Sie den Lesetext in E1 noch weiter vorentlasten wollen, können Sie mit den TN die Übung 2 der Kopiervorlage bearbeiten. Die TN diskutieren, soweit sprachlich möglich, welche Sätze aus der Übung 2 der Kopiervorlage richtig sind und welche falsch. Gehen Sie herum und helfen Sie evtl. bei Schwierigkeiten. Anschließend Kontrolle im Plenum.	KV L9/E1, Übung 2	
	TiPP	Lassen Sie den TN hier ruhig Zeit, miteinander zu sprechen. Wenn TN Sie direkt nach richtig oder falsch fragen, zucken Sie mit den Achseln. Es soll hier zunächst Vorwissen aktiviert werden, um das spätere Lesen des Textes zu erleichtern. Hier soll im Vordergrund stehen, dass sich die TN mit ihren eigenen Worten verständlich machen können. Dabei wird genau das in der Unterrichtssituation simuliert, was die TN in ihrem Alltag leisten müssen, nämlich mit ihrem begrenzten Wortschatz die eigenen Meinungen und Bedürfnisse zu formulieren. Wer das aus dem Unterricht kennt, tut sich im Alltag u. U. viel leichter.		
	🌍	Angehörige der EU-Staaten benötigen zur Einreise nach Deutschland kein Visum. Alle übrigen Ausländer brauchen für Aufenthalte bis zu drei Monaten pro Halbjahr ein Visum. Es gibt aber Länder, für die die Europäische Gemeinschaft die Visumspflicht aufgehoben hat, z. B. für einige lateinamerikanische Länder. Ausländer, die sich länger als 90 Tage in Deutschland aufhalten wollen, in Deutschland arbeiten oder studieren möchten, benötigen grundsätzlich ein Visum. Ausgenommen hiervon sind wiederum Staatsangehörige der meisten EU-Länder. Für sie gilt nur die allgemeine Meldepflicht beim Einwohnermeldeamt. Weitere aktuelle Informationen erhalten Sie auf der Webseite des Auswärtigen Amts.		
	EA/PA	3. Die TN öffnen die Bücher und bearbeiten Aufgabe a. Anschließend Kontrolle im Plenum mit Klärung des ungekannten Wortschatzes, z. B. „Einreiseerlaubnis".		
	EA/PA ⟷	4. Verfahren Sie mit den Aufgaben b–e der Reihe nach wie in a. In Kursen mit überwiegend geübteren TN bearbeiten die TN die Aufgaben b–e zunächst komplett und vergleichen dann mit einem Partner. Anschließend Kontrolle im Plenum.		
	GA ⚠️	5. Die TN berichten über ihre Erfahrungen bei der Einreise nach Deutschland. Die TN benutzen dabei das Perfekt und erzählen, was sie getan haben. *fakultativ:* Die TN bearbeiten Übung 3 der Kopiervorlage und erzählen in Kleingruppen. Wenn Sie Kriegsflüchtlinge in ihren Kursen haben, sollten Sie diese Aufgabe weglassen, oder darauf achten, dass in den Gruppen nur die Migranten erzählen.	KV L9/E1, Übung 3	
	TiPP	Zur Wiederholung des Wortschatzes bilden die TN am nächsten Kurstag Kleingruppen und erstellen ein Plakat mit den Wörtern, die sie behalten haben. Geben Sie dazu immer ein bestimmtes Thema vor, z. B. „Die Einreise nach Deutschland". Die TN können dazu auch kleine Definitionen schreiben oder Zeichnungen machen. Sie können Sätze schreiben, um zu zeigen, wie man ein Wort benutzt. Geben Sie den TN dafür sieben bis zehn Minuten Zeit. Dann wandern die Gruppen von Plakat zu Plakat und tauschen sich darüber aus bzw. vergleichen, was die anderen auf ihren Plakaten festgehalten haben. Wenn Sie das regelmäßig machen, dann gewöhnen sich die TN daran und es geht schneller.		

	EA/HA	Arbeitsbuch 24		
	EA/PA ⟷	Arbeitsbuch 25–26: im Kurs: Geübtere TN lösen die Übungen in Stillarbeit. Ungeübtere TN arbeiten paarweise zusammen.		
E2	**Leseverstehen 2: Einen Text zusammenfassen**			
	GA ⟷	1. Die TN lesen Juliettes Geschichte ggf. noch einmal und ergänzen die Lücken. Schnelle TN überlegen sich weitere Sätze mit Modalverb, die zur Geschichte passen könnten. Abschlusskontrolle im Plenum. Wer weitere Beispiele mit Modalverb gefunden hat, liest diese ebenfalls vor. *Lösung: muss, muss, muss, darf* *Hinweis:* Hier können Sie auch auf „Laras Film" zurückgreifen, der weitere Beispiele für „müssen" und „dürfen" gibt. *Hinweis:* Hier können Sie den Lesetext „Viel ‚müssen' – wenig ‚dürfen'" aus „Zwischendurch mal …" (Kursbuch, S. 117) einflechten. Hier geht es um den Tagesablauf und die Pflichten einer jungen Frau. *Hinweis:* Hier können Sie „Kafauer – ach, ist dort nicht das Kreisverwaltungsreferat?" aus „Zwischendurch mal …" (Kursbuch, S. 116) einflechten. Die TN hören ein Telefongespräch zwischen einem Mann und einem Angestellten auf einem Amt.	⌷ZDM⌷	
	EA	Arbeitsbuch 27: im Kurs: Die TN hören jedes Gespräch zunächst nur einmal und kreuzen an. Weisen Sie sie darauf hin, dass es mehrere Lösungen geben kann. Die TN vergleichen mit dem Nachbarn. Danach hören sie die Gespräche noch einmal und überprüfen ihre Lösungen. Abschlusskontrolle im Plenum.	AB-Track 2/12–14	
	GA	*fakultativ:* Wenn Sie noch Zeit haben, können Sie hier die Wiederholung zu Lektion 9 anschließen.	KV L9/Wiederholung	
Lektionstests		Einen Test zu Lektion 9 finden Sie hier im LHB auf den Seiten 178–179. Weisen Sie die TN auf den Selbsttest im Arbeitsbuch auf Seite 112 hin.	KV L9/Test	

AUDIO- UND VIDEOTRAINING

	Form	Ablauf	Material	Zeit
Audiotraining 1: Zusammen lernen				
	EA/HA	Die TN hören Sätze über Pflichten beim Lernen. Die TN wiederholen die Sätze und stellen „Gut." voran, als Signal, dass man etwas verstanden hat.	CD 3/32	
Audiotraining 2: Das Wort verstehen Sie nicht. Fragen Sie nach.				
	EA/HA	Die TN hören Sätze, wie sie sie auch in einem Amt hören könnten. Sie bitten um eine Erklärung: „(Einreise) Ich verstehe das Wort nicht. Was bedeutet das?".	CD 3/33	
Audiotraining 3: Das darf man nicht!				
	EA/HA	Den TN werden in Stichworten Beispiele für Verbote genannt. Die TN versprachlichen das Verbot mit „nicht dürfen": „Hier darf man nicht (laut sein)!".	CD 3/34	
Videotraining 1: Darf ich Sie etwas fragen?				
	EA/HA 🎬	Die TN sehen im Film Lara, die Tim etwas fragt und immer wieder nachfragen muss, weil sie etwas nicht versteht. Die TN wiederholen hier an einer konkreten Situation die Redemittel aus der Lektion. Außerdem erklärt Tim am Ende, was man in dieser konkreten Situation der Reihe nach machen muss.	Film „Darf ich Sie etwas fragen?"	

Videotraining 2: Wie macht man das?		
EA/HA	Die TN wiederholen die Wörter zur Gliederung einer Aussage. Lara beginnt zunächst mit einem Beispiel, das die TN auch als Text sehen. Dann bekommen die TN ein eigenes Beispiel, das sie versprachlichen. Anschließend gibt Tim die Lösung.	Film „Wie macht man das?"
	Hinweis: Empfehlen Sie besonders ungeübteren TN diesen Film, den Sie auch später immer mal wieder zur Wiederholung und Festigung nutzen können.	

ZWISCHENDURCH MAL …

Form	Ablauf	Material	Zeit
Comic	**Der kleine Mann: Lachen Sie! (passt z. B. zu B3 oder B4)**		
PL	1. Die Bücher sind geschlossen. Bringen Sie ein Bild eines Papageis mit. Sammeln Sie mit den TN, was ein Papagei alles machen kann. Halten Sie die Infinitive an der Tafel fest.	Foto von einem Papagei (Foto-kalender, Internet etc.)	
PA	2. Die TN schreiben mithilfe der Infinitive an der Tafel Bitten an den Papagei, z. B. „Bitte sprich doch mal!" Abschlusskontrolle im Plenum. *Variante:* Einige Paare schreiben die Bitten in der 2. Person Singular und einige in der 2. Person Plural.		
EA/PL	3. Die TN lesen den Comic im Buch. Sprechen Sie mit den TN darüber, warum der Papagei im fünften Bild erstaunt aussieht.		
PA	4. Die TN bearbeiten die Aufgabe wie im Buch angegeben. TN, die schneller mit der Übung fertig sind, denken sich weitere Comics mit anderen Tieren aus. Vielleicht gibt es auch gute Zeichner im Kurs, die einen Comic zeichnen, den Sie dann im Kursraum aushängen können. *Musterlösung: Schreib ein Wort! Sing ein Lied! Steh auf! Pfeif! Mal ein Bild! …*		
Hören	**Kafauer – ach, ist dort nicht das Kreiverwaltungsreferat? (passt z. B. zu A1, D2 oder E2)**		
1 PL	1. Die Bücher sind geschlossen. Fragen Sie die TN, welche Buchstaben sie hören: Sprechen Sie dann den Namen „Kafauer" mehrmals deutlich aus. Die TN sollten erkennen, dass es sich um „K", „V" und „R" handelt, die für „Kreisverwaltungsreferat" stehen. Fragen Sie die TN, ob Sie das „KVR" kennen.		
EA	2. Die TN schlagen die Bücher auf, lesen Aufgabe 1 und hören das Telefongespräch. Sie markieren ihre Lösungen. Abschlusskontrolle im Plenum. *Lösung: c, e, f*	CD 3/35–37	
2 EA	1. Die TN lesen die Aufgabe und ergänzen zunächst aus dem Gedächtnis. Dann hören sie das Gespräch noch einmal. Abschlusskontrolle im Plenum. *Lösung: a R, …ELDE…; b 2 ausdrucken, 3 ausfüllen, 4 unterschreiben, 5 an das KVR schicken*	CD 3/35–37	

	EA	2. *fakultativ:* Wenn Sie das Modalverb „müssen" und die Gliederung von Aussagen wiederholen und festigen wollen, schreiben Sie folgende Aufgabe an die Tafel: „Was muss Herr Gingerich tun? Gliedern Sie.". Die TN bilden mit den Beispielen aus Übung 2b Sätze mit „müssen" und benutzen auch die Wörter zur Gliederung. Abschlusskontrolle im Plenum. *Musterlösung: Zuerst muss Herr Gingerich das Formular herunterladen. Dann muss er es ausdrucken. Danach muss er es ausfüllen und unterschreiben. Zum Schluss muss er es an das KVR schicken.*		
Lesen		**Viel „müssen" – wenig „dürfen" (passt z. B. zu C3 oder E2)**		
	EA/HA	1. *fakultativ:* Die Bücher sind geschlossen. Verteilen Sie die Kopiervorlage. Die TN lesen den Text und ergänzen die Modalverben in der passenden Form. Die TN vergleichen zuerst mit einer Partnerin / einem Partner, danach vergleichen Sie mit dem Text im Buch.	KV L9/ZDM	
1 ⟷	EA/PA	2. Die TN lesen den Text im Buch und unterstreichen dabei alle Uhrzeiten. Danach ergänzen sie den Terminkalender von Jasmin. Machen Sie den TN deutlich, dass sie keine ganzen Sätze schreiben sollen, sondern nur Stichwörter wie in den Beispielen. Ungeübtere TN arbeiten zu zweit. Anschließend Kontrolle im Plenum. *Lösung: 7:10 Uhr: Bus; 7:30–12:30 Uhr: Arbeit; 12:00–12:30 Uhr: Mittagspause; 16:00 Uhr; 16:05 Uhr: Bus; 16:25 Uhr; 20:00 Uhr entspannen; 23:00 Uhr: ins Bett*		
	PA	3. Die TN decken den Text ab. Nun erzählen die TN den Tagesablauf von Jasmin nach. Dabei können sie sich abwechseln oder nach der Hälfte tauschen.		
2	EA/PL	1. Die TN bearbeiten Übung 2a wie im Buch angegeben. Gehen Sie herum und achten Sie darauf, dass die TN zunächst nur Stichwörter notieren.		
TIPP		Wenn die TN Probleme damit haben, Stichwörter zu notieren, sammeln Sie zunächst wichtige Stichwörter an der Tafel, indem Sie einige TN fragen, was sie um 7 Uhr etc. machen. Schreiben Sie diese Stichwörter aber in ungeordneter Reihenfolge auf, so wie in einem Schüttelkasten.		
	EA	2. Die TN schreiben aus den Stichwörtern einen Text.		
⟷	PA/GA	3. Die TN den Text ihrer Partnerin / ihrem Partner vor, die/der dazu Fragen stellt. In Kursen mit ungeübten TN sollten Sie diese Übung in gemischten Kleingruppen machen. Dann gibt es immer mehrere TN in der Gruppe, die Fragen stellen können. Ungeübtere TN werden so durch die anderen TN angeregt, bekommen zunächst Beispiele und fangen meistens nach einiger Zeit an, ihrerseits Fragen zu stellen. Geübtere TN lesen ihren Text nicht ab, sondern benutzen den Stichwortzettel und erzählen frei.		

FOKUS ALLTAG: AUF DEM WOHNUNGSAMT

Die TN können ein einfaches Gespräch auf dem Amt führen. Sie können mit einfachen Worten widersprechen.

	Form	Ablauf	Material	Zeit
1		**Leseverstehen: Die Wohnsituation von Herrn Karadeniz verstehen**		
	EA	1. Die TN lesen die Sprechblase und kreuzen an. Abschlusskontrolle im Plenum. *Lösung: eine andere Wohnung*		
	PL	2. Stellen Sie weitere Verständnisfragen: „Wie viele Kinder hat Herr Karadeniz?", „Wie viele Zimmer hat seine Wohnung?", „Woher kommt er wohl?", „Zu welchem Amt muss er gehen?" etc. Fragen Sie auch nach, ob die TN wissen, was eine Sozialwohnung ist und wofür das Wohnungsamt zuständig ist.		

🌐	Sozialwohnungen bieten Städte und Kommunen für Leute an, die wenig Geld verdienen. Für eine Sozialwohnung braucht man einen Berechtigungsschein vom Wohnungsamt. Das Amt kümmert sich auch um Mietzuschüsse (Wohngeld), vermittelt Wohnungen, z. B. auch senioren- und behindertengerechte Wohnungen, oder bietet Finanzierungshilfen beim Eigenheimerwerb. Verweisen Sie noch einmal auf das Gespräch auf dem Amt und machen Sie die TN darauf aufmerksam, dass sie ein Recht auf Hilfe beim Ausfüllen von Formularen haben sowie das Recht auf einen Dolmetscher oder Sprachmittler. Die TN sollten auch wissen, dass es in größeren Ämtern einen Informationsschalter gibt, wo man ihnen Auskunft zu Zuständigkeiten, Raumnummern, erforderlichen Unterlagen etc. geben kann.		

2		**Leseverstehen: Wichtige Informationen auf einer Internet-Seite finden**		
	EA/PA ⬌	1. Erklären Sie den TN, dass sich Herr Karadeniz auf der Internet-Seite des Wohnungsamts informiert. Die TN sehen sich die Internet-Seite an und markieren wichtige Informationen. Ungeübte TN arbeiten zu zweit. Abschlusskontrolle im Plenum. *Lösung: Öffnungszeiten: Mo–Fr 8.30–12.00 Uhr, Do 14.00–18.00Uhr; Ansprechpartner: Julian Meininger*	Folie/IWB	
	EA/PL ⬌	2. *fakultativ:* Geübtere TN suchen im Internet nach der Seite des Wohnungsamts am Kursort und schreiben die Adresse, Öffnungszeiten und den Ansprechpartner für Sozialwohnungen heraus. Die Information wird für alle im Kursraum aufgehängt. *Variante:* Sie können auch eine Kopie der Internetseite für alle machen und die entsprechenden Informationen wie in der Aufgabe markieren lassen.	Internet-Seite des Wohnungsamts	

3		**Hörverstehen: Ein Gespräch auf dem Amt**		
a	EA/PA	1. Die TN lesen die Gespräche, die Herr Karadeniz auf dem Amt führt, und ordnen in Stillarbeit oder zu zweit die Sätze und Fragen zu.		
b	EA	2. Spielen Sie die Gespräche vor. Die TN vergleichen und korrigieren ihre Lösungen. *Lösung: 1 Wohin muss ich jetzt gehen? 2 Na ja, das sehe ich aber anders. 3 Muss ich Ihnen das sagen? Das ist doch meine private Sache. / Kein Problem. Das ist nicht so schlimm.*	CD-Track 2/15–17	
	PA	3. Die TN lesen die Gespräche mit verteilten Rollen und tauschen anschließend.		
	PL	4. *fakultativ:* Die Bücher sind geschlossen. Sammeln Sie mit den TN zur Wiederholung einige Redemittel, wie sie um Hilfestellung bei Formularen bitten können: „Können Sie mir bitte mit diesem Formular helfen?", „Ich verstehe leider nicht alles." etc. Erinnern Sie die TN ggf. an die Redemittel in der Übersicht (Kursbuch, S. 115).		
	PL	5. Machen Sie den TN anhand von Gespräch 3 deutlich, dass sie nicht auf alle Fragen von Beamten antworten müssen. Manches ist privat. Sammeln Sie mit den TN Beispiele für Fragen, die nicht zulässig sind, und Redemittel dazu, wie sich die TN höflich wehren können, z. B.: „Sie entschuldigen, aber auf diese Frage möchte/muss ich nicht antworten.", „Das ist aber eine sehr private Frage, meinen Sie nicht?" etc.		
	PA	6. *fakultativ:* Die TN variieren die Gespräche mit ihren Namen und ihrer Lebenssituation (z. B. Familie mit zwei Kindern wohnt auf 40 qm, möchte 80 qm etc.).		

TiPP	Ungeübtere TN können in solchen freien Übungen eine „Ehepartnerin" / einen „Ehepartner" an die Seite gestellt bekommen, die/der hilft, wenn sie ins Stocken geraten. Die „Ehepartner" sollten von geübteren TN gespielt werden, die nur eingreifen, wenn Probleme bei Sprechen auftreten. Diese Tandem-Methode können Sie auch bei anderen freien Gespräche oder Dialoggerüsten anwenden.

FOKUS BERUF: EINEN ARBEITSPLAN ABSPRECHEN

Die TN können mit einfachen Worten bestätigen, dass sie einen Auftrag verstanden haben und ihn annehmen. Sie können mit Vorgesetzten Einzelheiten eines Einsatzplans absprechen, z. B. die Übernahme einer Schicht oder einen bestimmten Einsatzort.

	Form	Ablauf	Material	Zeit
		Da dieser Fokus möglicherweise nur für einen Teil der TN von Interesse ist, können die Übungen auch als Hausaufgabe gegeben werden.		
1		**Hörverstehen: Termine und Aufträge verstehen**		
	PL	Die TN sehen sich die Bilder an. Sprechen Sie mit den TN darüber, was ein Hausmeister alles macht.	Folie/IWB	
a	PL	1. Sprechen Sie mit den TN über den Arbeitsplan von Mirko: „Wann ist Mirko wo?" Geben Sie ggf. ein Beispiel vor: „Von 9 bis 10 Uhr ist Mirko bei Frau Meinert."		
	PL	2. Erklären Sie, dass die TN ein Gespräch zwischen Mirko und seinem Chef hören werden, und spielen Sie das Gespräch einmal vor. Die TN hören zu und nummerieren die Zeichnungen in der Reihenfolge ihres Vorkommens.	AB-Track 2/18	
	EA ⟷	3. Die TN hören das Gespräch noch einmal. Ungeübtere TN markieren im Arbeitsplan, wo es heute Änderungen gibt und schreiben die Nummer der Zeichnung dazu, geübtere TN korrigieren den Arbeitsplan.	AB-Track 2/18	
b	EA ⟷	4. Die TN hören das Gespräch zum dritten Mal. Ungeübtere TN korrigieren nun den Arbeitsplan, während geübtere TN Gelegenheit zur Selbstkorrektur haben. Abschlusskontrolle im Plenum. *Lösung: 13.00 Mittagspause; 14.00 Zeman, Gartenstraße 17; 15.00 Heimann, Klarastrase 3; 17.00 frei*	AB-Track 2/18	
	PA	5. Die TN sprechen über den neuen Arbeitsplan: „Mirko hat heute um 13 Uhr Mittagspause." etc. Die TN können sich auch gegenseitig befragen: „Wohin muss Mirko heute um 14 Uhr?" etc.		
2		**Wiederholung von wichtigen Redemitteln: (nicht) verstehen / nachfragen**		
	EA/PA	1. Die TN ordnen die Fragen und Aussagen zu. Abschlusskontrolle im Plenum. *Lösung: A nicht verstehen/fragen: Wie bitte? / Noch einmal, bitte. / Tut mir leid, ich verstehe Sie nicht. / Nicht am Montag? Nicht um ... Uhr? / Stimmt das? / Richtig?; B verstehen: Okay, ich verstehe. / Gut. Alles klar. / Ich verstehe.*		
	PL	2. *fakultativ:* Wenn die TN weitere Beispiele kennen, ergänzen sie die Liste.		
3		**Anwendungsaufgabe: Gespräche ergänzen**		
	PA	1. Die TN ergänzen die Gespräche. Gehen Sie herum und helfen Sie bei Schwierigkeiten.		
	PL	2. Einige Paare lesen oder spielen ihre Lösungsvorschläge vor. *Lösungsvorschlag: a Richtig?, Ich verstehe. b Noch einmal bitte. c Nicht um 18 Uhr?, Okay, ich verstehe.*		

GESUNDHEIT UND KRANKHEIT

Folge 10: Unsere Augen sind so blau.
Einstieg in das Thema „Gesundheit und Krankheit"

	Form	Ablauf	Material	Zeit
1		**Vor dem Hören: Die Geschichte situieren**		
	PL	1. Die TN sehen sich die Fotos im Buch an. Fragen Sie: „Wo sind Lara und Laras Freundin Ioanna?", „Was ist passiert?". Die TN stellen Vermutungen an.	Folie/IWB	
	PL	2. Stellen Sie weitere Fragen anhand der Wörter, z. B. „Wo sehen Sie einen Arzt?" oder „Wo ist die Notaufnahme?". Die TN deuten auf die entsprechenden Fotos. Gehen Sie abschließend auf den neuen Wortschatz wie „Schmerztablette" und „Wartebereich" ein. Erklären Sie, dass es im Krankenhaus einen Wartebereich, in einer Arztpraxis aber ein Wartezimmer gibt. *Lösung: der Klub: Foto 1; die Notaufnahme: Foto 3, 8; der Arzt: Foto 4, 5, 6, 8; der Wartebereich: Foto 4, 7; die Schmerztablette: Foto 6*	Folie/IWB	
2		**Beim ersten Hören: Die wesentlichen Inhalte verstehen**		
	EA/PA ⬌	1. Die TN lesen die Sätze und ordnen anhand der Fotos zu. Geübtere TN bearbeiten die Aufgabe in Stillarbeit. Ungeübtere arbeiten paarweise zusammen. Anschließend hören die TN und vergleichen ihre Lösungen. Gehen Sie bei Bedarf auf neuen Wortschatz, wie „Unfall", „Schmerzen" und „kühlen" ein. *Lösung: a Laras Freundin Ioanna b Lara c die Mitarbeiterin d der Arzt e Lara f Laras Freundin Ioanna*	CD 3/38–45	
	💡 TiPP	Neuer Wortschatz kann anhand von Umschreibungen, pantomimisch oder anhand einer Skizze erklärt werden. Wenn Sie über die technischen Möglichkeiten verfügen, können Sie auch mit Youtube-Videos arbeiten, um unbekannte Wörter zu semantisieren, z. B. „Unfall" oder „kühlen". Die TN sehen dann einen authentischen oder auch einen lustigen Kontext, der sich besonders gut einprägt.		
3		**Beim zweiten Hören: Die Geschichte rekonstruieren**		
	PL	1. Die TN lesen das Beispiel. Fragen Sie: „Wie geht die Geschichte weiter?".		
	EA/PA ⬌	2. Die TN lesen die übrigen Sätze in Stillarbeit. Warten Sie, bis alle mit dem Lesen fertig sind, und klären Sie, wenn nötig, die neuen Wörter „schlimm", „blaues Auge" und „lustig". Geübtere TN bearbeiten die Aufgabe in Stillarbeit. Ungeübtere arbeiten paarweise zusammen.		
	⬌	3. Spielen Sie die Foto-Hörgeschichte noch einmal vor. Die TN korrigieren die Reihenfolge selbst. Wenn Sie viele ungeübte TN im Kurs haben, schreiben Sie die Geschichte in der richtigen Reihenfolge an die Tafel. Die TN schreiben die Tafelanschrift ab und machen sich beim Schreiben den Textzusammenhang noch einmal bewusst. *Lösung: 3, 1, 2, 5, 4, 7, 6, 8*	CD 3/38–45	
	WPA ⬌	4. *fakultativ*: Bilden Sie mehrere Gruppen. Jede Gruppe erhält ein oder zwei Fotos der Foto-Hörgeschichte und die zugehörigen Dialogkärtchen von der Kopiervorlage. Gruppen mit ungeübteren TN bekommen die Sets mit weniger neuem Wortschatz. Die TN lesen die Sätze und bringen sie in eine sinnvolle Reihenfolge. Zur Kontrolle hören sie die Foto-Hörgeschichte noch einmal. Abschließend können die TN die Geschichte mit verteilten Rollen laut vorlesen oder ggf. mit einigen Requisiten wie blauem z. B. Lidschatten, einem Formular etc. nachspielen.	KV L8/FHG, CD 3/38–45, Requisiten	
	⚠	Gehen Sie an dieser Stelle noch nicht auf Details ein. Der Wortschatz wird in den folgenden Lernschritten sukzessive erarbeitet. Hier geht es darum, dass die TN den Wortschatz und einzelne Wendungen „ins Ohr bekommen".		

4	Nach dem Hören: Die Geschichte kommentieren		
PL	1. Die TN konzentrieren sich auf Foto 8. Fragen Sie: „Warum lachen die beiden Mädchen?". Fragen Sie: „Wie finden Sie Laras Idee?". Notieren Sie als Hilfestellung für die Antwort einige Adjektive, z. B. „witzig", „lustig", „super", „humorvoll" etc., und fordern Sie die TN auf, bei Bedarf weitere Ausdrücke im Wörterbuch nachzuschlagen.	Folie/IWB	
PA	2. Die TN tauschen sich mit ihrer Partnerin / ihrem Partner aus. *Hinweis:* An dieser Stelle bietet sich die Erweiterung des Wortschatzes und ein Transfer des Gelernten bzw. ein direkter Bezug zur Lebenswirklichkeit der TN durch das Projekt „Ärzte in meiner Stadt" aus der Rubrik „Zwischendurch mal ..." (Kursbuch, S. 128) an. *Hinweis:* Wenn Sie „Laras Film" nach der Foto-Hörgeschichte einsetzen, fragen Sie die TN vor dem Sehen: „Was macht Lili? Wo spielt Lilis Geschichte? Was ist passiert?". Die TN sehen „Laras Film" und machen sich Notizen. Klären Sie im Anschluss neuen Wortschatz, wie „Hals", „tut weh" und „Halsschmerzen". Sie können dabei eine Parallele zur Foto-Hörgeschichte herstellen, indem Sie sagen: „Ioannas Auge tut weh. Sie hat Augenschmerzen.".	ZDM	
Laras Film	In „Laras Film" spielt Lili im ersten Teil mit ihrem Teddy eine Szene beim Arzt und berichtet im zweiten Teil, was der Arzt gesagt/empfohlen hat. Sie können den Film am Ende der Foto-Hörgeschichte zur Erweiterung des Wortschatzes, nach A3 zur Festigung des neuen Wortschatzes oder vor C1 zur Wiederholung der Anweisungen/Ratschläge mit „sollen" einsetzen.	„Laras Film" Lektion 10	

A IHR AUGE TUT WEH.

Possessivartikel *sein* und *ihr*

Lernziel: Die TN können Körperteile benennen und über das Befinden sprechen.

	Form	Ablauf	Material	Zeit
A1		**Präsentation des Wortfelds „Körperteile"**		
	PL	1. Werfen Sie einem TN den Ball zu und fragen Sie: „Wie heißt das auf Deutsch?", während Sie z. B. auf Ihre Nase deuten. Erfahrungsgemäß können die TN bereits einige Körperteile auf Deutsch benennen. Der befragte TN setzt die Fragerunde mit dem Ball fort. Notieren Sie alle Körperteile, die von den TN genannt werden, mit dem bestimmten Artikel und in der entsprechenden Farbe an der Tafel.	Ball	
	EA	2. Die TN sehen sich die Zeichnung im Buch an und ergänzen die Körperteile. Abschlusskontrolle im Plenum. *Lösung: links: der Mund, das Bein rechts: der Kopf, das Ohr, der Finger, der Arm*	Folie/IWB	
	PA	3. *fakultativ:* Die TN üben die Wörter in einem Partnerdiktat: Dazu diktieren sie sich abwechselnd die Wörter. Die Partnerin / Der Partner zeichnet das diktierte Wort. *Hinweis:* Zur Wiederholung des Possessivartikels „mein" können Sie hier den Film „Alfons, der Hypochonder" aus der Rubrik „Zwischendurch mal ..." (Kursbuch, S. 129) einsetzen.	ZDM	

TIPP		Zeigen Sie den TN, wie man mit Vokabelkärtchen Wortschatz lernen kann. Bringen Sie dazu einige Karten als Beispiel mit und zeichnen Sie z. B. auf die Vorderseite ein Auge und schreiben Sie auf die Rückseite „das Auge, -n". Oder schreiben Sie auf eine Seite das jeweilige Körperteil auf Deutsch und auf die Rückseite z. B. die englische Entsprechung. Die TN notieren später die muttersprachliche Entsprechung auf der Rückseite. Sie können auch auf der Vorderseite ein Nomen notieren, beispielsweise „das Auge", und auf der Rückseite passende Verben, hier z. B. „sehen", „ansehen", „fernsehen", „lesen" etc. Oder Sie schreiben auf eine Seite das Wort im Singular, z. B. „das Auge" und auf die andere im Plural, z. B. „die Augen". Die TN fertigen anschließend in Kleingruppen selbst Lernkarten für das Wortfeld „Körper" an und üben damit in der Gruppe, indem sie sich gegenseitig abfragen. Legen Sie für den Kurs z. B. aus Teebeutelschachteln kleine Karteikästen an. Die TN, die mit einer Aufgabe schneller fertig sind, basteln zukünftig sukzessive für jedes neue Wortfeld selbst Karten und legen sie in einer Schachtel im Kursraum ab. Wer dann später mit einer Aufgabe schneller fertig ist als die anderen, kann dann mithilfe der Kärtchen selbstständig Wortschatz wiederholen.		
	EA/HA	Arbeitsbuch 1–2		
	EA/HA Wiederholung	Arbeitsbuch 3: Die TN wiederholen die Possessivartikel „mein", „dein" und „Ihr", die sie bereits aus *Schritte plus Neu 1* / Lektion 2 kennen.		
	WPA	4. *fakultativ:* Mithilfe der Kopiervorlage können Sie mit Ihren TN die Körperteile und die Redemittel „über das Befinden sprechen" einüben. Jeder TN erhält eine Karte mit einem Körperteil. Schreiben Sie die Redemittel „Was tut Ihnen weh?", „Was tut dir weh?" sowie „Mein/e ... tut weh." und „Meine ... tun weh." an die Tafel. Die TN bewegen sich mit ihren Kärtchen im Raum und tauschen sich über ihr Befinden aus. Dabei tauschen sie laufend die Kärtchen.	KV L10/A1	

A2		Anwendungsaufgabe: Über das Befinden anderer sprechen		
	PL	1. Deuten Sie auf Foto A und fragen Sie: „Was tut Simon weh?". Ein TN liest das Beispiel vor. Deuten Sie auf die Markierung und die entsprechende Ergänzung im oberen Grammatik-Kasten. Fordern Sie die TN auf, die anderen Körperteile zu den Fotos A und B ebenfalls zu markieren und die Possessivartikel im Grammatik-Kasten zu ergänzen. *Lösung: maskulin: sein Bein; feminin: ihr Kopf, ihre Ohren* Verweisen Sie an dieser Stelle auch auf die Redemittelübersicht „Über das Befinden sprechen: Mein Auge tut weh!" in der Rubrik „Kommunikation" (Kursbuch, S. 126) und die zugehörige Übung. Abschlusskontrolle im Plenum. *Musterlösung: Mein Ohr tut weh., Ich habe Ohrenschmerzen., Mein Hals tut weh., Ich habe Halsschmerzen., Meine Nase tut weh., Ich habe Schnupfen., Mein Kopf tut weh., Ich habe Kopfschmerzen., Mein Bein tut weh., Ich habe Fieber., Ich bin krank.*	Folie/IWB	
	PL	2. Schreiben Sie an die Tafel:	Folie/IWB	

Simon ist krank.	Sein Arm tut weh.	der /ein /kein Arm.
	Sein Bein tut weh.	das /ein /kein Bein.
	Seine Hand tut weh.	die /eine /keine Hand.
	Seine Ohren tun weh.	die /-/keine Ohren.

Machen Sie anhand des Tafelbilds deutlich, dass sich die Possessivartikel genauso wie „ein-" bzw. „kein-" nach dem Wort richten, vor dem sie stehen. Verweisen Sie auch auf die Grammatik-Kästen im Buch und verdeutlichen Sie, dass die Wahl des Possessivartikels „mein", „sein", „ihr" etc. von der jeweiligen Person abhängt, auf die er sich bezieht, dass sich aber die Endung des Possessivartikels nach dem Genus und dem Numerus des folgenden Nomens richtet. Dies wird durch die farbigen Genuspunkte bzw. die Pfeile im unteren Grammatik-Kasten noch einmal veranschaulicht.

	EA/HA	Arbeitsbuch 4		
	EA/PA/ HA Grammatik entdecken	Arbeitsbuch 5: im Kurs: Sehen Sie sich gemeinsam mit den TN Bild A an. Fragen Sie: „Ist das der, die oder das Vater?". Schreiben Sie auf Zuruf den richtigen Artikel über „Vater". Machen Sie dann mithilfe eines Pfeils deutlich, dass der Possessivartikel vor maskulinen Nomen keine Endung erhält. Verfahren Sie mit „Hobby", „Mutter" und „Eltern" ebenso. Die TN bearbeiten Bild B in Still- oder Partnerarbeit.		
	EA/HA	Arbeitsbuch 6–8		
A3		**Anwendungsaufgabe zu den Possessivartikeln *sein* und *ihr***		
⟷	EA/HA	1. Deuten Sie auf Bild A und fragen Sie: „Was tut weh?". Die TN antworten mit dem Beispiel. Klären Sie anschließend, ob es sich bei den Personen um einen Mann oder eine Frau handelt, um die Wahl des richtigen Possessivartikels zu erleichtern. Geübtere TN bearbeiten die Aufgabe in Stillarbeit. Ungeübtere TN arbeiten paarweise zusammen. Abschlusskontrolle im Plenum. *Lösung: B ihr Rücken C ihre Ohren D sein Arm E ihr Bein* *Hinweis:* An dieser Stelle bietet es sich an, mit „Laras Film" zu arbeiten. Konzentrieren Sie sich dabei auf die erste Hälfte und gehen Sie noch nicht näher auf die Ratschläge in der zweiten Hälfte ein. Das Modalverb „sollen" wird erst in Lernschritt C thematisiert.		
A4		**Aktivität im Kurs: Monsterspiel**		
	EA	1. Die TN zeichnen analog zu den Beispielen im Buch ein eigenes, möglichst verrücktes Monster. Sie achten darauf, dass ihre Partnerin / ihr Partner das Monster nicht sehen kann. *Hinweis:* Wenn die TN Hemmungen beim Zeichnen haben, weisen Sie sie darauf hin, dass es hier nicht auf zeichnerische Fähigkeiten ankommt. Die Zeichnungen können sehr einfach sein.		
	PA	2. Ein TN beschreibt sein Monster. Der andere zeichnet das Monster nach der Beschreibung. Dann wird gewechselt. Anschließend vergleichen sie ihre Zeichnungen. Wer möchte, kann seine Zeichnung danach im Kursraum aufhängen. *Hinweis:* An dieser Stelle bietet sich die Arbeit mit dem Rätsel in „Zwischendurch mal ..." (Kursbuch, S. 128) an. Die TN erweitern ihren Wortschatz um Redewendungen mit Körperteilen.	ZDM	

B UNSERE AUGEN SIND SO BLAU.

Possessivartikel *unser, euer, ihr*

Lernziel: Die TN können über das Befinden anderer sprechen.

	Form	Ablauf	Material	Zeit
B1		**Leseverstehen: Wesentliche Inhalte verstehen**		
a	EA	1. Deuten Sie auf die E-Mail und fragen Sie: „Was ist richtig?". Die TN lesen den Text und kreuzen an. Abschlusskontrolle im Plenum. *Lösung: richtig: 3*		

| b | EA | 2. Deuten Sie auf die Markierung im Text und die Ergänzung im Grammatik-Kasten. Fordern Sie die TN auf, alle Formen von „unser" im Text zusammen mit dem zugehörigen Nomen zu markieren und den Grammatik-Kasten weiter zu ergänzen. Geübtere TN lösen die Aufgabe in Stillarbeit, ungeübtere TN arbeiten paarweise zusammen. Fragen Sie anschließend nach dem bestimmten Artikel von „Abend", „Lied", „Lehrerin" und „Augen" und veranschaulichen Sie noch einmal den Zusammenhang mit den Endungen des Possessivartikels, den sich die TN bereits in Lernschritt A bewusst gemacht haben. Abschlusskontrolle im Plenum. *Lösung: unser Abend, unsere Lehrerin, unsere Augen* | Folie/IWB | |

B2	**Leseverstehen: Absender der Nachrichten aus dem Kontext identifizieren**			
a	PL	1. Die TN lesen Nachricht 1. Fragen Sie: „Wer hat das geschrieben?". Ein TN liest die Lösung vor. Fragen Sie, welche Wörter helfen, die Ehefrau als Absenderin zu identifizieren. Die TN nennen „einkaufen gehen", „Schatz" und „Küsse". Klären Sie ggf. die Bedeutung von „Schatz" und „Küsse".	Folie/IWB	
	EA/PA	2. Die TN Lesen die beiden anderen Texte und ordnen die Absender zu. Geübtere TN lösen die Aufgabe in Stillarbeit. Ungeübtere TN arbeiten paarweise zusammen. Abschlusskontrolle im Plenum. *Lösung: 2 F, 3 K*		
b	PL	3. Deuten Sie auf die Markierung in Nachricht 1 und fragen Sie: „Wo passt das? Warum?". Ergänzen Sie dann auf Zuruf der TN den rechten Grammatik-Kasten und verdeutlichen Sie den Zusammenhang zwischen der Pluralform des Possessivartikels und der Pluralform „Ohren".	Folie/IWB	
	EA/PA	4. Die TN markieren die anderen Formen von „euer" und „ihr" in den Texten 2 und 3. Geübtere TN lösen die Aufgabe in Stillarbeit. Ungeübte TN arbeiten paarweise zusammen. Abschlusskontrolle im Plenum. Verweisen Sie auch auf die Grammatikübersicht 1 (Kursbuch, S. 126) und die besondere Schreibweise von „eure". *Lösung: links: euer Termin, eure Mutter; rechts: ihre Ohren*	Folie/IWB	
	EA/HA	Arbeitsbuch 9–11		
	EA/PA Grammatik entdecken	Arbeitsbuch 12: im Kurs: Die TN lesen Übung a und ordnen zu. Geübtere TN lösen die Übung in Stillarbeit. Ungeübte TN arbeiten paarweise zusammen. Lenken Sie in Übung b die Aufmerksamkeit der TN zunächst auf die Analogie der Endungen des unbestimmten Artikels und des Possessivartikels. Zeigen Sie dies anhand von „einen", „meinen", „seinen" und „ihren" in der Tabelle. Fordern Sie die TN dann auf, Gespräche 1 in a noch einmal zu lesen, die Antwort auf die Frage „Wen?/Was?" zu markieren und den jeweiligen Possessivartikel in der Übersicht zu ergänzen. Die TN verfahren dann mit den anderen Gesprächen ebenso. Erinnern Sie die TN abschließend daran, dass Verben, wie „machen", „treffen", „sehen", „haben" und „fragen" den Akkusativ nach sich ziehen und die Possessivartikel hier deshalb ebenfalls im Akkusativ stehen müssen.		
	EA/HA	Arbeitsbuch 13		

B3	**Aktivität im Kurs: Nachrichten schreiben**			
	PA/ WPA	1. Die TN lesen das Beispiel und schreiben dann ähnliche Textnachrichten an ihre Partnerin / ihren Partner. *Variante:* Die TN schreiben eine Frage wie im Beispiel auf einen Zettel, gehen im Raum umher und stellen sich gegenseitig Fragen. Nach jedem Minidialog tauschen sie die Zettel und wechseln zum nächsten Partner. Gehen Sie herum und achten Sie darauf, dass die Possessivartikel korrekt verwendet werden. Korrigieren Sie ggf. sanft, indem Sie einfach die korrekte Form laut wiederholen.		

C ICH SOLL SCHMERZTABLETTEN NEHMEN.

Modalverb *sollen*, Satzklammer

Lernziel: Die TN können Anweisungen und Ratschläge geben und verstehen.

	Form	Ablauf	Material	Zeit
C1		**Präsentation des Modalverbs *sollen***		
	PL	1. Fragen Sie: „Was hat der Doktor gesagt?". Ein TN liest Ioannas Sprechblase laut vor. Verweisen Sie an dieser Stelle auf den Grammatik-Kasten und machen Sie den Zusammenhang zwischen den Sätzen „Nehmen Sie Schmerztabletten." (direkte Aufforderung) und „Der Doktor sagt: Ich soll Schmerztabletten nehmen." (Wiedergabe einer Aufforderung) deutlich. Machen Sie, wenn nötig, mit den TN gemeinsam ein weiteres Beispiel. Weisen Sie dann auf die Satzklammer hin, die den TN bereits von den anderen Modalverben (vgl. *Schritte plus 1/* Lektion 7 und *Schritte plus 2/* Lektion 9) bekannt ist. Verweisen Sie hier auch auf die Grammatikübersicht 3 (Kursbuch, S. 126) und die Redemittel „Anweisungen geben: Gehen Sie zum Arzt." in der Rubrik „Kommunikation" (Kursbuch, S. 127). Die kleine Schreibübung können die TN als Hausaufgabe lösen und einige Beispiele in der nächsten Stunde zum Einstieg präsentieren. *Lösung: soll ... trinken, soll ... aufmachen, sollen essen* *Musterlösung: 1 Der Doktor sagt, du sollst im Bett bleiben. 2 Der Doktor sagt, du sollst viel schlafen. 3 Der Doktor sagt, du sollst Schmerztabletten nehmen. 4 Der Doktor sagt, du sollst viel spazieren gehen. 5 Der Doktor sagt, du sollst viel trinken.*	Folie/IWB	
	EA/PA ⟷	2. Klären Sie bei Bedarf den Ausdruck „ein paar Schritte gehen", bevor die TN die übrigen Beispiele bearbeiten. Geübtere TN lösen die Aufgabe in Stillarbeit. Ungeübtere TN arbeiten paarweise zusammen. Abschlusskontrolle im Plenum. Schreiben Sie die Lösung an die Tafel. *Lösung: Ich soll das Auge kühlen. Ich soll gleich ins Bett gehen. Ich soll ein paar Schritte gehen. Ich soll bei Problemen wieder ins Krankenhaus kommen.* **Hinweis:** An dieser Stelle können Sie mit „Laras Film" arbeiten und die TN notieren lassen, was Frau Doktor Lili dem „Patienten" rät.		
C2		**Variation: Anwendungsaufgabe zum Modalverb *sollen***		
	PL	1. Die TN sehen sich das Foto an. Klären Sie gemeinsam die Situation, indem Sie z. B. fragen: „Wo sind die Personen?", „Wie geht es der alten Frau?" und „Was macht die Krankenschwester?".		
	PA	2. Die TN lesen das Gespräch und variieren die hellblau markierten Satzteile. Weisen Sie auch auf den Grammatik-Kasten hin, insbesondere auf die endungslosen Formen in der 1. und 3. Person Singular, einem Charakteristikum der Modalverben. Machen Sie die TN außerdem darauf aufmerksam, dass die Formen der 1. und 3. Person Singular von „sollen" – wie bei den anderen Modalverben – identisch sind. Verweisen Sie auch auf die Grammatikübersicht 2 (Kursbuch, S. 126).	CD 3/46	
	EA/PL Grammatik entdecken ⟷	Arbeitsbuch 14–15: im Kurs: Die TN ergänzen in Übung 14 die Formen von „sollen" und tragen die Sätze dann in das Schema in Übung 15 ein, sodass die Modalverben und der Infinitiv in den unterlegten Feldern stehen und sie sich die Satzklammer so noch einmal bewusst machen. Geübtere TN lösen Übung 15 in Stillarbeit. Ungeübtere TN arbeiten paarweise zusammen.		
	EA/HA	Arbeitsbuch 16		

C3	Hörverstehen: Gesundheitsprobleme und Ratschläge verstehen		
a	PL	1. Sehen Sie mit den TN gemeinsam das Foto an und fragen Sie: „Wo sind die Personen?" und „Was ist das Problem?". Die TN stellen Vermutungen an.	
	EA	2. Fragen Sie: „Wer hat welches Problem?". Die TN hören die Gespräche und ordnen die Gesundheitsprobleme zu. *Lösung: a 3 Sonnenbrand und Fieber 2 Tochter hat Husten*	CD 3/47–49
b	EA	3. Fragen Sie: „Wer soll was machen?". Die TN hören die Gespräche noch einmal und ordnen zu. Abschlusskontrolle im Plenum. *Lösung: 1 Tabletten nehmen; 2 zum Arzt gehen, Mira Saft geben; 3 Salbe verwenden*	CD 3/47–49
	EA/HA	Arbeitsbuch 17–19	

C4	Aktivität im Kurs: Gesundheitstipps geben		
	EA/PL	1. Die TN lesen in Stillarbeit die Probleme und die Tipps. Klären Sie anschließend ggf. unbekannten Wortschatz. Verweisen Sie an dieser Stelle auch auf die Redemittelübersicht „Über das Befinden sprechen: Mein Auge tut weh!" in der Rubrik „Kommunikation" (Kursbuch, S. 126) und die zugehörige kleine Übung rechts.	
	PL	2. Lesen Sie gemeinsam mit den TN das Beispielgespräch und machen Sie zusammen ein oder zwei weitere Beispiele.	
	GA ⟷	3. Die TN geben sich gegenseitig Ratschläge. Ungeübtere TN konzentrieren sich auf die Beispiele im Buch und wiederholen diese ggf. in der Gruppe. Geübtere TN können sich selbstständig weitere Gesundheitsprobleme ausdenken. Gehen Sie herum und helfen Sie bei Schwierigkeiten.	
	GA	4. *fakultativ:* Zur Erweiterung der Aktivität können Sie die Kopiervorlage im Lehrwerkservice unter www.hueber.de/schritte-plus-neu einsetzen. Schneiden Sie die „Problemkärtchen" einzeln aus und teilen Sie jeder Vierergruppe ein Kartenset mit den Gesundheitsproblemen und den Gesundheitstipps aus. Klären Sie anhand eines Beispiels, dass man entweder sagen kann, „Ich habe Halsschmerzen." oder „Mein Hals tut weh.". Schreiben Sie dann folgendes Musterbeispiel an die Tafel:	KV L10/C4 im Lehrwerkservice

> Patient: <u>Ich habe Halsschmerzen. /Mein Hals tut weh.</u> Was soll ich tun?
> Arzt: <u>Trinken Sie Tee.</u>
> Patient: Wie bitte? Was hat der Arzt gesagt?
> Praxishelferin: Der Arzt hat gesagt, <u>Sie sollen Tee trinken.</u>
> Patient: Wie bitte?
> Freund/Freundin: Der Arzt hat gesagt, <u>du sollst Tee trinken.</u>

	⟷	Die TN ziehen reihum eine Problemkarte und bitten um Rat. Einer schlüpft in die Rolle des Arztes, ein anderer in die der Praxishelferin bzw. des Freundes / der Freundin, die/der die Anweisung des Arztes umformuliert. Auf diese Weise wird auch die Bedeutung von „sollen" noch einmal deutlich. Die TN wechseln ständig die Rollen, bis alle Problemkarten verbraucht sind. Schnelle Gruppen können sich weitere Beispiele ausdenken.	
	EA/HA	Arbeitsbuch 20	AB-Track 2/19

D KRANKMELDUNG

Lernziel: Die TN können sich oder eine andere Person telefonisch und schriftlich krankmelden.

	Form	Ablauf	Material	Zeit
D1		**Hörverstehen 1: Ein Telefongespräch global verstehen**		
a	EA	1. Fragen Sie: „Was ist richtig?". Die TN hören das Telefongespräch so oft wie nötig und kreuzen die passenden Antworten an. Abschlusskontrolle im Plenum. *Lösung: richtig: 2, 4*	CD 3/50	
b	EA/PA	2. Die TN hören noch einmal und beantworten die Frage. Abschlusskontrolle im Plenum. *Lösung: Montag*	CD 3/50	
	EA/PA	3. Klären Sie mit den TN den Begriff „Krankmeldung". Sehen Sie sich dazu gemeinsam mit den TN das ärztliche Attest an. Fragen Sie: „Welche Informationen bekommt die Firma?". Sammeln Sie die Stichwörter mit Artikel an der Tafel. Schreiben Sie auch „die Krankmeldung, -en" an die Tafel.		
	🌍	Erklären Sie, dass man sich am ersten Tag beim Arbeitgeber krankmelden und spätestens am dritten Krankheitstag in Folge ein ärztliches Attest vorlegen muss.		
	EA/HA	Arbeitsbuch 21		
D2		**Präsentation: Formalia eines Briefes im formellen Register**		
	EA/PL	1. Geben Sie den TN zunächst Gelegenheit, den Brief im Buch zu lesen. Erklären Sie an dieser Stelle keinen Wortschatz. Fragen Sie: „Warum kommt Frau Döllner nicht in die Firma?", „Wie lange kann sie nicht kommen?" und „Was soll Frau Laschinger tun?". Klären Sie die Antworten im Plenum.		
	EA/PA ⟷	2. Ein TN liest die Begriffe neben dem Brief laut vor. Deuten Sie auf „der Absender" und auf die entsprechende Stelle im Brief. Fragen Sie dann: „Was ist Nr. 2?" und tragen Sie die Nummer auf Zuruf ein. Die TN ordnen dann die übrigen Begriffe zu. Geübtere TN lösen die Aufgabe in Stillarbeit. Ungeübtere TN arbeiten paarweise zusammen. Fordern Sie zur Abschlusskontrolle einen TN auf, die Nr. 3 zu markieren und den Stift dann an jemand anderen weiterzugeben. Die übrigen TN vergleichen mit ihren Lösungen. *Lösung: von oben nach unten: 6, 1, 5, 4, 7, 3, 2, 10, 9, 8, 11*	Folie/IWB	
	PL	3. Die TN haben jetzt ein vollständiges Muster und die richtige Reihenfolge der Bausteine eines formellen Briefes. Machen Sie deutlich, dass diese Formalia in einem formellen Brief eingehalten werden sollten.		
	EA/HA	Arbeitsbuch 22		
D3		**Schreiben: Eine Krankmeldung schreiben**		
	PL	1. Die TN lesen die Aufgabe A im Buch. Fragen Sie: „Warum können Sie nicht zur Arbeit kommen?", um sicherzustellen, dass alle die Aufgabe verstanden haben. Fragen Sie weiter: „Wohin schreiben Sie Ihren Namen und Ihre Adresse?". Ein TN zeigt die entsprechende Stelle in D2. Der Brief in D2 dient den TN als formale Vorlage für die Schreibaufgabe A. Verweisen Sie an dieser Stelle auch auf die Redemittel „Eine Krankmeldung: Leider kann ich nicht kommen." in der Rubrik „Kommunikation" (Kursbuch, S. 127).	Folie/IWB	

EA/PA	2. *fakultativ:* Um den TN das Schreiben der Krankmeldung in Form eines formellen Briefs zu erleichtern, können Sie die Kopiervorlage austeilen. Kopieren Sie sie auch auf Folie. Fragen Sie: „Wohin schreiben Sie Ihren Namen und Ihre Adresse?" und notieren Sie dann exemplarisch den Absender eines TN an der entsprechenden Stelle auf der Folie. Stellen Sie ggf. weitere Fragen wie: „Was ist der Betreff?" oder „Wie heißt die richtige Anrede?". Notieren Sie die Informationen zusammen mit den TN auf der Folie. Die TN ergänzen die übrige Vorlage in Stillarbeit oder in Partnerarbeit. Verweisen Sie an dieser Stelle noch einmal explizit auf den Musterbrief in D2, an dem sich die TN orientieren können.	KV L10/D3	
EA	3. Sammeln Sie alle Briefe ein und korrigieren Sie sie. Am nächsten Tag sehen sich die TN die Korrekturen an und schreiben ihre Briefe noch einmal richtig. So haben sie immer einen Musterbrief zur Hand, an dem sie sich im Alltag orientieren können.	Folie/IWB	
PL	4. Die TN lesen dann Aufgabe B. Fragen Sie: „Was ist das Problem?", um das Verständnis zu sichern. Deuten Sie dann noch einmal auf den Musterbrief in D2 und fragen Sie: „Was schreibt man in einer E-Mail nicht?" und Was schreibt man in einer privaten E-Mail anders? Sammeln Sie gemeinsam mit den TN Anrede- und Gruß-formen für E-Mails an der Tafel.		
PA ⟷	5. Fragen Sie weiter: „Wo nennt man in einer E-Mail den Betreff?". Sofern Sie die technischen Möglichkeiten haben, öffnen Sie ein leeres E-Mail-Dokument und notieren Sie den Betreff auf Zuruf. Die TN schreiben eine E-Mail an einen anderen TN im Kurs. Geübtere TN, die schneller fertig sind, schreiben das Gespräch zwischen der Mitschülerin / dem Mitschüler und der Lehrerin / dem Lehrer. Sie können das Gespräch auch später im Kurs vorspielen. Ungeübtere TN konzentrieren sich auf die E-Mail. Gehen Sie herum und helfen Sie bei Schwierigkeiten.		
EA	6. *fakultativ:* Bitten Sie die TN, Ihnen die E-Mail zu schicken, sodass Sie diese ebenfalls korrigieren können. Sie können Ihren Schülern auch kurz antworten, um den Mailwechsel authentischer zu gestalten. *Hinweis:* An dieser Stelle bietet es sich an, mit dem Film „Alfons, der Hypochonder" aus der Rubrik „Zwischendurch mal ..." (Kursbuch, S. 129) zu arbeiten, um das Thema „krank sein" noch einmal auf humorvolle Art und Weise aufzugreifen.	ZDM	
EA/HA	Arbeitsbuch 23		
EA/HA 👄	Arbeitsbuch 24: im Kurs: Hier können Sie mit den TN den Laut „h" üben, falls dieser in der Sprache der TN nicht existent ist. Bitten Sie die TN, sich vorzustellen, sie würden joggen und dabei stark ausatmen: „Hhhuuhh". Die TN atmen aus. Atmen Sie wieder und lassen Sie den Atem in das Wort „Haus" übergehen. Die TN machen es Ihnen nach. Eine andere Möglichkeit ist, dass die TN sich ein Blatt Papier vor den Mund halten und „aus" sagen. Das Papier sollte sich nicht bewegen. Dann atmen die TN aus „Hhhhaus", das Papier bewegt sich. Die TN hören die Beispiele und sprechen nach. Den Vokalneueinsatz sollten die TN üben, wenn in ihrer Sprache die Wörter verbunden werden (z. B. im Französischen). Dazu hören die TN die Wörter und machen an allen Stellen, an denen eine kurze Sprechpause zu hören ist, einen Schrägstrich. Sie hören dann noch einmal und sprechen nach. Dabei machen sie ganz bewusst Sprechpausen zwischen den Wörtern. Um das zu trainieren, können sie auch zwischen den Wörtern einmal in die Hände klatschen, also: am – Klatschen – Abend etc.	AB-Track 2/20	

E ANRUF BEIM ARZT / NOTRUF

Lernziel: Die TN können einen Termin vereinbaren und einen Notfall melden.

	Form	Ablauf	Material	Zeit
E1		**Hörverstehen: Anruf beim Arzt**		
	PL	1. Deuten Sie auf das Praxisschild und fragen Sie: „Was für ein Arzt ist Dr. Hellmann? Welche Probleme haben seine Patienten?". Die TN stellen Vermutungen an. Gehen Sie auf neuen Wortschatz wie „nach Vereinbarung" ein.	Folie/IWB	
	EA	2. Fragen Sie: „Wo ruft der Mann an?" und „Was möchte der Mann?" Die TN lesen zuerst die Antworten in a und b, hören dann das Telefongespräch so oft wie nötig und kreuzen an. Abschlusskontrolle im Plenum. *Lösung: a in der Praxis, b einen Termin bekommen*	CD 3/51	
E2		**Hörverstehen: Telefonische Terminvereinbarung**		
	PL ⚠	1. Die TN lesen die Zeitadverbien „heute", „sofort" und „gleich" im Schüttelkasten. Gehen Sie zunächst noch nicht auf deren Bedeutung ein. Die TN können sie hier aus dem Kontext selbst erschließen.		
	EA	2. Die TN hören das Telefongespräch aus E1 noch einmal, lesen im Buch mit und ergänzen die Zeitadverbien. Abschlusskontrolle im Plenum. *Lösung: heute, sofort, gleich*	CD 3/51	
	PL	3. Gehen Sie dann auf neuen Wortschatz, wie „Notfall", „dringend" und „Versicherten-karte" ein und stellen Sie sicher, dass die Bedeutung der Zeitadverbien erfasst wurde. Machen Sie ggf. weitere Beispiele mit „sofort" und erklären Sie, dass „Bis gleich." eine feste Wendung ist (genauso wie „Bis später.", „Bis morgen.", „Bis nächste Woche."). Zur Veranschaulichung der unterschiedlichen Zeitspannen bis zum Wiedersehen können Sie die Ausdrücke an der Tafel auf einen Zeitstrahl eintragen. „Bis gleich!" „Bis später!" „Bis morgen!" „Bis nächste Woche!" jetzt/heute: ⟶		
	PA	4. Die TN lesen und/oder spielen das Gespräch mehrmals mit verteilten Rollen, um das Muster zu memorieren. Den TN werden hier wesentliche Redemittel an die Hand gegeben, die sie für Telefonate mit einer Arztpraxis benötigen. Verweisen Sie an dieser Stelle auch auf die Redemittel „Einen Termin vereinbaren: Könnte ich bitte einen Termin haben?" in der Rubrik „Kommunikation" (Kursbuch, S. 127). Die kleine Schreibaufgabe rechts daneben lösen die TN als Hausaufgabe.		
	EA/HA	Arbeitsbuch 25		
E3		**Sprechen: Telefonisch einen Termin beim Zahnarzt ausmachen**		
	PL	1. Kopieren Sie die zwei Gesprächssituationen mehrmals auf farbigen Karton. Zerschneiden Sie die Kopien so, dass alle Paare ein Kartenset erhalten. *fakultativ:* Zusätzlich können Sie die Gesprächssituationen der Kopiervorlage verteilen, die das Thema Terminvereinbarung mit anderen Situationen erweitert. Auf diese Weise lernen die TN, die Redemittel zur Terminvereinbarung auch in neuen Kontexten anzuwenden. Außerdem wird dann nicht zu oft dasselbe Telefonge-spräch präsentiert und es bleibt für alle bis zum Schluss interessant.	KV L10/E3	

PA	2. Die TN spielen in Anlehnung an das Modell in E2 ein Telefongespräch. Gehen Sie herum und helfen Sie bei Schwierigkeiten. Wer fertig ist, schreibt sein Gespräch auf. Wer möchte, kann sein Gespräch anschließend im Plenum vorspielen. Damit die Situation möglichst authentisch wirkt, können Sie z. B. zwei Handys nutzen.			
TiPP	Die Benutzung von Requisiten macht den TN erfahrungsgemäß nicht nur Spaß, sondern nimmt ihnen auch ein wenig die Nervosität vor dem Spiel.			
EA/HA Schreib-training	Arbeitsbuch 26: Die TN schreiben anhand von Vorgaben eine Antwort auf eine Textnachricht.			

E4 Leseverstehen: Die wesentlichen Informationen verstehen

PL	1. Die TN betrachten die Notrufsäule im Buch. Stellen Sie Fragen, um das Vorwissen der TN zu aktivieren: „Wo haben Sie Notrufsäulen schon gesehen?", „Wen können Sie dort anrufen?", „Haben Sie eine Notrufsäule schon einmal benutzt?". Schreiben Sie neuen Wortschatz, wie z. B. „Notrufsäule", „Notruf", „Notfall" und „Hilfe rufen" mit bestimmtem Artikel an die Tafel.			
PA ⟷	2. Die TN lesen die Situationsbeschreibungen und den Text auf Seite 125. Geübtere TN lösen die Aufgabe in Stillarbeit. Ungeübtere TN arbeiten paarweise zusammen. Abschlusskontrolle im Plenum. Klären Sie wichtigen neuen Wortschatz, wie „Not-dienst", „Notarzt", „Bereitschaftspraxis" etc. Beschränken Sie sich an dieser Stelle darauf, vor allem die im Text rot hervorgehobenen Begriffe zu klären, sodass die TN im Notfall entsprechend handeln können. *Lösung: b Einen ärztlichen Notfalldienst rufen oder in die Notaufnahme im Krankenhaus gehen. c Die Adresse der Notdienst-Apotheke im Internet suchen.* *Hinweis: An dieser Stelle bietet es sich an, das Projekt „Ärzte in meiner Stadt" aus der Rubrik „Zwischendurch mal ..." (Kursbuch, S. 128) durchzuführen, um die TN mit dem Ärztespektrum in ihrer Stadt vertraut zu machen.*	ZDM	
🌍	Informieren Sie die TN darüber, dass sie mit der Notrufnummer 112 und über Notrufsäulen auch Hilfe rufen können, wenn es brennt, wenn ihr Kind giftige Che-mikalien geschluckt hat, wenn sie eine Panne auf der Autobahn haben etc. Weisen Sie auch darauf hin, dass der Missbrauch des Notrufs strafbar ist. Wer also aus Spaß oder ohne wirkliche Not den Notruf alarmiert, muss eine Strafe zahlen und für die Kosten des Notfalleinsatzes aufkommen. Andererseits ist man zur Hilfe in einem Notfall verpflichtet, sonst handelt es ich um „unterlassene Hilfeleistung".			
EA/HA	Arbeitsbuch 27			

E5 Hörverstehen: Anruf in der Notrufzentrale

a	PL	1. Die TN sehen das Bild an. Fragen Sie: „Was ist passiert?". Die TN stellen Vermutun-gen an. Sammeln Sie neuen Wortschatz, wie „verletzt" etc. an der Tafel.		
	EA/PA ⟷	2. Die TN lesen das Telefongespräch und ordnen die Wörter zu. Geübtere TN lösen die Aufgabe in Stillarbeit. Ungeübtere TN arbeiten paarweise zusammen.		
b	EA/PA	3. Die TN hören das Telefongespräch und vergleichen ihre Lösungen. Verweisen Sie anschließend auch auf die Redemittel „Einen Notfall melden: Ein Unfall mit dem Motorrad." der Rubrik „Kommunikation" (Kursbuch, S. 127). *Lösung: verletzt, Person, Bein, Notarzt*	CD 3/52	
	EA/HA	Arbeitsbuch 28–29		

Form	Ablauf	Material	
EA/HA Prüfung	Arbeitsbuch 30: im Kurs: Diese Übungsform entspricht dem Prüfungsteil Hören, Teil 1, der Prüfung *Start Deutsch 1*: Die TN hören sechs kurze Gespräche und lösen zu jedem Gespräch eine Aufgabe (Dauer ca. 9 Min.).	AB-Track 2/21–23	
GA	*fakultativ:* Wenn Sie noch Zeit haben, können Sie hier die Wiederholung zu Lektion 10 anschließen.	KV L10/ Wiederholung	
Lektions-tests	Einen Test zu Lektion 10 finden Sie hier im LHB auf den Seiten 180–181. Weisen Sie die TN auf den Selbsttest im Arbeitsbuch auf Seite 124 hin.	KV L10/Test	

AUDIO- UND VIDEOTRAINING

Form	Ablauf	Material	Zeit
Audiotraining 1: Das tut so weh!			
EA/HA	Die TN hören „Ich habe (Bauch)schmerzen." und antworten in den Sprechpausen mit „Oje! Dein (Bauch) tut weh!". Nach der Sprechpause hören die TN die korrekte Antwort. Hier kommt es besonders auf die Betonung an.	CD 3/53	
Audiotraining 2: Was sagt die Ärztin?			
EA/HA	Die TN hören eine ärztliche Empfehlung, wie „Gehen Sie gleich ins Bett!" und wiederholen diese in den Sprechpausen mit „Die Ärztin sagt, ich soll (gleich ins Bett gehen).". Nach der Sprechpause hören die TN die korrekte Antwort. Hier kommt es besonders auf die Betonung und auf die Satzstellung an.	CD 3/54	
Audiotraining 3: Einen Termin vereinbaren			
EA/HA	Die TN hören die Frage „Könnte ich bitte einen Termin haben?" und antworten in den Sprechpausen mit „(Morgen) haben wir einen Termin frei". Die Terminangaben werden vorgegeben. Nach der Sprechpause hören die TN die korrekte Antwort. Hier kommt es besonders auf die Betonung an.	CD 3/55	
Videotraining 1: Es ist dringend!			
EA/HA	Die TN sehen Lara und Tim, die eine telefonische Terminvereinbarung zwischen einer Praxishelferin und einem Patienten spielen.	Film „Es ist dringend!"	
Videotraining 2: Was soll ich machen?			
EA/HA	Mit diesem Film können die TN üben, Anweisungen des Arztes (Tim) an eine andere Person (Lara) weiterzugeben. Die TN formulieren in den Sprechpausen die Empfehlungen des Arztes in Sätze mit „Du sollst ..." um. Diese Sätze werden anschließend zur Kontrolle noch einmal eingeblendet. Nach den Sprechpausen hören die TN den Satz noch einmal aus Laras Perspektive („Ich soll ...?").	Film „Was soll ich machen?"	
	fakultativ: Wenn Sie die Übung im Kurs durchführen, können die TN im Anschluss weitere Gespräche nach demselben Muster in Kleingruppen erfinden und dann vorspielen. Ungeübtere TN beschränken sich auf ein weiteres Gespräch zu dritt. Geübtere TN können mehrere Gespräche simulieren.		

ZWISCHENDURCH MAL ...

	Form	Ablauf	Material	Zeit
Projekt		**Ärzte in meiner Stadt (passt z. B. nach der Foto-Hörgeschichte oder nach E4)**		
1	EA	1. Deuten Sie auf die Personen und fragen Sie: „Wer braucht welchen Arzt?". Die TN aktivieren ihr neu erworbenes Wissen über Körperteile und Krankheiten und lösen das Rätsel. Die nebenstehende Liste mit Ärztebezeichnungen und Erklärungen hilft ihnen dabei. Abschlusskontrolle im Plenum. *Lösung: A Zahnarzt, B Kinderarzt, D Frauenarzt, E Augenarzt, Lösungswort: Hilfe*	Folie/IWB	
		Weisen Sie die TN darauf hin, dass man nur bei Notfällen ins Krankenhaus fährt, ansonsten aber Termine bei einem niedergelassenen Arzt ausmacht. Erklären Sie den TN, dass sie ihren Arzt frei wählen können, dass aber viele Krankenkassen nach dem Hausarztprinzip verfahren, d. h. dass sie zuerst ihren Hausarzt aufsuchen müssen, um zu einem Facharzt, wie einem Kardiologen, überwiesen zu werden. Zum Zahnarzt, Kinderarzt und Augenarzt kann man aber direkt gehen. Weisen Sie die TN auch darauf hin, dass alle Ärzte Schweigepflicht haben, sie die Diagnose also niemand anderem mitteilen dürfen.		
2	PA/GA	1. Die TN überlegen, welche Ärzte sie brauchen, und schlagen die entsprechenden Bezeichnungen ggf. im Wörterbuch nach.		
	EA/GA	2. Sammeln Sie im Kurs, für welche Fachärzte sich die TN interessieren und schreiben Sie jeweils eine Facharztbezeichnung auf ein Kärtchen. Jede Gruppe zieht eine Karte und recherchiert im Internet z. B. nach Gynäkologen oder Zahnärzten in der Nähe. Die TN erstellen ein Plakat mit zwei bis fünf Ärzten dieser Fachrichtung und notieren dazu, wenn möglich, auch Adresse, Telefonnummer und Sprechzeiten. Abschließend präsentieren die Gruppen ihre Ergebnisse im Plenum. *Variante:* Wenn Sie im Unterricht wenig Zeit haben oder Ihre TN gern selbstständig arbeiten, können Sie die TN auch auffordern, einen praktischen Arzt und zwei Fachärzte ihrer Wahl in der Nähe ihrer Wohnung zu finden und die entsprechenden Informationen zu notieren. Am nächsten Kurstag können sie dann im Kurs zusammen mit andern TN, die im selben Stadtteil wohnen, eine Art „Ärztespiegel" zu ihrem Stadtteil erstellen und in Form eines Plakats im Kurs präsentieren. *Hinweis:* In beiden Varianten können die TN ggf. auch gemeinsam telefonisch die Sprechzeiten erfragen, falls diese nicht aus der Homepage ersichtlich sind, und wenden dabei das im Kurs Gelernte in der Praxis an. Die Präsentation der Ergebnisse ist somit auch mit einem kleinen Erfolgserlebnis verbunden, was die TN vielleicht dazu ermutigt, in Zukunft selbst telefonische Terminvereinbarungen zu machen oder andere offizielle Telefonate zu führen.		
Rätsel		**Redewendungen mit Körperteilen (passt z. B. zu A4)**		
1	PL	1. Deuten Sie auf die kleinen Zeichnung und fragen Sie: „Wie heißen die Körperteile?". Ein TN liest die beiden Beispiele vor und ergänzt das dritte.	Folie/IWB	
	EA	2. Die TN ergänzen die anderen Körperteile. Abschlusskontrolle im Plenum. *Lösung: c Hals, d Augen, e Arm, f Nase* *Hinweis:* Gehen Sie an dieser Stelle noch nicht auf die Bedeutung der Redewendungen ein. Die Erklärung folgt in 2.	Folie/IWB	
2	EA	1. Die TN lesen die Sätze in Stillarbeit. Klären Sie bei Bedarf unbekannte Wörter.		
	PA	2. Die TN arbeiten paarweise zusammen und ordnen die Sätze den Redewendungen zu. Abschlusskontrolle im Plenum. *Lösung: b 6, c 4, d 1, e 2, f 5*	Folie/IWB	

	Form	Ablauf	Material	Zeit
	PA	3. Die TN erfinden kurze Gespräche, in die sie jeweils eine oder mehrere Redewendungen einbauen, die sie sich merken wollen. Wenn die TN wollen, können sie ihre Gespräche auch im Plenum vortragen.		
	TiPP	Die Kontextualisierung hilft den TN, sich die Bedeutung der Redewendungen zu merken. Fordern Sie die TN auf, sich einige der Redewendungen einzuprägen, da diese im Alltag oft benutzt werden. Machen Sie in einer der nächsten Stunden ein Quiz, in dem Sie die Redewendungen noch einmal abfragen.		

Alfons, der Hypochonder (passt z. B. nach A1 oder nach D3)

	Form	Ablauf	Material	Zeit
1	PL	1. Schreiben Sie „der Hypochonder" an die Tafel und fragen Sie, was das ist. Einige TN kennen den Begriff vielleicht oder können ihn aus ihrer Muttersprache ableiten. Die anderen lernen die Bedeutung des Begriffs in dieser Aufgabe kennen. Lassen Sie die Erklärung daher ggf. offen und kommen Sie später noch einmal darauf zurück.		
	EA	2. Die TN sehen sich die Fotos an und ergänzen die Körperteile. Ggf. schlagen sie fehlende Wörter selbstständig im Wörterbuch nach.		
2	PL	1. Die TN sehen den Film an und vergleichen ihre Lösungen. *Lösung: C Zähne, D Hand, E Nase, F Beine*		
	PL	2. Kommen Sie jetzt noch einmal auf den Begriff „Hypochonder" zurück und fragen Sie z. B.: „Ist Alfons ein Hypochonder? Warum?", „Wie heißt das Lieblingsgeschäft von Alfons?", „Warum geht es ihm am Sonntag gut?".		

FOKUS ALLTAG: EINEN BEIPACKZETTEL VERSTEHEN

Die TN können die wichtigsten Informationen auf Beipackzetteln verstehen.

	Form	Ablauf	Material	Zeit
1		**Leseverstehen 1: Die Textsorte erkennen**		
	EA/PA	1. Deuten Sie auf den abgebildeten Beipackzettel und fragen Sie: „Was ist das?". Die TN sehen sich den Beipackzettel an und kreuzen an. Abschlusskontrolle im Plenum. *Lösung: eine Information für Patienten*	Folie/IWB	
		Hinweis: Schreiben Sie den Begriff „Beipackzettel" an die Tafel, denn dieser wird in der Alltagskommunikation häufig benutzt. Zeigen Sie verschiedene Beipackzettel und Medikamentenschachteln aus Ihrer Hausapotheke und erklären Sie, dass es zu jedem Medikament diese wichtigen Informationen gibt, die man lesen sollte. Da Original-Beipackzettel auf dem Sprachniveau A1 sehr schwer zu verstehen sind, lernen die TN hier, Schlüsselinformationen zu entnehmen.		
		Sie sollten sich aber, wenn möglich, im Zweifelsfall bei deutschen Freunden und Bekannten oder bei ihrem Arzt Rat holen, bevor sie ein Medikament einnehmen.		
2		**Leseverstehen 2: Wichtige Informationen auf Beipackzetteln verstehen**		
	PL	1. Deuten Sie auf die Zeichnungen und fragen Sie z. B.: „Was hat der Mann auf Bild E? Was macht die Frau auf Bild C?" etc. Klären Sie so neue Wörter wie „Husten", „Heiserkeit", „schwanger" und „ein Baby stillen". Erklären Sie auch die Begriffe „(ärztliches) Rezept" und „Bluthochdruck", indem Sie, wenn möglich, ein altes Rezept und ein Blutdruckmessgerät mitbringen. Ein solches Gerät können Sie in vielen Apotheken ausleihen.	Folie/IWB, altes Rezept, Blutdruckmessgerät	

EA/PA ⟷	2. Deuten Sie noch einmal auf die Bilder und fragen Sie: „Dürfen die Personen die Tabletten nehmen?". Die TN lesen den Beipackzettel und kreuzen an. Geübtere TN lösen die Aufgabe in Stillarbeit. Ungeübtere arbeiten paarweise zusammen. Gehen Sie herum und helfen Sie bei Schwierigkeiten. Abschlusskontrolle im Plenum. *Lösung: ja: D, E; nein: B, C, F*	Folie/IWB	
3	**Leseverstehen 3: Hinweise zur Einnahme eines Medikaments verstehen**		
EA/PA	1. Fragen Sie: „Was ist richtig, was ist falsch?". Die TN lesen den Beipackzettel noch einmal und kreuzen an. Abschlusskontrolle im Plenum. *Lösung:richtig: b, d*	Folie/IWB	
Projekt	**Informationen auf Beipackzetteln verstehen**		
	1. Bitten Sie die TN, in der kommenden Unterrichtsstunde Medikamente aus ihrer Hausapotheke mit den dazugehörigen Beipackzetteln mitzubringen. Sicher haben einige TN Kopfschmerz- oder Grippetabletten o. Ä. zu Hause. 2. Schreiben Sie an die Tafel ein paar Leitfragen, damit die TN sich beim Lesen auf diese Informationen konzentrieren: „Wer darf dieses Medikament (nicht) nehmen?", „Wie oft soll man dieses Medikament nehmen?", „Wie lange darf man dieses Medikament nehmen?", „Soll man das Medikament mit oder ohne Wasser nehmen?". 3. Die TN bearbeiten in Kleingruppen von drei TN jeweils einen Beipackzettel und schlagen wichtige Begriffe im Wörterbuch nach. Gehen Sie herum und helfen Sie bei Bedarf. 4. Jede Gruppe stellt dem Plenum abschließend die wesentlichen Informationen ihres Beipackzettels vor. Dabei sollten auch Schlüsselbegriffe, die den anderen Gruppen vielleicht nicht bekannt sind, an die Tafel geschrieben und erklärt werden.	Beipackzettel der TN	

FOKUS BERUF: INFORMATIONEN ZU SICHERHEITSVORSCHRIFTEN

Die TN können die wichtigsten Informationen aus den Sicherheitsvorschriften am Arbeitsplatz verstehen, wenn diese illustriert sind, z. B. auf Schildern oder Aufklebern.

Form	Ablauf	Material	Zeit
	Da dieser Fokus möglicherweise nur für einen Teil der TN von Interesse ist, können die Übungen auch als Hausaufgabe gegeben werden.		
1	**Sicherheitsvorschriften verstehen**		
PL	1. Deuten Sie auf Bild A und fragen Sie: „Was sehen Sie?". Die TN sehen sich die Zeichnungen A–E an und beschreiben, was sie sehen, z. B. bei A: „Das ist ein Bus. Der Busfahrer telefoniert." Schreiben Sie das Muster: „Das ist ... Der/Die ..." als Strukturhilfe an die Tafel. Helfen Sie ggf. bei Wortschatzfragen. Notieren Sie neue Wörter wie „Lager" und „Baustelle" mit bestimmtem Artikel an der Tafel.	Folie/IWB	
EA/PA	2. Weisen Sie auf das Beispiel hin. Die TN bearbeiten die restlichen Beispiele in Still- oder Partnerarbeit. Abschlusskontrolle im Plenum. *Lösung: B Schild „Haarschutz tragen"– Man muss in einer Küche einen Haarschutz tragen. C Schild „rauchen verboten" – Man darf im Lager nicht rauchen. D Schild „Gehörschutz tragen" – Man soll einen Gehörschutz tragen. E Schild „Schutzhelm tragen" – Auf einer Baustelle muss man spezielle Kleidung tragen.*	Folie/IWB	

		Gehen Sie an dieser Stelle auf die Begriffe „Haarschutz" und Gehörschutz" ein. Zeigen Sie, dass in „Gehörschutz" das Verb „hören" und das Nomen „Schutz" stecken und letzteres wiederum von „schützen" abgeleitet ist. Auf diese Weise sensibilisieren Sie die TN für die Wortbildung im Deutschen und geben ihnen eine Strategie an die Hand, fremde Wörter zu entschlüsseln und ihren Wortschatz zu erweitern. Bei Bedarf können Sie weitere Beispiele wie z. B. „Badekappe", „Fahrradhelm" oder „Armschutz" anführen.		
	PL	3. *fakultativ:* Führen Sie zu den Begriffen „Haarschutz" und „Gehörschutz" die gängigen Wörter „Haube"/„Kochmütze" sowie „Gehörschützer" und „Ohrstöpsel" ein. Wenn Sie TN haben, die auf dem Bau tätig sind, kennen diese sicher auch die Begriffe „Helm" und „Sicherheitsschuhe".		
2	**Sprechen: Über Vorschriften am Arbeitsplatz sprechen**			
	EA/PA ⟷	1. In Kursen mit überwiegend ungeübten TN schreiben die TN Sätze zu Vorschriften und Verboten an ihrem Arbeitsplatz und lesen ihre Sätze dann vor. Kurse mit überwiegend geübten TN berichten frei von Vorschriften und Verboten an ihrem Arbeitsplatz. *Variante:* Wenn Sie die Seite als Hausaufgabe geben, bitten Sie die TN, einen kurzen Text zu schreiben. Sammeln Sie diesen zur Korrektur ein.		
3	**Hinweisschilder verstehen**			
	PL	1. Geben Sie den TN ein Beispiel, indem Sie das Wort „Notausgang" (Schild B) an die Tafel schreiben, „Feuer" rufen und aus dem Kursraum laufen.		
	PL/GA	2. Schreiben Sie die Buchstaben A, C–F jeweils auf einen Zettel. Teilen Sie den Kurs in fünf Gruppen ein und weisen Sie mithilfe der Zettel jeder Gruppe ein Schild zu. Die TN machen sich paarweise oder in Kleingruppen die Bedeutung des Schildes klar und überlegen sich, wie sie die Bedeutung szenisch darstellen können.	Zettel	
	PL	3. Die TN spielen ihre ausgedachte Situation passend zum Schild vor, oder erklären das Schild mit Worten und Pantomime. Die anderen raten, um welches Schild es sich handelt.		
	PL	4. *fakultativ:* Gehen Sie mit den TN im Gebäude Ihrer Sprachschule oder Institution herum und suchen Sie gemeinsam nach Hinweisschildern, die über Notausgänge, Feuerlöscher etc. informieren. Vielleicht finden Sie noch andere Schilder, deren Bedeutung Sie dann an Ort und Stelle mit den TN klären können.		

IN DER STADT UNTERWEGS

Folge 11: Alles im grünen Bereich

Einstieg in das Thema „Wegbeschreibung und Orientierung in der Stadt"

	Form	Ablauf	Material	Zeit
1		**Vor dem Hören: Was kennen Sie schon?**		
	PA	1. Die TN sehen sich die Fotos im Buch an und markieren, was sie auf den Fotos sehen. Abschlusskontrolle im Plenum. Erklären Sie ggf. auch „die S-Bahn", „die Apotheke", „die Tankstelle" und „die Ampel", die nicht auf den Fotos zu sehen sind. *Lösung: die (Auto-)Werkstatt: Foto 1; das Auto: Foto 2–8, der Autoschlüssel: Foto 2; das Navi: Foto 3–6; die Autobahn: Foto 4; das Eis: Foto 6; die Brücke: Foto 4*		
2		**Vor dem Hören: Richtungsangaben zuordnen**		
	EA	1. Die TN ordnen die Zeichnungen den Richtungsangaben zu. Kontrolle im Plenum. *Lösung: C, A, B*		
3		**Beim ersten Hören: Die Ausgangssituation verstehen**		
	EA	1. Die TN lesen die Aufgabe. Sie sehen sich Foto 1 an, hören das Gespräch und ordnen zu. Weisen Sie die TN darauf hin, dass nicht alle Sätze passen. Anschließend Kontrolle im Plenum. *Lösung: b eine Erkältung, c zwölf*	CD 4/1	
4		**Beim ersten Hören: Die komplette Geschichte verstehen**		
a	PA	1. *fakultativ:* Die Partner erhalten je einen Satz Kärtchen der Kopiervorlage und verständigen sich noch einmal mündlich über die Bedeutung der Zeichnungen. Sagen Sie den TN, dass sie sich beim Hören auf die Wegbeschreibungen konzentrieren sollen, indem Sie fragen: „Wie fahren Lara und Lili?". Dann hören sie die Foto-Hörgeschichte komplett und ordnen dabei die Zeichnungen in der Reihenfolge ihres Vorkommens. Da die TN dabei sehr schnell sein müssen, sollten Sie ggf. Pausen machen und/oder einzelne Passagen wiederholen. Abschlusskontrolle im Plenum. Ungeübtere TN erhalten einen reduzierten Kartensatz, lassen Sie z. B. die Uhren und die anderen Schilder (4, 5, 9, 14) weg. Oder die TN erhalten nur je eine Karte und stellen sich in der Reihenfolge des Vorkommens in einer Reihe auf. Dann muss sich jeder TN nur auf einen Aspekt konzentrieren.	KV L11/FHG, CD 4/1–8	
	EA	2. Die TN lesen zuerst die Aufgabe, hören die komplette Geschichte und kreuzen an. Anschließend Kontrolle im Plenum. *Lösung: Sie fahren auf die Autobahn. Lara möchte einmal richtig schnell fahren.*	CD 4/1–8	
b	EA	3. Die TN lesen die Aufgabe und überlegen, was „Alles im grünen Bereich" bedeutet. Dazu können Sie noch einmal die Gespräche zu Foto 5 und 8 vorspielen. Die TN kreuzen an. Anschließend Kontrolle im Plenum. *Lösung: Alles ist okay.*	CD 4/5, 8	
	PL	4. Sprechen Sie mit den TN darüber, woher diese Wendung kommen könnte, z. B. gibt es bei Thermostaten einen grünen Bereich. Wenn der Zeiger dort steht, ist alles okay, wenn er aber in den roten Bereich kommt, dann gibt es ein Problem.		
	PL	5. Fragen Sie: „Gibt es diese Wendung so oder so ähnlich in ihrer Muttersprache?".		
	Tims Film	Tim filmt Lara heimlich in der Stadt wie ein Agent, und beschreibt dabei, wohin sie geht bzw. wo sie ist. Im Kurs können Sie den Film nach A3 zur Wiederholung der Richtungsangaben oder nach C2 bei den lokalen Präpositionen zur Festigung einsetzen. Die TN können den Film zunächst nur hören und sich auf die Richtungsangaben konzentrieren. Auf einem Blatt zeichnen sie auf, in welche Richtung Lara sich bewegt. Geübte TN malen zusätzlich Straßen, Ampeln, Autos auf, die Tim nennt.	„Tims Film" Lektion 11	

A FAHREN SIE DANN NACH LINKS.

Lernziel: Die TN können nach dem Weg fragen und den Weg beschreiben.

	Form	Ablauf	Material	Zeit
A1		**Hörverstehen 1: Eine Wegbeschreibung verstehen**		
	PL ⟷	1. Die TN hören das Gespräch und kreuzen an. Abschlusskontrolle im Plenum. *Lösung: A* *fakultativ:* Wenn Sie in der Foto-Hörgeschichte mit der Kopiervorlage gearbeitet haben, können Sie für ungeübtere TN noch einmal die Kärtchen 1, 2, 3 und 12 austeilen. Die TN hören das Gespräch und sortieren zunächst diese Kärtchen. Dann vergleichen Sie mit der Zeichnung aus dem Buch und kreuzen an.	CD 4/9, KV L11/FHG: Kärtchen 1, 2, 3, 12	
	PA ⟷	2. Die TN versprachlichen die Zeichnung noch einmal wie im Gespräch. Die TN können als Hilfestellung, wenn nötig, noch einmal zu Aufgabe 2 auf S. 130 zurückblättern. Geben Sie „an der Ampel" als festen Begriff an der Tafel vor. Geübtere TN versprachlichen B ebenfalls.		
	PL ⟷	3. *fakultativ:* Wenn Sie die Redemittel weiter einüben möchten, stehen die TN auf. Zwischen den TN sollte genügend Platz sein. Sagen Sie den TN, Sie werden nun einige Wege beschreiben. Die TN strecken bei „links" den linken Arm aus, bei „rechts" den rechten und bei „geradeaus" strecken sie einen Arm nach vorn. Beschreiben Sie dann einige Wege: „Gehen Sie 500 Meter geradeaus, an der Ampel nach links …". Geübtere TN beschreiben weitere Wege.		
	TiPP	Aktive Übungen bringen nicht nur Bewegung und Abwechslung in den Unterricht, sondern verknüpfen im Gehirn die entsprechenden Begriffe mit einer Bewegung. Gerade Richtungsangaben sind hierfür besonders geeignet: Wenn man auf der Straße nach dem Weg fragt, ist es wichtig, die Information schnell in entsprechende Bewegungsbilder umsetzen zu können.		
A2		**Hörverstehen 2: Eine Wegbeschreibung verstehen**		
	PL	1. Die Bücher sind geschlossen. Zeigen Sie den TN zunächst den Stadtplan und weisen Sie auf den mit einem Punkt markierten Standort hin.	Folie/IWB	
	PL	2. Die TN öffnen das Buch und sehen sich den Stadtplan an, um sich vor dem Hören grob zu orientieren. Wenn Sie im Kurs viele TN haben, die in ihrem Alltag vermutlich keine Stadtpläne lesen, können Sie vorab explizit nach einigen Orientierungspunkten fragen, die später für das Verständnis wichtig sind: „Wo ist der Karolinenplatz?" oder „Wo ist das Kino?". Die TN zeigen die Orte.	Folie/IWB	
	EA	3. Die TN hören die Wegbeschreibung so oft wie nötig und markieren im Buch den Weg. Ein geübterer TN kann den Weg auf der Folie /IWB einzeichnen, zunächst ohne dass es sichtbar ist. Abschlusskontrolle im Plenum. *Lösung: geradeaus zum Karolinenplatz, links, wieder geradeaus, beim Kino nach rechts und ca. 300 Meter geradeaus*	CD 4/10, Folie/IWB	
	EA/HA	Arbeitsbuch 1: im Kurs: Für Aufgabe A3 ist es wichtig, dass die TN die Artikel dieser Nomen (Orte und Geschäfte in der Stadt) kennen.		
A3		**Anwendungsaufgabe: Nach dem Weg fragen und den Weg beschreiben**		
	PL	1. Lesen Sie zusammen mit den TN die Redemittel. Erklären Sie das Wort „fremd" und den Begriff „in der Nähe". Erklären Sie die Bedeutung von „die erste, zweite, dritte Straße" anhand einer einfachen Skizze an der Tafel. Weisen Sie die TN auf den Info-Kasten hin. ⚠ An dieser Stelle ist es nicht wichtig, dass die TN die Bildung der Ordinalzahlen (Lektion 14) kennenlernen. Es genügt, wenn sie die drei Formen als Formel lernen.		

	PL	2. Bitten Sie einen geübteren TN, mit Ihnen ein Beispiel zu machen. Während der TN Ihnen den Weg beschreibt, können Sie diesen auf der Folie / am IWB einzeichnen.	Folie/IWB	
	WPA ⟷	3. Die TN finden sich paarweise zusammen und fragen sich gegenseitig nach dem Weg. Der Ausgangspunkt bleibt immer derselbe. Geübtere TN können auch andere Ausgangspunkte festlegen. Gehen Sie herum und helfen Sie bei Schwierigkeiten. Ungeübtere TN schreiben zunächst zu zweit ein Gespräch. Weisen Sie die TN auf die ersten drei Gespräche bei „Orientierung: Wo ist hier die Post?" in der Rubrik „Kommunikation" (Kursbuch, S. 138/139) hin. *Hinweis:* Hier können Sie „Tims Film" einsetzen. Tim benutzt hier genau diese Redemittel, um Laras Weg zu beschreiben. *Hinweis:* Auch der „Fokus Familie: Eine Kinderbetreuung finden" eignet sich an dieser Stelle, da darin die Wegbeschreibung eine zentrale Rolle spielt.	Folie/IWB	
	EA	Arbeitsbuch 2: im Kurs: Die TN hören die Gespräche und zeichnen die Gebäude ein. Anschließend Kontrolle im Plenum.	AB-Track 2/24–26	
	EA/HA	Arbeitsbuch 3–4		

A4	Aktivität im Kurs: Einen Weg am Kursort beschreiben			
	PL	1. Zwei TN lesen das Beispiel vor. Machen Sie dann ein Beispiel. Sagen Sie, dass Sie einen Weg am Kursort beschreiben, Ausgangspunkt ist die Sprachschule. Die TN raten, wohin Sie gehen. Die TN schließen die Augen und konzentrieren sich auf die Beschreibung. Die TN nennen das Ziel.		

TiPP	Damit auch die langsameren TN eine Chance haben, rufen die TN die Lösung nicht in den Kursraum, sondern notieren sie kurz. Wiederholen Sie ihre Wegbeschreibung zweimal und fragen sie erst dann nach dem Zielort.	

| | WPA | 2. Die TN gehen herum und beschreiben sich nun gegenseitig Wege. *Hinweis:* Nicht immer liegt die Sprachschule so günstig, dass sich eindeutige Ziele beschreiben lassen. Überlegen Sie in dem Fall mit den TN, was Ziele sein können, z. B. eine Bushaltestelle, ein Park, ein Baum etc. und notieren Sie diese an der Tafel. | | |

B WIR FAHREN MIT DEM AUTO.

Die Präpositionen *mit* und *zu*.

Lernziel: Die TN können Verkehrsmittel benennen.

	Form	Ablauf	Material	Zeit
B1		**Präsentation der Präposition *mit***		
a	PL	1. Die TN lesen die Aufgabe, hören die Gespräche und kreuzen an. Abschlusskontrolle im Plenum. *Lösung: mit der U-Bahn, mit der Straßenbahn, mit dem Fahrrad, mit dem Bus* *Hinweis:* Ergänzend können Sie auch den Film „Verkehr und Verkehrsmittel" aus „Zwischendurch mal ..." (Kursbuch, S. 140) einflechten. Hier werden verschiedene Verkehrsmittel gezeigt.	CD 4/11–15 ZDM	

PL	2. Lenken Sie die Aufmerksamkeit der TN auf die Verwendung der Präposition „mit". Zeigen Sie an der Tafel, dass sich die Artikel nach der Präposition „mit" ändern: Aus „der" und „das" wird „dem", aus „die" wird „der". Weisen Sie auch auf den Grammatik-Kasten und auf die Ausnahme „zu Fuß" hin, die die TN als Formel lernen sollten. Verweisen Sie die TN auch auf die Grammatikübersicht 1 hin (Kursbuch, S. 138). Hier können die TN auch die kleine Übung machen und Verkehrsmittel notieren, die sie selbst benutzen. *Lösungsvorschlag: Ich fahre oft mit der S-Bahn. Ich fahre manchmal mit der U-Bahn. Ich fahre nie mit dem Zug.*			
PL	3. Machen Sie zur Automatisierung des Lernstoffs eine schnelle Fragerunde mit den TN, indem Sie einem TN einen Ball zuwerfen und sagen: „Ich fahre mit dem Fahrrad zur Sprachschule. Wie kommen Sie zur Sprachschule?" Der TN antwortet und wirft den Ball einem anderen TN zu etc.	Ball		

TiPP	Schreiben Sie die Verkehrsmittel aus der Aufgabe auf große Streifen und hängen Sie sie im Kursraum auf. So haben die TN den Dativ immer wieder vor Augen und können ihn sich einprägen.

GA	4. *fakultativ:* Verteilen Sie nur die grauen Kärtchen (Verkehrsmittel) der Kopiervorlage an jede Kleingruppe. Die Kärtchen liegen verdeckt auf dem Tisch. Ein TN deckt ein Kärtchen auf. Die anderen in der Gruppe müssen nun, so schnell sie können, den richtigen Satz sagen, z. B. „Auto": „Ich fahre mit dem Auto.". Der TN, der zuerst den korrekten Satz gesagt hat, darf das nächste Kärtchen aufdecken. Die gebrauchten Kärtchen werden immer wieder unter den Stapel gemischt. Achtung: Der aufdeckende TN darf nicht mitspielen. Achten Sie darauf, dass die TN in einer Gruppe etwa gleich geübt sind. Ungeübtere TN können zunächst den Dativartikel auf die Kärtchen schreiben und spielen dann. Nach einigen Runden werden die Karten durch neue ersetzt, auf denen der Artikel jeweils im Nominativ steht.	KV L11/B1		
b PL	5. Die TN hören die Gespräche noch einmal und achten nun auf die Ziele. Sie ordnen zu. Anschließend Kontrolle im Plenum. *Lösung: 2 Karolinenplatz, 3 Filmmuseum, 4 Fußballplatz, 5 Schule*	CD 4/11–15		
PL	6. Gehen Sie analog zu „mit" mit der Präposition „zu" vor. Machen Sie den TN in einem Tafelbild deutlich, dass aus „zu dem" kurz „zum" und aus „zu der" „zur" wird. Weisen Sie auf den Grammatik-Kasten im Buch hin.			
PA	7. *fakultativ:* Die TN erhalten je Paar einen Satz Karten der Kopiervorlage. Zunächst spielen die TN nur mit den weißen Kärtchen, indem sie sie aufdecken und Sätze bilden: „Ich gehe zur Apotheke." Später nehmen die TN die grauen Verkehrsmittelkärtchen dazu. Sie ziehen jeweils ein Ziel- und ein Verkehrsmittelkärtchen und machen Sätze: „Ich fahre mit der U-Bahn zur Schule." Ungeübtere TN schreiben wieder zuerst die Artikel im Dativ, später im Nominativ dazu.	KV L11/B1		
EA Grammatik entdecken	Arbeitsbuch 5–6: im Kurs: Die TN machen sich noch einmal die Verkehrsmittel in Verbindung mit „mit" bewusst. Ungeübtere TN arbeiten zu zweit und/oder finden Hilfe im Kursbuch auf S. 133, Aufgabe B1.			

TiPP	Die TN schreiben sich die Verkehrsmittel, die sie selbst häufig benutzen, heraus (siehe hierzu auch die kleine Übung rechts in der Grammatikübersicht 1, S. 138) und hängen sie in ihrer Wohnung auf. So können sie sie immer wieder ansehen und sie verinnerlichen, um sie im Gespräch schnell parat zu haben.

B2	Aktivität im Kurs: Nach dem Weg fragen / einen Weg beschreiben		
PL	1. Die TN sehen sich den Netzplan an. Erklären Sie, dass ein solcher Plan die U-Bahn-, Bus- und Straßenbahnlinien einer Stadt zeigt. Die TN sehen sich den Plan an und markieren bekannte Orte. Klären Sie die unbekannten Begriffe, z. B. „Jugendherberge". Dann suchen die TN den Hauptbahnhof und das Schwimmbad. Zwei TN lesen das Beispielgespräch vor. Erklären Sie „viel zu weit", indem Sie ggf. ein Beispiel aus dem Kursort wählen, von dem die TN eher eine räumliche Vorstellung haben. Weisen Sie die TN auf die Redemittel „Orientierung: Wo ist hier die Post?" in der Rubrik „Kommunikation" (Kursbuch, S. 138/139) und die kleine Übung rechts oben auf S. 139 hin. Hier können die TN selbstverständlich auch mit „Ja, ..." antworten, wenn man zu Fuß gehen kann.		
WPA ⟷	2. Die TN spielen weitere Gespräche anhand des Netzplans. In Kursen mit überwiegend ungeübten TN können Sie ein Dialoggerüst an der Tafel vorgeben, in dem Sie die Lücken deutlich machen. _Hinweis:_ Hierzu passt das Lied „Entschuldigen Sie ...?" aus „Zwischendurch mal ..." (Kursbuch, S. 141). _Hinweis:_ Sie können Sie auch „Fokus Beruf: Ein Termin bei einer Firma" einfließen lassen. Hier steht die Wegbeschreibung zu einem Bewerbungsgespräch im Mittelpunkt.	ZDM	
EA/HA	Arbeitsbuch 7		
EA ⟷	Arbeitsbuch 8–9: im Kurs: Alle TN lösen die Übungen 8 und 9a. Geübtere TN bearbeiten Übung 9b allein. Besprechen Sie mit ungeübteren TN die Übung 9b zunächst mündlich. Danach schreiben die TN die Sätze. Abschlusskontrolle im Plenum.	AB-Track 2/27	

B3	Aktivität im Kurs: Über eigene Wege und Verkehrsmittel sprechen		
PL	1. Die TN sehen sich die Zeichnung im Buch an. Ein TN liest das Beispiel.		
EA	2. Die TN erstellen ihren eigenen „Netzplan".		
WPA	3. Die TN sprechen über ihren „Netzplan" wie im Beispiel.		
EA/HA	4. _fakultativ:_ Die TN schreiben einen kleinen Text zu ihrem „Netzplan". Sammeln Sie die Texte zur Korrektur ein.		

C DA! VOR DER BRÜCKE LINKS.

Lokale Präpositionen auf die Frage „Wo?"

Lernziel: Die TN können Ortsangaben machen.

	Form	Ablauf	Material	Zeit
C1		Präsentation der lokalen Präpositionen _an, auf, in_ und _vor_		
	PL	1. Fragen Sie die TN nach den Artikeln von „Brücke", „Stadt", „Ampel" und „Autobahn" und notieren Sie diese an der Tafel.		
	EA	2. Die TN hören das Gespräch und verbinden die Sätze. Anschließend Kontrolle im Plenum. _Lösung: b Vor der Brücke links. c Auf der Autobahn. d An der Ampel._	CD 4/16	
	PL	3. Schreiben Sie „Vor der Brücke links." an die Tafel und bitten Sie einen TN, eine kleine Skizze dazu zu zeichnen. Den TN sollte die Bedeutung von „vor" deutlich werden. Verfahren Sie mit den anderen Beispielen ebenso.		

	GA	4. *fakultativ:* Vertiefen Sie die Bedeutung der Präpositionen spielerisch anhand von „Standbildern". Die TN bilden Dreiergruppen und üben zunächst die „Standbilder" zu den einzelnen Präpositionen ein. Die „Standbilder" sind folgende: „vor": Zwei TN reichen sich beide Hände, halten sie hoch und bilden eine Brücke. Der dritte TN steht vor der Brücke, er steht so, dass er zur Brücke schaut. „in": Zwei TN reichen sich wieder die Hände und machen einen Kreis, der dritte steht steht in diesem Kreis. „an": Ein TN spielt die Ampel, er streckt den rechten Arm nach oben. Die beiden anderen halten sich an der Hand und stehen wie Mutter und Kind an der Ampel. „auf": Zwei TN halten sich über Kreuz an den Händen und gehen in die Hocke. Der dritte TN setzt sich auf die Hände. Rufen Sie dann in wechselnder Reihenfolge und schneller werdend die Beispiele aus C1 in den Raum. Die Gruppen formieren sich zum jeweiligen „Standbild".		
C2		**Erweiterung: Präsentation von weiteren lokalen Präpositionen auf die Frage „Wo?"**		
a	PA ⟷	1. Die Bücher sind geschlossen. Zeigen Sie das Bild. Die TN sprechen darüber, was sie kennen. Geübtere TN können auch versuchen, erste Sätze mit den aus Aufgabe C1 bekannten Präpositionen zu bilden. Besprechung der Ergebnisse im Plenum.	Folie/IWB	
b	EA/PA ⟷	2. Die TN lesen die Beispiele und kreuzen an. Ungeübtere TN arbeiten zu zweit. Anschließend Kontrolle im Plenum, indem ein TN das Beispiel vorliest und ein weiterer TN noch einmal die Position auf dem Bild verdeutlicht. Zeigen Sie, wenn nötig, die Bedeutung der Präposition mithilfe des Grammatik-Kastens. *Lösung: 2 an der Bushaltestelle, 3 am Kiosk, 4 hinter dem Café, 5 über der Bäckerei, 6 hinter den Häusern*	Folie/IWB	
	PL	3. Verdeutlichen Sie noch einmal die Präpositionen, die bis jetzt vorgekommen sind („in", „an", „auf", „vor", „hinter", „über"), indem Sie z. B. einen Stift oder ein Plüschtier an unterschiedliche Orte im Raum legen und dabei die jeweils passende Präposition nennen. Legen Sie den Stift beispielsweise auf den Stuhl und sagen Sie mit starker Betonung auf „auf": „Der Stift ist auf dem Stuhl."	Stift/Plüschtier o. Ä.	
	PL	4. Verweisen Sie auf den Grammatik-Kasten mit den Präpositionen und verdeutlichen Sie mit dem Stift/Plüschtier die restlichen Präpositionen.	Stift/Plüschtier o. Ä.	
	PL	5 *fakultativ:* Um mit den TN zunächst nur die Bedeutung der Präpositionen einzuüben, nimmt jeder TN einen Stift zur Hand und steht vor seinem Tisch. Sagen Sie nun verschiedene Sätze, z. B. „Der Stift ist unter dem Tisch." Die TN halten oder legen ihren Stift entsprechend. Diese Übung können Sie auch als Aufwärm- und Wiederholungsübung am nächsten Kurstag einsetzen.	Stifte/Spielzeugtiere oder -autos	
c	EA	6. Die TN lesen die Beispiele aus b noch einmal und ergänzen die Tabelle im Grammatik-Kasten. Anschließend Kontrolle im Plenum. *Lösung: dem, der, den*		
	PL	7. Sehen Sie sich zusammen mit den TN den linken Grammatik-Kasten im Buch an. Schreiben Sie die Artikel der Nomen aus der Tabelle im Nominativ an die Tafel. Weisen Sie die TN darauf hin, dass sich die Artikel „der", „das", „die" nach den lokalen Präpositionen auf die Frage „Wo?" ändern: „der" und „das" werden zu „dem", „die" zu „der". Machen Sie anhand des Grammatik-Kastens deutlich, dass die Präpositionen „an" und „in" mit „der" und „das" meist zu „am" bzw. „im" verschmelzen. Verweisen Sie die TN auch auf die Grammatikübersicht 2 (Kursbuch, S. 138) hin. Die Zeichnung können Sie auch noch einmal zur Wiederholung der Präpositionen nutzen. *Lösung: Vier Mäuse sind in der Straßenbahn. Eine Maus ist auf der Straßenbahn. Eine Maus ist über der Straßenbahn. Eine Maus ist vor der Straßenbahn. Eine Maus ist hinter der Straßenbahn. Eine Maus ist unter der Straßenbahn. Eine Maus ist an der Straßenbahn.* *Hinweis: An dieser Stelle können Sie auch auf „Tims Film" zurückgreifen, in dem Tim lokale Präpositionen benutzt, um Laras Standorte in der Stadt zu beschreiben.*		

EA/HA	Arbeitsbuch 10			
EA/PA ⟵⟶	Arbeitsbuch 11–12: Wenn Sie die beiden Übungen im Kurs durchführen, lösen alle TN Übung 11. Geübtere TN ergänzen außerdem auch Übung 12. Als Hausaufgabe sollten beide Übungen von allen bearbeitet werden.			
EA/PA Grammatik entdecken ⟵⟶	Arbeitsbuch 13: im Kurs: Die Übung kann von geübteren TN in Stillarbeit gelöst werden. Ungeübtere TN arbeiten paarweise zusammen.			
EA/HA	Arbeitsbuch 14			

C3	**Aktivität im Kurs: Partnerbefragung mit den lokalen Präpositionen auf die Frage „Wo?"**			
WPA ⟵⟶	1. Die TN sehen sich noch einmal die Abbildung aus C2 an und befragen sich gegenseitig wie im Beispiel, indem sie mit den Büchern herumgehen. Helfen Sie bei Schwierigkeiten. Schnellere TN können im Anschluss zehn Sätze zu dem Bild in C2 schreiben. *Hinweis:* Hier können Sie das Lied „Entschuldigen Sie …?" aus „Zwischendurch mal …" (Kursbuch, S. 141) einflechten. Es enthält viele Ortsbeschreibungen mit lokalen Präpositionen.	ZDM		
PA	2. *fakultativ:* Kopieren Sie die Kopiervorlage einmal auf Folie und so oft als Arbeitsblatt, dass Sie für jedes Paar eine Kopie haben. Zerschneiden Sie die Vorlage so, dass Sie jeweils zwei Arbeitsblätter (A und B) erhalten. Zeigen Sie auf der Folie, dass ein TN nur die Information A und ein TN nur die Information B hat. Die TN sitzen Rücken an Rücken, erfragen die fehlenden Informationen von ihrer Partnerin / ihrem Partner und beschriften die leeren Schilder auf ihrem Blatt. Ggf. können Sie mit einem geübteren TN ein Beispiel vormachen. Gehen Sie herum und helfen Sie bei Schwierigkeiten. Wer alle Gebäude lokalisiert und beschriftet hat, kann mit der Partnerin / dem Partner vergleichen.	KV L11/C3		

D WIR GEHEN ZU WALTER UND HOLEN DAS AUTO.

Lernziel: Die TN können Orte und Richtungen angeben.

	Form	Ablauf	Material	Zeit
D1		**Präsentation von Ortsangaben**		
a	EA	1. Die TN lesen die Aufgabe und kreuzen aus dem Gedächtnis an.		
b	EA	2. Die TN hören und vergleichen. Anschließend Kontrolle im Plenum. *Lösung: 1 Im Bett. 2 In der Apotheke.*	CD 4/17	

Lektion 11, Lernschritt D

11

PL	3. Systematisieren Sie den Gebrauch der Präpositionen anhand eines Tafelbildes, um den TN die Unterschiede in der Verwendung auch visuell zu veranschaulichen.	Plakat

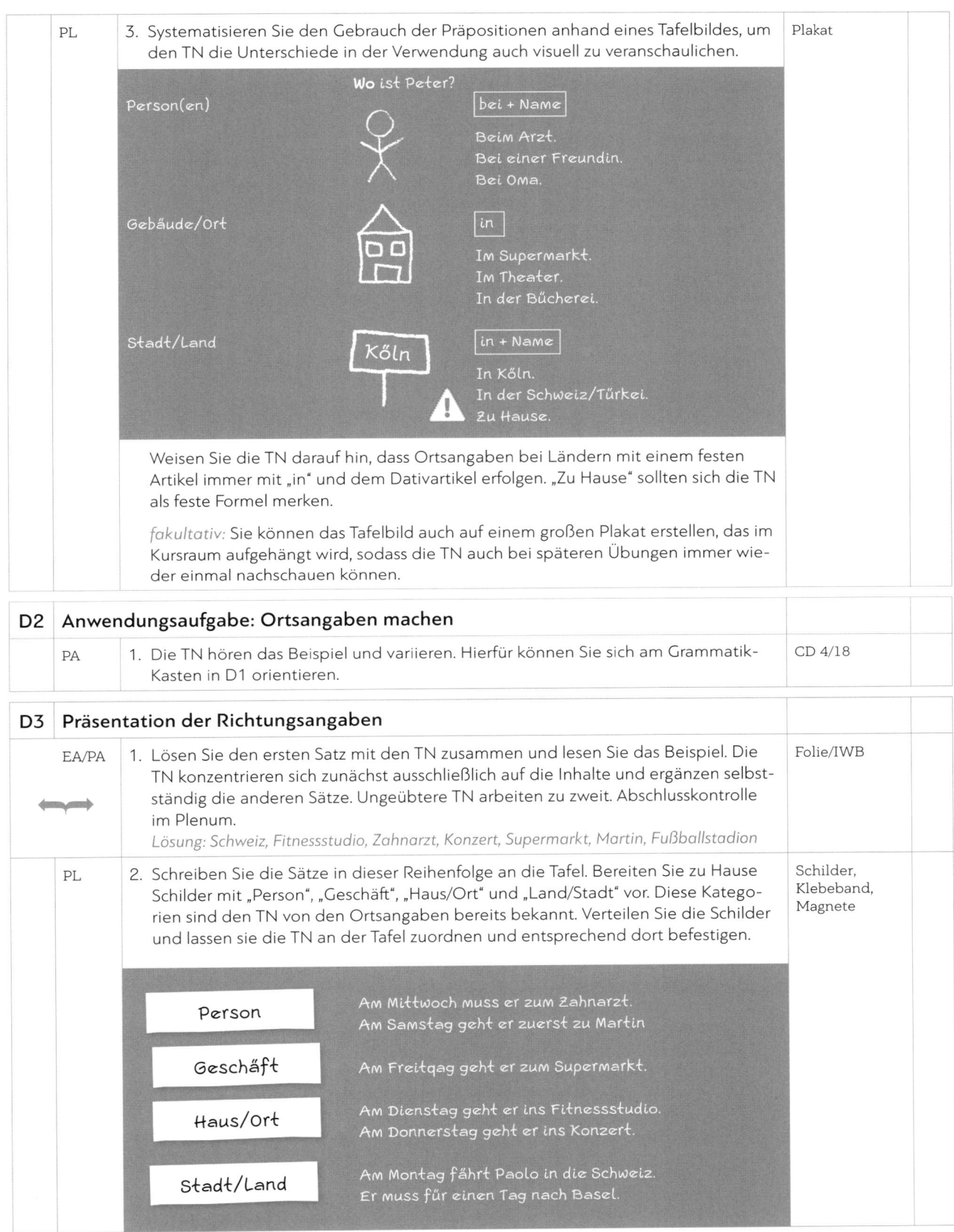

Weisen Sie die TN darauf hin, dass Ortsangaben bei Ländern mit einem festen Artikel immer mit „in" und dem Dativartikel erfolgen. „Zu Hause" sollten sich die TN als feste Formel merken.

fakultativ: Sie können das Tafelbild auch auf einem großen Plakat erstellen, das im Kursraum aufgehängt wird, sodass die TN auch bei späteren Übungen immer wieder einmal nachschauen können.

D2 Anwendungsaufgabe: Ortsangaben machen

PA	1. Die TN hören das Beispiel und variieren. Hierfür können Sie sich am Grammatik-Kasten in D1 orientieren.	CD 4/18

D3 Präsentation der Richtungsangaben

EA/PA	1. Lösen Sie den ersten Satz mit den TN zusammen und lesen Sie das Beispiel. Die TN konzentrieren sich zunächst ausschließlich auf die Inhalte und ergänzen selbstständig die anderen Sätze. Ungeübtere TN arbeiten zu zweit. Abschlusskontrolle im Plenum. *Lösung: Schweiz, Fitnessstudio, Zahnarzt, Konzert, Supermarkt, Martin, Fußballstadion*	Folie/IWB
PL	2. Schreiben Sie die Sätze in dieser Reihenfolge an die Tafel. Bereiten Sie zu Hause Schilder mit „Person", „Geschäft", „Haus/Ort" und „Land/Stadt" vor. Diese Kategorien sind den TN von den Ortsangaben bereits bekannt. Verteilen Sie die Schilder und lassen sie die TN an der Tafel zuordnen und entsprechend dort befestigen.	Schilder, Klebeband, Magnete

PL	3. Die TN kennen die Richtungsangabe mit „zu" bereits aus Lernschritt B. Bitten Sie einen TN, alle Richtungsangaben in den Beispielen an der Tafel zu markieren. Zeigen Sie anhand der Beispiele, dass Richtungsangaben bei einer Person (Zahnarzt) und bei einem Geschäft oder Platz mit „zu" gemacht werden. Ausnahme: Richtungsangaben in ein Gebäude hinein erfordern „in". Richtungsangaben bei Städten und Ländern werden mit „nach" angegeben. Ausnahme: Ländernamen mit einem festen Artikel erfordern „in" mit Artikel im Akkusativ. Verweisen Sie auch auf den Grammatik-Kasten und auf die Grammatikübersicht 3 (Kursbuch, S. 138). Hier können die TN die Richtungsangaben mit direktem Bezug auf ihren eigenen Alltag noch weiter üben.	Plakat	
	fakultativ: Wenn Sie zu den Ortsangaben ein Plakat erstellt haben, fertigen Sie zu den Richtungsangaben ebenfalls eins an.		
	Hinweis: Hier können Sie auch das Projekt „Schreiben: Mein Tag" aus „Zwischendurch mal …" (Kursbuch, S. 140) einfügen. Hier kommen im Tagesablauf viele Richtungsangaben vor.	ZDM	
PL	4. *fakultativ:* Zur Automatisierung können Sie die Schilder von der Kopiervorlage aus B1b noch einmal einsetzen und diese Übung auch mit den Richtungsangaben durchführen.	KV L11/B1	
	Variante: Wenn Sie das Gefühl haben, dass die TN die Orts- und Richtungsangaben schon internalisiert haben, können Sie diese Übung auch gemischt durchführen, indem Sie entweder „Wo seid ihr?" oder Wohin geht ihr?" fragen.		
EA/PA Grammatik entdecken ⟷	Arbeitsbuch 15: im Kurs: Die Übung kann von geübteren TN in Stillarbeit gelöst werden. Ungeübtere TN arbeiten paarweise zusammen.		
	Hinweis: Regen Sie die TN an, sich eine eigene Tabelle wie in b mit den Orten und Richtungen, die für sie selbst relevant sind, zu erstellen und an zentraler Stelle zu Hause aufzuhängen. Bieten Sie an, die Plakate zu korrigieren. Verweisen Sie auch auf die Übung rechts neben der Grammatikübersicht 3, S. 138.		
EA/HA	Arbeitsbuch 16		
EA/PA ⟷	Arbeitsbuch 17–18: im Kurs: Geübtere TN lösen die Übungen in Stillarbeit. Ungeübtere TN arbeiten paarweise zusammen.		
	Hinweis: Aufgabe 18 sollten besonders ungeübte TN nach der Kontrolle noch einmal komplett ins Heft abschreiben. Oder Sie gestalten die Übung etwas schwieriger und die TN schreiben den Text noch einmal als Laufdiktat, indem Sie ihn als Kopie im Kursraum mehrfach aufhängen. Die TN laufen zum Text, lesen ihn, müssen ihn bis zu ihrem Platz behalten und schreiben ihn dann ins Heft. In diesem Fall sollten Sie die Texte zur Korrektur einsammeln.		

D4	Anwendungsaufgabe: Partnergespräch			
	EA	1. Die TN lesen still den Notizzettel und den Beispieltext. Sie machen sich eigene Notizen, wo sie diese Woche waren und wohin sie noch gehen/fahren.		
	WPA	2. Die TN gehen herum und erzählen über ihre Woche.		
	GA	3. *fakultativ:* Die TN schreiben ihren Namen auf ihren Notizzettel. Sammeln Sie die Zettel ein. Verteilen Sie sie neu, sodass kein TN seinen eigenen Zettel bekommt. Der erste TN versprachlicht die Notizen auf seinem Zettel, ohne den Namen der Person zu nennen: „Meine Person geht morgen ins Kino. Am Montag war sie …". Die anderen raten, von wem die Notizen sein könnte.		

D5	Anwendungsaufgabe: Partnergespräch über Orte in der Stadt			
a	EA ⟷	1. Bitten Sie die TN sich vorzustellen, dass sie neu in der Stadt sind und sich nicht auskennen. Sie machen sich wie im Beispiel Notizen, was sie erledigen möchten. Ungeübtere TN arbeiten zu zweit: Sie stellen sich vor, dass sie mit der Freundin / dem Freund unterwegs sind.		

b	PL	2. Zwei TN lesen das Beispielgespräch.		
	PL	3. Weisen Sie die TN darauf hin, dass man mit „da vorne", „da drüben", „da hinten" etc. ungefähre Ortsangaben machen kann, die im Allgemeinen mit einem deutlichen Zeigen verbunden sind. Machen Sie einige Beispiele: „Der Schrank steht da drüben.", „Die Tafel ist da vorne.", „Die Toiletten sind da hinten." und zeigen Sie dabei mit der Hand in die entsprechende Richtung. Sehen Sie mit den TN aus dem Fenster und zeigen Sie auf etwas „Da an der Ecke".		
	🌐	Die Personen in der Lektion zeigen immer sehr deutlich den Weg, oft auch mit ausgestrecktem Zeigefinger. In den deutschsprachigen Ländern ist das kein Problem. Besprechen Sie ggf. auch, wen man ansprechen darf, um nach dem Weg zu fragen. In den deutschsprachigen Ländern gibt es hier keine Tabus. Man kann fragen, wen man sympathisch findet oder wer nicht allzu sehr in Eile wirkt.		
	PL	4. Die TN lesen still die Redemittel. Fordern Sie zwei geübte TN auf, ein Beispielgespräch zu führen. Machen Sie den TN deutlich, dass sie auch Gesten wie Zeigen, Kopfschütteln etc. einbauen sollen. Zeigen Sie den TN auch die kleineZeichnung (Kursbuch, S. 139) und die dazu passenden Redemittel. Wer will, kann als Hausaufgabe ein kleines Gespräch dazu schreiben.		
	WPA ⟷	5. Spielen Sie Musik. Die TN gehen mit ihren Notizen im Kursraum umher. Zeigen Sie die Redemittel auf Folie/IWB. Wenn die Musik stoppt, führen die TN mit dem ihnen nächsten TN ein Gespräch wie im Beispiel. Wenn die Musik wieder beginnt, gehen die TN weiter. Ungeübtere TN gehen zu zweit durch den Raum und führen dann Gespräche zu dritt bzw. zu viert, falls sie ebenfalls auf ein Pärchen stoßen. Die Partner eines Paares helfen sich gegenseitig, so wie es Freunde tun würden. *Hinweis:* An dieser Stelle bietet sich das Lied „Entschuldigen Sie ...?" aus „Zwischendurch mal ..." (Kursbuch, S. 141) an. Es passt situativ zur Aufgabe, da auch im Lied nach dem Weg gefragt wird.	Musik, Folie/IWB ZDM	
	EA/HA	Arbeitsbuch 19–20		
	EA/HA Schreib-training	Arbeitsbuch 21: im Kurs: Geben Sie den TN für beide Aufgaben 15 Minuten Zeit. Die TN sollten für a nicht länger als 5 Minuten brauchen und für den Brief nicht länger als 10–12 Minuten. Sammeln Sie die Texte zur Korrektur ein.		
D6		**Aktivität im Kurs: Personenratespiel**		
	EA/PA ⟷	1. Die TN sehen sich die Fotos an und schreiben einen kurzen Text über eine der vier Personen auf den Fotos. Sie überlegen sich Orte, an denen ihre Person sich aufhält, und was sie macht, dabei nennen sie den Beruf nicht. TN, die schnell mit ihrem Text fertig sind, bearbeiten zusätzlich die Rubrik „Schon fertig?" und beschreiben den fiktiven morgigen freien Tag. Diese Zusatzübung können Sie auch als Hausaufgabe aufgeben. *fakultativ:* Zur Vereinfachung und Unterstützung der Aktivität können Sie auch auf die Kopiervorlage im Lehrwerkservice unter www.hueber.de/schritte-plus-neu zurückgreifen. Verteilen Sie an ungeübtere TN zur Vorbereitung die Kopiervorlage. Die TN zerschneiden die Dominokarten und legen sie in die richtige Reihenfolge. Dann schreiben sie den Text ins Heft. So haben die TN ein Muster, an dem sie sich für die Aufgabe orientieren können. Geübtere TN erhalten nur die Bildkärtchen, legen sie in eine sinnvolle Reihenfolge und schreiben über den Tag von Herrn Roth.	KV L11/D6 im Lehrwerkservice	
	PL	2. Die TN lesen ihre Texte vor. Die anderen raten, um welche Person es sich handelt. *fakultativ:* Sammeln Sie alle Texte zur Korrektur ein. *Hinweis:* Hier können Sie auch auf das Projekt „Schreiben: Mein Tag" aus „ Zwischendurch mal ..." (Kursbuch, S. 140) zurückgreifen. Auch hier sollen die TN einen Tag aus dem Leben einer Person aus der Zeichnung erzählen.	ZDM	

PL	Arbeitsbuch 22: im Kurs: Zunächst hören die TN die Wörter in a und kreuzen an. Danach Kontrolle. Wenn die TN Probleme mit der Artikulation des Lautes „z" haben, üben Sie mit ihnen das scharfe „s". Zischen Sie wie eine Schlange „ssssss", die TN machen mit. Im nächsten Schritt setzen die TN ein „t" vor „s": „tttssssss". Sie üben mit „Wie geht's?". Anschließend hören die TN die Beispiele aus b und sprechen nach.	AB-Track 2/28–29	
TiPP	Zungenbrecher eignen sich sehr gut, um die Aussprache von Lauten und Lautkombinationen zu üben. Sie finden Zungenbrecher für verschiedene Laute im Internet. Um die TN nicht zu überfordern, sollte der Zungenbrecher zunächst immer langsam gelesen werden und auch inhaltlich verstanden werden, z. B. mithilfe einer Zeichnung. Regen Sie die TN zu einem Wettbewerb an: Wer kann den Zungenbrecher fehlerfrei und am schnellsten sprechen? Ein Beispiel für den Laut „z" ist: „Zehn zahme Ziegen zogen zehn Zentner Zucker zum Zoo".		

E AM BAHNHOF

Lernziel: Die TN können Durchsagen verstehen, am Schalter um Auskunft bitten und Fahrplänen Informationen entnehmen.

	Form	Ablauf	Material	Zeit
E1		**Hörverstehen: Durchsagen am Bahnhof**		
	PL	1. Klären Sie anhand der Zeichnungen den neuen Wortschatz. Fragen Sie die TN, wie sie zum Kurs kommen. Fragen Sie TN, die mit öffentlichen Verkehrsmitteln kommen: „Wann fahren Sie ab?", „Müssen Sie umsteigen?", „Wo steigen Sie aus?" etc.		
	EA	2. Die TN lesen die Aufgabe, hören die Durchsagen und ordnen die Aussagen zu. Anschließend Kontrolle. In Kursen mit überwiegend ungeübten TN ordnen die TN den Aussagen zunächst die Zeichnungen zu. *Lösung: b 1, c 2, d 5, e 4*	CD 4/19–23	
		Hinweis: Hier können Sie den Film „Verkehr und Verkehrsmittel" aus „Zwischendurch mal ..." (Kursbuch, S. 140) einflechten. Hier geht es um verschiedene Verkehrsmittel.	ZDM	
	EA/HA	Arbeitsbuch 23		
E2		**Hörverstehen: Eine Auskunft am Schalter**		
a	PL/PA	1. Die Bücher sind geschlossen. Zeigen Sie das Foto. Fragen Sie die TN: „Was sind das für Personen?", „Wo sind sie?", „Was machen sie?". Führen Sie dabei „Mitarbeiter" und „Fahrgast" ein. Wenn Sie die Situation geklärt haben, entwickeln Sie mit den TN ein mögliches Gespräch an der Tafel. Geübtere TN schreiben zu zweit ein kurzes Gespräch und lesen es vor.	Folie/IWB	
	EA	2. Die TN lesen die Aufgabe still durch, hören dann das Gespräch und kreuzen an. Anschließend Kontrolle im Plenum. *Lösung: 1 heute, 2 muss umsteigen, 3 am Schalter.*	CD 4/24	

b	EA	3. Die TN hören das Gespräch so oft wie nötig und markieren, was im Gespräch vorkommt. Stoppen Sie ggf. an einigen Stellen, um den TN Zeit zum Markieren zu geben. Vor allem ungeübtere TN brauchen Zeit zum Lesen. Anschließend Kontrolle im Plenum. *Lösung: Um 9 Uhr 50., Muss ich umsteigen?, Ja. In Stuttgart., Gleich am Bahnsteig gegenüber., Bekomme ich die Fahrkarte bei Ihnen oder am Fahrkartenautomaten?, Am Automaten und am Schalter., Gut, dann bitte eine Fahrkarte einfach., 63 Euro, bitte. Und hier Ihre Fahrkarte., Von welchem Gleis fährt der Zug ab?, Von Gleis 9.*	CD 4/24	
c	EA	4. Fragen Sie: „Wer sagt was?". Die TN ergänzen in den markierten Sätzen die Sprecher „F" für Fahrgast und „M" für Mitarbeiter. Die TN hören das Gespräch anschließend noch einmal und kontrollieren. *Lösung: Fahrgast: Muss ich umsteigen?, Wann kommt der Zug in Bad Cannstatt an?, Bekomme ich die Fahrkarte bei Ihnen oder am Fahrkartenautomaten?, Gut, dann bitte eine Fahrkarte einfach., Von welchem Gleis fährt der Zug ab?* *Mitarbeiter: Um 9 Uhr 50., Ja. In Stuttgart., Gleich am Bahnsteig gegenüber., Bitte achten Sie auf die Durchsagen., Am Automaten und am Schalter., Sie haben Anschluss nach Stuttgart., Einfach oder hin und zurück?, 63 Euro, bitte. Und hier Ihre Fahrkarte., Von Gleis 9.*	CD 4/24	
	EA	5. Als Vorbereitung auf die nächste Aufgabe schreiben die TN das Gespräch ins Heft.		
	EA/HA	Arbeitsbuch 24		
	EA/PA ⟷	Arbeitsbuch 25–26: im Kurs als Vorbereitung zu E3: Alle TN lösen Übung 25. Geübtere TN können außerdem Übung 26 bearbeiten. Bei der Abschlusskontrolle im Plenum können die TN, wenn sie möchten, ihre Gespräche mit einem Partner vorspielen.		

E3	**Aktivität im Kurs: Ein Rollenspiel**			
	PL	1. Geben Sie den TN Zeit, sich die Redemittel aus E2b noch einmal in Ruhe durchzulesen. Sie können dazu auch noch einmal das Gespräch aus E2 vorspielen, das die wesentlichen Redemittel enthält. Verweisen Sie die TN auch auf die Rubrik „Am Schalter: Ich brauche eine Auskunft." (Kursbuch, S. 139). In der kleinen Übung rechts können die TN kleine Minigespräche formulieren.		
	PA ⟷	2. Die Partner übernehmen je eine Rolle, spielen ein Gespräch und tauschen dann die Rollen. Schnellere TN überlegen, wohin sie gern mit dem Zug fahren möchten und spielen weitere Gespräche. Dazu können sie auch im Internet nach Verbindungen, Preisen etc. recherchieren und anschließend im Plenum berichten. Die Recherche kann auch als Hausaufgabe gemacht werden. *fakultativ:* Zur Erweiterung der Aktivität können Sie auch auf die Kopiervorlage im Lehrwerkservice www.hueber.de/schritte-plus-neu zurückgreifen. Schneiden Sie die Rollenspiele aus und verteilen Sie sie im Kursraum. Die TN gehen herum, bleiben bei einem Rollenspiel stehen und machen mit wechselnden TN Rollenspiele.	KV L11/E3 im Lehrwerkservice	

	TiPP	Um bei Rollenspielen die Partnerin / den Partner zu wechseln, erhält jeder TN eine Karte aus einem Kartenspiel. Die Paare bilden sich, indem einmal beide eine rote Karte haben müssen, dann einer eine rote, der andere eine schwarze, dann die gleiche Zahl / das gleiche Bild, dann die folgende Karte etc.		

	PL	3. Einige Paare können, wenn sie möchten, ihre Gespräche im Plenum präsentieren.		

	TiPP	Regen Sie die TN zu einer Internetrecherche an: Sie sollen herausfinden, wann sie vom Kursort aus z. B. nach Ulm und/oder an andere vorgegebene Orte im In- und Ausland fahren/fliegen können, wie lange die Fahrt / der Flug dauert und wann sie wo umsteigen müssen. Wenn Ihre TN keine Möglichkeit zur Internetrecherche haben oder mit diesem Medium noch nicht vertraut sind, können Sie sie auch in Kleingruppen zum Bahnhof oder ins Reisebüro schicken. Die Recherche-Ergebnisse werden am Folgetag im Kurs präsentiert.		

EA/HA	Arbeitsbuch 27			
EA Prüfung	Arbeitsbuch 28: im Kurs: Die TN lesen die Aussagen. Anschließend hören die TN die Ansagen und kreuzen an. *Variante:* Wenn Sie die Übung als Aufgabe zur Prüfungsvorbereitung auf *Start Deutsch 1* gestalten möchten, hören die TN die Ansagen nur einmal.	AB-Track 2/30–33		
GA	*fakultativ:* Wenn Sie noch Zeit haben, können Sie hier die Wiederholung zu Lektion 11 anschließen.	KV L11/ Wiederholung		
Lektions-tests	Einen Test zu Lektion 11 finden Sie hier im LHB auf den Seiten 182 – 183. Weisen Sie die TN auf den Selbsttest im Arbeitsbuch auf Seite 136 hin.	KV L11/Test		

AUDIO- UND VIDEOTRAINING

Form	Ablauf	Material	Zeit
Audiotraining 1: Wo ist ...?			
EA/HA	Die TN werden gefragt: „Entschuldigung, wo ist hier (der Kindergarten)?". Sie erhalten für ihre Antwort die lokale Präposition und den Ort / das Gebäude. Die TN antworten in den Sprechpausen mit „Da vorne. (Neben) (dem Supermarkt)." Nach der Sprechpause hören die TN die korrekte Antwort.	CD 4/25	
Audiotraining 2: Einen Weg beschreiben			
EA/HA	Die TN trainieren in einer Echo-Übung die Redemittel zur Wegbeschreibung. Der Sprecher gibt einen Satz vor: „Gehen Sie (zuerst einfach geradeaus).", der als Echo mit dem gespiegelten Personalpronomen wiederholt werden soll: „Gut. Ich gehe (zuerst einfach geradeaus).". Nach der Sprechpause hören die TN die korrekte Antwort.	CD 4/26	
Audiotraining 3: Mit dem Zug!			
EA/HA	Der Sprecher fragt: „Wie komme ich (nach Duisburg)?". Die TN hören dann ein Geräusch zu einem Verkehrsmittel und antworten in der Sprechpause: „Sie müssen (mit dem Zug fahren)." Nach der Sprechpause hören die TN die korrekte Antwort.	CD 4/27	
Videotraining 1: Das ist gleich hier in der Nähe!			
EA/HA	Die TN sehen in dem Film vier kleine Gespräche zwischen Lara und Tim, in denen Lara oder Tim nach dem Weg fragen. Die TN wiederholen den Wortschatz für Wegbeschreibungen und sehen entsprechende Gesten dazu. *fakultativ:* Wenn Sie das Videotraining im Kurs machen wollen, können Sie die Gespräche zunächst ohne Ton abspielen, die TN überlegen anhand der Gesten, wie die/der Fragende gehen muss.	Film „Das ist gleich hier in der Nähe!"	
Videotraining 2: Das Wasser ist im Glas.			
EA/HA	Mit dem Film können die TN die lokalen Präpositionen wiederholen und festigen. Es werden verschiedene Bilder gezeigt und Tim oder Lara fragen: „Wo ist ...?" Die TN haben Zeit, entsprechend zu antworten. Dann geben Tim oder Lara die Lösung. Empfehlen Sie besonders den ungeübteren TN diesen Film, den Sie auch später immer mal wieder zur Wiederholung und Festigung benutzen können.	Film „Das Wasser ist im Glas."	

ZWISCHENDURCH MAL ...

	Form	Ablauf	Material	Zeit
Schreiben		**Mein Tag (passt z. B. zu D3 und D6)**		
1		**Leseverstehen: Einem Text gezielte Informationen entnehmen**		
	PA	1. Die TN sehen sich das Bild an. Sie befragen sich gegenseitig, wo welche Person ist und was sie macht.		
	EA	2. Die TN lesen den Text und überlegen wer den Text erzählt. Anschließend Kontrolle im Plenum. Fragen Sie auch, woran die TN die Lösung erkannt haben. *Lösung: G*		
	TiPP	Nutzen Sie solche Texte gezielt zur Wiederholung, indem die TN sie am nächsten Kurstag als Lückentext bearbeiten. Legen Sie dabei bestimmte Schwerpunkte und lassen Sie z. B. Verkehrsmittel oder Ortsangaben weg.		
2		**Schreibaufgabe: Einen Tag beschreiben**		
	EA/PA ⬌	1. Die TN suchen sich eine Person aus dem Bild aus und schreiben einen Text über sie. Ungeübte TN arbeiten zu zweit. Geben Sie, wenn nötig, Hilfsfragen: „Was hat die Person vorher (vor 12.10 Uhr) gemacht und wo war sie?", „Was hat sie danach gemacht?", „Wann war sie wieder zu Hause?" etc.		
	PL	2. Die TN lesen ihre Texte vor, die anderen raten, welche Person gemeint ist.		
🎬		**Verkehr und Verkehrsmittel (passt z. B. zu B1 und E1)**		
	EA/PA	1. Die TN sehen den Film zunächst ohne Ton. Sie notieren die Verkehrsmittel, die sie sehen. Anschließend tragen Sie an der Tafel die Ergebnisse zusammen.		
	PL	2. Die TN spekulieren, worum es in dem Film geht.		
	PL	3. Die TN sehen den Film mit Ton und vergleichen mit ihren Vermutungen.		
	PL	4. Stellen Sie anschließend einige Verständnisfragen zum Film, z. B. „Wie schnell darf man auf Autobahnen fahren?", „Warum können die Leute nicht schnell fahren?", „Was bedeutet S-Bahn?" etc. *Variante:* Verteilen Sie die Kopiervorlage. Die TN sehen den Film noch einmal und markieren die richtigen Aussagen. Anschließend Kontrolle im Plenum. *fakultativ:* Die TN überlegen in Kleingruppen, wie die Situation in ihrer Heimat ist, und erzählen darüber.	KV L11/ZDM	
Lied		**Entschuldigen Sie ...? (passt z. B. zu B2 und C3)**		
1		**Hörverstehen: Einen Rap verstehen**		
	PL	1. Die Bücher sind geschlossen. Fragen Sie die TN: „Was ist das Thema des Lieds?" Spielen Sie den Anfang des Raps vor. *Lösung: Eine Wegbeschreibung.*	CD 4/28	
	GA ⬌	2. Ungeübtere TN bekommen Wortkärtchen mit „Universität", „Kiosk", „Bäckerei", „Buchhandlung", „Parkplatz", „Apotheke", „Bahnhof", „Kindergarten", „Gemüseladen" und „Müllerstraße". Spielen Sie den Rap vor. Beim Hören ordnen die TN die Begriffe nach ihrem Vorkommen. Dabei stellen sie fest, dass manche Orte nicht vorkommen. Geübtere TN erhalten keine Kärtchen, sondern notieren beim Hören die Orte.	CD 4/28	

	Form	Ablauf	Material	Zeit
	PL	3. Die TN öffnen ihr Buch. Sie hören noch einmal und lesen mit. Spielen Sie den Rap ein weiteres Mal vor. Die TN ergänzen die Nummern zu den Orten in der Zeichnung. *Lösung: 2 Bäckerei; 3 Universität; 4 Parkplatz; 5 Buchhandlung; 6 Apotheke*	CD 4/28	
2		**Aktivität im Kurs: Einen Rap singen**		
	PL	1. Die TN hören das Lied, lesen mit und singen jeweils den Refrain. *Variante:* Nicht alle TN haben Mut oder Lust zu singen. Teilen Sie den Kurs in diesem Fall in mehrere Gruppen: Es gibt Sänger, eine Combo, die mit den Fingern schnippt, mit Stiften auf die Tische klopft o. Ä., und drei TN, die den Verlauf des Lieds pantomimisch spielt.	CD 4/28	
	PL ⚠	2. *fakultativ:* Machen Sie die TN auf die umgangssprachliche Sprechweise der Rap-Sänger aufmerksam: Im Deutschen wird im Präsens, 1. Person Singular, häufig die Endung „-e" weggelassen. Das sogenannte stumme „e" in Infinitiven ist meist überhaupt nicht hörbar (geh'n, seh'n etc.). Wenn die TN sich bereits für solche Feinheiten der Sprache interessieren, können Sie sie auch auf die verkürzte Form von „eine" zu „'ne" aufmerksam machen. Auch das ist üblich im mündlichen Sprachgebrauch. Vertiefen Sie das Thema nicht zu sehr. Es genügt, wenn die TN einen ersten Eindruck von den Besonderheiten der Umgangssprache erhalten. In schriftlichen Texten sollten die TN diese Formen nicht nachahmen. Hier sind sie falsch.		
	GA	3. *fakultativ:* Wenn die TN Freude an diesem Rap haben, können sie sich eigene Wegbeschreibungen in Liedform ausdenken. Dazu ersetzen sie die Orte aus dem Lied durch eigene Ideen. *Variante:* Falls Sie Stadtpläne Ihrer eigenen Stadt oder einer deutschen Großstadt haben, können die TN sich eine Wegbeschreibung nach dem Stadtplan ausdenken. Sie geben den Stadtplan dann einer anderen Gruppe, singen ihren Rap. Die andere Gruppe muss den Weg auf dem Stadtplan einzeichnen.		

FOKUS FAMILIE: EINE KINDERBETREUUNG FINDEN

Die TN können sich mit einfachen Worten nach einer Kinderbetreuung erkundigen.

	Form	Ablauf	Material	Zeit
		Da dieser Fokus möglicherweise nur für einen Teil der TN von Interesse ist, können die Übungen auch als Hausaufgabe gegeben werden.		
1		**Leseverstehen 1: Detailinformationen verstehen und in ein Formular eintragen**		
	PL	1. Die Bücher sind geschlossen. Fragen Sie die TN: „Welche Betreuungseinrichtungen gibt es für Kinder?". Da die TN schon einige Zeit in Deutschland leben und aus *Schritte Plus Neu 1* in Lektion 5 bereits „Kindergarten" kennen, sollten sie einige nennen können. Halten Sie sie an der Tafel fest.		
	EA/PA ⟷	2. Die TN lesen den Text und füllen das Formular aus. Ungeübte TN arbeiten zu zweit. Anschließend Kontrolle im Plenum. In Kursen mit überwiegend geübten TN machen die TN gleich mit Aufgabe 2 weiter. *Lösung: b 1 km; c Kindergarten; d vier; e halbtags, auch am Wochenende*		

2	Leseverstehen 2: Ein passendes Betreuungsangebot finden		
EA/PA	1. Die TN lesen die Angebote und ergänzen die Adresse und die Telefonnummer. Abschlusskontrolle im Plenum. *Lösung: Kindergarten Hänsel & Gretel; Adresse: Winterstraße 43, 28215 Bremen; Telefonnummer: 04 21/1 79 35*		
EA/GA	2. *fakultativ:* TN, deren Kinder einen Kindergarten besuchen, erstellen ein Plakat mit Informationen (z. B. Name und Adresse der Einrichtung, Öffnungszeiten, Gruppenstärke, besondere Angebote für die Kinder, Name der Kindergärtnerin/Betreuerin etc.). TN, die ihre Kinder zu Hause betreuen, erkundigen sich, wo es in ihrer Nähe eine passende Betreuungsmöglichkeit gibt. Sie notieren Informationen wie Name und Adresse, Öffnungszeiten etc. Die TN stellen ihre Ergebnisse vor. Gehen Sie herum und motivieren Sie die TN zu gezielten Nachfragen: „Geht dein Kind gern in diesen Kindergarten?", „Möchtest du später wieder arbeiten und dein Kind in den Kindergarten bringen?" etc.	Plakate	
3	Einen Weg beschreiben		
EA/PA	1. Die TN sehen sich den Stadtplan an und ergänzen die Wegbeschreibung. Bereiten Sie für ungeübte TN Kärtchen mit den Lösungen vor, aus denen sie die passenden Ergänzungen heraussuchen. Sie können auch zwei oder drei nicht passende Begriffe hinzufügen, wenn Sie es etwas schwerer machen wollen. *Lösung: erste Straße links, geradeaus, nach rechts, neben*	Kärtchen	
WPA	2. *fakultativ:* Die TN befragen sich gegenseitig nach dem Alter ihrer Kinder. Sie fragen auch, ob diese eine Betreuungseinrichtung besuchen. Wenn ja, welche? Geübtere TN können auch den Weg beschreiben. Wenn Sie Stadtpläne zur Verfügung haben, beschreiben die TN die Wege anhand der Stadtpläne, dann ist es leichter.		
TiPP	Als Hausaufgabe geben die TN die Adresse des Kindergartens und ihre eigene Adresse z. B. bei Google-Maps ein und drucken die Karte aus. Am nächsten Kurstag beschreiben Sie den Weg anhand dieser Karte. Fahren die Kinder mit Bus oder Bahn, beschreiben die TN den Weg von der Haltestelle zur Betreuungseinrichtung.		

FOKUS BERUF: EIN TERMIN BEI EINER FIRMA

Die TN können eine Terminvereinbarung und eine Wegbeschreibung zu einer Firma verstehen.

	Form	Ablauf	Material	Zeit
		In gemischten Kursen mit Eltern und berufstätigen TN/Eltern teilen Sie den Kurs nach Interessen auf: Während Sie mit den Eltern den „Fokus Familie" behandeln, bearbeiten die Berufstätigen eigenständig den „Fokus Beruf". Ideal ist es, wenn eine Gruppe in einen leeren Kursraum ausweichen kann.		
1		**Hörverstehen: Nachrichten auf dem Anrufbeantworter verstehen**		
a–c	EA/PA	1. Die TN hören die Nachrichten auf dem Anrufbeantworter und kreuzen an. Die TN vergleichen ihre Lösungen zunächst mit einer Partnerin / einem Partner. Abschlusskontrolle im Plenum. Geübtere TN erhalten von Ihnen nur die Fragen a–c. Sie hören das Gespräch und machen sich Notizen zu den Antworten. So schaffen Sie eine authentische Situation. *Lösung: b Wie kommt man zur Firma Bause & Bause? c Mit dem Zug.*	AB-Track 2/34–36	

2		Leseverstehen: Eine Wegbeschreibung verstehen		
a	EA/PA	1. Die TN lesen die E-Mail und markieren den Termin, die Adresse und den Weg. Abschlusskontrolle im Plenum *Lösung: Adresse: Alexanderstraße 38 in Hamburg; Weg vom Bahnhof: Vom Hauptbahnhof mit der U1 Richtung Großhansdorf, Ausstieg an der ersten Haltestelle Lohmühlenstraße, dann ca. 250 Meter zu Fuß, Ausgang Steindamm, erste Straße links (Stiftstraße), zweite Straße rechts*	Folie/IWB	
b ⟷	EA/PA	2. Die TN lesen noch einmal und korrigieren die Aussagen. Ungeübtere TN arbeiten zu zweit. Anschließend Kontrolle im Plenum. *Lösung: 2 ~~umsteigen~~ aussteigen, 3 ~~200~~ 250, 4 ~~geradeaus~~ die zweite Straße rechts*	Folie/IWB	
3		Hörverstehen: Eine telefonische Information zu einer Verspätung verstehen		
	EA ⟷	1. Die TN lesen die Aufgabe. Dann hören sie das Gespräch und ergänzen die Lücken. Geübtere TN hören das Gespräch mit geschlossenen Büchern und erhalten die Fragen: „Was ist Alexandros Problem?", „Was soll er tun?". Die TN machen sich dazu Notizen. Anschließend Kontrolle im Plenum. *Lösung: circa 15.00 Uhr, Problem, Taxi*	AB-Track 2/37	
	🌍	In Deutschland ist es üblich, pünktlich zu einem vereinbarten Termin zu kommen. Verspätungen, auch um wenige Minuten, sollte man vor allem bei einem offiziellen Termin, wie hier bei einem Bewerbungsgespräch, kurz telefonisch ankündigen und eine Begründung nennen.		
	PL/PA	2. *fakultativ:* Wenn die TN motiviert sind, üben Sie mit den TN solche kleinen Entschuldigungsgespräche, indem Sie mit den TN ein Dialoggerüst nach dem Muster von Aufgabe 3 an der Tafel erstellen. Anschließend üben die TN zu zweit einige Gespräche und tauschen dabei die Rollen.		

KUNDENSERVICE

Folge 12: Super Service!

Einstieg in das Thema „Kundenservice und Reklamation"

	Form	Ablauf	Material	Zeit
1		**Vor dem Hören: Vermutungen äußern**		
	PL	1. Zeigen Sie die Fotos der Foto-Hörgeschichte. Klären Sie anhand der Fotos die neuen Wörter „Tasche", „Plastiktüte", „Rechnung", „Verkäufer", und „etwas ist kaputt".	Folie/IWB	
	GA ⟷	2. Die TN schreiben zu jedem Foto ein kleines Gespräch. Achten Sie bei der Zusammensetzung der Gruppen auf ein gemischtes Leistungsspektrum. In Kursen mit überwiegend ungeübten TN beschreiben die TN nur mündlich, was auf den Fotos passiert, was die Personen machen, wo sie sind etc.	KV L11/FHG	
		Hinweis: Wenn die TN mit den Büchern arbeiten, um die Fotos besser zu sehen, decken die TN die unteren Buchseiten mit ihren Heften ab. Es geht darum, die eigene Fantasie und den sprachlichen Ausdruck der TN anzuregen (und nicht darum, den „richtigen" Dialog zu treffen).		
		fakultativ: Die TN öffnen die Bücher und decken die untere Hälfte mit ihrem Heft ab. Jedes Paar erhält eine Kopiervorlage und schneidet die Sprechblasen aus. Die TN vermuten, welche Sprechblase zu welchem Foto und zu welcher Person gehört, und legen sie wie in einem Comic auf das Foto. Teilen Sie jedem Paar ein Foto zu, in großen Gruppen vergeben Sie einige Fotos doppelt. Die Paare schreiben zu „ihrem" Foto ein kleines Gespräch, in dem die Sätze in den Sprechblasen vorkommen sollten. So setzen sie sich mit der Geschichte vorentlastend auseinander und erproben das eigene Können, indem sie versuchen, die Situation sprachlich zu bewältigen. Zum Abschluss lesen die Paare in der Reihenfolge der Fotos ihre Gespräche vor.		
	EA	3. Die TN öffnen die Bücher und bearbeiten zur Wiederholung die Aufgabe. Anschließend Kontrolle im Plenum. *Lösung: b Foto 8 c Foto 5 d Foto 4 bis 7 e Foto 2 bis 7*		
2		**Beim ersten Hören: Den Inhalt global verstehen**		
	PL	1. Die TN hören die Foto-Hörgeschichte so oft wie nötig und kreuzen an. Abschlusskontrolle im Plenum. *Lösung: richtig: a, b, d*	CD 4/29–36, KV L11/FHG	
		fakultativ: Die TN hören die Foto-Hörgeschichte und vergleichen während des Hörens ihre Zuordnung der Sätze der Kopiervorlage und auch ihre Minigespräche. Abschlusskontrolle im Plenum.		
3		**Nach dem ersten Hören: Die Geschichte zusammenfassen**		
	EA/PA ⟷	1. Die TN ordnen die Wörter zu. Sie hören die Foto-Hörgeschichte ggf. noch einmal. In Kursen mit ungeübteren TN liest ein TN den ersten Satz vor. Lösen Sie zusammen mit den TN das nächste Beispiel. Erst dann arbeiten die TN allein oder zu zweit weiter. Anschließend Kontrolle im Plenum. *Lösung: kaputt, Laden, reparieren, soll, Dienstag, Plastiktüte*	CD 4/29–36	

4	Sprechen: Laras Verhalten beurteilen		
GA	1. Lara ist am Ende der Foto-Hörgeschichte sauer. Fragen Sie die TN „Lara ist sauer. Verstehen Sie das?". Für „ja" stehen die TN auf, für „nein" bleiben sie sitzen. Wenn die Antworten ungefähr gleich verteilt sind, teilen Sie Kleingruppen mit je zwei oder drei TN pro Meinung ein. Die Gruppen diskutieren über ihre Meinungen. Die TN sprechen auch darüber, wie das in ihren Heimatländern ist. Stellen Sie auch die Frage: „Ist Ihnen so etwas schon einmal passiert?."		

TiPP	Um etwas Aktivität in den Kurs zu bringen, können Sie die Abstimmung in 1. durchführen, indem Sie im Kursraum eine Ja-Ecke und eine Nein-Ecke bestimmen. Die TN gehen ihrer Antwort entsprechend in die jeweilige Ecke.		

PL	2. Die TN wählen einen Sprecher aus ihrer Gruppe, der die Meinungen innerhalb der Gruppe im Plenum kurz wiedergibt. TN, die möchten, können im Plenum ihr eigenes Erlebnis erzählen.		
🌍	Normalerweise gibt es innerhalb der EU eine Gewährleistungsfrist von zwei Jahren. Nach sechs Monaten muss aber der Käufer nachweisen, dass der Fehler schon zum Zeitpunkt des Kaufs vorgelegen hat, was oft schwierig ist. Dieser Regelung unterliegen auch Sonderangebote. Ware, die heruntergesetzt ist, weil sie Fehler hat, kann man aufgrund dieser Fehler natürlich nicht reklamieren. Der Verkäufer kann die fehlerhafte Ware umtauschen, muss er aber nicht. Er darf nachbessern.		
🎬 Laras Film	Der Film knüpft inhaltlich unmittelbar an die Foto-Hörgeschichte an. Er zeigt Lara, die ihre alte Tasche ausräumt, und die neue Tasche einräumt („Taschenschnellwechsel"). Dabei zeigt und benennt sie die Gegenstände, die sie in ihrer Tasche hat. Sie können den Film zur Auflockerung nach A3 nutzen, um mit den TN zu überlegen, was Leute in ihren Taschen haben. Stoppen Sie dazu den Film bei 0:17. Die TN überlegen, was Lara in ihrer Tasche hat. Stoppen Sie nach 0:36 erneut, die TN benennen die Gegenstände. Sie können den Film auch als Ergänzung zu B2 einflechten. Die TN zeigen und schreiben auf, was sie in ihren Taschen haben. Gibt es vielleicht Gegenstände für weitere Varianten in B2?	„Laras Film" Lektion 12	

A GLEICH NACH DEM KURS GEHE ICH HIN.

Zeitangaben mit *vor, nach, bei*

Lernziel: Die TN können Zeitangaben verstehen/machen und Tagesabläufe beschreiben.

	Form	Ablauf	Material	Zeit
A1		**Präsentation der Zeitangaben mit den temporalen Präpositionen *vor, nach* und *bei***		
	PL	1. Die TN sehen die drei Zeichnungen nacheinander an. Fragen Sie jeweils: „Wer ist das?", „Wo ist sie?" und „Was macht sie?". Deuten Sie dann auf Zeichnung A und fragen Sie: „Wann steht Lara auf?" Die TN geben vermutlich eine Uhrzeit oder Tageszeit an. Fragen Sie weiter: „Was macht Lara zuerst? Steht sie zuerst auf oder geht sie zuerst zum Kurs?". Die TN erkennen sicher, dass Lara zuerst aufsteht. Sagen Sie betont deutlich: „Das ist Lara vor dem Kurs." Die TN ordnen „vor" zu.	Folie/IWB	

PL ↔	2. Die TN sehen sich Zeichnung B an. Lesen Sie den unvollständigen Satz bis zur Lücke vor und machen Sie eine kleine Pause. Kommt keiner der TN auf die richtige Lösung, helfen Sie. Geübtere TN ordnen B und C selbstständig zu.
PL	3. Verfahren Sie mit Zeichnung C ebenso. Verweisen Sie auf den Grammatik-Kasten und die Grammatikübersicht 1 auf Seite 150. Rechts daneben finden die TN auch eine kleine Schreibaufgabe. *Musterlösung: 09.00 Frühstück, 10.00 Training, Vor dem Training esse ich das Frühstück. Nach dem Training dusche ich.* *Hinweis:* Die TN kennen die Präpositionen „vor" und „nach" im Zusammenhang mit der Uhrzeit (vgl. *Schritte Plus Neu 1 / Lektion 5*) schon in ihrer temporalen Bedeutung und „bei" als lokale Angabe (vgl. Lektion 11). Weisen Sie die TN darauf hin, dass „bei" in diesem Fall anzeigt, wann jemand etwas tut. *Lösung: A vor, B nach, C bei*
TiPP	Wenn Sie neue grammatische Formen einführen, wird es für die TN noch anschaulicher, wenn die TN Beispiele aus ihrem eigenen Lebensumfeld bilden. Besonders wichtig ist das für ungeübte TN, für die das eigene Konkrete oft erst der Schlüssel zum Verständnis ist. Fragen Sie die TN: „Was machen Sie vor/nach dem Kurs?". Halten Sie einige Beispiele an der Tafel fest. Erzählen Sie dann, dass Lara bei den Hausaufgaben Schokolade isst. Fragen Sie die TN: „Was machen Sie bei den Hausaufgaben?". Sie können daraus auch ein Ballspiel machen.
EA/HA Wiederholung	Arbeitsbuch 1: Die Übung wiederholt die Präpositionen „vor" und „nach" in Verbindung mit der Uhrzeit.
EA/HA	Arbeitsbuch 2
EA/PA Grammatik entdecken ↔	Arbeitsbuch 3: im Kurs: Geübtere TN lösen die Übung in Stillarbeit, ungeübtere TN arbeiten paarweise zusammen.
EA/PA/HA Schreib- training ↔	Arbeitsbuch 4: im Kurs: Geübtere TN bearbeiten die Übung in Stillarbeit. Besprechen Sie die Übung mit ungeübteren TN zunächst mündlich, erst danach bearbeiten die TN die Übung schriftlich, das kann dann auch als Hausaufgabe sein. Gehen Sie ggf. herum und helfen Sie bei Schwierigkeiten. Sammeln Sie die Texte zur Korrektur ein. *fakultativ:* Geübtere TN können zusätzlich einen Text über ihren Tag schreiben.

A2	**Erweiterung: Die Zeitangaben *vor* und *nach***	
PL	1. Die TN sehen sich das Foto an. Fragen Sie: „Wo ist Lara?" und „Was ist vorher passiert?".	
EA/PA	2. Weisen Sie die TN auf den Grammatik-Kasten hin. Die TN lesen die Aufgabe und ergänzen.	
PL	3. Die TN hören das Gespräch und vergleichen mit ihrer Lösung. Anschließend Kontrolle. *Lösung: vor einer, nach einer*	CD 4/37
EA/HA Wiederholung	Arbeitsbuch 5: Die Übung wiederholt die Präpositionen „vor" und „seit".	
EA/HA	Arbeitsbuch 6	

| EA/PA Grammatik entdecken ⟷ | Arbeitsbuch 7: im Kurs: Geübtere TN lösen die Übung in Stillarbeit, ungeübtere TN arbeiten paarweise zusammen. *Hinweis:* Konkretisieren Sie die Beispiele hier für die TN wieder durch Beispiele aus deren eigenem Alltag (vgl. Tipp zu A1). | | |

A3		**Anwendungsaufgabe zu den Zeitangaben *vor, nach* und *bei***		
a	PL	1. Die Bücher sind geschlossen. Zeigen Sie das Foto. Fragen Sie die TN: „Das ist Frau Müller. Sie arbeitet in einem Taschenladen. Was macht sie alles?". Geben Sie ein Beispiel: „Sie räumt den Laden auf.". Halten Sie als Stichwort „aufräumen" an der Tafel fest. Die TN notieren weitere Beispiele an der Tafel. Lassen Sie die Beispiele an der Tafel stehen, sie können später ergänzt werden.	Folie/IWB	
	EA	2. Die TN lesen die Aufgabe im Buch. Klären Sie ggf. unbekannten Wortschatz. Dann hören die TN das Interview so oft wie nötig und verbinden die Zeitangaben mit den Stichwörtern. Abschließend Kontrolle im Plenum *Lösung: 2 Taschen und Kleider sortieren 3 ein bisschen lesen 4 viele Taschen und Kleider verkaufen*	CD 4/38	
b	PA ⟷	3. Die TN sprechen zunächst zu zweit über Frau Müllers Tagesablauf. In Kursen mit ungeübteren TN können Sie zum Abschluss die Beispiele im Plenum besprechen. *fakultativ:* Die TN sehen sich die eigenen Beispiele an der Tafel noch einmal an und überlegen, wann Frau Müller das macht und bilden entsprechende Sätze. Das können Sie auch als Zusatzaufgabe für schnellere TN einsetzen. *Hinweis:* Hier können Sie das Spiel „Geschäftsideen" aus „Zwischendurch mal ..." (Kursbuch, S. 152) einflechten. Die TN überlegen sich Geschäftsideen für sich und andere. *Hinweis:* Hier können Sie auch gut Laras Film einsetzen, in dem Lara über den Inhalt ihrer Tasche spricht. *Hinweis:* Hier passt auch „Fokus Beruf: Angebote verstehen". Es geht darum, Waren für einen Laden nachzubestellen, was auch Jana Müller in ihrem Laden tun muss.	ZDM	
	GA ⟷	4. *fakultativ:* Verteilen Sie an jede Kleingruppe jeweils einen Spielplan der Kopiervorlage, Spielfiguren und einen Würfel. Die TN setzen ihre Figur auf ein beliebiges Feld. Der erste TN würfelt und zieht seine Figur. Das neue Feld gibt die Zeit an und die Würfelzahl die Präposition, z. B. „Abendessen" und „nach". Die TN bilden mit beidem einen Satz: „Nach dem Abendessen gehe ich immer spazieren.". Kommen TN auf ein Feld mit „(bei)" und haben eine 1 oder 4 gewürfelt, haben Sie Glück und müssen keinen Satz bilden. Erklären Sie den TN, dass hier die Verwendung von „bei" unüblich ist. Geübtere TN stellen bei 4, 5 und 6 die Zeitangabe nicht nach vorne, z. B. „Ich gehe nach dem Abendessen immer spazieren.".	KV L12/A3, Spielfiguren, Würfel	
	EA/HA	Arbeitsbuch 8		

A4		**Aktivität im Kurs: Über den eigenen Tag mit *vor, nach* und *bei* erzählen**		
	PL	1. Die TN lesen die Aufgabe und das Beispiel. Bereiten Sie selbst ein Beispiel mit vier richtigen Aussagen und einer falschen über Ihren Tag vor. Die TN raten, welche Aussage falsch ist.		
	WPA	2. Die TN schreiben nun ihrerseits vier richtige Aussagen und eine falsche über ihren Tag. Danach rät die Partnerin / der Partner, welche Aussage falsch ist. *Hinweis:* Zur Auflockerung können Sie hier auch den Film „Reise durch Deutschland, Österreich und die Schweiz" aus „Zwischendurch mal ..." (Kursbuch, S. 152) einfügen.	ZDM	

B SIE BEKOMMEN SIE IN VIER WOCHEN.

Zeitangaben mit den Präpositionen *in, ab, bis*

Lernziel: Die TN können zeitliche Bezüge nennen und um Serviceleistungen bitten.

	Form	Ablauf	Material	Zeit
B1		**Präsentation der Zeitangaben mit den temporalen Präpositionen *in, ab* und *bis***		
	EA/PA	1. Die TN ordnen die Aussagen zu. Dann hören sie das Gespräch und vergleichen. Anschließend Kontrolle im Plenum. *Lösung: a Sie bekommen die Tasche in etwa vier bis sechs Wochen zurück.* *c Ab Montag.*	CD 4/39	
	PA	2. Die TN lesen die Gespräche und tauschen auch die Rollen.		
	PL	3. Fragen Sie: „Welchen Monat haben wir?". Die TN nennen den Monat. Fragen Sie weiter: „Welchen Monat haben wir in einem Monat?". Variieren Sie anschließend Ihre Frage, indem Sie zwei, drei, vier Monate weiter fragen. Die Bedeutung von „bis" und „ab" sollte anhand der Beispielsätze bereits klar geworden sein. Halten Sie die Bedeutungen der temporalen Präpositionen „in", „ab" und „bei" an der Tafel fest. Verweisen Sie auf den Grammatik-Kasten und die Grammatikübersicht 1 und 2 auf Seite 150.		
		Es ist Oktober. Die Tasche ist <u>in vier Wochen</u> fertig. = Oktober + vier Wochen → November Ist die Tasche <u>bis morgen</u> fertig? = den ganzen Tag heute nicht, aber morgen Lara braucht die Tasche <u>ab Montag</u> wieder. = am Montag und dann jeden Tag danach in vier Wochen / in einem Monat ab Montag bis morgen Dienstag Mittwoch Donnerstag Freitag Samstag Sonntag Montag heute Oktober November		
		Hinweis: Machen Sie auch hier wieder Beispiele aus der Erfahrungswelt der TN. Fragen Sie: „Bis wann müssen Sie die Hausaufgaben machen?", „Wann ist der Kurs zu Ende?", „Ab wann sind Sie heute zu Hause?" etc.		
	EA/HA	Arbeitsbuch 9–11		
B2		**Variation: Anwendungsaufgabe *zu in, an, bis***		
	PL	1. Die TN sehen sich die Zeichnung zu Gespräch 1 an. Fragen Sie die TN: „Wo ist die Frau?", „Was macht sie?", „Wen ruft sie an?". Dann hören die TN das Gespräch.	CD 4/40	
	PA	2. Die TN lesen das Gespräch noch einmal und variieren. Erst dann tauschen sie die Rollen und lesen und variieren noch einmal. *fakultativ:* Um die Gesprächssituation am Telefon authentischer zu gestalten, können die TN z. B. Rücken an Rücken sitzen.		
	PL	3. Verfahren Sie mit dem zweiten Gespräch wie in 1. und 2. *Hinweis:* Zur Ergänzung können Sie hier Laras Film einflechten. Die TN überlegen, was aus Laras Tasche kaputtgehen könnte und überlegen sich kleine Gespräche. *Hinweis:* Hier können Sie zur Auflockerung auch das Spiel „Geschäftsidee" aus „Zwischendurch mal ..." (Kursbuch, S. 152) nutzen.	CD 4/41 ZDM	
	EA/HA	Arbeitsbuch 12		

EA/PA ⟷	Arbeitsbuch 13–14: im Kurs: Alle TN lösen Übung 13. Geübtere TN können außerdem Übung 14a in Stillarbeit bearbeiten. Ungeübtere TN bearbeiten die Übung 14a zu zweit. Bilden Sie für 14b Paare aus geübten und ungeübten TN.		

B3	**Aktivität im Kurs: Rollenspiel: Anruf beim Kundenservice**		
PL/GA ⟷	1. Die Bücher sind geschlossen. Teilen Sie die TN in zwei gleich große Gruppen. Die eine Gruppe bekommt die Zettel in der einen, die andere in der anderen Farbe. Jeder TN erhält einen Zettel. Schreiben Sie „Tablet Modell C3.0" an die Tafel. Bitten Sie die erste Gruppe, sich ebenfalls elektrische Geräte und Modellnamen zu überlegen und sie auf den Zetteln zu notieren. Schreiben Sie dann „noch 6 Monate Garantie" an die Tafel. Die zweite Gruppe überlegt sich Garantiezeiten und notiert diese auf ihre Zettel.	Zettel in zwei Farben	
PL	2. Die TN sehen sich das Dialoggerüst an. Zwei TN spielen das Gespräch vor. Lassen Sie ungeübte Paare ebenfalls vorspielen, bis klar ist, wie der Dialog funktioniert. Weisen Sie die TN auch auf die Rubrik „Kundenservice: Was kann ich für Sie tun?" auf Seite 150 hin. Hier können die TN auch die kleine Schreibaufgabe rechts z. B. als Hausaufgabe machen.	Folie/IWB	
WPA	3. Die TN suchen sich einen anderen TN mit einem andersfarbigen Zettel, sodass immer ein „Modell-Zettel" und ein „Garantiezeit-Zettel" zusammenkommen. Die Paare einigen sich auf die Rollen und spielen ein Gespräch. Dann tauschen sie ihre Zettel und suchen neue Partner. _Hinweis:_ Während die TN spielen, können Sie nach und nach Wörter streichen/abdecken, sodass die TN immer mehr Text frei sprechen. _fakultativ:_ Die TN können ihre Gespräche auch mit dem Smartphone aufnehmen und zu Hause zur Nachbereitung noch einmal anhören.	Folie/IWB	
EA/HA	Arbeitsbuch 15: Wenn Sie die Übung als Hausaufgabe aufgeben, machen die TN nur Übung 15a. 15b hören sie zur Kontrolle in der nächsten Kursstunde.	AB-Track 2/38	

C KÖNNTEN SIE MIR DAS BITTE ZEIGEN?

Konjunktiv II: _könnte, würde_

Lernziel: Die TN können höfliche Bitten und Aufforderungen ausdrücken.

	Form	Ablauf	Material	Zeit
C1		**Präsentation des Konjunktiv II: _könnte_ und _würde_**		
	PL	1. Klären Sie vorab die Bedeutung von „freundlich" bzw. „unfreundlich", indem Sie „unfreundlich" an die Tafel schreiben und den entsprechenden Smiley dazu malen. Dann rufen Sie in einem unfreundlichen Ton in die Runde: „Machen Sie das Fenster zu! Es ist kalt hier!". Mit „freundlich" verfahren Sie analog. Fragen Sie die TN dann vor dem Hören: „Ist die Anruferin / der Anrufer freundlich?". Die TN hören die erste Aufforderung, lesen im Buch mit und kreuzen aufgrund des Tonfalls an, ob sie die Personen als freundlich oder unfreundlich empfinden. Verfahren Sie mit b–d ebenso. Anschließend Kontrolle im Plenum. _Lösung: b ☹ c ☹ d ☺_	CD 4/42	

PL ⚠	2. Weisen Sie auf den Info-Kasten. Hier werden Imperativ und Konjunktiv II gegenübergestellt. Die TN wissen bereits aus Lektion 9, dass man mit dem Imperativ Aufforderungen formulieren kann. Erklären Sie den TN an dieser Stelle, dass Aufforderungen im Imperativ häufig als eher unfreundlich empfunden werden, Aufforderungen im Konjunktiv dagegen als freundlich. Verweisen Sie auch auf den Grammatik-Kasten und die Grammatikübersicht 3 auf Seite 150 und erklären Sie, dass höfliche Fragen mit „könnte" und „würde" synonym gebraucht werden. Machen Sie auch die Satzklammer deutlich, die die TN bereits von einigen Modalverben und dem Perfekt kennen. Nutzen Sie die kleine Zeichnung, um den situativen Rahmen für höfliche Bitten zu illustrieren. Gehen Sie auf dieser Kursstufe aber nicht detaillierter auf den Konjunktiv II in seinen weiteren Funktionen ein. Es genügt, wenn die TN zunächst lernen, mit dem Konjunktiv II höfliche Aufforderungen und Bitten zu formulieren.		
PL	3. Formulieren Sie mit den TN die freundlichen Aussagen aus C1 in unfreundliche um und umgekehrt. Halten Sie sie an der Tafel fest. Sprechen Sie die erste Aussage mit deutlich freundlicher bzw. unfreundlicher Betonung und Mimik vor. Die TN sprechen im Chor entsprechend nach. Verfahren Sie mit den anderen Aussagen ebenso.		
TiPP	Durch das unmittelbare Vorsprechen haben die TN den Ausdruck sehr präsent und können ihn entsprechend nachahmen. Durch das Nachsprechen im Chor verlieren die TN evtl. vorhandene Hemmungen und lassen sich eher auf das „Schauspielern" ein. Vor allem in Kursen mit ungeübteren TN ist das wichtig, da es ihnen oft schwerfällt, sich in Rollenspielen auf Emotionen einzulassen.		
PA ↔	4. Nummerieren Sie die Aussagen an der Tafel durch. In Partnerarbeit sprechen die TN die Aussagen, indem ein TN eine Zahl sagt und der andere die entsprechende Aussage mit guter Betonung spricht. Für ungeübtere TN können Sie im Tafelbild Smileys ergänzen.		
TiPP	Führen Sie „höfliche Tage" ein. An diesen Tagen, die Sie vor Unterrichtsbeginn bekanntgeben und durch ein Zeichen, z. B. durch das Aufhängen eines entsprechenden Plakats, präsent halten, sind die TN und Sie besonders höflich. Aufforderungen und Bitten müssen entsprechend formuliert werden. Auf andere Bitten und Aufforderungen muss an diesen Tagen nicht reagiert werden.		
EA/HA	Arbeitsbuch 16		
EA/PA Grammatik entdecken ↔ ⚠	Arbeitsbuch 17: im Kurs: Geübtere TN arbeiten in Stillarbeit, ungeübtere in Partnerarbeit. Abschlusskontrolle im Plenum. Erklären Sie hier nicht die Bildung der Formen, gehen Sie auch nicht auf die anderen Personalformen ein. Es genügt, wenn die TN die für Aufforderungen und Bitten nötigen Formen als feste Wendungen lernen.		
C2	**Anwendungsaufgabe: Höfliche Fragen, Bitten und Aufforderungen formulieren und darauf reagieren**		
PL	1. Verweisen Sie die TN zunächst auf die trennbaren Verben im Info-Kasten und klären Sie, wenn nötig, ihre Bedeutung, indem Sie die Tür des Kursraums auf- und zumachen bzw. das Licht an- und ausschalten.		

PA ⟷	2. Die TN betrachten die Zeichnung und zwei TN lesen das Beispiel. Die TN sprechen in Partnerarbeit Gespräche zwischen Chefin und Sekretärin. Weisen Sie die TN auch auf die Rubrik „Um etwas bitten: Könnten Sie mir bitte helfen?" (Kursbuch, S. 151) und auf die Schreibaufgabe am rechten Rand hin. Geübtere TN können sich über die Beispiele des Kastens hinausgehende Gespräche ausdenken. *Musterlösung: Ihren Chef: Können Sie das bitte noch einmal sagen?; Ihren Arzt: Würden Sie mir bitte ein Rezept geben?; einen Verkäufer: Würden Sie mir bitte helfen?* *fakultativ:* Wenn die TN Freude an Rollenspielen haben, können sie ein Gespräch zwischen Chefin und Sekretärin als kurzes Theaterstück einüben. Stellen Sie in diesem Fall einige Requisiten wie Briefumschläge, Papier, Stifte und ein Spielzeugtelefon oder ein Handy zur Verfügung.		
PA ⟷	3. *fakultativ:* Die TN erhalten zu zweit je ein Dominospiel der Variante A. Die Dominokärtchen werden gemischt und aufgeteilt. Der erste TN legt ein Kärtchen aus. Der andere legt ein passendes Kärtchen an und bildet die entsprechende höfliche Aufforderung, z. B. „warm" und „die Tür aufmachen": „Könntest/Würdest du bitte die Tür aufmachen?". Geübtere TN spielen sofort mit Variante B. Ungeübtere TN spielen zuerst eine Runde mit Variante A und erst danach mit B. Schnellere TN können eine weitere Runde spielen und zur Wiederholung den einfachen Imperativ bilden. *Hinweis:* An dieser Stelle passt inhaltlich der „Fokus Beruf: Angebote verstehen", hier geht es um Nachbestellungen von Material in einem Büro oder Geschäft.	KV L12/C2	
EA/HA	Arbeitsbuch 18		
EA/PA ⟷	Arbeitsbuch 19–20: im Kurs: Geübtere TN lösen die Übung in Stillarbeit. Ungeübtere TN arbeiten paarweise zusammen. *Hinweis:* Geübtere TN können zu Übung 20 auch längere Gespräche schreiben. Geben Sie ihnen dann Gelegenheit, sie im Kurs vorzulesen.		
EA/HA	Arbeitsbuch 21–22		

C3	Aktivität im Kurs: Höfliche Bitten formulieren		
PL	1. Die Bücher sind geschlossen. Zeigen Sie Zeichnung A und den Schüttelkasten auf Folie/IWB. Decken Sie das Beispiel ab. Die TN formulieren eine passende Bitte zu Zeichnung A. Decken Sie das Beispiel dann auf. Fordern Sie die TN auf, sich einen zweiten Satz für den Kunden zu überlegen. Notieren Sie weitere Vorschläge, z. B. „Ich habe seit zwei Tagen Husten. Würden Sie mir bitte etwas gegen Husten geben?".	Folie/IWB	
EA/PA ⟷	2. Die TN öffnen die Bücher und schreiben zu den Situationen B–D eigene Sätze. Ungeübtere TN schreiben zu zweit. Geübtere TN schreiben zusätzlich die Antworten auf die Bitten, sodass kleine Gespräche entstehen. Gehen Sie herum und helfen Sie bei Schwierigkeiten.		
WPA	3. *fakultativ:* Die TN gehen im Kursraum herum. Wenn Sie „Stopp" rufen, bleiben die TN stehen und wenden sich dem nächsten TN zu. Zeigen Sie eine der Zeichnungen aus C3 auf Folie/IWB. Die beiden TN spielen ein entsprechendes freies Gespräch. Dann gehen die TN wieder herum etc. *fakultativ:* Zur Unterstützung der Aktivität können Sie auch auf die Kopiervorlage im Lehrwerkservice unter www.hueber.de/schritte-plus-neu zurückgreifen. *Hinweis:* An dieser Stelle können Sie den Lesetext „Informationen für Migranten in Deutschland" aus „Zwischendurch mal …" zur Auflockerung einflechten.	KV L12/C3 im Lehrwerkservice ZDM	

	Form	Ablauf		Material	
	EA/PA	Arbeitsbuch 23: im Kurs: Üben Sie mit den TN den Satzakzent in höflichen Aufforderungen, indem Sie das Audio vorspielen. Die TN markieren den Satzakzent. Zeigen Sie auf, wie stark die Betonung von einer Emotion (z. B. Genervtsein, Empörung) abhängt. Die TN sprechen in Partnerarbeit das Gespräch und tauschen dann auch die Rollen. Gehen Sie herum und achten Sie darauf, dass die TN die Gespräche möglichst ausdrucksstark sprechen. Vielleicht haben einige TN Lust, ein Gespräch zwischen einem Ehepaar einzuüben und vorzuspielen.		AB-Track 2/39	

D TELEFONANSAGEN

Lernziel: Die TN können Telefonansagen verstehen und formulieren.

	Form	Ablauf	Material	Zeit
D1		**Hörverstehen 1: Telefonansagen verstehen**		
	PL	1. Die Bücher sind geschlossen. Fragen Sie die TN, „Wo gibt es Telefonansagen?". Die TN nennen Beispiele, halten Sie diese an der Tafel fest, z. B. Amt, Arzt, Firmen etc. Die TN öffnen die Bücher. Klären Sie vor dem Hören ggf. die Begriffe „Autohaus", „Schülerhilfe" und „Privatperson". Fragen Sie einen TN, was man in einem Autohaus machen kann (neue und gebrauchte Autos kaufen, das Auto in die Werkstatt bringen). Bei „Schülerhilfe" sollte den TN klar sein, dass dies ein Nachhilfeangebot ist. Das Wort „Privatperson" können Sie gemeinsam mit den TN an der Tafel in seine beiden Bestandteile zerlegen. Sie können die „Privatperson" aber auch den Begriffen „Geschäftsfrau/Geschäftsmann" gegenüberstellen.		
	EA/PA	2. Die TN sehen sich kurz die Tabelle im Buch an. Spielen Sie die Ansagen so oft wie nötig vor. Die TN hören die Ansagen nacheinander und kreuzen jeweils eine Lösung an. Abschlusskontrolle im Plenum. *Lösung: Ansage 2: Amt, Ansage 3: Autohaus, Ansage 4: Schülerhilfe*	CD 4/43–46	
D2		**Hörverstehen 2: Den wesentlichen Inhalt der Ansagen verstehen**		
	EA/PA	1. Deuten Sie den TN an, dass sie die Telefonansagen aus D1 noch einmal hören. Fragen Sie: „Was soll der Anrufer tun?". Die TN lesen bei jedem Beispiel zunächst die drei möglichen Antworten und achten beim zweiten Hören auf die Aufforderung an den Anrufer. Die TN hören die Ansagen nacheinander so oft wie nötig und kreuzen jeweils eine Lösung an. Die TN vergleichen ihre Lösungen mit der Partnerin / dem Partner. Anschließend Kontrolle im Plenum. *Lösung: 1 Eine Nachricht hinterlassen. 2 Die Zahl vier drücken. 3 Die Firma anrufen.* *Hinweis:* Inhaltlich passt hierzu der Lesetext „Information für Migranten in Deutschland" aus „Zwischendurch mal ..." (Seite 153). Es geht um die Anmeldung zur Kinderbetreuung, bei der man oft auf Telefonansagen stößt.	CD 4/43–46 ZDM	
	EA Prüfung	Arbeitsbuch 24: im Kurs: Diese Übung entspricht dem dritten Teil „Hören" der Prüfung *Start Deutsch A1*. Die TN hören Telefonansagen und lösen zu jeder Ansage eine Aufgabe. Die TN hören jede Ansage zweimal und kreuzen ihre Lösung an. Anschließend Kontrolle. *Hinweis:* In den Audios sind die Ansagen genau wie in der Prüfung zweimal hintereinander zu hören.	AB-Track 2/40–42	

D3	Anwendung: Eine eigene Ansage gestalten		
PA	1. Lesen Sie gemeinsam mit den TN die Beispielsätze und klären Sie ggf. neuen Wortschatz wie „Sie sind verbunden mit dem Anschluss von ...". Nehmen Sie ein Handy oder ein Spielzeugtelefon zur Hand, imitieren Sie ein Telefonklingeln und fordern Sie einen geübteren TN auf, einen kurzen Ansagetext zu formulieren. Die Beispiele im Buch helfen dabei. Wiederholen Sie dieses Vorgehen ggf.		
PA	2. Die Paare schreiben einen eigenen Ansagetext. Die TN orientieren sich an den Beispielen im Buch und an der Rubrik „Ansage für die Mailbox: Wir rufen zurück." (Kursbuch, S. 151). Gehen Sie herum und helfen Sie bei Schwierigkeiten.		
PL	3. *fakultativ:* Wer möchte, kann seinen Ansagetext im Plenum vorlesen oder zu Hause mit dem Smartphone aufnehmen und am nächsten Tag im Plenum vorspielen. Anschließend können die Texte im Kursraum aufgehängt werden oder ggf. auf eine Lernplattform als Hördatei hochgeladen werden.		

TiPP	Um Hemmungen abzubauen, damit die TN später bei einem „richtigen" Anruf nicht sofort auflegen, stehen die TN mit ihren Texten im Kreis. Ein TN sagt: „Ich rufe Agniezka an." Agniezka liest nun ihren Ansagetext vor. Der erste TN reagiert darauf, d. h. er „spricht auf die Mailbox". Hier geht es darum, dass die TN ganz kurz reagieren, also nur sagen: „Hier spricht Larissa. Ich rufe später/morgen/... nochmal an.".

EA/HA	Arbeitsbuch 25		

D4	Anwendung: Eine Nachricht hinterlassen		
EA	1. Die TN lesen die Situationen und die Redemittel. Sie entscheiden sich für eine Situation und schreiben eine kurze Nachricht auf. Gehen Sie herum und korrigieren Sie individuell Fehler. Wer schneller fertig ist, denkt sich eine besonders lustige Ansage aus. Hilfe finden die TN auch in der Rubrik „Auf die Mailbox sprechen: Hier ist Oliver Schmitz." (Kursbuch, S. 151).		
PL	2. Die TN lernen ihre Nachricht auswendig und tragen sie im Plenum vor. *Variante:* Die TN nehmen ihre Nachricht mit dem Smartphone auf. Im Plenum werden einige abgespielt, und die anderen hören zu.		
GA	3. *fakultativ:* Jede Kleingruppe erhält einen Kartensatz der Kopiervorlage und legt ihn in die Tischmitte. Ziehen Sie exemplarisch eine Karte, lesen Sie die Situation vor und formulieren Sie eine kurze Nachricht für den Anrufbeantworter. Fordern Sie einen geübteren TN auf, ebenfalls eine Karte vom Stapel zu nehmen, die Situation vorzulesen und eine Nachricht zu formulieren. Die TN verfahren anschließend in ihren Gruppen genauso und korrigieren sich gegenseitig. Gehen Sie herum und helfen Sie bei Schwierigkeiten. In Gruppen mit vorwiegend geübteren TN kann auch der TN, der links von dem TN sitzt, der eine Karte zieht, eine Ansage der jeweiligen Firma sprechen, auf die der TN, der die Karte gezogen hat, dann reagiert.	KV L12/D4	
EA/HA Schreib-training	Arbeitsbuch 26: Wenn Sie die Übung im Kurs durchführen, lösen die TN zuerst Übung 26a. Besprechen Sie die Lösung im Plenum. Anschließend bearbeiten die TN Übung 26b und schreiben einen eigenen Text. Sammeln Sie die Texte zur Korrektur ein.		

TiPP	Wenn Sie eine sehr effektive Möglichkeit der Fehlerkorrektur einsetzten möchten, können Sie aus den häufigsten Fehlern der TN einen Mustertext erstellen. Die TN korrigieren den Mustertext in Partnerarbeit. So beschäftigen sich alle noch einmal intensiv mit den Fehlern, die bei einfacher Rückgabe der korrigierten Texte oft nicht so intensiv und nachhaltig erfolgt. Besonders motivierend ist es für die TN, wenn Sie auf dem Mustertext die Anzahl der zu korrigierenden Fehler angeben. Besprechen Sie zuerst den Mustertext im Plenum, bevor Sie die korrigierten Texte zurückgeben.

E HILFE IM ALLTAG

Lernziel: Die TN können Service-Anzeigen und Gebrauchsanweisungen verstehen. Sie können ein Telefongespräch mit dem Kundenservice führen.

	Form	Ablauf	Material	Zeit
E1		**Leseverstehen: Service-Anzeigen verstehen**		
	PL	1. Die Bücher sind geschlossen. Zeigen Sie nur die Überschriften der Anzeigen. Der restliche Text ist abgedeckt oder unkenntlich gemacht. Fragen Sie die TN: „Welcher Service wird hier angeboten?". Die TN stellen Vermutungen an.	Folie/IWB	
	PL	2. Die TN öffnen ihr Buch. Lesen Sie mit den TN Situation a. Die TN lesen die Anzeigen und suchen die passende Anzeige 2 heraus.		
	EA/PA	3. Die TN bearbeiten die Situationen b–e selbstständig. Anschließend Kontrolle im Plenum. Machen Sie den TN deutlich, dass sie nicht jedes Wort verstehen müssen, um die Anzeigen zuzuordnen. Zeigen Sie noch einmal die Überschriften der Anzeigen. Auch mit diesen Informationen könnten die TN die Lösung finden. *Lösung: b 1, c 4, d 5, e 3*	Folie/IWB	
		Hinweis: Hier können Sie auch das Spiel „Geschäftsideen" aus „Zwischendurch mal …" einflechten. Hier entwickelt die TN eigene Service- und Geschäftsideen.	⌐ZDM⌐	
	PL/EA/ HA	Arbeitsbuch 27: Diese Übung können die TN auch selbstständig als Hausaufgabe machen oder zu Hause nachhören, wenn Sie sie im Kurs bearbeitet haben.	AB-Track 2/43	
	EA/HA Schreibtraining	Arbeitsbuch 28: Diese Übung eignet sich gut als Hausaufgabe. Die TN gestalten eine eigene Anzeige auf einem Zettel und hängen ihn am nächsten Kurstag aus. Nach und nach können Sie die Texte dann korrigieren.		
E2		**Leseverstehen: Eine Gebrauchsanweisung erkennen**		
	PL	1. Die TN sehen sich kurz den Text an und entscheiden sich für eine Textsorte. Abschlusskontrolle im Plenum. Fragen Sie die TN, woran sie die Textsorte erkannt haben, z. B. „Es gibt keine Schreiblinien.". *Lösung: eine Gebrauchsanweisung*	Folie/IWB	
	⌐TiPP⌐	Viele TN neigen dazu, einen Text komplett zu lesen, auch wenn überfliegen ausreichend wäre. Üben Sie daher das Überfliegen eines Texts. Zeigen Sie den Text für zehn oder fünf (für geübtere TN) Sekunden auf Folie/IWB. Decken Sie ihn dann wieder ab.		
E3		**Leseverstehen: Eine Gebrauchsanweisung verstehen**		
	EA/PA	1. Die TN sehen sich die Zeichnungen an, lesen nun die Gebrauchsanweisung im Detail, dann ordnen sie zu. Anschließend Kontrolle im Plenum. *Lösung: von links nach rechts: 4, 1, 3, 2, 5*		
	PL	2. Fragen Sie die TN: „Haben Sie eine Kaffeemaschine?", „Haben Sie Ihre Kaffeemaschine schon einmal gereinigt?", „Wie oft machen Sie das?", „Welche Geräte reinigen Sie noch?".		
	PA	3. Die TN decken den Text in E2 mit dem Heft ab. Sie erzählen abwechselnd in der richtigen Reihenfolge der Zeichnungen, wie man eine Kaffeemaschine reinigt. Geübtere TN erzählen in der Ich-Form und benutzen auch Wörter für die Gliederung, die die TN aus Lektion 9 kennen. Weisen Sie ggf. auf die Rubrik „Eine Aussage gliedern: Zuerst …" (Kursbuch, S. 115) hin. Schnellere TN können auch von der Reinigung anderer Geräte erzählen, z. B. Staubsauger, Wasserkocher, Samowar etc.		

EA/HA	Arbeitsbuch 29			
EA/PA ⟷	Arbeitsbuch 30–31: im Kurs: Geübtere TN lösen die Übungen in Stillarbeit. Unge-übtere TN arbeiten paarweise zusammen. Sie bearbeiten nur einen der drei Begriffe in Übung 30 und finden in Übung 31 nur so viele Begriffe wie möglich.			

E4	**Hörverstehen: Einen Anruf beim Kundenservice verstehen**			
PL ⟷	1. Fragen Sie die TN, ob sie schon einmal bei einem Kundenservice angerufen haben und warum. Das kann auch im Heimatland gewesen sein. Halten Sie die Probleme kurz in einem Wortigel zum Thema „Kundenservice" fest. Fragen Sie auch nach weiteren Problemen, bei denen man den Service anrufen kann, z. B. Sie können das Batteriefach nicht öffnen oder das Gerät startet nicht. In Kursen mit überwiegend geübten TN können Sie die Fragen auch in Klein-gruppen bearbeiten lassen. Die Ergebnisse werden anschließend im Plenum gesammelt.			
EA/PA	2. Sagen Sie den TN, dass sie ein Gespräch zwischen einem Kunden und einer Service-Mitarbeiterin hören. Die TN hören das Gespräch so oft wie nötig und kreuzen an, wer was sagt. Anschließend Kontrolle im Plenum. *Lösung: Kunde: b, d; Service-Mitarbeiterin: c, e, f, g*	CD 4/47		
PL	3. Fragen Sie die TN: „Welches Problem hat der Kunde?", „Welche Lösung schlägt die Servicemitarbeiterin vor?". *Hinweis:* An dieser Stelle können Sie „Fokus Alltag: In einer Bank" (Arbeitsbuch, S. 150) einflechten. Auch hier geht es um ein Kundenproblem und dessen Lösung. *Hinweis:* Zur Auflockerung können Sie hier auch den Film „Reise durch Deutsch-land, Österreich und die Schweiz" aus „Zwischendurch mal …" (Kursbuch, S. 152) einsetzen.	ZDM		

Projekt	Die TN rufen mit ihrem Smartphone die Seite www.gelbeseiten.de oder www.dasoertliche.de auf. Zeigen Sie, wenn möglich, diese Seiten auf IWB. Die TN sehen sich in Kleingruppen die Seite an. Sagen Sie: „Ich brauche einen Ohrenarzt in z. B. Duisburg-Hamborn. Was muss ich tun?" Lassen Sie den TN Zeit, die Seite aus-zuprobieren. Fragen Sie dann einen TN, was man tun muss. Zuerst suchen Sie in der Rubrik „Ärzte" den passenden Arzt, dann geben Sie den Ort ein. Die Ärzte werden angezeigt. Schauen Sie sich mit den TN weitere Rubriken auf der Startseite an und machen Sie dazu einige Beispiele, z. B. „Auto": Sie brauchen neue Reifen etc.			
GA Prüfung ⟷	Arbeitsbuch 32: im Kurs: Kopieren Sie die Kärtchen, sodass Sie für jede Gruppe einen Satz haben. Machen Sie anhand einer Karte ein Beispiel im Plenum. Ver-deutlichen Sie, dass es nicht nur eine mögliche Bitte gibt, sondern dass die TN hier mit Fantasie eigene Bitten formulieren können. Das Bild auf dem Kärtchen gibt lediglich das Thema vor. Dann arbeiten die TN zu zweit weiter. Ein TN zieht ein Kärtchen, formuliert eine Bitte, der andere reagiert darauf. Dann zieht der nächste TN ein Kärtchen etc. In Kursen mit überwiegend ungeübten TN formulieren die TN zunächst zu zweit eine oder zwei Bitten zu den Kärtchen. Erst danach mischen sie die Kärtchen und formulieren wechselweise Bitten und reagieren darauf. *Variante:* Wenn Sie die Übung als Aufgabe zur Prüfungsvorbereitung auf *Start Deutsch 1* gestalten möchten, sollten die Gruppen nicht mehr als vier TN haben. Jeder TN sollte dann zwei Bitten formulieren und auf zwei Bitten reagieren. Es gibt dann keine Vorbereitungszeit. Jeder TN hat etwa eine Minute Zeit. *Hinweis:* Achten Sie darauf, dass die TN Bitten formulieren und keine Fragen, die in der Prüfung nicht akzeptiert werden.			

PL	Arbeitsbuch 33: im Kurs: Die Lautverbindung „ng" wird nicht als zwei Einzellaute gesprochen, sondern als Nasallaut. Sprechen Sie z. B. im Wort „Rechnung" die Laute „n" und „g" betont deutlich und einzeln aus. Halten Sie dann die Nase zu, tun Sie sehr verschnupft und sprechen Sie noch einmal: „ng". Spielen Sie das Audio vor. Die TN hören und sprechen nach. Sie notieren weitere ihnen bekannte Wörter mit „ng" und lesen sie vor.	AB-Track 2/44	
GA	*fakultativ:* Wenn Sie noch Zeit haben, können Sie hier die Wiederholung zu Lektion 12 anschließen.	KV L12/ Wiederholung	
Lektions- tests	Einen Test zu Lektion 12 finden Sie hier im LHB auf den Seiten 184–185. Weisen Sie die TN auf den Selbsttest im Arbeitsbuch auf Seite 148 hin.	KV L12/Test	

AUDIO- UND VIDEOTRAINING

Form	Ablauf	Material	Zeit
Audiotraining 1: Bitten formulieren			
EA/HA	Die TN formulieren in den Sprechpausen von einem Sprecher vorgegebene Bitten („Kaufen Sie doch Briefmarken.") höflicher („Könnten Sie bitte Briefmarken kaufen?"). Nach den Sprechpausen hören die TN die korrekte Antwort.	CD 4/48	
Audiotraining 2: Sie sind verbunden mit …			
EA/HA	Die TN trainieren in einer Echo-Übung die Ansagetexte eines Anrufbeantworters („Guten Tag. Sie sind verbunden mit dem Anschluss von Familie Baumann.").	CD 4/49	
Audiotraining 3: Wann kann Ihr Techniker kommen?			
EA/HA	Die Sprecherin stellt eine Frage und gibt eine Zeitangabe in Stichwörtern vor („Wann kann Ihr Techniker kommen? – vor – Mittagspause"), die die TN in den Sprechpausen ausformulieren („Vor der Mittagspause."). Nach den Sprechpausen hören die TN die korrekte Antwort.	CD 4/50	
Videotraining 1: Könnte ich bitte mit Ihrem Chef sprechen?			
EA/HA	Die TN sehen in dem Film Lara als Gast und Tim als Kellner in einem Restaurant. Die TN lernen den Wortschatz für verschiedene höfliche Bitten kennen. *fakultativ:* Wenn Sie das Videotraining im Kurs machen wollen, können geübtere TN weitere ähnliche Gespräche schreiben und sie im Kurs vorspielen. Ungeübtere TN spielen die Gespräche wie im Film nach. Um die Rollenspiele möglichst authentisch zu gestalten, können Sie dafür auch einige Requisiten mitbringen, z. B. Besteck, Teller, Gläser, Tassen etc.	Film „Könnte ich bitte mit Ihrem Chef sprechen?"	
Videotraining 2: Sprechen Sie bitte nach dem Ton.			
EA/HA	1. Mit dem Film können die TN das Sprechen auf eine Mailbox üben. Lara und Tim geben ein Beispiel. Dann wird den TN eine Tafel mit Informationen gezeigt. Die TN hören die entsprechende Mailboxansage und haben Zeit, die Mailbox zu besprechen. Im Anschluss geben Tim oder Lara die Lösung. Empfehlen Sie besonders ungeübteren TN diesen Film, den sie auch später immer mal wieder zur Wiederholung und Festigung benutzen können.	Film „Sprechen Sie bitte nach dem Ton."	

ZWISCHENDURCH MAL ...

Form	Ablauf	Material	Zeit
Spiel	**Geschäftsideen (passt z. B. zu A3, B2 und E1)**		
PL	1. Die TN lesen zunächst den kleinen Vortext. Machen Sie mit den TN ein Beispiel, indem Sie an der Tafel für sich selbst einen Zettel wie im Beispiel in Aufgabe 1 vorgeben (Name, Hobbys, was Sie gut können). Die TN überlegen, was für eine Geschäftsidee für Sie dazu passt. Halten Sie diese ebenfalls fest. Alternativ können Sie auch das Beispiel im Buch besprechen.		
GA	2. Die TN arbeiten zu dritt. Jeder TN erhält zunächst drei kleine Zettel. Zuerst schreibt er einen Zettel mit der Geschäftsidee für sich, dann je einen für die anderen TN aus seiner Gruppe. Jeder schreibt seine Zettel, ohne vorher mit den anderen zu sprechen. Der Name des TN, für den die Geschäftsidee gedacht ist, muss natürlich auch auf dem Zettel stehen.	kleine Zettel	
TiPP	Ungeübtere TN können auch von einem geübteren TN unterstützt werden, einem sog. Tandempartner. Achten Sie darauf, dass der Tandempartner nur dann eingreift, wenn der TN nicht weiter weiß. Der Tandempartner sollte nicht die Aufgabe an sich reißen, sondern nur als Berater fungieren.		
PL	3. *fakultativ:* Die TN können die besten Geschäftsideen zusätzlich im Plenum vorstellen.		
PL	4. *fakultativ:* Die TN erstellen zu ihrer Geschäftsidee eine Anzeige wie in E1 und hängen sie im Kursraum aus. Verteilen Sie an jeden TN drei Klebepunkte. Die TN kleben sie zu der Anzeige oder zu den Anzeigen, die sie am interessantesten finden. Der TN mit den meisten Klebepunkten wird „Geschäftsmann/-frau der Woche" und erhält einen Preis (z. B. eine Süßigkeit).	Klebepunkte	
🎬	**Reise durch Deutschland, Österreich und die Schweiz (passt z. B. zu A4 und E4)**		
GA/HA	1. *fakultativ:* Die Bücher sind geschlossen. Jede Gruppe erhält eine Kopie der Kopiervorlage, wenn möglich auf DIN A3, dann können alle TN der Gruppe die Fragen gut lesen. Hängen Sie eine Landkarte von den deutschsprachigen Ländern im Kursraum auf, auf der sich die TN Informationen holen können, z. B. wie viele Länder um den Bodensee herum liegen. Regen Sie die TN an, sich andere fehlende Informationen auf den Internetseiten der jeweiligen Städte/Gebiete zu holen. Wenn Sie im Unterricht nicht so viel Zeit haben, können Sie die Kopiervorlage auch als Hausaufgabe geben.	KV L12/ZDM 1, Landkarte	
GA	2. Die Bücher sind geschlossen. Die TN sehen den Anfang des Films bis 0:39. Fragen Sie, „Was sind das für Personen?", „Worüber sprechen Sie?" Die TN sammeln im Anschluss Reiseziele in Deutschland, Österreich und der Schweiz. Dabei sollten sie auch notieren, warum ein Reiseziel interessant ist. Die Gruppen halten ihre Ergebnisse auf Plakaten fest. Als Hilfestellung darf jede Gruppe die Landkarte im vorderen Umschlag aufschlagen.	Plakate	
GA/PL	3. Die TN sehen den Film weiter bis 1:08. Die Gruppen vergleichen ihre Reiseziele und streichen alle, die zu den bekannten Reisezielen zählen, die im Film genannt werden. Die verbleibenden Reiseziele stellen die Gruppen im Plenum vor.	Plakate	
PL	4. Die TN schlagen die Bücher auf und sehen sich die Reiseziele auf der Karte an. Fragen Sie: „Kennen Sie einen dieser Orte? Erzählen Sie.". Die TN berichten bzw. vermuten, was es an diesen Orten Besonderes zu sehen gibt.		

	EA/PA	5. Die TN sehen den Film bis zum Ende und nummerieren auf der Karte die Orte in der Reihenfolge ihres Vorkommens. Anschließend Kontrolle im Plenum. *Lösung: Uckermark, Mecklenburgische Seenplatte, Sankt-Peter-Ording, Essen, Weimar, Frankfurt am Main, Schwetzingen, Heidelberg, Bodensee, Lindau, Matterhorn, Linz, Waldviertel*		
	EA/PA	6. *fakultativ:* Die TN erhalten die Kopiervorlage und ergänzen mithilfe der Karte im Buch die Orte. Zur Kontrolle können die TN den Film noch einmal sehen. Anschließend Kontrolle im Plenum.	KV L12/ZDM 2	
	GA	7. Die TN erzählen, welche der vorgestellten Orte sie gern besuchen möchten.		

🌐 Informationen für Migranten in Deutschland (passt z. B. zu C3 und D2)

		Dieses Thema ist möglicherweise nicht für alle TN gleichermaßen interessant. Setzen Sie diese Landeskundeinformation nur ein, wenn in Ihrem Kurs vorwiegend Migranten mit Kindern teilnehmen.		
1	EA	1. Die TN lesen Text A und kreuzen an. Anschließend Kontrolle im Plenum. *Lösung: a Das Kind ist zusammen mit anderen Kindern in einer Einrichtung, z. B. in einem Kindergarten. b In einer Kindergrippe oder im Kindergarten.*		
	PL	2. Die Bücher werden geschlossen. Sammeln Sie an der Tafel, welche Betreuungseinrichtungen die TN schon kennen. Ergänzen Sie dann auch Altersangaben zu den genannten Einrichtungen, z. B. Kindergarten: ab drei bis zur Schule. Ergänzen Sie ggf. die im Text genannten Einrichtungen „Kinderkrippe" und „Hort".		
	WPA	3. *fakultativ:* Die TN gehen herum und befragen sich gegenseitig nach dem Alter ihrer Kinder, und ob diese eine Betreuungseinrichtung besuchen. Wenn ja, welche?		
2	EA/PA	1. Die TN lesen die Aufgabe und Text B. Sie ergänzen die Telefonnummern. Anschließend Kontrolle im Plenum. *Lösung: b 98 98 146 c 98 22 277, 97 85 521*		
	PA ↔	2. *fakultativ:* Die TN suchen sich eine Situation a, b oder c aus und schreiben zu zweit ein Telefongespräch. Wer möchte, kann sein Gespräch vorlesen. In Kursen mit überwiegend ungeübten TN schreiben Sie mit den TN ein Gespräch oder eine Ansage/Nachricht auf einer Mailbox an der Tafel.		
Projekt		*fakultativ:* Verteilen Sie Aufgaben: TN, deren Kinder eine Betreuungseinrichtung besuchen, erstellen ein Plakat mit Informationen zur Betreuungseinrichtung (z. B. Name und Adresse der Einrichtung, Öffnungszeiten, Gruppenstärke, besondere Angebote für die Kinder, Name der Kindergärtnerin/Betreuerin etc.). TN, die ihre Kinder zu Hause betreuen, erkundigen sich, wo es in ihrer Nähe eine passende Betreuungsmöglichkeit gibt. Sie notieren Informationen wie Name und Adresse, Öffnungszeiten etc. Die TN stellen ihre Ergebnisse in Kleingruppen vor. Gehen Sie herum und motivieren Sie die TN zu gezielten Nachfragen: „Geht dein Kind gern in diese Einrichtung?", „Möchtest du später wieder arbeiten und dein Kind in den Hort bringen?".		

FOKUS BERUF: ANGEBOTE VERSTEHEN

Die TN können Angebote verstehen und einen Bestellschein ausfüllen.

	Form	Ablauf	Material	Zeit
1		**Den Produktbestand in einem Büro erfassen**		
	GA	1. Die Bücher sind geschlossen. Teilen Sie den Kurs in zwei oder drei gleich große Gruppen. Für jede Gruppe hängt ein Plakat mit der Überschrift „Produkte in einem Büro" an der Wand. Stellen Sie sicher, dass alle TN verstehen, was für Produkte gemeint sind. Machen Sie ggf. zwei Beispiele: „Bleistifte", „Kugelschreiber". Die TN einer Gruppe stehen in einer Reihe hintereinander vor ihrem Plakat. Der erste TN hat jeweils einen Stift in der Hand. Auf Ihr Zeichen läuft der jeweils erste TN zum Plakat seiner Gruppe und notiert ein Produkt. Er läuft zurück und gibt, wie beim Staffellauf, den Stift an den zweiten und stellt sich hinten an. Der zweite läuft zum Plakat und notiert etc. Wenn Sie „Stopp" rufen, bleiben alle stehen.	Plakate, Stifte	
	GA	2. Die Gruppen gehen nun zu einem anderen Plakat und ergänzen die Artikel. Die Gruppen tauschen noch einmal zurück. Eine Gruppe liest die Produkte auf ihrem Plakat langsam mit Artikel vor. Diese Produkte werden auf allen Plakaten abgehakt. Die nächsten Gruppen ergänzen weitere Produkte, bis alle abgehakt sind. Klären Sie dabei ggf. unbekannte Wörter.		
	PA	3. Die TN öffnen die Bücher und sehen sich die Zeichnung an. In Partnerarbeit beschreiben die TN zunächst, was vorhanden ist. Geben Sie herum und klären Sie unbekannte Wörter. Dann notieren die TN, was Frau Engel bestellen muss. Anschließend Kontrolle im Plenum. *Lösung: Ordner, DIN-A4-Papier, Kugelschreiber*		
2		**Leseverstehen: Angebote verstehen**		
	EA/PA	1. Die TN lesen die Angebote und die Aufgabe. Sie kreuzen an, was richtig ist. Weisen Sie die TN auch auf den Info-Kasten mit den Abkürzungen hin. *Lösung: richtig: c, e*		
3		**Einen Bestellschein ausfüllen**		
	PA	1. Die TN ergänzen den Bestellschein. Anschließend Kontrolle im Plenum. *Lösung: Kopierpapier: Menge: 30 Pack.; Preis pro Pack.: 5,09 €; Kugelschreiber: Menge: 3 Pack.; Preis pro Pack.: 8,59 €*		
	EA/HA	2. *fakultativ:* Machen Sie als Hausaufgabe ein kleines Wettspiel. Die TN suchen im Internet Angebote für 20 Scheren, 30 Radiergummis und 200 Bleistifte o. Ä. heraus. Sie notieren wie in der Aufgabe 3 die Menge, den Preis und die Internetadresse. Am nächsten Kurstag vergleichen alle ihre Ergebnisse. Wer hat das billigste Angebot gefunden?		

FOKUS ALLTAG: IN EINER BANK

Die TN können Hinweisschildern in Banken die wichtigsten Informationen entnehmen und wichtige Formulare im Zahlungsverkehr ausfüllen.

	Form	Ablauf	Material	Zeit
1		**Sich in einer Bank orientieren**		
a	PL/EA/ PA	1. Erklären Sie, was „Kundenberatung" ist. Diese bekommt man nicht nur in einer Bank, sondern z. B. auch beim Kleider- oder Autokauf. Die TN betrachten die Zeichnungen und ordnen die Begriffe den Schildern zu. Abschlusskontrolle im Plenum. *Lösung: B Kontoauszüge und Überweisungen, A Information und Kasse*		
b	EA/PA	2. Die TN ergänzen, wo Herr Anders was erledigen kann. Klären Sie dabei Wörter, die durch die Zeichnungen ggf. nicht deutlich geworden sein sollten. Abschluss-kontrolle im Plenum. *Lösung: 1 C; 2 A, C; 3 A; 4 A, B*		
2		**Hörverstehen 1: Das Thema eines Gesprächs auf der Bank verstehen**		
	PL	1. Klären Sie mit den TN zunächst „einen Dauerauftrag einrichten". Fragen Sie die TN, wie sie üblicherweise Geld einzahlen oder abheben, und notieren Sie, wenn nötig, Redehilfen an der Tafel: „Ich hebe mein Geld an der Kasse ab. Da kann ich auch eine Frage stellen." etc. Fragen Sie die TN auch, ob sie schon einmal ein Konto eröffnet oder einen Dauerauftrag eingerichtet haben. Fragen Sie, wofür man übli-cherweise einen Dauerauftrag hat, z. B. für die Miete, Versicherungen etc.		
	EA	2. Die TN hören das Gespräch und kreuzen an. Anschließend Kontrolle im Plenum. *Lösung: c*	AB-Track 2/45	
3		**Hörverstehen 2: Details verstehen**		
	PL	1. Die TN sehen sich das Formular an. Klären Sie ggf. unbekannten Wortschatz.		
	EA	2. Die TN hören das Gespräch so oft wie nötig, und ergänzen das Formular. Anschlie-ßend Kontrolle im Plenum. *Lösung: Empfänger: Wilfried Kuhrt; Konto-Nr./IBAN: DE21 6609 8880 4647 8910 37; Bankleitzahl/BIC: COBBDEFFXXX; Betrag: 450 EUR; Verwendungszweck: Miete*	AB-Track 2/46	
	PL	3. *fakultativ:* Kopieren Sie das Formular für alle TN. Die TN tragen darin Namen, Bankverbindung ihres Vermieters und Höhe der Miete ein. *Hinweis:* Wenn die TN so sensible Daten nicht preisgeben möchten, machen Sie deutlich, dass sie sich ein fiktives Mietverhältnis ausdenken können. Alternativ kön-nen Sie auch ein paar Beispiele an der Tafel notieren und die TN füllen das Formu-lar dann mit diesen Angaben aus.		
Projekt		*fakultativ:* Bereiten Sie mit den TN einen Besuch in einer Bank vor: Die TN notie-ren Fragen oder Stichwörter zu allem, was sie in der Bank finden möchten, z. B.: „Wo stehen die Geldautomaten? Gibt es einen Kontoauszugsdrucker?" etc. Gehen Sie mit den TN zu einer Bank in der näheren Umgebung. Die TN versuchen, sich zu zweit oder in Kleingruppen in der Bank zu orientieren und herauszufinden, wo sie Geld abheben können, Kontoauszüge drucken können etc. Geben Sie im Kurs Gelegenheit zu einem kurzen Nachgespräch: „Haben die TN alles gefunden? Wie leicht oder schwer ist ihnen die Orientierung in der Bank gefallen?".		

NEUE KLEIDER

Folge 13: Ist das kalt heute!

Einstieg in das Thema „Neue Kleider"

	Form	Ablauf	Material	Zeit
1		**Vor dem ersten Hören: Das Wortfeld „Kleidung"**		
	PL	1. Schreiben Sie „Kleidung" als Stichwort an die Tafel und erarbeiten Sie zusammen mit den TN einen Wortigel, indem Sie z. B. auf Ihre Hose zeigen und fragen: „Wie heißt das auf Deutsch?". Die TN nennen alle Kleidungsstücke, die sie kennen. Ergänzen Sie dabei nach und nach den Wortigel. TN, die bereits viele Wörter ungesteuert gelernt haben, können in dieser Phase ihr Vorwissen einbringen, eventuelle Artikelfehler können korrigiert und fehlende Artikel gemeinsam ergänzt werden.		
	TiPP	Achten Sie besonders bei ungeübteren Teilnehmern darauf, dass sie Wortschatz und Strukturen von der Tafel in ihr Heft übertragen. Das handschriftliche Notieren von Wortschatz hilft den TN, sich die neuen Wörter oder Grammatikstrukturen einzuprägen.		
	PL	2. Die Bücher sind geschlossen. Zeigen Sie willkürlich auf einige der Fotos 1–7 (Foto 8 wird nicht gezeigt) und fragen Sie: „Wo sehen Sie eine Jacke?", „Wo sehen Sie eine Hose?" etc. Die TN zeigen auf die entsprechenden Fotos.	Folie/IWB	
a	EA/PA	3. Deuten Sie auf die Fotos 1–2 und fragen Sie: „Was meinen Sie? Wem ist kalt?". Ahmen Sie das Frösteln der beiden Protagonisten pantomimisch nach. Die TN sehen sich die Fotos an und kreuzen die richtige Lösung an. Abschlusskontrolle im Plenum. *Lösung: Foto 1: Lara, Foto 2: Tim*	Folie/IWB	
b	PL	4. Die Bücher sind geschlossen. Deuten Sie auf die Fotos 3–7 (Foto 8 wird noch nicht gezeigt) und fragen Sie: „Wo sind Lara, Tim und Ioanna?" und „Was machen Sie?". Die TN sehen sich die Fotos 3–7 an und kreuzen an. Abschlusskontrolle im Plenum. *Lösung: Kaufhaus, Lara*	Folie/IWB	
2		**Beim ersten und zweiten Hören: Wesentliche Inhalte verstehen**		
	PL	1. Die Bücher bleiben noch geschlossen. Die TN hören die Foto-Hörgeschichte 1–7. Stoppen Sie dann und fragen Sie: „Was meinen Sie?", „Was macht Lara?", „Was sagt sie?". Die TN stellen Vermutungen an. Sammeln Sie die Vorschläge an der Tafel.	CD 5/1–7	
	PL	2. Die TN hören dann das Ende der Foto-Hörgeschichte (Foto 8) und vergleichen mit ihren Vermutungen.	CD 5/8	
	PA	3. Die TN lesen die Sätze a–h, sehen sich die Fotos im Buch an und ordnen zu.		
	EA/PA ⟷	4. Die TN hören die Foto-Hörgeschichte noch einmal und vergleichen mit ihren Lösungen. Geübtere TN lösen die Aufgabe in Stillarbeit. Ungeübtere TN arbeiten paarweise zusammen. Abschlusskontrolle im Plenum. *Lösung: a 4, b 2, c 3, d 8, e 5, f 6, g 1, h 7*	CD 5/1–8	
	⚠	Gehen Sie an dieser Stelle noch nicht auf neuen Wortschatz oder Strukturen, wie z. B. Verben mit Dativ, ein. Diese werden in Schritt B eingeführt.		
3		**Beim dritten Hören: Aktivitäten im Detail verstehen**		
	EA ⟷	1. Die TN lesen den Text und ergänzen die Lücken soweit wie möglich aus dem Gedächtnis. Geübtere TN lösen die Aufgabe in Stillarbeit. Ungeübtere TN arbeiten paarweise zusammen.		

	Form	Ablauf		
	EA/PA	2. Die TN hören die Foto-Hörgeschichte noch einmal und vergleichen mit ihren Lösungen. Abschlusskontrolle im Plenum. *Lösung: Samstag, Jacke, kaufen, Mantel*	CD 5/1–8	
4		**Nach dem Hören: Anwendungsaufgabe**		
	PL	1. Schreiben Sie „meine Lieblingsjacke" an die Tafel und malen Sie ein Herz dahinter. Deuten Sie auf Ihre Jacke und sagen Sie: „Das ist meine Lieblingsjacke. Das ist mein Favorit.". Ergänzen Sie die Tafelanschrift dann um „mein Lieblingsmantel" und „mein Lieblingskleid" und zeigen Sie den TN ggf. ein Foto auf Ihrem Handy.		
	PL	2. Anschließend lesen zwei TN das Mustergespräch im Buch vor.		
	PA/GA	3. Die TN zeigen sich gegenseitig Fotos auf ihren Handys und führen Minigespräche zu ihrer (Lieblings-)Kleidung. *Variante:* Sie können die TN auch bitten, bis zum nächsten Tag Fotos von ihrer Lieblingskleidung zu machen, sodass sie sich tatsächlich über ihre Lieblingsstücke austauschen können. Wenn sich Ihre TN sehr für das Thema Kleidung interessieren, können Sie auch weitere Wörter, wie „der Schnitt", „die Passform" und „das Material" ergänzen, sodass die TN die Gespräche variieren können. *Hinweis:* Zur Erweiterung des Themas „Kleidung", können Sie an dieser Stelle Laras Film einsetzen, in dem Lara ihre Freundin Ioanna beim Kauf einer Hose um Rat fragt. Fragen Sie die TN vor dem Sehen: „Was macht Lara? Wo ist sie? Was ist ihr Problem?". Die TN sehen „Laras Film" und machen sich Notizen. Klären Sie bei Bedarf im Anschluss neuen Wortschatz wie „Hose", „anprobieren" und „Umkleidekabine".		
	Laras Film	In „Laras Film" „Welche Hose soll ich kaufen?" probiert Lara im Kaufhaus drei verschiedene Hosen und kann sich nicht entscheiden, welche Hose sie kaufen soll. Sie fragt ihre Freundin Ioanna um Rat. Sie können den Film am Ende der Foto-Hörgeschichte zur Erweiterung des Wortschatzes, nach B3 zur Festigung der Dativ-Verben „gefallen", „stehen" und „passen" oder nach C1 zur Übung der Komparation von „gut" einsetzen.	„Laras Film" Lektion 13	

A SIEH MAL, LARA, DIE JACKE DA! DIE IST SUPER!

Demonstrativpronomen *der, das, die* (Nominativ und Akkusativ)

Lernziel: Die TN können Kleidungsstücke benennen.

	Form	Ablauf	Material	Zeit
A1		**Präsentation des Wortfelds „Kleidung"**		
⟷	EA/PA	1. Deuten Sie auf das Bild und fragen Sie: „Was ist das?". Die TN kennen aus der Foto-Hörgeschichte bereits einige Wörter zum Thema „Kleidung" und können die Begriffe daher zuordnen. Geübtere TN lösen die Aufgabe in Stillarbeit. Ungeübtere TN arbeiten paarweise zusammen. Abschlusskontrolle im Plenum. *Lösung: A der Mantel, B die Jacke, D das Kleid, E die Socke / der Strumpf, F die Jeans, G das Tuch, H der Pullover, I das T-Shirt, K der Rock, L die Stiefel, M der Gürtel, N die Schuhe*	Folie/IWB	
	EA/HA	Arbeitsbuch 1		

PA	2. *fakultativ:* An dieser Stelle bietet sich die Arbeit mit der Kopiervorlage an. Kopieren Sie das Memo-Spiel auf festes Papier und schneiden Sie die Karten aus. Die TN finden sich paarweise zusammen und erhalten jeweils zwei Kartensätze. Sie mischen die Karten, legen sie verdeckt auf dem Tisch aus und suchen dann abwechselnd nach zusammengehörenden Karten, indem sie jeweils zwei Karten aufdecken und die Wörter im Singular und Plural laut vorlesen. Passen die Karten zusammen, darf der TN sie behalten, passen sie nicht zusammen, werden sie wieder verdeckt an ihren Platz gelegt etc. Wer am Schluss die meisten Kartenpaare hat, hat gewonnen. Wer möchte, kann anschließend die Pluralformen zu den Wörtern im Buch notieren. Bei Bedarf können Sie an dieser Stelle auch noch einmal auf die Pluralbildung zurückkommen, die die TN bereits aus *Schritte plus Neu 1 / Lektion 3* kennen.	KV L13/A1	
EA/HA Wiederholung	Arbeitsbuch 2: im Kurs: Anhand dieser Übung machen sich die TN noch einmal den Gebrauch des bestimmten und unbestimmten Artikels bewusst, den die TN bereits aus *Schritte plus Neu 1 / Lektion 3, 4 und 6* kennen.		

A2	**Präsentation des bestimmten Artikels als Demonstrativpronomen**			
PL	1. Deuten Sie auf das Bild und fragen Sie: „Was sagen die Personen?". Die TN stellen Vermutungen an.	Folie/IWB	
EA	2. Die TN hören Gespräch 1 und ergänzen die Lücken. Abschlusskontrolle im Plenum. *Lösung: die, das, Der, die, Der, die, die*	CD 5/9	
PL	3. Notieren Sie dann an der Tafel folgendes Beispiel: Sieh mal, der Rock da! Der ~~Rock~~ ist super! – Ja, der ~~Rock~~ ist wirklich schön! der + sein Verweisen Sie auch auf den linken Grammatik-Kasten.		
PL	4. Erinnern Sie die TN an die Wendung „Wie gefällt Ihnen/dir ...?", die sie bereits aus *Schritte plus Neu 1 / Lektion 4,* kennen. Dazu können Sie die Frage sowie einige mögliche Redemittel für die Antwort („Die ist/sind super/schön/langweilig" etc.) an der Tafel notieren. Erklären Sie, dass hier „gefallen" = „finden" ist.		
EA	5. Die TN hören Gespräch 2 und ergänzen die Lücken. Abschlusskontrolle im Plenum. *Lösung: Den, das, Die, Die*	CD 5/10	
PL	6. Notieren Sie dann an der Tafel folgende Beispiele: Wie findest du den Schirm? – Den ~~Schirm~~ finde ich sehr schön. den + finden Erklären Sie den TN anhand des Tafelbilds, dass man Gefallen und Missfallen mithilfe von „sein" oder „finden" ausdrücken kann. Veranschaulichen Sie anhand der beiden Tafelbilder, dass vor „sein" die bestimmten Artikel „der/das/die/die" als Demonstrativpronomen stehen, vor „finden" aber die Demonstrativpronomen „den/das/die/die". Zeigen Sie auch, dass diese allein stehen können und das zugehörige Nomen nicht wiederholt werden muss. Verweisen Sie auch auf den rechten Grammatik-Kasten und die Grammatikübersicht 1 (Kursbuch, S. 162).		
EA/HA	Arbeitsbuch 3	AB-Track 2/47	
EA Grammatik entdecken	Arbeitsbuch 4: im Kurs: Anhand dieser Übung machen sich die TN noch einmal die Demonstrativpronomen im Nominativ und Akkusativ bewusst.		
EA/HA	Arbeitsbuch 5–8		

	Form	Ablauf	Material	Zeit
A3		**Aktivität im Kurs: Gefallen und Missfallen ausdrücken**		
	PL	1. Bitten Sie zwei TN, das Beispiel vorzulesen. Deuten Sie dann z. B. auf die Sonnenbrille in A2 und fragen Sie einen TN: „Wie finden Sie die Sonnenbrille?". Dieser antwortet mithilfe des Grammatik-Kastens.	Folie/IWB	
	PA/ WPA	2. Die TN befragen sich gegenseitig zu Kleidungsstücken und Accessoires in A2.		
	PA/ WPA	3. *fakultativ:* In einem zweiten Schritt können die TN ihre Partnerin / ihren Partner auch zu eigenen Kleidungsstücken befragen und sich gegenseitig Komplimente machen.		
	🌐	Erklären Sie den TN, dass man in Deutschland unter Freunden auf diese Frage ehrlich, d. h. ggf. auch negativ, antworten kann. In allen anderen Situationen gibt man eine positive Antwort.		
	PL	4. *Hinweis:* An dieser Stelle bietet sich die Vertiefung des Themas „Kleidung" mithilfe von „Fokus Beruf: Schutzkleidung" an.		
	EA/HA	Arbeitsbuch 9	AB-Track 2/47	
	PL/GA/ EA	5. *Hinweis:* Wenn sich Ihre TN für das Thema „Mode" interessieren, bietet sich an dieser Stelle die Arbeit mit dem Hörtext „Männer mögen Mode" und einer kleinen Kursumfrage aus der Rubrik „Zwischendurch mal ..." (Kursbuch, S. 164) an. Oder Sie schließen das Thema „Kleidung" mit einem Elfchengedicht ab. Einige Beispiele finden Sie ebenfalls in der Rubrik „Zwischendurch mal ..." (Kursbuch, S. 165).	ZDM	

B DIE JACKE PASST DIR PERFEKT.

Verben mit Dativ: *gefallen, passen, stehen* und *schmecken;* Personalpronomen im Dativ: *mir, dir ...*
Lernziel: Die TN können Gefallen und Missfallen ausdrücken.

	Form	Ablauf	Material	Zeit
B1		**Präsentation von *passen* sowie Wiederholung von *gefallen***		
	PL	1. Deuten Sie auf das Foto und die Sprechblasen und fragen Sie: „Wer sagt was?". Die TN stellen Vermutungen an und ordnen die Äußerungen Ioanna oder Tim zu. Abschlusskontrolle im Plenum. *Lösung: Ioanna: Also, mir gefällt sie sehr gut. / Tim: Ich weiß nicht. Die ist doch zu groß., Mir gefällt sie nicht.*	Folie/IWB, CD 5/11	
	EA/HA Wiederholung	Arbeitsbuch 10: Mithilfe dieser Übung wiederholen die TN die Konjugation des unregelmäßigen Verbs „gefallen", das sie bereits aus *Schritte plus Neu 1 /* Lektion 4 kennen.		
	EA Grammatik entdecken	Arbeitsbuch 11: Anhand dieser Übung machen sich die TN noch einmal bewusst, dass „passen", „gefallen", „schmecken" und „helfen" mit dem Dativ, hier dem Personalpronomen im Dativ, benutzt werden.		
B2		**Hörverstehen: Einführung der Personalpronomen im Dativ**		
a	PL	1. Deuten Sie auf die beiden Frauen im Hintergrund und fragen Sie: „Was sagen die zwei Frauen?". Die TN stellen Vermutungen an.	Folie/IWB	

	EA	2. Die TN hören das Gespräch so oft wie nötig und kreuzen an. Abschlusskontrolle im Plenum. *Lösung: 1 Haare, Brille; 2 Mantel, Hose* *Hinweis:* An dieser Stelle bietet sich die Arbeit mit dem Hörtext „Männer mögen Mode" aus der Rubrik „Zwischendurch mal ..." (Kursbuch, S. 164) an.	CD 5/12–13, Folie/IWB ⓩDM	
b ⟷	EA/PA	3. Die TN lesen den Text und ergänzen die Personalpronomen im Dativ. Geübtere TN lösen die Aufgabe in Stillarbeit. Ungeübtere TN arbeiten paarweise zusammen.		
	EA/PA	4. Die TN hören noch einmal das Gespräch und verbinden die Sätze. Anschließend Kontrolle im Plenum. *Lösung: 1 Mir, ihr 2 dir, ihm, ihm* Gehen Sie anschließend auf die Bedeutung von „steht mir am besten" ein und machen Sie gegebenenfalls weitere Beispiele mit „stehen". Verweisen Sie an dieser Stelle auch auf die Grammatikübersicht 4 (Kursbuch, S. 162).	CD 5/12–13, Folie/IWB	
	PL	5. „Gefallen" sowie die 3. Person Plural der Dativpronomen sind den TN als Wendung bereits aus *Schritte plus 1 / Lektion 4,* bekannt. Das Paradigma der Personalpronomen im Dativ wird nun systematisiert und vervollständigt. Zeigen Sie anhand des Grammatik-Kastens, dass die Person („mir", „dir" etc.) stets im Dativ steht, die Sache („die Jacke"), um die es geht, aber im Nominativ. Verdeutlichen Sie dies noch einmal mithilfe von weiteren Beispielen, indem Sie z. B. auf Ihre Hose deuten und einen TN fragen: „(Ayhan), gefällt Ihnen meine Hose?". Warten Sie die Antwort des TN ab und wiederholen Sie dann: „Aha, meine Hose gefällt Ihnen (nicht).". Fragen Sie dann einen anderen TN: „Gefällt (Ayhan) meine Hose?". Ergänzen Sie bei einer Antwort mit „Ja" oder „Nein": „Meine Hose gefällt ihm (nicht).". Wiederholen Sie diese Vorgehensweise einige Male und verweisen Sie dabei stets auf die Personalpronomen im Grammatik-Kasten. Verweisen Sie abschließend auch auf die Grammatikübersicht 3 und 4 (Kursbuch, S. 162). Der Lerntipp fasst die Verben im Dativ noch einmal zusammen. Die kleine Schreibübung können die TN als Hausaufgabe machen. *Lösung: b Ja, das gefällt uns. c Ja, der schmeckt mir. d Ja, das steht dir. e Ja, der gefällt ihr. f Ja, die schmeckt ihm.*	Folie/IWB	

B3	**Aktivität im Kurs: Komplimente machen**			
PL	1. Zwei TN lesen das erste Beispiel vor und machen mithilfe der Vorgaben ein weiteres Beispiel.			
WPA	2. Die TN finden sich im Kursraum paarweise zusammen und machen sich gegenseitig Komplimente. Dabei können sie sich am Beispiel orientieren. Dann wechseln sie die Partner etc. Verweisen Sie an dieser Stelle auch auf die Rubrik „Etwas bewerten: Die Jacke passt dir perfekt." (Kursbuch, S. 163). Anhand der kleinen Schreibübung können die TN das Gelernte in verschiedenen Kontexten anwenden. *Hinweis:* An dieser Stelle bietet sich der Einsatz von „Laras Film" an, um die Dativ-Verben „gefallen", „stehen" und „passen" zu festigen. Fragen Sie dem TN vor dem Sehen: „Welche Hose gefällt Ihnen an Lara?", „Welche Hose passt ihr am besten?" und „Welche Farbe steht ihr am besten?". Die TN orientieren sich bei ihren Antworten an den Beispielen im Buch.			
EA/PA/ HA	Arbeitsbuch 12–14			

B4		Anwendungsaufgabe: Über Gefallen oder Missfallen sprechen		
a	PL/PA	1. Deuten Sie auf die Mindmap und fragen Sie: „Was wissen Sie über Deutschland?", Wo gibt es einen Strand?", „Wo gibt es Berge?" etc. Die TN aktivieren ihr Vorwissen, zeigen entsprechende Regionen auf der Deutschlandkarte und nennen weitere Wörter zur Beschreibung einer Landschaft. Notieren Sie diese mit dem bestimmten Artikel oder der zugehörigen Genusfarbe. Klären Sie dann die übrigen Kategorien und fordern Sie die TN auf, weitere zu ergänzen. Die TN notieren in der Mindmap im Buch alle Wörter, die ihnen zu den Kategorien einfallen. *Hinweis:* Wenn Sie in Österreich oder der Schweiz unterrichten, können Sie die Mindmap natürlich anpassen.	Folie/IWB, Landkarte	
	PL	2. Abschlusskontrolle im Plenum. Erstellen Sie an der Tafel eine Kursmindmap und erklären Sie ggf. unbekannt Begriffe.		
b	PL	3. Nicht in allen Sprachen gibt es für „gefallen" und „schmecken" unterschiedliche Wörter. Deshalb ist es wichtig, die TN auf die Unterscheidung im Deutschen aufmerksam zu machen. Erklären Sie, dass man bei Lebensmitteln „schmecken" und nicht „gefallen" benutzt. Weisen Sie die TN auch darauf hin, dass „schmecken" wie „gefallen" und „passen" mit Dativ gebraucht wird.		
	PL	4. Vier bzw. drei TN lesen die beiden Beispiele vor. Weisen Sie die TN dann auf die Redemittel hin. Erinnern Sie sie dabei an die Inversion in „Mir gefällt/schmeckt ..." hin und verdeutlichen Sie, dass man auch „.... gefällt/schmeckt mir" sagen kann. Das Verb bleibt dabei immer auf Position zwei.	Folie/IWB	
	GA ⟷	5. Die TN finden sich in Kleingruppen zusammen und tauschen sich mithilfe ihrer eigenen Mindmaps oder der Kursmindmap darüber aus, was ihnen in Deutschland (nicht) gefällt oder schmeckt. TN, die früher fertig sind als die anderen, können in Stillarbeit einen kurzen Text über ihre Lieblingsstadt schreiben und erzählen, was ihnen dort besonders gut gefällt oder schmeckt. *Hinweis:* An dieser Stelle bietet sich die Erstellung eines „Elfchengedichts" analog zu den Beispielen in „Zwischendurch mal ..." (Kursbuch, S. 165) an.	ZDM	
	EA/HA	Arbeitsbuch 15–16		
	EA/PL 👄	Arbeitsbuch 17: im Kurs: Die TN haben in Lektion 10 bereits den Vokalneueinsatz kennengelernt und gesehen, dass das Deutsche weniger zwischen den Wörtern verbindet als manche anderen Sprachen (z. B. die romanischen Sprachen). Endet ein Wort aber auf demselben Laut, mit dem das nächste Wort beginnt, werden die Wörter miteinander verbunden. Die TN hören das Audio und sprechen nach. Lassen Sie die TN auch den Neueinsatz markieren, z. B. bei „dem | Bus" oder „die | das".	AB-Track 2/48	

C UND HIER: DIE IST NOCH BESSER.

Komparation von *gut*, *gern* und *viel*

Lernziel: Die TN können Vorlieben und Bewertungen ausdrücken.

	Form	Ablauf	Material	Zeit
C1		**Präsentation des Komparativs und Superlativs von *gut***		
	PL ⚠	1. Deuten Sie auf das Foto und fragen Sie: „Was ist passiert?". Die TN erinnern sich an die Foto-Hörgeschichte und versuchen, das Ende der Geschichte (Foto 8) aus dem Gedächtnis wiederzugeben. Dabei geht es zunächst um den Inhalt, nicht um den Wortlaut!		
	EA/PA	2. Die TN lesen den Text im Buch und ordnen die Wörter zu. Verweisen Sie auf den Grammatik-Kasten, der den TN hilft, die Bedeutung von „besser" und „am besten" zu verstehen". Die TN hören das Gespräch und vergleichen mit ihrer Lösung. Abschlusskontrolle im Plenum. *Lösung: besser, am besten* *Hinweis:* An dieser Stelle bietet es sich die Arbeit mit „Laras Film" an, um die Komparation von „gut" noch einmal spielerisch zu üben. Fragen Sie die TN vor dem Sehen: „Welche Hose gefällt Ihnen gut? Welche besser? Und welche am besten?". Auf der Niveaustufe A1 lernen die TN nur die Komparation von „gut", „gern" und „viel" kennen, da diese Formen besonders frequent sind. Verzichten Sie hier auf eine weitergehende Einführung des Komparativs bzw. Superlativs. Diese sind Stoff der Niveaustufe A2 und werden in *Schritte plus Neu 4 / Lektion 9* systematisiert.	CD 5/14	
C2		**Leseverstehen: Vermutungen äußern und wichtige Informationen entnehmen; Präsentation des Komparativs und des Superlativs von *gern* und *viel***		
a	PA	1. Die TN sehen sich das Foto in b an und lesen die drei Aussagen. Die Bedeutung von „Geige" sollte durch das Foto klar werden. Gehen Sie im Raum ein Stück rückwärts und sagen Sie: „Ich gehe rückwärts". Deuten Sie dann auf die Zeichnung und fragen Sie: „Fährt der Mann auch rückwärts?". Der Info-Kasten hilft den TN bei der Beantwortung der Frage.		
	EA	2. Die TN kreuzen an, was ihrer Meinung nach zutreffen könnte. Abschlusskontrolle im Plenum. *Lösung: Er kann am besten rückwärts Fahrrad fahren und dabei Geige spielen.*		
b	EA/PA ⟷	3. Fragen Sie vorab: „Was macht Christian Adam in seiner Freizeit gern?", „Was macht er lieber?" und „Was macht er am liebsten?" sowie „Was trainiert er viel?", „Was trainiert er mehr?" und „Was trainiert er am meisten?". Die TN ergänzen die Stichwörter aus dem Text. Geübtere TN lösen die Aufgabe in Stillarbeit. Ungeübtere TN arbeiten paarweise zusammen. Abschlusskontrolle im Plenum. *Lösung: 1 Geige spielen, Fahrradfahren und Geige spielen zusammen; 2 Rad fahren, Rad fahren und Geige spielen zusammen* Sollte die Bedeutung von „lieber", „am liebsten", „mehr" und „am meisten" nach dem Lesen noch nicht deutlich sein, geben Sie einige weitere Beispiele und verweisen Sie anschließend auf den Grammatik-Kasten und die Grammatikübersicht 5 (Kursbuch, S. 162). Zur Vertiefung können die TN die nebenstehende kleine Schreibübung machen.	Folie/IWB	
	EA/HA	Arbeitsbuch 18–19		

C3	Aktivität im Kurs: Ratespiel		
PL	1. Schreiben Sie die beiden Fragen: „Was machen Sie in Ihrer Freizeit?" und „Was essen Sie gern?" an die Tafel und sammeln Sie die Antworten. So werden die Wortfelder „Freizeitaktivitäten" sowie „Essen und Trinken" wiederholt.		
PL	2. Fragen Sie einen der TN: „Was essen Sie gern?". Fragen Sie einen weiteren TN: „Und Sie? Essen Sie das auch gern? Was essen Sie lieber?".		
EA	3. Die TN lesen den Notizzettel im Buch und schreiben nach demselben Muster einen eigenen Zettel über sich selbst. Dabei entscheiden sie sich für eines der drei Themen („Essen", „Kenntnisse" oder „Freizeit"). *Variante:* Sie können die TN auch in drei Gruppen einteilen. Die TN der Gruppe A notieren Beispiele zum Thema „Essen", die TN der Gruppe B zum Thema „Freizeit" und die TN der Gruppe C notieren, was sie gut, besser, am besten können. Auf diese Weise stellen Sie sicher, dass alle drei Themen abgedeckt werden.		
PL	4. Sammeln Sie die Zettel ein und lesen Sie vor. Fragen Sie: „Wer ist das?". Die TN raten, um wen es sich handelt.		
EA/HA	**Arbeitsbuch 20:** im Kurs: Die Schreiben anhand der Stichpunkte kleine Texte zu den einzelnen Personen. Gehen Sie herum und helfen Sie bei Bedarf.		

D WELCHE MEINST DU? – NA, DIESE.

Frageartikel *welcher, welches, welche;* Demonstrativpronomen *dieser, dieses, diese;* Verbkonjugation *mögen*
Lernziel: Die TN können Vorlieben erfragen und eine Auswahl treffen.

	Form	Ablauf	Material	Zeit
D1		**Präsentation der Frageartikel *welch-* und der Demonstrativpronomen *dies-* im Nominativ**		
	PL	1. Deuten Sie auf das Foto und fragen Sie: „Was sagen Ioanna und Tim?". Die TN stellen Vermutungen an.	Folie/IWB	
	PL	2. Ein TN liest Satz 1 (unten). Fragen Sie: „Wie geht das Gespräch weiter?". Die TN hören und ordnen das Gespräch. Abschlusskontrolle im Plenum. *Lösung: 4, 3, 2, 1*	CD 5/15, Folie/IWB	
	PL	3. Bitten Sie dann zur Veranschaulichung der Bedeutung von „welch-" bzw. „dies-" zwei TN um ihre Jacken und halten Sie diese hoch. Spielen Sie jetzt das Gespräch mit einem geübteren TN noch einmal vor, indem Sie sagen: „Da, sieh mal! Die Jacke gefällt ihr sicher!". Auf die Frage des TN „Welche denn?" deuten Sie auf eine der beiden Jacken und sagen: „Diese.".		
	PL	4. Entwickeln Sie gemeinsam mit den TN ein Tafelbild: der Mantel → Welcher? → Dieser. das Hemd → Welches? → Dieses. die Jacke → Welche? → Diese. die Schuhe → Welche? → Diese. Markieren Sie die Endungen und weisen Sie darauf hin, dass die Endungen von „welch-" und „dies-" analog zum Artikel des Nomens sind. Verweisen Sie auch auf den Grammatik-Kasten.	Folie/IWB	

D2		Anwendungsaufgabe zu *welch-* und *dies-*; Präsentation der Frageartikel *welch-* und der Demonstrativpronomen *dies-* im Akkusativ		
a	PL	1. Schreiben Sie das Verb „gehören" an die Tafel und erklären Sie dessen Bedeutung, indem Sie z. B. auf Ihre Tasche deuten und sagen: „Das ist meine Tasche. Die Tasche gehört mir.". Deuten Sie dann auf einen Gegenstand eines TN und fragen Sie die anderen: „Wem gehört der/das/die ...?". Machen Sie weitere Beispiele, bis alle die Bedeutung von „gehören" verstanden haben.		
	PL	2. Die TN sehen sich die Bilder an. Deuten Sie dann auf die abgebildeten Gegenstände und klären Sie unbekannten Wortschatz, wie „der Koffer".	Folie/IWB	
	PL	3. Bitten Sie zwei geübtere TN, an die Tafel zu kommen, das Gespräch vorzulesen und dabei auf die genannten Gegenstände zu deuten. Bei Bedarf können Sie die Endungen von „welch-" und „dies-" noch einmal markieren.	Folie/IWB	
	PA	4. Die TN finden sich paarweise zusammen und spielen analoge Gespräche mit den anderen Gegenständen. Gehen Sie herum und helfen Sie bei Schwierigkeiten.		
b	PL	5. Lesen Sie zusammen mit einem TN das Beispiel vor und deuten Sie dabei zur Verdeutlichung auf die Gegenstände. Zeigen Sie dann mithilfe des Grammatik-Kastens, dass sich die Formen von „welch-" und „dies-" auch im Akkusativ nach dem Genus des nachfolgenden Nomens richten und die Endungen denen des Artikels im Akkusativ entsprechen. Verweisen Sie an dieser Stelle auch auf die Grammatikübersicht 2 (Kursbuch, S. 162). Die TN stellen Vermutungen an, worum es in der kleinen Zeichnung rechts gehen könnte. Dann lesen die TN die Sprechblase und raten, welcher Mann der Prinzessin am besten gefällt/für welchen Mann sich die Prinzessin entscheidet.	Folie/IWB	
	PA ⟷	6. Die TN finden sich paarweise zusammen und variieren das Gespräch mithilfe der abgebildeten Gegenstände. Geübtere TN erfinden darüber hinaus weitere Gespräche mit Gegenständen ihrer Wahl. Gehen Sie herum und helfen Sie bei Schwierigkeiten. Verweisen Sie an dieser Stelle auch auf die Rubrik „Vorlieben: Mir gefällt das Hemd." (Kursbuch, S. 163).		
	PL	7. *fakultativ:* Fundbüro spielen. Schreiben Sie „das Fundbüro" an die Tafel und fragen Sie, ob jemand weiß, was das ist. Nach Möglichkeit erklären die TN den Begriff selbst, andernfalls erklären Sie ihn anhand eines Beispiels. Erarbeiten Sie dann an der Tafel zusammen mit den TN einen Musterdialog in Anlehnung an das Beispiel im Buch. Achten Sie darauf, dass die dabei „welch-" und „dies-" benutzt werden. Sammeln Sie nun von den TN verschiedene Gegenstände ein, die sie bereits benennen können und spielen Sie Fundbüro. Ein TN beginnt, indem er an den Tisch mit den gesammelten Gegenständen tritt und z. B. nach seinem „verlorenen" Handy fragt.		
	EA/HA	Arbeitsbuch 21		
EA/PA/HA Grammatik entdecken		Arbeitsbuch 22: im Kurs: Die TN verbinden zunächst die Satzteile, bevor sie „welch-" / „dies" im Nominativ blau und im Akkusativ grün markieren und die Formen in die Tabelle eintragen. Auf diese Weise machen Sie sich noch einmal bewusst, dass sich die Endungen von „welch-" und „dies-" jeweils entsprechen. Abschlusskontrolle mithilfe der Folie/des IWB.	Folie/IWB	
	EA/HA	Arbeitsbuch 23–25		

D3	**Aktivität im Kurs: Partnerinterview**		
PL	1. Führen Sie zunächst das Verb „mögen" ein und zeigen Sie, dass es hier ähnlich wie „finden" verwendet wird. Notieren Sie dazu ein Beispiel an der Tafel.		
	Ich mag Fußball. Und Sie? *Ich auch.* ☺ / *Ich nicht.* ☹ *= Fußball finde ich gut. Und Sie?*		
	Verweisen Sie auch auf die Grammatikübersicht 6 (Kursbuch, S. 162).		
PL	2. Sagen Sie dann zu einem TN: „Ich mag Fußball. Und Sie?" Machen Sie, wenn nötig, weitere Beispiele.		
PL	3. Sehen Sie sich dann zusammen mit den TN die Beispiele im Buch an und fragen Sie: „Welche Stadt in Deutschland finden Sie gut?". Machen Sie ggf. weitere Beispiele im Plenum.	Folie/IWB	
EA/PA/ WPA ⟷	4. Die TN erstellen selbstständig einen Fragenkatalog von mindestens fünf Fragen für das Interview. Die Beispiele im Buch helfen ihnen dabei. Geübtere TN finden mindestens zehn Fragen. Anschließend befragen sich die TN gegenseitig. Gehen Sie herum und helfen Sie bei Schwierigkeiten. *fakultativ:* Wenn Sie etwas Bewegung in den Kurs bringen wollen, können Sie mithilfe der Kopiervorlage auch „Quiz und Tausch" spielen. Kopieren die Kopiervorlage dazu mehrfach und zerschneiden Sie sie so, dass jeder TN eine Frage erhält. Die TN ergänzen zunächst die richtige Form von „Welch-" und befragen dann ihre Partnerin / ihren Partner. Anschließend tauschen die Partner ihre Karten und wechseln dann zum nächsten freien Partner. *Hinweis:* An dieser Stelle bietet sich die Arbeit mit dem Projekt „Meine Topmodels" aus der Rubrik „Zwischendurch mal ..." (Kursbuch, S. 164) an.	KV L13/D3 ZDM	
EA/HA	Arbeitsbuch 26		
EA/HA	Arbeitsbuch 27: im Kurs: Deuten Sie auf das Bild und fragen Sie: „Was machen die Personen?". Die Bücher sind dabei noch geschlossen. Die TN stellen Vermutungen an. Die TN lesen die Fragen in a. Dann hören sie das Gespräch ein erstes Mal und ergänzen die Antworten. Die TN hören in b das Gespräch ein zweites Mal und kreuzen an. Abschlusskontrolle im Plenum.	Folie/IWB, AB-Track 2/49	

E IM KAUFHAUS

Lernziel: Die TN können um Hilfe oder um Rat bitten.

	Form	Ablauf	Material	Zeit
E1		**Präsentation des Wortfelds „Abteilungen im Kaufhaus"**		
a	PL	1. Die TN sehen sich den Plan des Kaufhauses an. Skizzieren Sie an der Tafel ein Gebäude mit drei Etagen (Untergeschoss, Erdgeschoss und Obergeschoss). Fragen Sie: „Wo ist das Erdgeschoss?". Ein TN kommt nach vorne und zeigt es. Tragen Sie „Erdgeschoss" in das Tafelbild ein und fragen Sie weiter nach den anderen beiden Stockwerken.	Folie/IWB	
	PL	2. Deuten Sie auf „Elektrogeräte" und fragen Sie: „Was kann man in der Elektroabteilung kaufen?". Sammeln Sie einige Beispiele im Plenum. Fragen Sie noch nach einigen anderen Abteilungen, bis das Wort „Abteilung" klar ist.	Folie/IWB	

	PL	3. Deuten Sie auf die Zeichnung und sagen Sie: „Die Frau braucht eine Information. Helfen Sie ihr.". Ein TN liest Frage 1, ein anderer die zugehörige Antwort auf dem Beispielzettel. Weisen Sie an dieser Stelle auch auf die Redemittelvarianten hin.	Folie/IWB	
	PA	4. Die TN bearbeiten die übrigen Beispiele in Partnerarbeit. Abschlusskontrolle im Plenum. *Musterlösung: 2 Das finden Sie im Erdgeschoss. 3 Das gibt es im Obergeschoss. 4 Die sind im Untergeschoss. 5 Da müssen Sie ins Obergeschoss gehen.*	Folie/IWB	
b	PA	5. Die TN lesen das Beispiel und machen weitere Beispiele mit Gegenständen ihrer Wahl. Gehen Sie herum und helfen Sie bei Schwierigkeiten. Verweisen Sie an dieser Stelle auch auf die Rubrik „An der Information: Entschuldigen Sie bitte, ich suche Stiefel." (Kursbuch, S. 163).		
	TiPP	Wenn es ein Kaufhaus in der Nähe Ihrer Institution/Schule gibt, können Sie die TN bitten, sich in Kleingruppen auf ein paar Gegenstände zu einigen, die sie brauchen könnten. Gehen Sie mit den TN ins nächstgelegene Kaufhaus. Die Gruppen überlegen sich anhand des „Wegweisers" vor Ort, in welcher Abteilung sie nach den Gegenständen suchen wollen. Helfen Sie den TN ggf., wenn die Abteilungsbezeichnungen nicht mit denen im Buch übereinstimmen. Am nächsten Kurstag präsentieren die Gruppen ihre Ergebnisse im Kurs.		
	EA/HA	Arbeitsbuch 28		

E2	**Präsentation: Verkaufs- und Beratungsgespräche**			
	PL	1. Die TN sehen sich Zeichnung an. Decken Sie die Sätze ab und fragen Sie: „Wo ist das?", „Was möchte der Mann?", „Was sagt er?". Die TN stellen Vermutungen an.	Folie/IWB	
	EA/PA ⟷	2. Decken Sie dann die Sätze auf und fragen Sie: „Was passt?". Die TN lesen die Sätze in Stillarbeit und hören dann das Gespräch. Dabei markieren Sie, welche Fragen der Kunde stellt. Geübtere TN lösen die Aufgabe in Stillarbeit. Ungeübtere arbeiten paarweise zusammen. Abschlusskontrolle im Plenum. *Lösung: Haben Sie die Hose auch in Größe 52?, Haben Sie den Pullover auch in Rot?, Wo ist denn die Kasse bitte?*	Folie/IWB, CD 5/16	
	EA/HA	Arbeitsbuch 29–30		

E3	**Aktivität im Kurs: Beratungsgespräche im Kaufhaus**			
	PA/GA ⟷	1. Die TN finden sich paarweise zusammen und spielen abwechselnd Kundin/Kunde und Verkäuferin/Verkäufer: Ein TN liest still die Situationsbeschreibung und formuliert eine passende Frage, die Partnerin / der Partner antwortet. Hilfe finden die TN in E2. Wer fertig ist, überlegt, welche Produkte in den anderen Abteilungen (vgl. E1) zu kaufen sind, und macht eine Wörterliste. Diese kann z. B. im Kursraum für alle zur Ansicht aufgehängt werden. Weisen Sie die TN an dieser Stelle auch auf die Rubrik „Kleidung kaufen: Haben Sie die Hose auch in Größe 52?" (Kursbuch, S. 163) hin. *fakultativ:* Zur Erweiterung der Aktivität können Sie auch die Kopiervorlage im Lehrwerkservice unter www.hueber.de/schritte-plus-neu zurückgreifen. Schneiden Sie die Karten aus. Jedes Paar / Jede Kleingruppe erhält einen Kartenstapel. Die TN lesen abwechselnd die Situationen vor und erfinden/simulieren kurze Gespräche. Gehen Sie herum und helfen Sie bei Schwierigkeiten. *Hinweis:* An dieser Stelle bietet sich die Arbeit mit „Fokus Alltag" (Arbeitsbuch, S. 162), wo es darum geht, etwas zu reklamieren und einen Rabatt auszuhandeln.	KV L13/E3 im Lehrwerkservice	
	EA/HA	Arbeitsbuch 31	AB-Track 2/50	

Form	Ablauf		
EA Prüfung	Arbeitsbuch 32: im Kurs: Diese Aufgabe führt an den Prüfungsteil Lesen, Teil 3, der Prüfung *Start Deutsch 1* heran.		
EA/HA Schreib- training	Arbeitsbuch 33: In der Übung schreiben die TN anhand von Situationsvorgaben eine E-Mail an Freunde, in der sie um etwas bitten. Sammeln Sie die E-Mails zur Korrektur ein. Auf diese Weise wissen sowohl Sie als auch die TN, was noch einmal geübt werden muss.		
GA	*fakultativ:* Wenn Sie noch Zeit haben, können Sie hier die Wiederholung zu Lektion 13 anschließen.	KV L13/ Wiederholung	
Lektions- tests	Einen Test zu Lektion 13 finden Sie hier im LHB auf den Seiten 186–187. Weisen Sie die TN auf den Selbsttest im Arbeitsbuch auf Seite 161 hin.	KV L13/Test	

AUDIO- UND VIDEOTRAINING

Form	Ablauf	Material	Zeit
Audiotraining 1: Das gefällt Ihnen nicht!			
EA/HA	Die TN hören „Die Jacke gefällt mir gut." und antworten in den Sprechpausen mit „Mir gefällt sie nicht." Nach den Sprechpausen hören die TN die korrekte Antwort.	CD 5/17	
Audiotraining 2: Welcher Pullover?			
EA/HA	Die TN hören, welche Kleidungsstücke und Accessoires der Sprecherin gefallen und fragen in den Sprechpausen mit „Welch- …?" nach. Nach den Sprechpausen hören die TN die korrekte Antwort.	CD 5/18	
Audiotraining 3: Gern, lieber am liebsten.			
EA/HA	Die TN hören Fragen wie „(Spielst) du gern (Tennis)?" und antworten in den Sprechpausen mit „Nein. Ich (spiele) lieber (Fußball). Und am liebsten (spiele ich Basketball).". Die Vorlieben werden vorgegeben. Nach den Sprechpausen hören die TN die korrekte Antwort.	CD 5/19	
Videotraining 1: Er gehört mir.			
EA/HA	Die TN sehen in dem Film Lara und Tim, die darüber sprechen, wem von beiden der Stift gehört.	Film „Er gehört mir."	
Videotraining 2: Diese Übung gefällt mir am besten.			
EA/HA	Mit diesem Film können die TN üben, Vorlieben auszudrücken. Sie üben dabei die Komparation von „gut", „gern" und „viel" anhand einer Visualisierung. In den Sprechpausen sagen die TN z. B.: „Äpfel mag sie lieber." und „Ananas mag sie am liebsten.". Nach der Sprechpause hören die TN den richtigen Satz noch einmal zur Kontrolle.	Film „Diese Übung gefällt mir am besten."	

ZWISCHENDURCH MAL ...

	Form	Ablauf	Material	Zeit
Hören		**Männer mögen Mode (passt z. B. zu A3 und B2)**		
1	EA/PL	1. Die TN sehen sich die Fotos an. Bei Bedarf, können Sie an dieser Stelle noch einmal die Kleidungsstücke wiederholen.		
	EA	2. Die TN hören die Gespräche und ordnen zu. Abschlusskontrolle im Plenum. *Lösung: 2B, 3C ,4A*	CD 5/20–23	
2	PL/GA	3. Lassen Sie Ihren Kurs über die Models abstimmen. Die TN sehen sich noch einmal die vier Männer und deren Kleidung an. Fragen Sie: „Welche Kleidung gefällt Ihnen am besten?" und „Welche Kleidung gefällt Ihnen gar nicht?". Die TN vergeben jeweils einen Plus- und einen Minuspunkt.		
	HA	4. *fakultativ:* Wenn sich Ihre TN für Mode interessieren, können Sie am nächsten Kurstag anhand eines Fotos von sich selbst oder anhand einer Collage aus Werbeprospekten ihre Lieblingsmode im Kurs mündlich vorstellen. Wer gern schreibt, kann sein Foto / seine Collage auch schriftlich beschreiben und Ihnen den Text zur Korrektur geben.		
Projekt		**Meine Topmodels (passt z. B. zu D3)**		
	EA	1. Die TN zeichnen zwei Figurenumrisse und „kleiden sie an", indem sie Kleidung zeichnen, die ihnen gefällt. *fakultativ:* Wenn Ihre TN nicht so gerne zeichnen, können Sie auch die Kopiervorlage einsetzten und Werbeprospekte oder Versandkataloge mitbringen. Die TN schneiden dann entsprechende Kleidungsstücke für ihre Ankleidepuppen aus.	KV L13/ZDM, Werbeprospekte/Versandkataloge	
	PL/GA ←→	2. Die TN geben ihren „Models" Namen und stellen Sie im Kurs oder in der Kleingruppe vor. Geübtere TN formulieren frei, ungeübtere TN orientieren sich an dem Beispiel.		
	PL	3. Abschließend können Sie im Kurs über das „Topmodel" abstimmen lassen. Die TN begründen ihre Wahl.		
Gedicht		**„Elfchengedichte" (passt z. B. zu A3 oder B4)**		
	PL	1. Die TN lesen die beiden „Elfchengedichte". Weisen Sie auf die Struktur (1 Wort, 2 Wörter, 3 Wörter, 4 Wörter, 1 Wort = 11 Wörter) hin und fordern Sie die TN auf, selbst ein Gedicht zu schreiben.		
	EA/PA ←→	2. Geübtere TN schreiben ein Gedicht in Stillarbeit. Ungeübtere TN arbeiten paarweise zusammen. Sie können die Vorlage nutzen und das Gedicht vollenden oder sich selbst ein eigenes Gedicht ausdenken.		

FOKUS ALLTAG: EINEN RABATT AUSHANDELN

Die TN können mit einfachen Worten nach einem Preisnachlass fragen.

	Form	Ablauf	Material	Zeit
1		**Leseverstehen 1: Schlüsselwörter verstehen**		
	PL	1. Die TN lesen die linke Anzeige. Fragen Sie, was die Jogginghose und die Turnschuhe ursprünglich gekostet haben und was sie jetzt kosten. Erklären Sie dann anhand der Preisunterschiede den Begriff „Rabatt".		
	EA/PA	2. Die TN lesen die rechte Anzeige sowie die Aussagen und kreuzen die richtige Lösung an. Abschlusskontrolle im Plenum. *Lösung: richtig: b, c*	Folie/IWB	
2		**Leseverstehen 2: Wesentliche Inhalte verstehen**		
	EA	1. Die TN lesen Frage und Antwort im Forum. Erklären Sie ggf. neue Wörter wie „verhandeln" bzw. „handeln".		
	EA/PA ⟷	2. Die TN kreuzen an, was richtig ist. Geübtere TN lösen die Aufgabe in Stillarbeit. Ungeübte arbeiten paarweise zusammen. Abschlusskontrolle im Plenum. *Lösung: richtig: c*		
3		**Anwendungsaufgabe: Rabattregelungen anwenden**		
	PA	1. Die TN sehen sich die Zeichnungen an und überlegen, in welchen Fällen ein Preisnachlass möglich ist und kreuzen an. Abschlusskontrolle im Plenum. *Lösung: C*	Folie/IWB	
	PL	2. Sprechen Sie mit den TN über ihre Erfahrungen mit Rabatten. Fragen Sie: „Kaufen sie bei Rabattaktionen ein? Haben sie schon einmal versucht, auf Deutsch einen Rabatt auszuhandeln?".		
	🌍	Die TN sollten wissen, dass es die Möglichkeit eines Rabatts gibt. Seit das Rabattgesetz 2001 gefallen ist, ist theoretisch jeder Preis (außer für Bücher!) frei verhandelbar. Allerdings entspricht das in Deutschland nicht der Realität. Im Allgemeinen bezahlt man den Preis, der ausgezeichnet ist. Nur in wenigen Branchen, z. B. beim Auto- und Möbelkauf sowie bei größeren Mengen, können Privatkunden richtig handeln. Ansonsten gehen die Rabattangebote eher von Händlerseite aus. Erklären Sie ggf., dass es zu bestimmten Zeiten, wie z. B. bei Sommer- oder Winterschlussverkauf, Angebote gibt, weil die Lager geräumt werden müssen, damit Platz für neue Ware ist etc.		
4		**Rollenspiel: Einen Rabatt aushandeln**		
	EA	1. Die TN hören zwei Gespräche und lesen im Buch mit.	CD 2/51	
	PA ⟷	2. Die TN wählen paarweise eine Situation aus und spielen ein Gespräch nach dem Muster im Buch. Geübtere TN machen zu beiden Situationen ein Gespräch.		
	PL	3. *fakultativ:* Spielfreudige TN können ihr Gespräch im Kurs vorspielen.		
Projekt		*fakultativ:* Bringen Sie Werbeprospekte o. Ä. in den Kurs mit. Die TN finden sich in Kleingruppen von 3–4 TN zusammen. Die TN sehen die Zeitungen durch und schneiden Sonderangebote und Rabattaktionen aus. Sie kleben die Angebote als Collage auf ein Plakat und hängen dieses im Kursraum auf.		
		Variante: Bitten Sie die TN, in der kommenden Woche bei ihren Einkäufen darauf zu achten, wo es überall Rabattangebote gibt (im Supermarkt, im Möbelgeschäft, im Autohaus etc.). Sie machen sich Notizen und berichten dann im Kurs.		

FOKUS BERUF: SCHUTZKLEIDUNG

Die TN kennen Bestimmungen zu Schutzkleidung.

	Form	Ablauf	Material	Zeit
		Da dieser Fokus möglicherweise nur für einen Teil der TN von Interesse ist, können die Übungen auch als Hausaufgabe gegeben werden.		
1		**Leseverstehen: Schlüsselwörter verstehen**		
	PL	1. Erklären Sie vorab unbekannte Wörter wie „Haut", „Schutz", „Verletzung" und „Sicherheit".		
	EA/PA ⟷	2. Die TN lesen zuerst die Aussagen und den Informationstext und kreuzen dann an. Geübtere TN lösen die Aufgabe in Stillarbeit. Ungeübtere TN arbeiten paarweise zusammen. Abschlusskontrolle im Plenum. *Lösung: c*		
2		**Präsentation des Wortfelds „Schutzkleidung"**		
	EA/PA ⟷	1. Die TN sehen die Schilder an und ordnen den jeweils passenden Begriff zu. Geübtere TN lösen die Aufgabe in Stillarbeit. Ungeübtere TN arbeiten paarweise zusammen. Abschlusskontrolle im Plenum. *Lösung: B die Schutzhandschuhe, C der Schutzhelm, D der Schutzanzug, E die Schutzbrille*		
	PL	2. *fakultativ:* Geben Sie genauere Erklärungen zur Schutzkleidung, z. B. sind Sicherheitsschuhe sehr stabile Schuhe mit einer Stahlkappe im vorderen Bereich.		
TiPP		Anbieter von Schutzkleidung haben Fotos davon auf ihren Internetseiten, die Sie im Unterricht nutzen können.		
3		**Erweiterung des Wortfelds „Schutzkleidung"**		
a	EA	1. Die TN schlagen die Berufsbezeichnungen im Wörterbuch nach.		
b	EA/PA	2. Fragen Sie dann: „Wer braucht was?". Die TN lesen die Aufgabe und kreuzen an. Anschließend vergleichen sie mit der Partnerin / dem Partner. Verweisen Sie hierzu auf die Beispiele in den Sprechblasen. Abschlusskontrolle im Plenum. *Lösungsvorschlag: Automechaniker: Schutzhandschuhe, Sicherheitsschuhe, (Schutzanzug); Bauarbeiter: (Schutzbrille,) Schutzhelm, Schutzhandschuhe, Sicherheitsschuhe; Chemiker: Schutzbrille, Schutzanzug; Schweißer: Schutzbrille, Schutzhandschuhe, (Sicherheitsschuhe,) Schutzanzug*		
c	PL	3. Fragen Sie die TN, wer in seinem Beruf Schutzkleidung tragen muss.		
	PL	4. Die betreffenden TN berichten. Erweitern Sie das Thema ggf. auf andere Berufskleidung, wie z. B. weiße Kittel für Arzthelferinnen, Kochmützen in der Küche etc.		

FESTE

Folge 14: Ende gut, alles gut

Einstieg in das Thema „Feste"

	Form	Ablauf	Material	Zeit
1		**Vor dem ersten Hören / Beim ersten Hören: Die Rahmenhandlung erkennen und wesentliche Inhalte verstehen**		
a	PL	1. Die Bücher sind geschlossen. Deuten Sie auf die Foto-Hörgeschichte und fragen Sie: „Was machen Familie Baumann, Lara und Tim? Welches Fest feiern sie?".	Folie/IWB	
	PA	2. Die TN sehen sich die Fotos an und tauschen sich mit ihrer Partnerin / ihrem Partner aus.	Folie/IWB	
	PL	3. Fragen Sie noch einmal: „Welches Fest ist das?". Fragen Sie auch: „Warum denken Sie das?". Notieren Sie dann an der Tafel die Wörter, die von den TN zu „Geburtstag" genannt werden, oder auf die die TN in der Foto-Hörgeschichte zeigen (z. B. „Geburtstagstorte", „Kerze", „Geschenk").		
	PL	4. Die TN öffnen das Buch, lesen die Fragen im Buch und stellen Vermutungen an. Klären Sie ggf. neuen Wortschatz wie „Hausschuhe", „traurig" etc. Abschlusskontrolle im Plenum. *Lösung: Walter hat Geburtstag., Lara schenkt Walter Hausschuhe., Tim schenkt Walter den Hula-Hoop-Reifen., Lara und Tim fahren bald nach Hause., Tim arbeitet bald in einem Hotel in Deutschland.*		
b	PL	5. Die TN hören die Foto-Hörgeschichte und vergleichen mit ihren Lösungen.	CD 5/24–31	
2		**Beim zweiten Hören: Aktivitäten im Detail verstehen**		
	PL	1. Die TN hören den zweiten Teil der Foto-Hörgeschichte noch einmal und kreuzen an. Abschlusskontrolle im Plenum. *Lösung: a Abschied: Lara und Tim fahren bald nach Hause. b Tochter. c arbeitet bald in einem Hotel in Deutschland.*	CD 5/28–31	
3		**Nach dem Hören: Erweiterungsaufgabe: Glückwünsche zum Geburtstag**		
	EA/PA	1. Fragen Sie: „Was wünscht man zum Geburtstag?". Die TN lesen die Beispiele und markieren. Geübtere TN lösen die Aufgabe in Stillarbeit. Ungeübtere TN arbeiten paarweise zusammen. Abschlusskontrolle im Plenum. *Lösung: Alles Liebe/Gute zum Geburtstag!, Ich wünsche dir vor allem Gesundheit., Alles Gute!, Herzlichen Glückwunsch!, (Ich) Gratuliere!* *fakultativ:* Fragen Sie, wann man „Gute Besserung" wünscht und „Gut gemacht!" sagt. *Hinweis:* Zur Vertiefung des Themas „Geburtstag" bietet sich hier die Arbeit mit „Laras Film" an. Fragen Sie die TN vor dem Sehen: „Wo ist Lara?", „Was wünscht sie Sofie?" und „Wie feiert sie Weihnachten?". Die TN sehen „Laras Film" und machen sich Notizen. Fragen Sie dann weiter, welches Lied Lara für Sofia singt und fragen Sie, ob man in ihren Ländern auch Geburtstagslieder singt und wenn ja, welche. Wer will, kann ein typisches Geburtstagslied vorsingen.		
4		**Nach dem Hören: Anwendungsaufgabe: Über Pläne nach dem Deutschkurs sprechen**		
	PL	1. Sagen Sie: „Tim arbeitet nach dem Deutschkurs in einem Hotel. Was machen Sie nach dem Deutschkurs?". Verweisen Sie die TN auf die Beispiele im Buch.	Folie/IWB	

	Form	Ablauf	Material	
	GA/PL	2. Die TN erzählen in Kleingruppen oder im Plenum von ihren Plänen.	KV L14/FHG	
		fakultativ: Wenn Ihre TN nicht so gerne über sich selbst sprechen, können Sie auch die Kopiervorlage einsetzen. Kopieren Sie die Vorlage so oft, dass jeder TN eine Antwortkarte erhält. Schreiben Sie die Frage „Was machen Sie nach dem Deutschkurs?" als Gedankenstütze an die Tafel und machen Sie gemeinsam ein Beispiel. Die TN gehen dann im Raum herum und fragen sich gegenseitig. Sie antworten anhand der Stichpunkte auf der Karte oder, wenn sie wollen, frei. Gehen Sie herum und helfen Sie bei Schwierigkeiten.		
	EA/GA	3. *fakultativ:* Mit Lektion 14 wird die Niveaustufe A1 abgeschlossen und damit auch die Foto-Hörgeschichte zu Lara, Tim und Familie Baumann. Wenn Ihren TN die Arbeit mit der Foto-Hörgeschichte Spaß gemacht hat, können sie nun selbst eine Fortsetzung erfinden. Die TN können z. B. einen kurzen Text schreiben oder sich in Kleingruppen ein Rollenspiel ausdenken und die Fortsetzung szenisch darstellen.		
	Laras Film	In „Laras Film" „Alles Gute zum Geburtstag!" schickt Lara Sofia Geburtstagsgrüße aus Lublin. Sie erzählt, mit wem sie Weihnachten verbringt und wünscht Familie Baumann schöne Weihnachtsfeiertage. Sie können den Film am Ende der Foto-Hörgeschichte zur Festigung des Wortschatzes und zur Vertiefung des Themas „Geburtstag" oder nach A2 zur Festigung des Datums einsetzen.	„Laras Film" Lektion 14	

A AM FÜNFZEHNTEN JANUAR FANGE ICH AN.

Ordinalzahlen: *der erste ...;* Datumsangaben: *am ersten ..., vom ... bis (zum) ...*

Lernziel: Die TN können das Datum erfragen und nennen sowie über Feste und Feiertage sprechen.

	Form	Ablauf	Material	Zeit
A1		**Präsentation der Ordinalzahlen auf die Frage „Wann?"**		
	EA/PA	1. Die TN lesen die Aufgabe und verbinden die Satzteile. Die Inhalte sind ihnen aus der Foto-Hörgeschichte bereits bekannt. Geübtere TN lösen die Aufgabe in Stillarbeit. Ungeübtere TN arbeiten paarweise zusammen.		
	EA	2. Die TN hören das Gespräch und vergleichen mit ihrer Lösung. Abschlusskontrolle im Plenum. *Lösung: a ist Walters Geburtstag. b endet der Deutschkurs. c fährt Lara nach Hause.*	CD 5/32	
	PL	3. Fragen Sie noch einmal: „Wann fährt Lara nach Hause?" und „Wann fängt Tim mit der Arbeit an?". Markieren Sie auf Zuruf die Datumsangaben auf der Folie / am IWB. Machen Sie die Bildung der Ordinalzahlen mithilfe des Tafelbilds deutlich.	Folie/IWB	

> 30 (=dreißig)   Wann fährt Lara nach Hause?   → Am 30. (= dreißigsten) November
> 15 (=fünfzehn) Wann fängt Tim mit der Arbeit an? → Am 15. (= fünfzehnten) Januar

Machen Sie deutlich, dass man auf die Frage „Wann?" mit „Am ...-ten/-sten" antwortet. Verweisen Sie zur Systematisierung der Ordinalzahlen auf die Frage „Wann?" auf den Grammatik-Kasten. Machen Sie die TN dabei besonders auf die Sonderformen „am ersten" und „am dritten" aufmerksam. Falls nötig, können Sie auch gemeinsam mit den TN die Ordinalzahlen von 1–25 an die Tafel schreiben, um die Systematik zu verdeutlichen.

A2	Anwendungsaufgabe zu den Ordinalzahlen: Geburtstagsschlange		
PL	1. Einige TN lesen das Beispiel vor.		
PL	2. Fragen Sie einen geübten TN: „Und wann haben Sie Geburtstag?". Verweisen Sie dabei auf die Monatsnamen.	Folie/IWB	
PL	3. Fordern Sie die TN auf, ihr Geburtsdatum (Tag und Monat) auf eine Karte zu schreiben und sich gegenseitig zu fragen: „Wann hast du Geburtstag?". Verweisen Sie an dieser Stelle auf die Redemittel „Über Jahrestage sprechen: Ich habe am 4. Januar Geburtstag." in der Rubrik Kommunikation (Kursbuch, S. 175).	Karten	
WPA	4. Die TN befragen sich gegenseitig, zeigen ihre Karte und nennen ihr Geburtsdatum. Auf diese Weise finden Sie heraus, wer wann Geburtstag hat und stellen sich in einer Art „Geburtstagsschlange" chronologisch auf. *Hinweis:* An dieser Stelle bietet sich die Arbeit mit „Laras Film" an, um die Datumsangaben in einem authentischen Kontext zu üben. Fragen Sie die TN vor dem Sehen: „Wann hat Sofia Geburtstag?". Die TN sehen den Film und machen sich Notizen.		
PL	5. *fakultativ:* Wenn Sie mit Ihren TN zukünftig die Geburtstage im Kurs feiern möchten, können Sie zusammen mit den TN einen Geburtstagskalender erstellen, indem sie sich nun alle chronologisch auf ein Plakat eintragen, das dann im Kursraum aufgehängt wird. Alternativ dazu können Sie zu diesem Zweck auch ein Dokument in elektronischer Form erstellen, zu dem alle TN Zugang haben.	Plakat	

TIPP	Wenn jemand im Lauf des Kurses Geburtstag hat, können Sie diesen gemeinsam feiern. Zum einen erleben die TN so selbst, wie man in einem deutschsprachigen Land Geburtstag feiert, zum anderen trägt ein gemeinsames Fest auch zu einer entspannten Kursatmosphäre bei, was für den Erfolg des Lernprozesses nicht zu unterschätzen ist. Wenn Ihre TN gerne singen, können sie mit Ihnen ein deutsches Geburtstagslied, z. B. „Zum Geburtstag viel Glück", singen. Wenn Sie im Kursraum eine Internetverbindung haben, können Sie Melodie und Text auf *youtube* finden.

	EA/HA	Arbeitsbuch 1		

A3	Erweiterung: Datumsangaben auf die Frage „Wie lange?"		
EA	1. Lesen Sie die drei Aussagen vor und fragen Sie: „Was ist richtig?". Die TN lesen die Texte und kreuzen an. Abschlusskontrolle im Plenum und Klärung des neuen Wortschatzes. *Lösung: A, C*	Folie/IWB	
	Wenn Sie die technischen Möglichkeiten dazu haben, zeigen Sie den TN z. B. anhand von *youtube*-Videos, worum es sich bei den drei Festen handelt. Erklären Sie in diesem Zusammenhang auch, dass man in einigen Regionen Deutschlands von „Karneval" spricht, in anderen aber von „Fasching" oder „Fastnacht".		
PL	2. Gehen Sie dann auf die einfache Datumsangabe „der erste, zweite, dritte …" sowie auf die Datumsangabe auf die Frage „Wie lange" ein. Verweisen Sie auch auf den Grammatik-Kasten und die Grammatikübersicht 1 (Kursbuch, S. 174). Zeichnen Sie einen Zeitstrahl an die Tafel und zeigen Sie, dass man bei einer Datumsangabe auf die Frage „Wann?" mit „am …" antwortet, wenn man einen Zeitpunkt angeben will, aber mit „vom … bis (zum)", wenn es sich um eine Zeitspanne handelt. Den Unterschied zwischen Zeitpunkt und Zeitspanne kennen die TN bereits aus *Schritte plus Neu 1* / Lektion 5.		

EA/GA/ HA	3. *fakultativ:* Wenn Sie noch etwas Zeit haben, können Sie die kleine Schreibübung (Kursbuch, S. 174) durchführen. Fordern Sie die TN auf, drei wichtige Daten in ihrem Leben zu notieren und sich gegenseitig etwas darüber zu erzählen. Wenn Sie im Kurs keine Zeit dazu haben, können die TN auch zu Hause kurze Texte dazu schreiben und am nächsten Kurstag in Kleingruppen darüber berichten oder Ihnen die Mini-Texte zur Korrektur geben.		
GA	4. *fakultativ:* Wenn Sie mit Ihren TN die Datumsangaben noch üben möchten, können Sie das Domino von der Kopiervorlage dazu nutzen.	KV L14/A3	
EA/HA	Arbeitsbuch 2–4	AB-Track 2/52–56	

A4	Aktivität im Kurs: Über Feste und Feiertage sprechen		
PL	1. Deuten Sie auf die Beispiele und fragen Sie einen TN: „Feiert man in Ihrem Land auch Valentinstag?". Der TN liest das Beispiel vor oder antwortet frei. Fragen Sie einen weiteren TN nach Karneval oder dem ersten Mai.	Folie/IWB	
GA	2. Die TN tauschen sich darüber aus, ob und wie man Valentinstag, Karneval, den ersten Mai und ggf. weitere Feste und Feiertage auch aus ihren Ländern feiert. Gehen Sie herum und helfen Sie bei Schwierigkeiten. *Hinweis:* An dieser Stelle bietet sich die Arbeit mit dem Schreibanlass „Mein Lieblingsfest" aus der Rubrik „Zwischendurch mal ..." (Kursbuch, S. 176) an. *Hinweis:* Hier können Sie auch „Fokus Beruf: Veranstaltungshinweise verstehen" (Arbeitsbuch, S. 172) einsetzen.	ZDM	

B ICH HABE DICH SEHR LIEB, OPA.

Personalpronomen im Akkusativ: *mich, dich ...*

Lernziel: Die TN können über Personen und Dinge sprechen sowie um Hilfe bitten.

	Form	Ablauf	Material	Zeit
B1		**Präsentation der Personalpronomen im Akkusativ**		
	PL	1. Sehen Sie sich gemeinsam mit den TN noch einmal Foto 2 der Foto-Hörgeschichte an und fragen Sie: „Was sagt Lili?", „Was sagt Walter?" und „Was sagt Lara?". Die TN erinnern sich sicherlich an das Gespräch und können Stichpunkte nennen. Achten Sie darauf, dass das Buch in dieser Phase noch geschlossen bleibt.	Folie/IWB	
	EA	2. Die TN hören die Gesprächsausschnitte noch einmal und ergänzen die Lücken. Abschlusskontrolle im Plenum. Verweisen Sie auch auf den Grammatik-Kasten. *Lösung: 1 dich, 2 uns, mich*	CD 5/33–34, Folie/IWB	
	PA/HA Grammatik entdecken	Arbeitsbuch 5: im Kurs: Ein TN liest die beiden ersten Sätze. Fragen Sie: „Wer ist ‚er'?". Fahren Sie den Pfeil auf der Folie / am IWB noch einmal nach und erinnern Sie die TN an die Funktion der Personalpronomen im Nominativ, die ihnen bereits aus *Schritte plus Neu 1* / Lektion 4 bekannt sind. Bitten Sie einen TN, die nächsten beiden Sätze zu lesen und fragen Sie: „Was mag Walter?". Verdeutlichen Sie ebenfalls mit einem Pfeil, dass sich „sie" auf die Hausschuhe im vorangehenden Satz bezieht. Die TN lesen den Text und markieren in Partnerarbeit die weiteren Beispiele. Abschlusskontrolle im Plenum.	Folie/IWB	

EA/PA/HA Grammatik entdecken ⬅➡	Arbeitsbuch 6: im Kurs: Fragen Sie: „Wen haben Sie lange nicht gesehen?". Ein TN liest Beispiel c vor. Markieren Sie dabei „ihn" und machen Sie mithilfe eines Pfeils deutlich, dass sich „das Personalpronomen" auf „Hakim", also einen Mann, bezieht, hier aber nicht „er", sondern „ihn" heißt, weil das Verb „sehen" immer den Akkusativ nach sich zieht. Die TN markieren die übrigen Personalpronomen im Akkusativ wie im Beispiel und ergänzen die Tabelle. Geübtere TN lösen die Aufgabe in Stillarbeit. Ungeübtere TN arbeiten paarweise zusammen. Abschlusskontrolle im Plenum.	Folie/IWB	

B2	**Systematisierung der Personalpronomen im Akkusativ**		
PL	1. Erklären Sie den Bezug eines Personalpronomens im Akkusativ mit einem Tafelbild:		

> Hakim kommt auch zu Henrys Party. Er war einige Wochen in der Türkei.   Wer?
>   Hakim = er
> Ich habe ihn lange nicht mehr gesehen.   Wen?
>   Hakim = ihn

	Machen Sie anhand des Tafelbilds noch einmal deutlich, dass eine schon genannte Person durch ein Personalpronomen, hier „er" und „ihn" ersetzt wird. Verweisen Sie hier noch einmal auf den Grammatik-Kasten ganz oben in B1.		
EA/PA ⬅➡	2. Die TN sehen sich die Kurznachrichten an und ergänzen sie. Geübtere TN lösen die Aufgabe in Stillarbeit. Ungeübtere TN arbeiten paarweise zusammen. Verweisen Sie an dieser Stelle auf die zwei unteren Grammatik-Kästen, in denen die TN alle benötigten Formen finden. Abschlusskontrolle im Plenum. *Lösung: 1 ihn, es, dich; 2 uns, euch, sie*	Folie/IWB	
PL	3. Gehen Sie abschließend noch einmal explizit auf das Personalpronomen im Akkusativ ein und verweisen Sie auch auf die Grammatikübersicht 2 (Kursbuch, S. 174). und die kleine Zeichnung daneben.		
EA/HA	Arbeitsbuch 7–9		

B3	**Anwendungsaufgabe zu den Personalpronomen im Akkusativ**		
PL	1. Deuten Sie auf das Bild und fragen Sie: „Was passiert hier?", „Was machen die beiden Personen?" oder „Was ist die Situation?". Die TN stellen Vermutungen an. Deuten Sie zur Unterstützung ggf. auf den gedeckten Tisch im Hintergrund.	Folie/IWB	
PL	2. Zwei TN lesen das Beispiel vor. Markieren Sie anschließend auf Zuruf der TN, worauf sich die Personalpronomen jeweils beziehen.	Folie/IWB	
PA	3. Die TN variieren das Gespräch anhand der Stichwörter mit ihrer Partnerin / ihrem Partner. *Hinweis:* An dieser Stelle bietet sich die Arbeit mit „Fokus Alltag: Um Hilfe bitten" (Arbeitsbuch, S. 173) an, wo es um Party-Gespräche geht.		

B4	**Aktivität im Kurs: Um Hilfe bitten**		
a	PL/EA	1. Ein TN liest die beiden Beispiele vor. Anschließend notiert jeder TN zwei weitere „Probleme" und Bitten auf Kärtchen.	Kärtchen
b	WPA	2. Die TN nehmen eines ihrer Kärtchen und bitten so lange andere TN um Hilfe bis sie jemanden gefunden haben, der ihnen helfen kann. Dann nehmen sie ihr zweites Kärtchen und bitten erneut um Hilfe. Gehen Sie herum und achten Sie darauf, dass die TN die richtigen Personalpronomen verwenden. *fakultativ:* Zur Vereinfachung und Unterstützung der Aktivität können Sie auch auf die Kopiervorlage im Lehrwerkservice unter www.hueber.de/schritte-plus-neu zurückgreifen.	KV L14/B4 im Lehrwerkservice

		Hinweis: Wenn Sie noch Zeit haben, können die TN das Rätsel aus der Rubrik „Zwischendurch mal ..." (Kursbuch, S. 177) lösen. Klären Sie anschließend gemeinsam die Bedeutung des Sprichworts und sammeln Sie im Kurs, ob es in der Muttersprache ihrer TN ähnliche Sprichwörter gibt.	ZDM	
	EA/HA	Arbeitsbuch 10: im Kurs: Die TN lesen die To-do-Liste und notieren die korrekte Antwort.		

C WIR FEIERN ABSCHIED, DENN ...

Konjunktion *denn*

Lernziel: Die TN können Gründe angeben sowie einen Termin zusagen oder absagen.

	Form	Ablauf	Material	Zeit
C1		**Präsentation: Konjunktion *denn***		
	PL	1. Verweisen Sie die TN auf die Foto-Hörgeschichte und Fragen Sie: „Was ist richtig?".		
	EA	2. Die TN lesen die Aussagen und kreuzen an.		
	EA	3. Die TN hören das Gespräch und vergleichen mit ihren Lösungen. Abschlusskontrolle im Plenum. *Lösung: a denn Lara und Tim fahren nach dem Deutschkurs nach Hause. b denn er hat eine Stelle gefunden.*	CD 5/35	
	PL	4. Zeigen Sie anhand des Grammatik-Kastens, dass man mit der Konjunktion „denn" Gründe angibt. Verweisen Sie auch auf die Grammatikübersicht 3 (Kursbuch, S. 174) sowie die kleine Übung zu freien „denn-Sätzen" . Einige TN kennen vielleicht schon die Konjunktion „weil". In diesem Fall können Sie erwähnen, dass „denn" und „weil" dieselbe Bedeutung haben. Verzichten Sie aber unbedingt auf die Einführung von „weil" und die damit verbundene Nebensatzkonstruktion. Nebensätze sind Stoff der Niveaustufe A2. Die Konjunktion „weil" wird in *Schritte plus Neu 3* / Lektion 1 eingeführt.	Folie/IWB	
C2		**Leseverstehen: Zu- bzw. Absagen verstehen**		
a	PL	1. Fragen Sie: „Was möchten Lara und Tim feiern?". Ein TN liest die Einladung von Lara und Tim vor.	Folie/IWB	
	PL	2. Deuten Sie dann auf die Einträge darunter und sagen Sie: „Lara und Tim haben ihre Kurskolleginnen und -kollegen und ihre Lehrerin eingeladen. Das sind ihre Antworten.". Greifen Sie exemplarisch die Nachricht von Maria Reimann heraus und fragen Sie: „Kommt Frau Reimann zur Party?". Die TN lesen die Nachricht und beantworten die Frage. Deuten Sie dann auf die Liste der Namen links neben der Einladung und fragen Sie: „Wer kommt zur Party?".	Folie/IWB	
	EA/PA ⟷	3. Die TN lesen die übrigen Einträge und kreuzen an. Geübtere TN lösen die Aufgabe in Stillarbeit. Ungeübtere TN arbeiten paarweise zusammen. Abschlusskontrolle im Plenum. *Lösung: Ioanna, Pawel*	Folie/IWB	
b	PL	4. Deuten Sie auf die Antworten und Fragen Sie: „Warum kommen Maria, Sibel und Eduardo nicht?".	Folie/IWB	

EA/PA ⟷	5. Die TN markieren die Gründe im Text und ergänzen die Sätze. Geübtere TN lösen die Aufgabe in Stillarbeit. Ungeübtere TN arbeiten paarweise zusammen. Abschlusskontrolle im Plenum. *Lösung: 1 hat am Abend noch einen Kurs. 2 Eduardo ... Flug nach Hause geht schon am Freitagmittag. 3 Sibel ... ist Krankenschwester und hat am Freitag Nachtschicht.*	Folie/IWB	
EA/HA	Arbeitsbuch 11–13		

C3	**Aktivität im Kurs: Eine Einladung schriftlich absagen**		
EA	1. Die TN lesen die Einladung von Lara und Tim noch einmal. Fragen Sie: „Wann möchten Lara und Tim den Kursabschluss feiern?". Sagen Sie dann: „Sie sind auch eingeladen, aber Sie können nicht kommen. Schreiben Sie eine Absage und erklären Sie, warum nicht.". Verweisen Sie an dieser Stelle auch auf die Redemittel zum Thema „Zu-und Absagen: Ich kann nicht kommen." In der Rubrik „Kommunikation" (Kursbuch, S. 175).		
PA ⟷	2. Die TN formulieren eine kurze Nachricht auf einem Zettel und tauschen ihre Absagen mit ihrer Partnerin / ihrem Partner aus. Ggf. korrigieren sie sich gegenseitig. Gehen Sie herum und helfen Sie bei Schwierigkeiten. Paare die früher fertig sind, können eine neue Einladung zu einer Party, zu einem Picknick, einem Kinobesuch o. Ä. schreiben und darauf reagieren. Wer möchte, kann Einladung und Absage auch mündlich formulieren. *Musterlösung: Liebe Lara, lieber Tim. Ich kann leider nicht zur Abschiedsfeier kommen, denn ich muss am Freitagabend im Kino an der Kasse arbeiten. Ich wünsche euch viel Spaß.*		
PA/GA	3. *fakultativ:* Wenn Sie mit Ihren TN die Anwendung von *denn*-Sätzen weiter vertiefen wollen, können Sie hierzu die Kopiervorlage im Lehrwerkservice unter www.hueber.de/schritte-plus-neu nutzen. Jeder TN erhält eine Kopie und notiert zunächst für sich, wie er die genannten Aktivitäten findet und ergänzt weitere Aktivitäten, über die er mit den anderen sprechen möchte. Die TN finden sich paarweise oder in Kleingruppen von 3–4 TN zusammen und befragen sich gegenseitig nach ihrer Meinung zu den einzelnen Themen. Bei der Formulierung können sie sich an den beiden Beispielen orientieren. Gehen Sie herum und helfen Sie den TN bei Schwierigkeiten.	KV L14/C3 im Lehrwerkservice	
EA 👄	**Arbeitsbuch 14:** im Kurs: Lesen Sie den ersten Satz bis „Abschied" vor und gehen Sie am Ende deutlich mit der Stimme nach unten. So setzen Sie einen „Punkt". Lesen Sie dann den ganzen Satz vor und verbinden Sie die Teilsätze, indem Sie nach „Abschied" mit der Stimme oben bleiben. Zeigen Sie so, wie man mit der Stimme deutlich machen kann, ob eine Aussage zu Ende ist oder noch weitergeht. Die TN hören die Beispiele und sprechen nach jedem Satz nach.	AB-Track 2/57	
	Hinweis: Wenn Sie noch Zeit haben, können Sie an dieser Stelle das Projekt aus der Rubrik „Zwischendurch mal ..." (Kursbuch, S. 177) anschließen.	ZDM	

D EINLADUNGEN

Verbkonjugation: *werden;* Verben mit Präpositionen: *einladen zu*

Lernziel: Die TN können Einladungen verstehen und selbst schreiben.

	Form	Ablauf	Material	Zeit
D1		**Leseverstehen: Einladungen**		
	PL	1. Die Bücher sind geschlossen. Zeigen Sie zunächst nur die Einladung A und fragen Sie: „Wer feiert?", „Was feiert sie?", „Wann feiert sie?" und „Wo feiert sie?". Warten Sie die Antwort der TN ab, bevor Sie die Lösung aufdecken.	Folie/IWB	
	PA/GA	2. Die TN lesen die beiden anderen Einladungen und entscheiden zusammen mit ihrer Partnerin / ihrem Partner, ob es sich um eine Weihnachtsfeier oder ein Kindergartenfest handelt. Abschlusskontrolle mithilfe der Folie im Plenum. *Lösung: B Kindergartenfest C Weihnachtsfeier* *Variante:* Teilen Sie den Kurs in drei Gruppen und geben Sie jeder Gruppe eine der Einladungen in Kopie. Jede Gruppe konzentriert sich nur auf ihren Brief. Schreiben Sie zur Orientierung einige Fragen zum Leseverstehen an die Tafel, z. B. „Wer feiert?", „Wann ist die Feier?" etc. Die TN suchen in der Gruppe die Informationen aus den Texten heraus und schlagen neue Wörter im Wörterbuch nach, um sie anschließend den anderen erklären zu können. Abschließend berichten die Gruppen im Plenum, z. B. „Das ist eine Einladung für die Weihnachtsfeier von ... Sie ist am ..." etc. Die anderen Gruppen können dabei mit den Texten im Buch vergleichen. Bitten Sie die Gruppen anschließend, den anderen die neuen Wörter im Text, wie „Kinderflohmarkt", „Tombola" etc. zu erklären. Helfen Sie, wenn nötig.		
	PL	3. Schreiben Sie „Am Donnerstag wird Vanessa 30." an die Tafel und fragen Sie dann: „Wie alt ist sie am Mittwoch?" sowie „Wie alt ist sie dann am Freitag?", um zu verdeutlichen, dass mit dem Verb „werden" eine Veränderung ausgedrückt wird. Verweisen Sie auch auf den Grammatik-Kasten und die Grammatikübersicht 4 (Kursbuch, S. 174). In der kleinen Schreibübung können die TN über die anstehenden Geburtstage ihrer Angehörigen berichten.	Folie/IWB	
	PA/GA	4. Schreiben Sie dann „Wie alt werden Sie (an Ihrem nächsten Geburtstag)?" an die Tafel. Fragen Sie einen geübteren TN: „Wie alt sind Sie jetzt?" und „Wie alt werden Sie (an Ihrem nächsten Geburtstag)?". Anschließend befragen sich die TN gegenseitig.		
	EA/HA	Arbeitsbuch 15–16		
D2		**Eine Einladung schreiben**		
	PL	1. Bringen Sie eine Einladungskarte mit und fragen Sie die TN, zu welchen Anlässen man in ihren Ländern Einladungskarten verschickt. Sammeln Sie die Ergebnisse an der Tafel.	Einladungs-karte	
	🌍	Weisen Sie die TN darauf hin, dass man in Deutschland nicht nur zu einer Hochzeit förmlich einlädt, sondern manchmal auch zu Geburtstagen oder Partys. Das wird insbesondere TN überraschen, in deren Heimatländern (z. B. der Türkei) dem Geburtstag keine große Bedeutung beigemessen wird, bzw. in deren Heimat man zu Geburtstagen nicht explizit einlädt, weil Familie und Freunde ohnehin daran denken und unangemeldet vorbeikommen.		

PL	2. Sehen Sie sich mit den TN die Redemittel an. Gehen Sie dabei zunächst auf die weibliche bzw. männliche Form der Anrede ein. Deuten Sie auf die Anrede und sagen Sie: „Man sagt ‚Liebe Louise‘, aber ‚Lieber Jan‘.“ Zeigen Sie, dass ein Einladungsbrief außerdem Antworten auf die Fragen „Wo?“, „Wann?“ und „Warum?“ enthalten sollte. Erinnern Sie die TN noch einmal daran, dass sie einen Brief unbedingt mit einem Gruß abschließen sollten. Das haben sie schon in Lektion 10 geübt. Verweisen Sie an dieser Stelle auch auf die Redemittel „Briefe/E-Mails schreiben: Liebe Vanessa!“ und „Einladen: Ich lade Dich/Sie ein.“ in der Rubrik „Kommunikation (Kursbuch, S. 175). Die zugehörige Übung können die TN als Hausaufgabe erledigen. Deuten Sie dann auf den Info-Kasten und erklären Sie, dass man das Verb „einladen“ meistens in Verbindung mit der Präposition „zu“ gebraucht.	Folie/IWB	
PL	3. Die TN lesen die Aufgabe im Buch. Fragen Sie: „Was wollen wir zusammen feiern?“ und „Wann soll die Party sein?“. Die TN entscheiden sich gemeinsam für einen Anlass sowie für den Zeitpunkt der Feier. Entwickeln Sie dann gemeinsam eine exemplarische Einladung an der Tafel, an der sich die TN im nächsten Schritt orientieren können.	Folie/IWB	
PA	4. Die TN schreiben zu zweit in Anlehnung an den Musterbrief eine ähnliche Einladung. Gehen Sie herum und helfen Sie bei Schwierigkeiten. Paare, die früher fertig sind als die anderen, tauschen ihre Einladungen miteinander aus und schreiben eine Antwort. *Musterlösung: Lieber Martin, am 5. September werde ich 20 Jahre alt. Ich möchte meinen Geburtstag feiern und lade Dich zu meinem Grillfest ein. Wann: Samstag, den 05.09.2015 / Wo: Gartenstraße 71. Kannst du kommen? Ich würde mich freuen. Bitte gib Bescheid bis Donnerstag, den 3. September. Viele Grüße Isabela* *Hinweis:* Wenn Sie noch Zeit haben, können Sie an dieser Stelle eine der Projektideen aus der Rubrik „Zwischendurch mal ...“ (Kursbuch, S. 177) aufgreifen.	ZDM	
EA/HA Schreibtraining	Arbeitsbuch 17: Mit dieser Übung trainieren die TN noch einmal schrittweise das Schreiben einer Einladung. Sammeln Sie die Texte zur Korrektur ein.		

E FESTE UND GLÜCKWÜNSCHE

Lernziel: Die TN können Feste nennen, Texte über Feste verstehen und Glückwünsche formulieren.

	Form	Ablauf	Material	Zeit
E1		**Präsentation des Wortfelds „Feste“**		
	PL	1. Die Bücher sind geschlossen. Fragen Sie: „Was feiert man in Deutschland? Welche Feste kennen Sie?“. Sammeln Sie mit den TN alle möglichen Feste, die ihnen auf Deutsch einfallen, sowie alle Begriffe, die sie mit diesen Festen assoziieren, und notieren Sie diese an der Tafel.		
	EA	2. Zeigen Sie auf die Fotos und fragen Sie: „Zu welchen Festen passen die Fotos?“. Die TN öffnen ihr Buch und ordnen die Fotos den Festen in der Tabelle zu. Abschlusskontrolle im Plenum. *Lösung: Ostern: D; Weihnachten: B, E; Silvester/Neujahr: A*	Folie/IWB	

🌐		Nach der ursprünglichen christlichen Tradition ist am 6. Dezember der „Nikolaus-tag". Der Nikolaus kommt nachts und legt den Kindern kleine Geschenke in ihre Stiefel, z. B. Mandarinen, Lebkuchen oder Nüsse. Oder er besucht die Kinder abends, um zu sehen, ob sie auch brav waren. Am 24. Dezember ist Weihnachten. Hier bringt das Christkind die Geschenke. Der Weihnachtsmann ist eine amerikani-sche Erfindung. In manchen Familien kommt er anstatt des Christkinds an Weih-nachten und bringt die Geschenke. Die ursprünglich christliche Bedeutung des Weihnachtsfests tritt in Deutschland wie in anderen Ländern immer stärker in den Hintergrund. In vielen Familien geht es heutzutage vor allem darum, zusammen zu sein und sich gegenseitig zu beschenken und so eine Freude zu machen.		
	PL	3. Wenn Sie TN im Kurs haben, die bereits einige Zeit in Deutschland leben, können Sie fragen: „Wann feiern wir Ostern, Weihnachten, Silvester und Neujahr?". Begnü-gen Sie sich zumindest bei Ostern mit einfachen Antworten wie „Im Frühling.", da das Datum jährlich wechselt. Lassen Sie bei Weihnachten auch Angaben wie „Im Dezember." gelten.		
	GA	4. *fakultativ:* Zur Festigung des Wortschatzes können Sie mit Ihren TN das Memory-Spiel von der Kopiervorlage spielen. Kopieren Sie die Kopiervorlage dazu mehrfach, zerschneiden Sie sie und geben Sie jeder Gruppe einen Kartensatz.	KV L14/E1	

E2	**Leseverstehen: Wesentliche Inhalte verstehen**			
a	EA/PA ⟷	1. Deuten Sie auf die Fotos von Mia, Vladimir und Pinar und fragen Sie: „Was sind ihre Lieblingsfeste?". Die TN lesen die Texte auf S. 173 und ordnen zu. Geübte TN lösen die Aufgabe in Stillarbeit. Ungeübtere TN arbeiten paarweise zusammen. Abschlusskontrolle im Plenum. *Lösung: 2 Silvester/Neujahr/Weihnachten, 3 Zuckerfest*	Folie/IWB	
b	EA/PA ⟷	2. Die TN lesen die Texte noch einmal und korrigieren dann die Aussagen. Geübtere TN lösen die Aufgabe in Stillarbeit. Ungeübtere TN arbeiten paarweise zusammen. Abschlusskontrolle im Plenum. *Lösung: 1b ~~Osterschinken~~ „Eiertitschen" c ~~den Osterhasen~~ die Ostereier; 2a ~~25. Dezember~~ 7. Januar b ~~alle~~ nur die Kinder c ~~einen~~ keinen; 3a ~~am~~ am ersten Tag nach dem b ~~Wochen~~ Tage c ~~Zucker~~ Geschenke und Süßigkeiten*	Folie/IWB	

TiPP		Vor allem TN aus entfernten Kulturkreisen wie Asien oder Afrika sind mit den typisch westlichen Festen möglicherweise nicht so vertraut. Wenn eines der Feste unmittelbar bevorsteht, können Sie es im Kurs gemeinsam vorbereiten und/oder feiern. Vor Ostern können Sie z. B. mit den TN Ostereier färben, Oster-schmuck basteln oder auch kleine Osternester für ihre Kinder machen. Vor Weihnachten können Sie zusammen ein Weihnachtslied singen, mit den TN einen Adventskalender für den Kurs basteln oder die TN jeden Tag ein Türchen eines gekauften Adventskalenders öffnen lassen. Vor oder auch kurz nach Sil-vester können Sie mit den TN Blei gießen.		
	EA/HA	Arbeitsbuch 18		

E3	**Präsentation des Wortfelds „Glückwünsche"**			
	PL	1. Deuten Sie auf die vier Glückwunschkarten und fragen Sie: „Zu welchem Fest pas-sen die Karten?". Notieren Sie die Feste auf Zuruf an der Tafel. Fragen Sie dann weiter: „Was wünscht man sich zu Ostern? Und was zur Hochzeit?".	Folie/IWB	
	EA/PA	2. Die TN lesen die Glückwünsche und ordnen zu. Abschlusskontrolle im Plenum. *Lösung: 2 C, 3 D, 4 A*		
	PL	3. *fakultativ:* Sammeln Sie mit den TN weitere Redemittel für eine Glückwunschkarte an der Tafel.		

EA	4. Kopieren Sie gekaufte Glückwunschkarten mehrfach und lassen sie jeden TN eine Karte auswählen, die er an seine Partnerin / seinen Partner schreiben möchte *Variante:* Die TN malen selbst Glückwunschkarten und schreiben Glückwünsche an ihre Partnerin / ihren Partner. *Hinweis:* An dieser Stelle bietet sich die Arbeit mit dem Lesetext und dem Schreibanlass „Das Lieblingsfest von Maija aus Riga" in der Rubrik „Zwischendurch mal (Kursbuch, S. 176) an. Die TN können hier anhand ihres Lieblingsfestes das freie Schreiben üben.	Glückwunsch-karten (ZDM)	
PL	5. Wenn Sie mit Ihren TN das Thema „Glückwünsche" vertiefen wollen, sammeln Sie zunächst an der Tafel, welche Feste die TN in diesem Kapitel kennengelernt haben, und was man sich zu diesem Anlass wünscht. Beziehen Sie hier auch die Redemittel „Glückwünsche: Alles Gute!" in der Rubrik „Kommunikation" (Kursbuch, S. 175) mit ein. Präsentieren Sie zur Auflockerung das kleine Gespräch zwischen Weihnachtsmann und Osterhase. *fakultativ:* Kopieren Sie die Kopiervorlage mehrfach, sodass jeder TN eine Karte erhält. Jeder TN befestigt seine Karte mit Klebeband an der Kleidung. Dann gehen die TN im Kursraum umher, schütteln sich die Hände und äußern Glückwünsche, die zur Karte ihres Gegenübers passen. Dann wechseln sie zum nächsten. Mischen Sie sich unter die TN und helfen Sie bei Schwierigkeiten. *Variante:* Wenn Ihre TN gerne etwas über Feste und Bräuche in ihren Ländern erzählen, können die TN Feste und Glückwünsche aus ihren Ländern an der Tafel ergänzen und analog zur Kopiervorlage entsprechende Karten schreiben, die bei Interesse der TN in die Übung einbezogen werden können. Der Übungsschwerpunkt sollte aber darauf liegen, was man zu dem jeweiligen Anlass in Deutschland auf Deutsch sagt.	KV L14/E3	
EA/HA	Arbeitsbuch 19–20		
EA/HA Prüfung	Arbeitsbuch 21: im Kurs: Mit dieser Übung können sich die TN auf den Prüfungsteil Lesen, Teil 3 der Prüfung *Start Deutsch 1* vorbereiten.		
GA	*fakultativ:* Wenn Sie noch Zeit haben, können Sie hier die Wiederholung zu Lektion 14 anschließen.	KV L14/ Wiederholung	
Lektions- tests	Einen Test zu Lektion 14 finden Sie hier im LHB auf den Seiten 188–189. Weisen Sie die TN auf den Selbsttest im Arbeitsbuch auf Seite 171 hin.	KV L14/Test	

AUDIO- UND VIDEOTRAINING

Form	Ablauf	Material	Zeit
Audiotraining 1: Glückwünsche			
EA/HA	Die TN hören Glückwünsche, z. B. „Alles Gute!" und wiederholen diese in den Sprechpausen. Nach den Sprechpausen hören sie diese zur Kontrolle noch einmal.	CD 5/36	
Audiotraining 2: Wann genau ist das?			
EA/HA	Die TN hören eine Frage nach dem Datum, z. B. „Wann hat deine Tochter Geburtstag?" und die Vorgabe „fünf – März". Die TN formulieren in der Sprechpause die Antwort mit „Am (fünften März).". Nach der Sprechpause hören die TN die korrekte Antwort zur Kontrolle noch einmal.	CD 5/37	

Audiotraining 3: Einladungen		
EA/HA	Die TN hören Einladungen, z. B. „(Ich mache morgen Abend eine Party.) Kommst du auch?" und antworten in den Sprechpausen mit „Nein. Tut mir leid. Ich kann leider nicht kommen." oder mit „Ja, ich komme gern.". „Ja" oder „Nein" wird vorgegeben. Nach der Sprechpause hören die TN die korrekte Antwort.	CD 5/38
Videotraining 1: Ich mag dich.		
EA/HA	Die TN sehen in dem Film Lara und Tim, die darüber sprechen, dass sie sich gegenseitig und auch die Zuschauer mögen. Dabei werden die Personalpronomen im Akkusativ im Kontext veranschaulicht.	Film „Ich mag dich."
Videotraining 2: Was passiert am 12. Juli?		
EA/HA	Mit diesem Film können die TN Datumsangaben üben. Es werden Informationen eingeblendet (Onkel Robert / 4. Januar / 50 / werden) und die TN formulieren Angaben mit „am" bzw. „von ... bis". Sie wenden dabei auch die Inversion an, z. B. „Am 4. Januar wird Onkel Robert 50.". Danach hören die TN den richtigen Satz noch einmal zur Kontrolle.	Film „Was passiert am 12. Juli?"

ZWISCHENDURCH MAL ...

	Form	Ablauf	Material	Zeit
	Schreiben	**Das Lieblingsfest von Maija aus Riga (passt z. B. zu A4 und E3)**		
1	PL	1. Die Bücher sind geschlossen. Die TN sehen sich die Fotos an. Fragen Sie: „Welches Fest feiert Maija hier?" und „Wann feiert man das Fest?". Die TN stellen Vermutungen an.	Folie/IWB	
	EA/PA	2. Die TN öffnen die Bücher, lesen den Text im Buch und beantworten die Fragen. Geübtere TN lösen die Aufgabe in Stillarbeit. Ungeübtere TN arbeiten paarweise zusammen. Abschlusskontrolle im Plenum. *Lösung: a Lettland; b 23. Juni Mittsommerfest, 24. Juni Johannistag; c den Sommer und die Natur; d essen, trinken*	Folie/IWB	
2	PL	1. Fragen Sie „Was ist Ihr Lieblingsfest?". Erstellen Sie an der Tafel einen Wortigel zu „Mein Lieblingsfest" und helfen Sie den TN, ggf. den deutschen Namen zu finden.		
	EA	2. Die TN lesen die Redemittel und machen sich Notizen. Verweisen Sie auch auf das Beispiel.		
	EA/HA	3. Die TN schreiben in Stillarbeit oder als Hausaufgabe einen Text über ihr Lieblingsfest.		
	GA/PL	4. Die TN bringen ein eigenes Foto oder Fotos aus dem Internet mit und lesen ihren Text in Kleingruppen vor. *Variante:* Die TN hängen ihre Texte und Fotos im Kursraum auf. Machen Sie dann eine Leserallye, in der jeder TN die Texte der anderen liest und seine Favoriten wählt. Dazu darf jeder TN sechs Punkte vergeben. Drei für seinen Favoriten, zwei für den zweiten und einen für den dritten Platz. Zum „Punkten" können Sie Klebepunkte verteilen oder die TN machen auf einem Klebezettel neben dem Text Striche. Am Ende wird ausgezählt, welche drei Texte die meisten Punkte bekommen haben. Diese werden dann im Plenum vorgelesen.		

Rätsel		Sprichwort (passt z. B. zu B4)		
	PL	1. Deuten Sie auf die erste Abbildung und fragen Sie: „Was ist das?". Schreiben Sie „Beine" an die Tafel und streichen Sie den ersten, zweiten und fünften Buchstaben durch, sodass nur noch „in" bleibt.	Folie/IWB	
	PA	2. Die TN versuchen, die anderen Wörter zu erraten. Wenn Ihre TN gerne spielen, können Sie einen Wettbewerb veranstalten. Wer das Rätsel zuerst gelöst hat, erhält einen kleinen Preis. Abschlusskontrolle im Plenum. *Lösung: HUNDERT = DER, N + ACHT = NACHT, KIND + S = SIND, ALTE + L = ALLE, FRAU + G = GRAU, Lösungssatz: In der Nacht sind alle Katzen grau.*	Folie/IWB	
	PL	3. Klären Sie anschließend gemeinsam die Bedeutung des Sprichworts und sammeln Sie im Kurs, ob es in der Muttersprache Ihrer TN ähnliche Sprichwörter gibt.		

TiPP	Viele Sprichwörter werden im Alltag regelmäßig verwendet. Da ihre Bedeutung oft nicht aus den einzelnen Wortbedeutungen zu erschließen ist, sollten Sie immer mal wieder ein Sprichwort mit in den Unterricht bringen, um so das Repertoire der TN Schritt für Schritt zu erweitern.

Projekt		Juhu! Fertig mit A1! (passt z. B. zu C3 oder D2)		
	PL	1. Die TN lesen den Text und die beiden Projektvorschläge. Fragen Sie, welche Idee den TN besser gefällt oder ob sie einen anderen Vorschlag haben, wie sie gemeinsam den Kurs und damit die Stufe A1 abschließen könnten. Die TN entscheiden sich für ein gemeinsames Projekt.	Folie/IWB	
	GA/PL	2. Idee 1: Die TN schreiben ihr Lieblingswort auf ein Kärtchen und erklären, was es bedeutet und warum es ihnen so gut gefällt. Anschließend kleben sie ihr Kärtchen für alle sichtbar auf die Wandzeitung und schreiben ihren Namen dazu. So können die TN in der Pause über ihre Lieblingswörter sprechen.	Kärtchen	
		Idee 2: Die TN bringen ein ausgedrucktes Foto von sich mit und schreiben Stichpunkte zu ihrer Person dazu. Machen Sie daraus eine gemeinsame Wandzeitung, die im Kursraum für alle sichtbar aufgehängt wird.		
		Variante: Die TN erstellen individuell eine Computer-Präsentation zu ihrer Person und schicken Ihnen diese zu. Führen Sie die Einzelpräsentationen dann zu einer Gesamtpräsentation zusammen, die sie sich dann gemeinsam im Kurs ansehen.		
		Wenn Sie digital arbeiten, achten Sie darauf, dass alle TN mit dem gleichen Format arbeiten, damit eine Zusammenführung der Dokumente anschließend möglich ist.		

FOKUS BERUF: VERANSTALTUNGSHINWEISE VERSTEHEN

Die TN können Veranstaltungshinweisen die Hauptinformation entnehmen.

	Form	Ablauf	Material	Zeit
1		**Leseverstehen 1: Wesentliche Inhalte verstehen**		
	PL	1. Deuten Sie auf Text A, und klären Sie zunächst den Begriff „Messe" und fragen Sie dann: „Was ist das Thema der Messe?", „Wann und wo findet sie statt?".	Folie/IWB	
	EA	2. Die TN lesen den Veranstaltungshinweis und nennen die Informationen zu Text A. Ergänzen Sie auf Zuruf die Tabelle.	Folie/IWB	

	Form	Ablauf	Material	Zeit
	EA/PA ↔	3. Die TN lesen die beiden anderen Texte, markieren die Informationen im Text und ergänzen die Tabelle. Geübtere TN lösen die Aufgabe in Stillarbeit. Ungeübtere TN arbeiten paarweise zusammen. Abschlusskontrolle im Plenum. Markieren Sie die Informationen dabei auf der Folie / am IWB und ergänze Sie die Tabelle. *Lösung: A Datum/Uhrzeit: 01.–03. Mai / 10.00–18.00 Uhr, Stadt: Grafing; Thema: Ausbildung, Datum/Uhrzeit: 20. September / 17.00–23.00 Uhr, Stadt: Mannheim; C Thema: Arbeitssuche, Datum/Uhrzeit: 18.05. / 17–19 Uhr, Stadt: Neudorf*	Folie/IWB	
2		**Leseverstehen 2: Zuordnungsaufgabe**		
	PL	1. Die TN lesen Beispiel 1. Fragen Sie: „Warum ist Veranstaltung B für ihn interessant?".	Folie/IWB	
	EA	2. Die TN lesen Text B ggf. noch einmal und beantworten die Frage.		
	EA	3. Die TN lesen die anderen Beispiele und ordnen ihnen die passende Veranstaltung zu. Abschlusskontrolle im Plenum. *Lösung: 2 C, 3 A*	Folie/IWB	

FOKUS ALLTAG: UM HILFE BITTEN

Die TN können ihren Gesprächspartner um sprachliche Korrektur bitten und mit einfachen Mitteln nach Lernmaterial fragen. Sie können sich bei Bekannten mit einfachen Worten nach preiswerten Wohnmöglichkeiten erkundigen.

	Form	Ablauf	Material	Zeit
1		**Hörverstehen 1: Partygespräche**		
	GA	1. Fragen Sie: „Was sehen Sie? Was machen die Leute?". Die TN betrachten die Zeichnung und unterhalten sich über die Aktivitäten der Leute („Sie tanzen, trinken, lachen zusammen." etc.) und sammeln Wörter, die sie kennen („Brezel", „Limonade" etc.). *Variante: Die TN sammeln in Kleingruppen von vier TN alle Nomen und Verben, die sie brauchen, um das Bild beschreiben zu können. Dann vergleichen sie mit einer anderen Gruppe und ergänzen ggf. ihre Begriffe.*	Folie/IWB	
	GA	2. Die TN überlegen, worüber die Partygäste sprechen könnten. Teilen Sie den Kurs in mindestens drei Gruppen. Jede Gruppe schreibt ein kurzes Gespräch zu einem der Party-Grüppchen, die sich miteinander unterhalten.		
	PL	3. Die TN lesen oder spielen ihre Gespräche vor und hängen sie für alle sichtbar im Kursraum auf.		
	EA/PA ↔	4. Fragen Sie: „Wer spricht?". Die TN lesen die Namen im Buch. Dann hören sie die Gespräche und ordnen die Namen zu. Wenn nötig, hören sie die Gespräche mehrmals. Geübtere TN lösen die Aufgabe in Stillarbeit. Ungeübtere TN arbeiten paarweise zusammen. Abschlusskontrolle im Plenum. *Lösung: A Kim, B Karl, C Ingrid, E Elsa, F Sascha, G Laura*	AB-Track 2/58–60	
2		**Hörverstehen 2: Wesentliche Inhalte verstehen**		
a	EA/PA	1. Die TN lesen die Aufgabenstellung und hören die Gespräche noch einmal. Abschlusskontrolle im Plenum. *Lösung: 2 a, 3 b*	AB-Track 2/58–60	
b	EA	2. Die TN lesen Aufgabenstellung und hören die Gespräche noch einmal, wenn nötig. Abschlusskontrolle im Plenum. . *Lösung: Sascha: ein Buch, Kim: ein Zimmer*	AB-Track 2/58–60	

Berufe

	der Postbote		die Sekretärin
	die Friseurin		die Verkäuferin
	der Verkäufer		die Lehrerin
	der Fußballspieler		der Maler
	der Mechatroniker		die Ärztin
	die Kellnerin		die Altenpflegerin
	die Malerin		der Kellner
	der Journalist		der Hausmeister

Schritte plus Neu 2, Lehrerhandbuch, 978-3-19-611081-4, © Hueber Verlag 2016

Ein Telefongespräch

✂

Wann sind	Sie nach Berlin gekommen?
Vor fünf Jahren.	Wie lange wohnen
Sie schon in der Adalbertstraße?	Seit drei Monaten.
Wie lange lernen	Sie schon Deutsch?
Seit acht Wochen.	Wie lange arbeiten
Sie schon	als Physiotherapeutin?
Seit sieben Jahren.	Seit wann sind
Sie selbstständig?	Seit drei Jahren.
Seit wann arbeitet	Eda Erden bei Ihnen?
Seit einem Jahr.	Wann haben
Sie die Praxis gekauft?	Vor drei Jahren.
Seit wann	kennen Sie Lara?
Seit einem Monat.	

Schritte plus Neu 2, Lehrerhandbuch, 978-3-19-611081-4, © Hueber Verlag 2016

Verbdomino

ich *war*	er/sie/es *ist*	er/sie/es *war*	wir *kommen*
wir *sind ... gekommen*	du *gehst*	du *bist ... gegangen*	ich *höre*
ich *habe ... gehört*	er/sie/es *liest*	er/sie/es *hat ... gelesen*	ihr *esst*
ihr *habt ... gegessen*	ihr *seid*	ihr *wart*	du *hast*
du *hattest*	er/sie/es *schläft*	er/sie/es *hat ... geschlafen*	ich *schreibe*
ich *habe ... geschrieben*	du *machst*	du *hast ... gemacht*	wir *lernen*
wir *haben ... gelernt*	ich *arbeite*	ich *habe ... gearbeitet*	du *bist*
du *warst*	wir *spielen*	wir *haben ... gespielt*	ich *habe*
ich *hatte*	du *frühstückst*	du *hast ... gefrühstückt*	er/sie/es *fährt*
er/sie/es *ist ... gefahren*	ich *treffe*	ich *habe ... getroffen*	ihr *kauft ...*
ihr *habt ... gekauft*	du *sagst*	du *hast ... gesagt*	wir *kochen*
wir *haben gekocht*	ich *habe*	ich *hatte*	er/sie/es *sieht*
er/sie/es *hat ... gesehen*	wir *trinken*	wir *haben ... getrunken*	du *wohnst*
du *hast ... gewohnt*	ich *spreche*	ich *habe ... gesprochen*	du *suchst*
du *hast gesucht*	wir *sind*	wir *waren*	ich *bin*

Schritte plus Neu 2, Lehrerhandbuch, 978-3-19-611081-4, © Hueber Verlag 2016

Kenan Cinars Arbeitstag

1 Schreiben Sie Sätze. Beginnen Sie mit den unterstrichenen Wörtern.

Beispiel: <u>Kenan Cinar</u> – auf|stehen – früh am Morgen. *Kenan Cinar steht früh am Morgen auf.*

a <u>Er</u> – schnell – trinken – einen Kaffee – // und dann – in den Tag – startet – er

b mit seinem Kleinlaster – <u>Um halb sechs</u> – fahren – in die Großmarkthalle – er

c frisches Obst und Gemüse – <u>Er</u> – kaufen // und – zurück|fahren – er – zu seinem Laden.

d seine Einkäufe – <u>Dort</u> – aus|laden – er // und – vor|bereiten – alles

e seinen Laden – <u>Um acht Uhr</u> – öffnen – er

f kommen – Frau Engler – <u>Kurz nach acht</u> – // und – ein|kaufen

g <u>Kenan Cinar</u> – den ganzen Tag – ohne Pause – arbeiten

h seine Schwester – <u>Am Nachmittag</u> – für ein paar Stunden – helfen

i Kenan Cinar – seinen Laden – <u>Um acht Uhr</u> – schließen

j alles auf|räumen – er – <u>Dann</u> // und – sauber machen

k die Kassenabrechnung – <u>Um halb neun</u> – machen – er // und dann – fahren – er – nach Hause

2 Was hat Kenan Cinar gestern gemacht? Schreiben Sie auf ein separates Blatt.

hat … getrunken	hat … geschlossen	ist … gefahren	ist … aufgestanden	ist … gestartet	hat … vorbereitet
hat … gekauft	ist … zurückgefahren	hat … geöffnet	hat … eingekauft	hat … gearbeitet	hat … ausgeladen
ist … gekommen	hat … geholfen	hat … aufgeräumt	hat … gemacht	ist … gefahren	hat … sauber gemacht

Kenan Cinar ist früh am Morgen aufgestanden. Er hat schnell …

Schritte plus Neu 2, Lehrerhandbuch, 978-3-19-611081-4, © Hueber Verlag 2016
Fotos: Matthias Kraus, München

Na los, komm mit!

A Hier gibt es die Fahrscheine.
B Die Autovermietung – „Geh du schon!"
C Pläne für das Wochenende: „Ich möchte nach Salzburg fahren".
D Im Internet – „Vielleicht stimmt das ja auch gar nicht?"
E Blöd! Es geht leider nicht.
F Lara ist EU-Bürgerin.
G Sechs Wochen für den internationalen Führerschein!
H Busfahren ist billig.

Schritte plus Neu 2, Lehrerhandbuch, 978-3-19-611081-4, © Hueber Verlag 2016

Lösung: Foto 1 – C, Foto 2 – D, Foto 3 – G, Foto 4 – F, Foto 5 – B, Foto 6 – E, Foto 7 – H, Foto 8 – A

Das Ämter-und-Behörden-Spiel

Machen Sie Sätze mit *müssen*.

→

ein Foto mitbringen	den Ausweis zeigen	eine Nummer ziehen	einen Termin machen	mindestens 21 Jahre alt sein	hier unterschreiben
einen Führerschein haben					zum Fotografen gehen
hier warten		ich	wir		den Ausweis mitbringen
einen Antrag ausfüllen		du	ihr		für den Führerschein mindestens 18 Jahre alt sein
zur Führerscheinstelle gehen		er/sie	sie/Sie		die Papiere unterschreiben
den Führerschein zeigen	an der Information fragen	20 Euro bezahlen	einen internationalen Führerschein haben	den Antrag unterschreiben	den Führerschein abholen

Schritte plus Neu 2, Lehrerhandbuch, 978-3-19-611081-4, © Hueber Verlag 2016

Imperativ-Kartenspiel

	leise sein	einen Kaffee holen	
warten			pünktlich sein
jetzt gehen			sehen: da vorne
	langsam fahren	den Text lesen	
zuhören			eine Cola mitbringen

Schritte plus Neu 2, Lehrerhandbuch, 978-3-19-611081-4, © Hueber Verlag 2016
Illustrationen: Jörg Saupe, Düsseldorf

Einreise nach Deutschland

1 Was bedeuten die Wörter? Erzählen Sie in der Gruppe auch über ihre eigenen Erfahrungen.
Waren Sie schon einmal in einer Botschaft?
Haben/Hatten Sie ein Visum? etc.

die Botschaft	das Visum	der Reisepass	der Personalausweis

2 Was ist richtig? Lesen Sie die Sätze, sprechen Sie in der Gruppe und kreuzen Sie an.

		richtig
a	Jeder kann einfach nach Deutschland fahren. Egal, aus welchem Land man kommt.	
b	Wer aus einem EU-Land kommt, braucht kein Visum.	
c	Ich lade meinen Freund aus Kroatien ein. Ich muss auf dem Amt zeigen: Ich verdiene genug, ich kann alles für ihn bezahlen.	
d	Studenten aus anderen Ländern brauchen nie ein Visum. Jeder kann in Deutschland studieren.	
e	In Deutschland bekommt jeder automatisch eine Krankenversicherung.	
f	Ein Visum für einen Besuch ist für drei Monate gültig.	

3 Lesen Sie die Fragen. Erzählen Sie in der Gruppe.
Wie war Ihre Einreise nach Deutschland? Was haben Sie getan?
Wie lange hat das gedauert? Was hat das gekostet?

Haben Sie schon einmal Verwandte eingeladen? Was haben Sie getan?
Wie lange hat das gedauert? Was hat das gekostet?

Lösung: 1 Botschaft: Vertretung eines Landes im Ausland; Visum: Papier oder Stempel im Pass. Es erlaubt: Ich darf in einem Land für eine bestimmte Zeit sein; Reisepass: Pass, Ausweis für eine Reise ins Ausland; Personalausweis: offizielle Karte von einem Amt mit meinem Namen, Geburtsort, Geburtsdatum etc.
2 richtig: b, f; falsch: a, c, d, e

LEKTION 9 140

Ergänzen Sie *müssen* und *dürfen* in der richtigen Form.

Viel „müssen" – wenig „dürfen"

Wie ist das bei Ihnen? _____ (1) Sie auch so
viel und _____ (2) Sie auch so wenig?
Ich _____ (3) von Montag bis Freitag jeden
Morgen um sechs Uhr aufstehen. Ich _____ (4)
schnell frühstücken. Dann _____ (5) ich zuerst die
U-Bahn um Viertel vor sieben nehmen und danach den Bus
um sieben Uhr zehn.
Um halb acht _____ (6) ich im Büro sein. Dort
_____ (7) ich bis zwölf Uhr arbeiten. Dann
_____ (8) ich eine halbe Stunde Mittagspause
machen. Von halb eins bis vier _____ (9) ich wieder arbeiten. Dann _____ (10) ich den Bus um
fünf nach vier nehmen und danach die U-Bahn um fünf vor
halb fünf. Auf dem Heimweg _____ (11) ich noch
schnell einkaufen gehen, dann _____ (12) ich
kochen und die Wohnung ein bisschen sauber machen. Um
acht Uhr _____ (13) ich endlich entspannen.
Um elf Uhr _____ (14) ich dann aber schon wieder ins Bett gehen. Ich _____ (15) einfach meine
sieben Stunden Schlaf haben. Na, zum Glück gibt es die
Wochenenden. Da _____ (16) ich nicht so viel
und _____ (17) viel mehr. Zum Beispiel richtig
ausschlafen.

Schritte plus Neu 2, Lehrerhandbuch, 978-3-19-611081-4, © Hueber Verlag 2016

Lösung: 1 Müssen, 2 dürfen, 3–7 muss, 8 darf, 9–12 muss, 13 darf, 14–15 muss, 16 muss, 17 darf

✂

Unsere Augen sind so blau.

✂

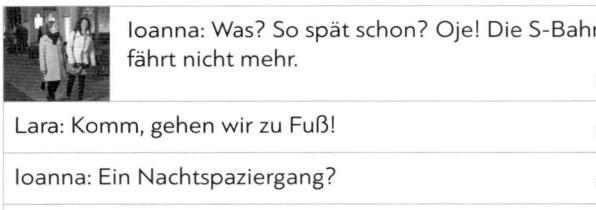

Ioanna: Was? So spät schon? Oje! Die S-Bahn fährt nicht mehr. ①

Lara: Komm, gehen wir zu Fuß! ①

Ioanna: Ein Nachtspaziergang? ①

Lara: Ja! Das ist doch toll! ①

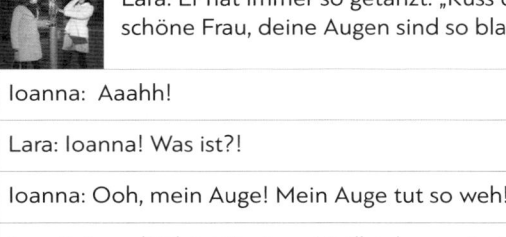

Lara: Er hat immer so getanzt: „Küss die Hand, schöne Frau, deine Augen sind so blau …!" ②

Ioanna: Aaahh! ②

Lara: Ioanna! Was ist?! ②

Ioanna: Ooh, mein Auge! Mein Auge tut so weh! ②

Lara: Zeig mal! Oh je! Du Arme! Willst du zum Arzt gehen? ②

Ioanna: Nein, nein. Es geht sicher gleich wieder. ②

Lara: Komm! Ich weiß, wo wir hingehen. ②

Lara: Siehst du: die Krankenhaus-Notaufnahme hat Tag und Nacht geöffnet. Hier war ich schon mal mit Sofie und Lili. ③

Mitarbeiterin: Guten Abend! ③

Lara / Ioanna: Guten Abend! ③

Mitarbeiterin: Oh je! Was ist denn hier passiert? ③

Lara: Meine Freundin hatte leider einen kleinen Unfall. Ihr Auge tut weh. ③

Mitarbeiterin: Da drüben im Wartebereich können Sie sich hinsetzen. Ihre Freundin soll bitte das Formular ausfüllen, ja? ③

Lara: Okay. ③

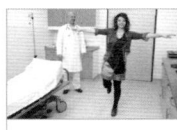

Ioanna: Du, sag mal: Sieht es wirklich so schlimm aus? ④

Lara: Ähm, warte! Da, sieh selbst! ④

Ioanna: Das ist nicht wahr, oder? ④

Doktor: Meinert, hallo! ④

Lara / Ioanna: Hallo! ④

Doktor: Na, das sieht ja schick aus! ④

Ioanna: Hahaha! Sehr witzig. ④

Doktor: Na, dann kommen Sie mal mit! ④

Doktor: Bitte machen Sie das Auge mal ganz weit auf. Wieder zu. Und nochmal auf. Können Sie ganz normal sehen? ⑤

Ioanna: Ja … ⑤

Doktor: Das ist gut. Stehen Sie auf und gehen Sie jetzt mal ein paar Schritte. So, stehenbleiben. Mal ein Bein hoch. Gut, jetzt das andere Bein hoch. Und jetzt: beide Beine hoch. Nein, Quatsch! ⑤

Doktor: Also, ich denke, das war Glück im Unglück: Sie haben ein blaues Auge, das ist alles. ⑥

Ioanna: Und was macht man da? ⑥

Doktor: Kühlen Sie das Auge. Und gehen Sie gleich ins Bett. Sie brauchen Ruhe. Haben Sie Schmerztabletten zu Hause? ⑥

Ioanna: Nein, ich glaube nicht. ⑥

Da haben Sie schon mal zwei. ⑥

Ioanna: Danke … ⑥

Doktor: Also dann: Tschüs und gute Besserung. ⑥

Ioanna: Vielen Dank! Tschüs! ⑥

Ioanna: Lara, ich bin fertig! ⑦

Lara: Aha. Und was hat er gesagt? ⑦

Ioanna: Es ist nur ein blaues Auge. ⑦

Lara: Aha … ⑦

Ioanna: Das Auge sieht ja so schrecklich aus! Sag mal Lara, was machst du da eigentlich? ⑦

Lara: Na?! ⑦

Ioanna: Nein! Lara! ⑦

Lara: Was ist? Hast du was gegen Partnerlook? ⑦

Lara / Ioanna: „Gute Nacht schöne Frau, unsere Augen sind so blau!"- „Unsere Augen sind so blau – so blau – so blaublaublaublaublau!" ⑧

Schritte plus Neu 2, Lehrerhandbuch, 978-3-19-611081-4, © Hueber Verlag 2016
Fotos: Matthias Kraus, München

„Was tut Ihnen weh?" / „Was tut dir weh?"

das Auge	die Augen	die Brust	der Bauch
der Fuß	die Füße	der Hals	der Rücken
die Hand	die Hände	das Ohr	die Ohren
der Kopf	der Mund	der Arm	die Arme
das Bein	die Beine	die Nase	der Finger

Eine Krankmeldung

Schreiben Sie.

der Absender ————————→

die Straße, die Hausnummer ————→

die Postleitzahl, der Ort ————→

der Empfänger ————————→

die Straße, die Hausnummer ————→

die Postleitzahl, der Ort ————→

der Betreff ————→ Krankmeldung / Kind krank

die Anrede ————→

der Text ————→

der Gruß ————→

die Unterschrift ————→

Schritte plus Neu 2, Lehrerhandbuch, 978-3-19-611081-4, © Hueber Verlag 2016

Termine machen

✂

Arzttermin
Rufen Sie beim Zahnarzt an. Sie wollen einen Termin für morgen Vormittag. Sie haben starke Schmerzen.

Arzttermin
Sie arbeiten in einer Arztpraxis. Morgen Vormittag ist kein Termin mehr frei. Morgen Nachmittag und übermorgen Vormittag sind noch Termine frei.

Termin beim Vermieter
Rufen Sie bei Herrn Meyer an. Sie haben die Wohnungsanzeige in der Zeitung gelesen und möchten die Wohnung sehen. Sie wollen einen Termin am Samstagvormittag.

Termin beim Vermieter
Sie haben eine Wohnung und möchten sie vermieten. Am Samstag kommen viele Leute. Sie haben nur noch einen Termin um 16.15 Uhr frei.

Termin beim Kinderarzt
Rufen Sie beim Kinderarzt an. Ihr Sohn hat hohes Fieber. Sie möchten sofort vorbeikommen.

Termin beim Kinderarzt
Sie arbeiten beim Kinderarzt. Der Arzt ist noch nicht in der Praxis. Die Sprechstunde beginnt um 15 Uhr.

Termin bei der Agentur für Arbeit
Rufen Sie bei der Agentur für Arbeit an. Sie möchten einen Termin für diese Woche. Sie suchen dringend Arbeit.

Termin bei der Agentur für Arbeit
Sie arbeiten bei der Agentur für Arbeit. Sie haben diese Woche keinen Termin mehr frei. In zwei Wochen haben Sie noch freie Termine.

Termin beim Damenfriseur
Sie rufen im Friseursalon an. Sie möchten einen Termin für Samstagvormittag. Ihre Freundin heiratet am Samstagnachmittag um 14.00 Uhr.

Termin beim Damenfriseur
Sie sind Friseurin im Salon *Kopfputz*. Sie haben am Samstag nur noch einen Termin um 7.30 Uhr frei.

Alles im grünen Bereich

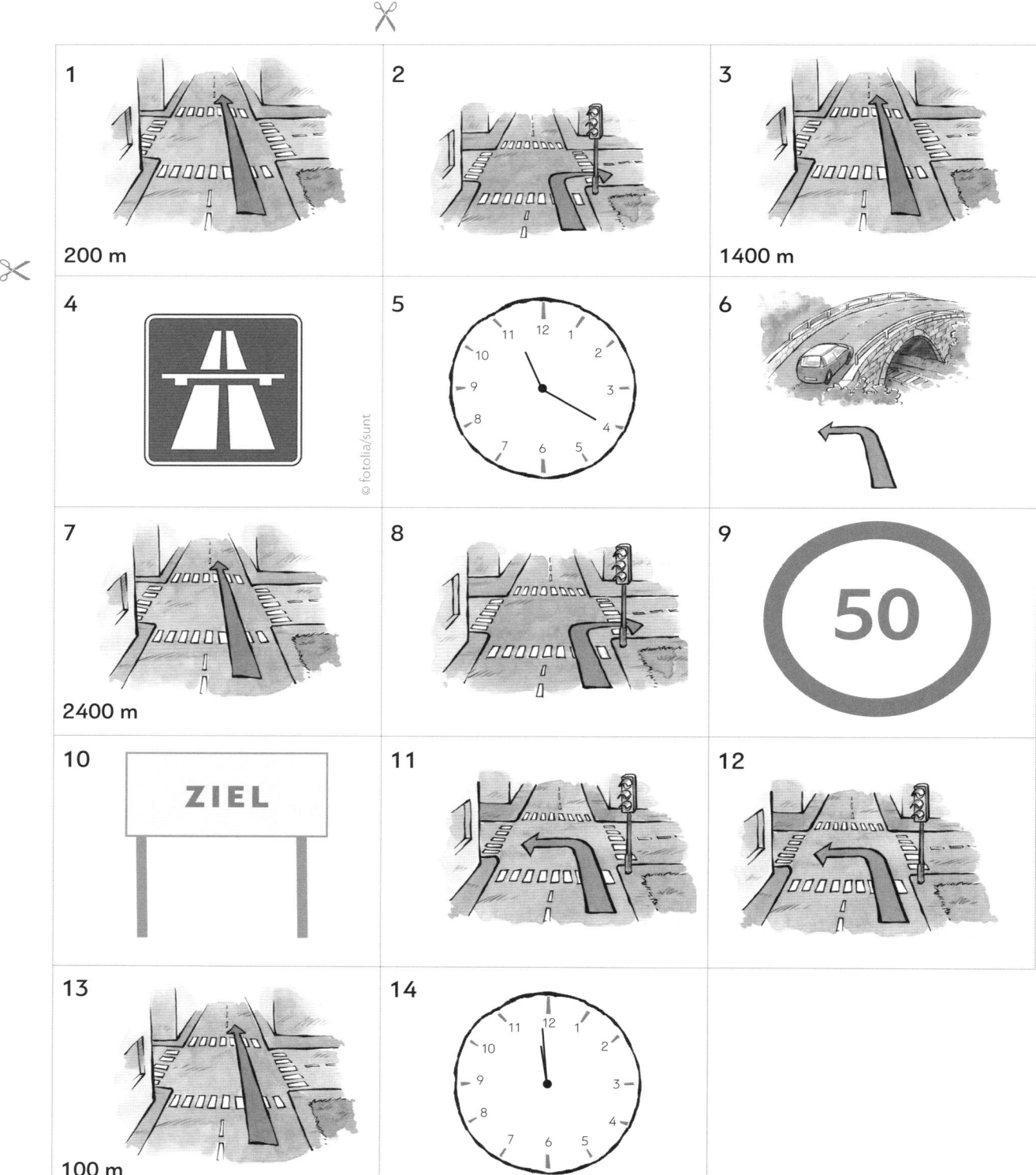

Schritte plus Neu 2, Lehrerhandbuch, 978-3-19-611081-4, © Hueber Verlag 2016
Illustrationen: Fahrtrichtung von Jörg Saupe, Düsseldorf

Mit dem Taxi zur Apotheke

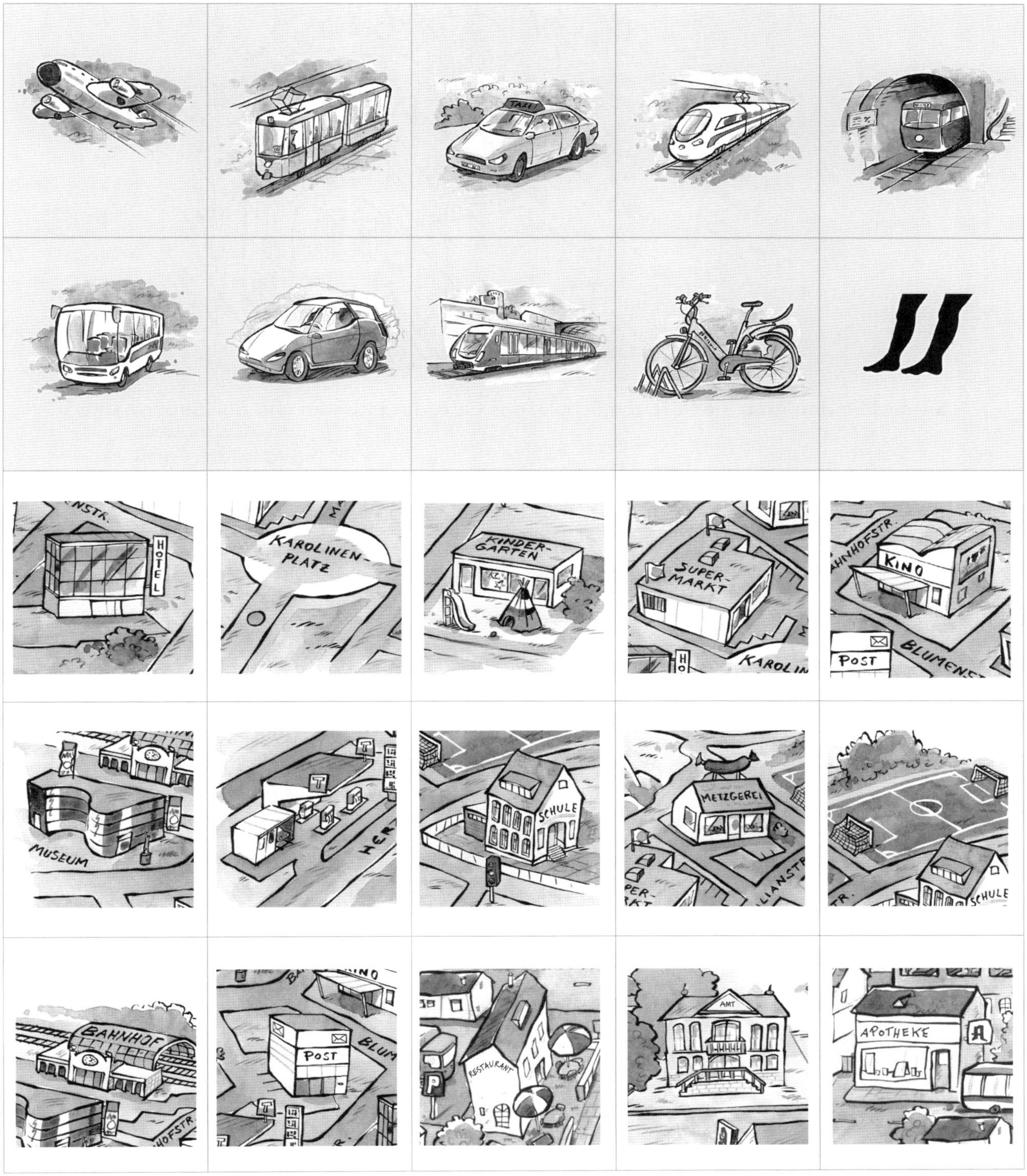

Schritte plus Neu 2, Lehrerhandbuch, 978-3-19-611081-4, © Hueber Verlag 2016
Illustrationen: Jörg Saupe, Düsseldorf

Sie suchen den Arzt, die Post, die Schule, das Café, das Museum und den Supermarkt.

Fragen Sie Ihre Partnerin / Ihren Partner: „Wo ist ...?"
Auch Ihre Partnerin / Ihr Partner sucht etwas und fragt Sie.
Antworten Sie: „Zwischen/Neben/Vor/Hinter/ ..."

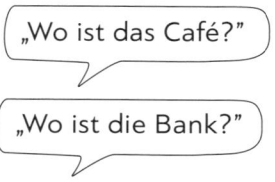

„Wo ist das Café?"

„Wo ist die Bank?"

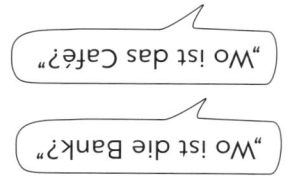

„Wo ist das Café?"

„Wo ist die Bank?"

Antworten Sie: „Zwischen/Neben/Vor/Hinter/ ..."
Auch Ihre Partnerin / Ihr Partner sucht etwas und fragt Sie.
Fragen Sie Ihre Partnerin / Ihren Partner: „Wo ist ...?"

Sie suchen den Friseur, die Bank, die Apotheke, das Hotel, den Bahnhof und das Krankenhaus.

Schritte plus Neu 2, Lehrerhandbuch, 978-3-19-611081-4, © Hueber Verlag 2016
Illustrationen: Jörg Saupe, Düsseldorf

Verkehr und Verkehrsmittel

 Sehen Sie den Film. Was ist richtig? Kreuzen Sie an.

		richtig
a	In Deutschland gibt es sehr viele Autos und Straßen.	
b	Auf Autobahnen kann man manchmal so schnell fahren, wie man möchte.	
c	Von den Vororten in die Stadt kann man nur mit dem Zug fahren.	
d	U-Bahnen fahren schnell von einem Teil der Stadt in den nächsten.	
e	Straßenbahnen halten nicht so oft.	
f	Straßenbahnen sind schneller als U-Bahnen.	
g	Haltestellen sehen in allen Städten gleich aus.	
h	Staus sind immer gleich.	

Schritte plus Neu 2, Lehrerhandbuch, 978-3-19-611081-4, © Hueber Verlag 2016

Lösung: richtig: a, b, d, h

A Warte, ich helfe dir.

I Sonderangebot? Wo steht denn das?

B Die Tasche ist ja schon kaputt.

J Gleich nach dem Kurs gehe ich hin.

C Ich habe keine Tasche mehr.

K Die Tasche habe ich ja noch nie gesehen.

D Würden Sie mir bitte eine Plastiktüte geben?

L Ich habe sie vor ein paar Tagen gekauft.

E Die Tasche habe ich vor einer Woche hier bei Ihrem Kollegen gekauft.

M Die Tasche war doch ein Sonderangebot.

F Oh nein!

N Was kann ich denn für Sie tun?

G So lange kann ich nicht warten.

O Sie bekommen die Tasche in etwa vier bis sechs Wochen zurück.

H Das gehört bei uns natürlich zum Service.

Lösung: Foto 1: K, L; Foto 2: B, F; Foto 3: A, J; Foto 4: O, E; Foto 5: M, I; Foto 6: P, G; Foto 7: D, H; Foto 8: C

Schritte plus Neu 2, Lehrerhandbuch, 978-3-19-611081-4, © Hueber Verlag 2016

Ihr Tag

Was machen Sie wann? Sprechen Sie.

Frühstück	Mittagessen	Konzert (~~bei~~)	Deutschkurs	Sport	Schule (~~bei~~)
Training					Arbeit
Pause (~~bei~~)					Mittagessen
Film (im Kino)					Reise (~~bei~~)
Abendessen					Film im Fernsehen
Ausflug	Arbeit	Nachrichten im Fernsehen	Abendessen	Hausaufgaben	Frühstück

⚀ bei   ⚃ bei

⚁ vor   ⚄ nach

⚂ nach   ⚅ vor

(~~bei~~) = Hier kann man *bei* nicht verwenden.

Schritte plus Neu 2, Lehrerhandbuch, 978-3-19-611081-4, © Hueber Verlag 2016

Auf-zu-an-aus-Domino

Variante A

das Fenster zumachen	warm	die Tür aufmachen	dunkel
das Licht anmachen	hell	den Vorhang zumachen	laut
das Radio ausmachen	leise	den Fernseher laut machen	hell
das Licht ausmachen	dunkel	das Licht anmachen	kalt
die Heizung anmachen	warm	das Fenster aufmachen	kalt

Variante b

das Fenster	warm	die Tür	dunkel
das Licht	hell	den Vorhang	laut
das Radio	leise	den Fernseher	hell
das Licht	dunkel	das Licht	kalt
die Heizung	warm	das Fenster	kalt

Schritte plus Neu 2, Lehrerhandbuch, 978-3-19-611081-4, © Hueber Verlag 2016

✂

Sie haben bei TV Royal einen Fernseher Modell Rotpunkt 4000 gekauft. Er ist erst sechs Monate alt, funktioniert aber nicht mehr. Rufen Sie beim Kundendienst an.

Sie haben im Computerland letzte Woche einen Drucker Modell XL 610 gekauft. Seit gestern druckt er nicht mehr. Rufen Sie im Geschäft an.

Sie haben im Computerland einen Laptop Modell Saladin 710 gekauft. Er ist erst ein Jahr alt, aber seit gestern geht er nicht mehr. Rufen Sie bei der Computer-Hotline an.

Sie haben vor zwei Monaten bei Venusstar einen Kühlschrank Modell XP 3000 gekauft. Seit ein paar Tagen funktioniert er nicht mehr gut. Er ist nicht kalt. Rufen Sie beim Kundenservice an.

Sie haben gestern bei Vodex ein neues Smartphone Modell SL 510 gekauft, aber es funktioniert nicht. Rufen Sie im Laden an.

Sie haben bei der Firma Laufrad ein Elektrofahrrad gekauft. Es ist erst zwei Monate alt, aber der Akku ist schon nach 10 km leer. Rufen Sie im Geschäft an.

Sie haben vor vier Monaten bei Meckermann eine neue Waschmaschine Modell Hansomat 1200 gekauft. Seit ein paar Tagen wäscht sie nicht mehr richtig. Die Wäsche bleibt schmutzig. Rufen Sie beim Kundendienst an.

Sie haben vor ein paar Tagen eine Kaffeemaschine Typ Express 400 bei Consum gekauft. Seit heute morgen funktioniert sie nicht mehr. Das Wasser bleibt kalt. Rufen Sie im Warenhaus an.

Sie haben vor einem Jahr beim Autohaus Autofix ein gebrauchtes Auto Modell Vectra SL gekauft. Seit einer Woche fährt es nicht mehr. Rufen Sie in der Werkstatt an.

Sie haben vor ein paar Wochen eine neue Kamera bei *Foto Ideal* gekauft. Im Urlaub hat sie nicht funktioniert. Rufen Sie im Laden an.

Sie haben vor drei Monaten bei Telemeister ein neues Telefon gekauft. Jetzt funktioniert es nicht mehr. Rufen Sie beim Kundendienst an.

Sie haben gestern bei Elektro Felix einen Herd gekauft. Er wird nicht richtig warm. Rufen Sie im Geschäft an.

Was wissen Sie über Deutschland, Österreich und die Schweiz?

Lösen Sie das Quiz? Kreuzen Sie an.

a Der Bodensee ist ...
   ○ 500 Meter lang und hat 60 Quadratkilometer.
   ○ 60 Kilometer lang und hat 500 Quadrat-
     kilometer.

b Der Bodensee gehört zu ... deutschsprachigen
   Ländern.
   ○ drei   ○ zwei

c Die Uckermark und die Mecklenburgische
   Seenplatte sind ... im Nordosten von
   Deutschland.
   ○ Landschaften   ○ Städte   ○ Strände

d Die Uckermark liegt im Bundesland ... .
   ○ Mecklenburg-Vorpommern
   ○ Brandenburg
   ○ Hamburg

e Die Mecklenburgische Seenplatte, das sind ... .
   ○ viele kleine und große Seen
   ○ viele große und flache Seen

f Das Matterhorn liegt ... .
   ○ im Kanton Schweiz   ○ im Kanton Wallis

g Das Matterhorn ist der ... Berg in den Alpen.
   ○ siebthöchste
   ○ zwölfthöchste
   ○ dritthöchste

h Sankt Peter-Ording liegt ...
   ○ am Meer im Norden von Deutschland.
   ○ am Meer im Osten von Deutschland.

Es ist ein kleiner Ort mit ...
   ○ meterlangen weißen Stränden.
   ○ sehr langen Sandstränden.

i Johann Wolfgang von Goethe ist in ...
   geboren.
   ○ Frankfurt am Main   ○ Weimar

j Frankfurt am Main ist die ... Stadt in
   Deutschland.
   ○ fünftgrößte   ○ viertgrößte

k Weimar liegt im ... Thüringen.
   ○ Bundesstaat   ○ Bundesland

l Linz ist die Hauptstadt ... .
   ○ von Österreich   ○ von Oberösterreich.

m Linz ist ... .
   ○ ein Zentrum für Naturfreunde.
   ○ ein Zentrum für Kunst und Musik.

n Im Waldviertel zwischen Linz und Wien ... .
   ○ haben die alten Leute viel Zeit.
   ○ ist es sehr ruhig und schön.

o In Essen kann man interessante alte ...
   besichtigen.
   ○ Schlösser   ○ Fabriken   ○ Kirchen

p Heidelberg hat eine ... Universität.
   ○ frühere   ○ alte

q Schwetzingen hat eine ... Moschee.
   ○ neue   ○ modische   ○ alte

Lösung: a 1; b 1; c 1; d 1; e 1; f 2; g 1; h 1, 2; i 1; j 1; k 2; l 2; m 2; n 2; o 2; p 2; q 3

Schritte plus Neu 2, Lehrerhandbuch, 978-3-19-611081-4, © Hueber Verlag 2016

Reise durch Deutschland, Österreich und die Schweiz

Sehen Sie die Karte im Kursbuch Seite 152 an und ergänzen Sie die Orte.

Diese Moschee steht im deutschen Bundesland Baden-Württemberg im Schlosspark von
_____. Sie wurde in den Jahren von 1778 bis 1795 gebaut.

_____ liegt im Westen Deutschlands im Bundesland Nordrhein-Westfalen. Die Stadt hat mehr als eine halbe Millionen Einwohner. Im 19. und 20. Jahrhundert war hier im Ruhrgebiet das wichtigste Zentrum der deutschen Kohle und Stahlindustrie. Viele Industriebauwerke gibt es noch und man kann sie besichtigen.

Der _____ ist über sechzig Kilometer lang und ungefähr fünfhundert Quadratkilometer groß. Er gehört zu allen drei großen deutschsprachigen Ländern. Zu Österreich, zu Deutschland und zur Schweiz.

Im nördlichsten deutschen Bundesland, in Schleswig-Holstein, laden Strandkörbe zum Baden in der _____ ein. Zum Beispiel in der Nähe des kleinen Ortes Sankt Peter-Ording. Hier gibt es kilometerlange weiße Sandstrände. Wer möchte, kann wandern oder mit dem Rad fahren.

Zwischen Linz und Wien liegt das niederösterreichische _____. In dieser schönen Landschaft findet man viel Ruhe und so manche Erinnerung an die gute alte Zeit.

Mit 190.000 Einwohnern ist _____ die drittgrößte Stadt in Österreich und die Hauptstadt des Bundeslands Oberösterreich

Mit 4.478 Metern ist er zwar nur der siebthöchste Berg in den Schweizer Alpen, aber für viele Menschen ist das _____ einer der schönsten Berge der Welt.

Der berühmteste Dichter Deutschlands Johann Wolfgang von Goethe kommt aus _____.
Er ist hier 1749 geboren. Heute ist sie die fünftgrößte deutsche Stadt und einer der wichtigsten Bankenplätze in Europa.

Die _____ ist auch eine wunderschöne Landschaft im Nordosten von Deutschland. Sie liegt mit ihren vielen kleinen und großen Seen im Bundesland Mecklenburg-Vorpommern.

Am östlichen Ende des Bodensees sehen wir unten die Stadt _____, die zum Teil auf einer Insel liegt.

Die _____ ist eine wunderschöne Landschaft im Nordosten von Deutschland. Sie liegt im Bundesland Brandenburg.

_____ ist eine alte Universitätsstadt. Hier gibt es viele Gassen und schöne Plätze. Man kann wunderbar spazieren gehen und sehen, wie es in Deutschland früher mal war.

_____ ist sehr bekannt. Es ist die Stadt der deutschen Klassik. Unsere wichtigsten klassischen Schriftsteller Goethe und Schiller haben beide hier gelebt.

Lösung: von oben nach unten: Schwetzingen, Essen, Bodensee, Nordsee, Waldviertel, Linz, Matterhorn, Frankfurt am Main, Mecklenburgische Seenplatte, Lindau, Uckermark, Heidelberg, Weimar

Schritte plus Neu 2, Lehrerhandbuch, 978-3-19-611081-4, © Hueber Verlag 2016

die Jacke	der Sportschuh	das Hemd	die Jeans
die Jacken	die Sportschuhe	die Hemden	die Jeans
der Rock	der Damenschuh	das Kleid	der Gürtel
die Röcke	die Damenschuhe	die Kleider	die Gürtel
der Pullover	der Mantel	das T-Shirt	die Socke / der Strumpf
die Pullover	die Mäntel	die T-Shirts	die Socken / die Strümpfe
die Hose	die Bluse	der Stiefel	das Tuch
die Hosen	die Blusen	die Stiefel	die Tücher

Schritte plus Neu 2, Lehrerhandbuch, 978-3-19-611081-4, © Hueber Verlag 2016
Illustrationen: Jörg Saupe, Düsseldorf

✗ Welch..... Musik findest du am besten?

_____

✗ Welch..... Sport magst du am liebsten?

_____

✗ Welch..... Stadt in der Schweiz findest du gut?

_____

✗ Welch..... Film findest du gut?

_____

✗ Welch..... Essen magst du gern?

_____

✗ Welch..... Buch findest du interessant?

_____

✗ Welch..... Sprache möchtest du gern lernen?

_____

✗ Welch..... Person in der Foto-Hörgeschichte magst du am liebsten?

_____

✗ Welch..... Farbe hast du am liebsten?

_____

✗ Welch..... Arbeit machst du lieber: aufräumen oder das Bad putzen?

_____

Schritte plus Neu 2, Lehrerhandbuch, 978-3-19-611081-4, © Hueber Verlag 2016

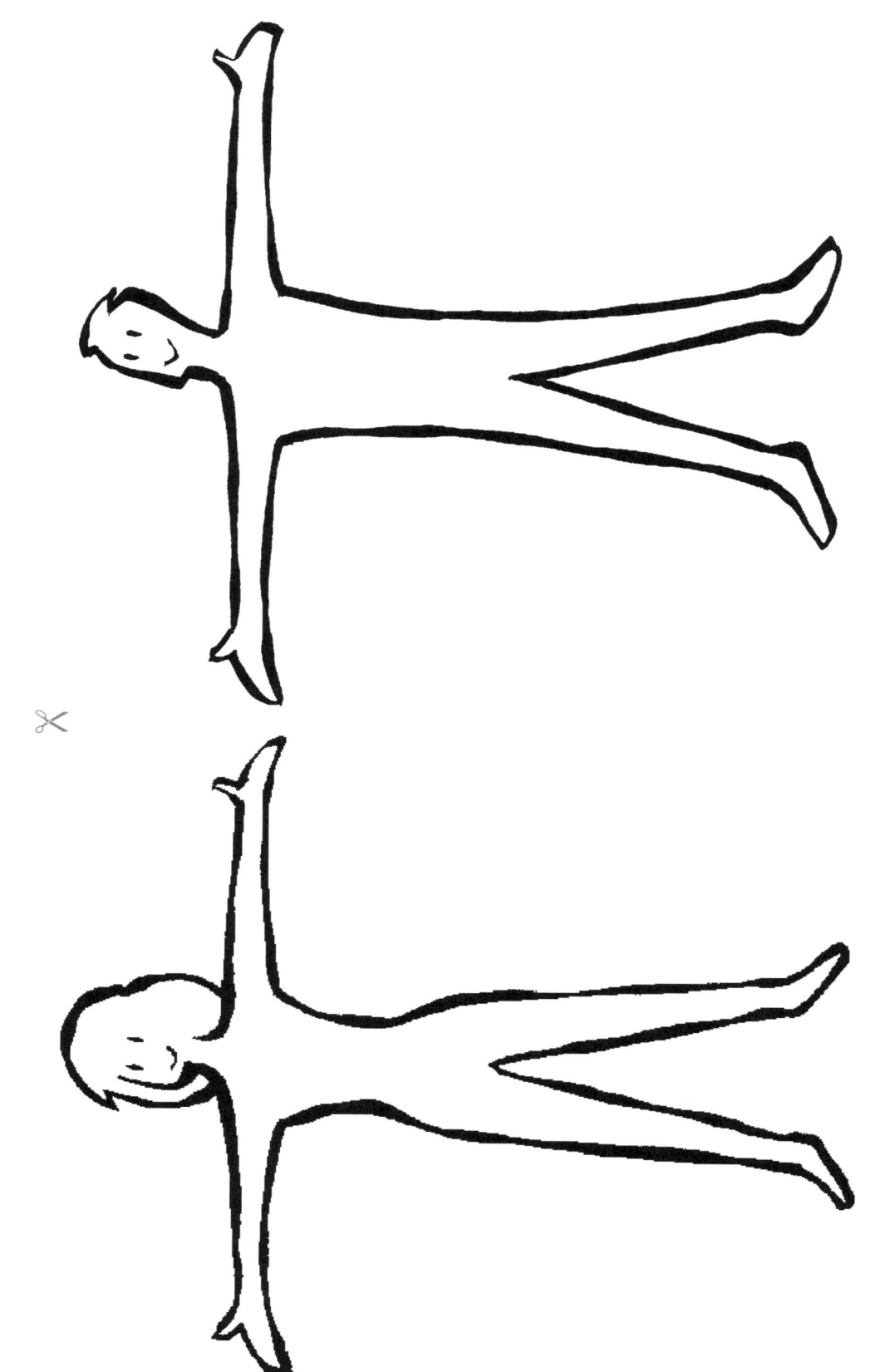

Schneiden Sie die Figuren aus und „ziehen" Sie die Figuren „an".

Schritte plus Neu 2, Lehrerhandbuch, 978-3-19-611081-4, © Hueber Verlag 2016
Illustrationen: Jörg Saupe, Düsseldorf

Schritte plus Neu 2, Lehrerhandbuch, 978-3-19-611081-4, © Hueber Verlag 2016
Illustrationen: Jörg Saupe, Düsseldorf

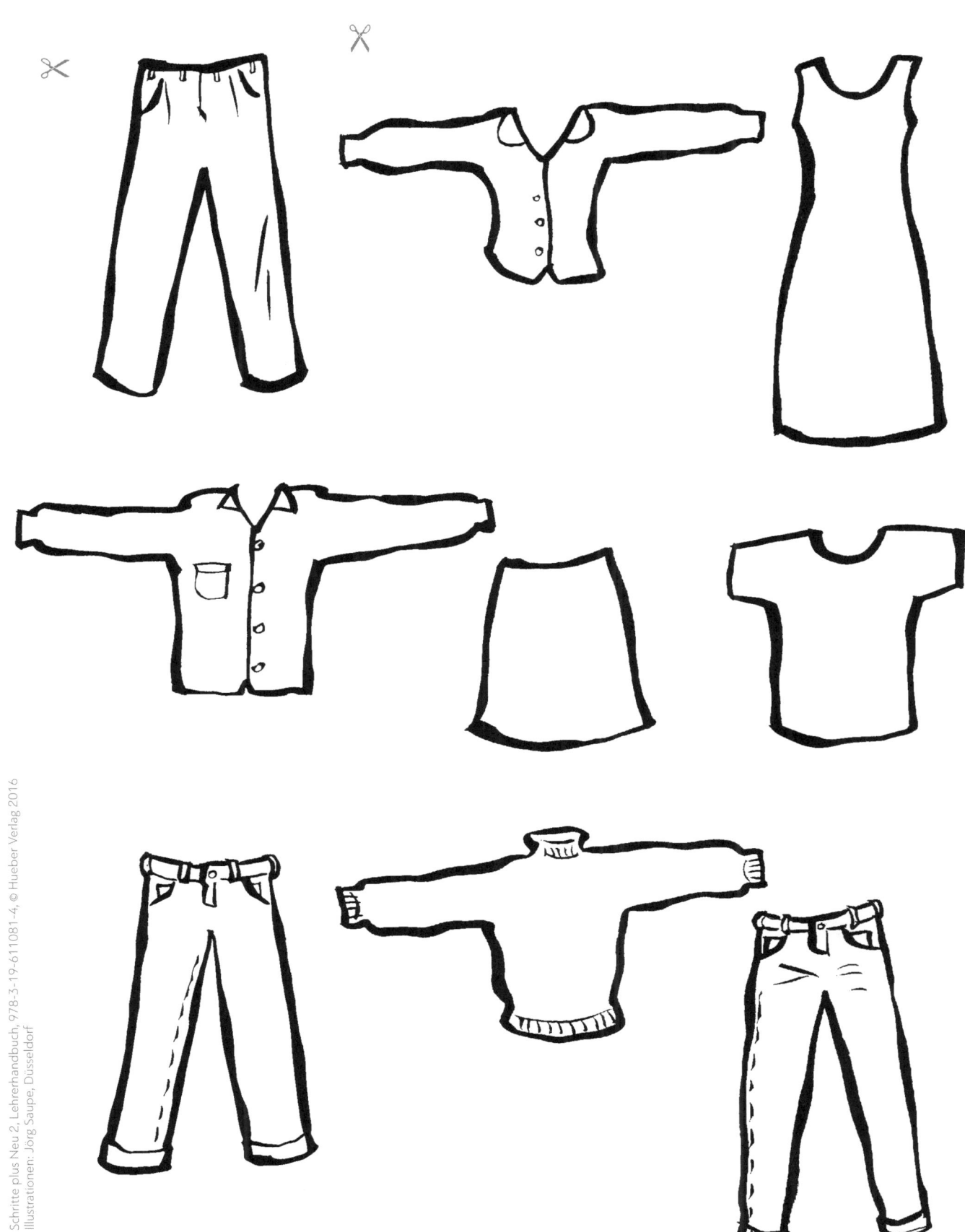

Ende gut, alles gut

noch einen Deutschkurs machen
meine Eltern in ... besuchen
Urlaub machen
nach ... reisen
meine Schwester in ... besuchen
einen Job suchen
eine Wohnung suchen
umziehen
eine Pause machen
Freunde in ... besuchen
zurück nach ... fahren und studieren
eine Ausbildung als ... machen
ein Praktikum bei/in ... machen
heiraten
eine Prüfung machen
eine Arbeit suchen

Schritte plus Neu 2, Lehrerhandbuch, 978-3-19-611081-4, © Hueber Verlag 2016

✂

Domino

Am 2.6. heiraten Marianne und Klaus.	*Am dritten April* habe ich Geburtstag.	*Am 3.4.* habe ich Geburtstag.	*Vom ersten bis fünften Juni* ist kein Unterricht.
Vom 1.–5.6. ist kein Unterricht.	Morgen ist *der zwanzigste April.*	Morgen ist *der 20.4.*	*Am vierzehnten Februar* ist Valentinstag.
Am 14.2. ist Valentinstag	*Vom zwölften bis siebzehnten Februar* feiern wir Karneval.	*Vom 12.–17.2.* feiern wir Karneval.	*Der erste Mai* ist in Deutschland ein Feiertag.
Der 1.5. ist in Deutschland ein Feiertag.	Ich habe *am vierten März* Geburtstag.	Ich habe *am 4.3.* Geburtstag.	*Vom fünfzehnten Juli bis dreißigsten August* haben wir Ferien.
Vom 15.7.–30.8. haben wir Ferien.	Gestern war *der achte November.*	Gestern war *der 8.11.*	*Am ersten Januar* arbeitet man in Deutschland nicht.
Am 1.1. arbeitet man in Deutschland nicht.	Morgen ist *der achtzehnte Juni.*	Morgen ist *der 18.6.*	*Vom vierundzwanzigsten bis sechsundzwanzigsten* Dezember ist Weihnachten.
Vom 24.–26.12. ist Weihnachten.	*Der dritte Oktober* ist in Deutschland Nationalfeiertag	*Der 3.10.* ist in Deutschland Nationalfeiertag.	*Am einunddreißigsten Dezember* ist Silvester.
Am 31.12. ist Silvester.	*Am sechsten Dezember* ist Nikolaus.	*Am 6.12.* ist Nikolaus.	*Am zweiten Juni* heiraten Marianne und Klaus.

© fotolia/Patrick Hermans

Memo-Spiel

das Feuerwerk	Silvester / Neujahr	der Weihnachtsbaum	Weihnachten
die Ostereier	Ostern	die Eheringe	die Hochzeit
die Blumen	Valentinstag	der Clown	Karneval
die Geburtstagstorte	der Geburtstag	das Plakat	der 1. Mai (Tag der Arbeit)

Schritte plus Neu 2, Lehrerhandbuch, 978-3-19-611081-4, © Hueber Verlag 2016

Valentinstag

Geburtstag

Ostern

Hochzeit

Weihnachten

Silvester/Neujahr

Schritte plus Neu 2, Lehrerhandbuch, 978-3-19-611081-4, © Hueber Verlag 2016

Lektion 8, Wiederholung: Der große Preis

Form	Ablauf	Material	Zeit
GA	Vergrößern Sie die Kärtchen. Schneiden Sie dann die Kärtchen aus und übertragen Sie die kleine Ziffer in der rechten Ecke groß auf die Rückseite der Kärtchen (z. B. Thema „Berufe" = A, d. h. die Kärtchen auf der Rückseite mit A1 bis A7 beschriften). Hängen Sie die Kärtchen so an die Tafel, dass „Berufe, Zeit, Arbeit" und die Nummern auf der Rückseite gut zu sehen sind. Die TN teilen sich in zwei Gruppen auf. Gruppe 1 beginnt. Ein TN von Gruppe 1 nennt eine Nummer (je niedriger, desto einfacher), z. B. A2. Nehmen Sie das Kärtchen von der Tafel ab und lesen Sie die Frage auf der Vorderseite vor. Die TN von Gruppe 1 lösen die Frage gemeinsam. Der TN, der die Karte ausgewählt hat, nennt die Lösung. Ist diese richtig, bekommt die Gruppe einen Punkt. Ist sie falsch, wird die Frage an Gruppe 2 weitergegeben, die dann die Möglichkeit bekommt, diese Frage zusätzlich zu ihrer eigenen nächsten Frage zu beantworten, und damit in dieser Runde einen extra Punkt zu machen. Dann ist Gruppe 2 dran und nennt eine Nummer ihrer Wahl etc. Gewonnen hat die Gruppe mit den meisten Punkten.	KV L8/Wiederholung	

Lektion 9, Wiederholung: Rösselsprung

Form	Ablauf	Material	Zeit
PA	Jedes Paar erhält den Spielplan der Kopiervorlage und ca. 20 Streichhölzer. Als Spielfiguren dienen Münzen. Der Spielplan liegt zwischen den beiden TN. Die TN sitzen nebeneinander. Der linke Spieler legt seine Münze auf eines der vier Felder am linken Rand, der rechte Spieler legt seine Münze auf ein Feld rechts. Der erste TN zieht seine Münze in der Art des Pferdes beim Schach (Rösselsprung), also ein Feld vor und zwei zur Seite oder zwei zur Seite und ein Feld vor. Er bearbeitet die Aufgabe auf dem Feld. Dann zieht der andere TN und beantwortet die Aufgabe auf dem Feld. Nun zieht der erste TN seine Münze weiter. Auf das Feld, das er verlassen hat, legt er ein Streichholz. Es darf nicht mehr betreten werden. Er beantwortet die Frage auf dem neuen Feld etc. Verloren hat der TN, der seine Figur nicht mehr auf ein freies Feld ziehen kann.	KV L9/Wiederholung	

Lektion 10, Wiederholung: Quiz

Form	Ablauf	Material	Zeit
GA	Kopieren Sie die Kopiervorlage mehrmals auf festes Papier, schneiden Sie die Kärtchen aus und verteilen Sie die Kartensätze an Kleingruppen von 3–4 TN. Die TN ziehen reihum eine Karte, lesen die Aufgabenstellung vor und versuchen, sie zu lösen. Sind die Mitspieler mit der Lösung einverstanden, darf sie/er die Karte behalten. Wenn nicht, legt sie/er die Karte wieder unter den Stapel; die Karte kann später noch einmal gezogen werden. Das Spiel ist zu Ende, wenn alle Karten gezogen wurden. Wer die meisten Karten hat, also die meisten Aufgaben richtig gelöst hat, hat gewonnen.	KV L10/Wiederholung	

Lektion 11, Wiederholung: Frage und Antwort

Form	Ablauf	Material	Zeit
GA	Die TN erhalten in Kleingruppen je einen Spielplan der Kopiervorlage, Spielfiguren und ein Geldstück. Die Spielfiguren stehen auf dem Startfeld. Der erste TN wirft das Geldstück hoch, bei „Zahl" geht er ein Feld weiter, bei „Kopf" darf er zwei Felder vorrücken. Ist ein Feld besetzt, zieht der TN seine Spielfigur auf das nächste freie Feld. Der TN löst die Aufgabe auf dem Feld. Gewonnen hat, wer als erster das Ziel erreicht.	KV L11/Wiederholung, Spielfiguren, Münzen	

TiPP | Für eine spätere Wiederholung können Sie die Felder auch auseinanderschneiden. Jeder TN erhält ein Kärtchen. Die TN gehen im Kursraum herum und suchen eine Partnerin / einen Partner. Die Partner zeigen sich ihre Kärtchen und lösen die Aufgabe. Dann tauschen sie die Kärtchen und gehen weiter etc.

Lektion 12, Wiederholung: Kreisspiel

Form	Ablauf	Material	Zeit
WPA	Schneiden Sie die Fragekärtchen der Kopiervorlage ohne die Lösungen aus. Jeder TN erhält ein Kärtchen. Die TN stehen auf und finden sich paarweise zusammen. Die TN befragen sich gegenseitig und korrigieren ggf. die Antworten. Dann tauschen sie die Kärtchen und suchen sich neue Partner.	KV L12/Wiederholung, Spielfiguren, Münzen	

TiPP | Für eine spätere Wiederholung können Sie die Kärtchen auch vergrößern und im Kursraum aufhängen. Die TN gehen zu zweit im von Kärtchen zu Kärtchen und lösen die Aufgaben. Das Spiel wird abwechslungsreicher, wenn Sie die Kärtchen auch mal unter den Tisch, auf den Boden, hinter den Vorhang etc. kleben. Wenn Sie gezielt nur einige Aufgaben wiederholen wollen, sortieren Sie die entsprechenden Karten aus.

Lektion 13, Wiederholung: Würfelspiel

Form	Ablauf	Material	Zeit
GA	Die TN spielen zu dritt oder zu viert. Jeder TN setzt seine Spielfigur auf das Startfeld. Alle würfeln einmal. Wer zuerst eine 6 würfelt, fängt hat. Sie/Er würfelt noch einmal und geht so viele Felder im Uhrzeigersinn wie der Würfel Augen zeigt. Sein Nachbar zur Linken liest die Aufgabe laut vor. Kann der Spieler die Aufgabe lösen, darf er ein Feld vorrücken. Ist die Antwort falsch, muss er ein Feld zurückgehen. Jetzt ist der nächste Spieler dran. Gewonnen hat, wer zuerst direkt wieder auf dem Start- und Zielfeld landet. Würfelt man vorbei, muss man eine weitere Runde gehen.	KV L13/Wiederholung, Spielfiguren, Würfel	

Lektion 14, Wiederholung: Feste-Bingo

Form	Ablauf	Material	Zeit
GA	Jede Kleingruppe (5 TN) erhält ein Spielbrett. Die TN spielen in zwei Teams zu je 2 Spielern und einem Spielleiter. Jedes Team erhält einen andersfarbigen Stift. Team A beginnt und nennt die Koordinaten der gewünschten Frage, z. B. C3. Der Spielleiter liest die Frage laut vor. Der Spielleiter entscheidet mithilfe der Lösung, ob das Team die Frage richtig beantwortet hat. Wenn ja, darf das Team das Feld mit seiner Farbe markieren. Kann es die Frage nicht beantworten, bleibt das Feld frei. Dann ist Team B dran, nennt die gewünschten Koordinaten etc. Ziel des Spiels ist es, 3 Felder horizontal, diagonal oder vertikal hintereinander in der Teamfarbe zu markieren. Das Team, dem das zuerst gelingt, ruft „Bingo!" und hat gewonnen.	KV L14/Wiederholung	
	Variante: Wenn Ihre TN gerne weiterspielen wollen, können die Teams so lange spielen bis es keine Möglichkeiten mehr für neue Dreierreihen gibt. Dann hat das Team gewonnen, das die meisten Dreierreihen markieren konnte.		

✂

A Berufe

B Zeit

C Arbeit

✂

A1	A2
Nennen Sie drei Berufe.	Nennen Sie drei Berufe mit „K".

A3	A4
Nennen Sie bei drei Berufen die männliche und die weibliche Form.	Ich habe zurzeit keine Arbeit, ich bin .... arbeitslos

A5	A6
Ergänzen Sie: Ich arbeite .... Söhnke & Co. Ich arbeite .... Verkäuferin. bei, als	Ich habe einen eigenen Laden / eine eigene Firma. Ich bin .... selbstständig

A7	B1
Ich arbeite zurzeit nicht, ich bin nicht .... berufstätig	Antworten Sie: Wann sind Sie nach Deutschland gekommen?

Schritte plus Neu 2, Lehrerhandbuch, 978-3-19-611081-4, © Hueber Verlag 2016

B2

Antworten Sie: Seit wann leben Sie hier?

B3

Wie ist die Frage zur Antwort:
„1973 in Krakau."

B4

Ergänzen Sie:
Heute bin ich glücklich. Heute habe ich eine neue Wohnung. Vor zwei Jahren _____ ich nicht sehr glücklich. Ich _____ keine Wohnung.

war, hatte

B5

Wie heißt der Satz?
Letzten Sommer _____ wir mit dem Auto in die Ferien _____ .
Es _____ sehr schön.
Wir _____ in Österreich.

sind gefahren, war, waren

B6

Wann sind Sie geboren? Nennen Sie auch das Jahr!

Am ...

B7

Wie lange leben Sie schon hier?

Seit ... Wochen/Monaten/Jahren; Seit ... (Zeitangabe)

C1

Ich arbeite von 8 Uhr bis 16 Uhr.
Das ist meine _____ .

Arbeitszeit

C2

Erklären Sie: Was ist „der Verdienst"?

Verdienst heißt: Ich bekomme Geld für meine Arbeit, z. B. 400 Euro

C3

Sie suchen eine neue Arbeit. Wie können Sie eine Arbeit finden? Was tun Sie?

ein Inserat aufgeben; in der Zeitung / im Internet die Stellenanzeigen lesen

C4

Sie suchen eine Stelle als Putzhilfe.
Was möchten Sie wissen? (zwei Fragen, bitte)

Wie lange ist die Arbeitszeit? Wie hoch ist der Verdienst? Wo ist die Firma?

C5

Sie haben in der Zeitung ein Inserat gelesen. Die Bäckerei „Kaiser" sucht eine Putzhilfe. Sie möchten die Stelle gern bekommen. Rufen Sie an. Ihre Kursleiterin / Ihr Kursleiter ist Frau/Herr Kaiser.

Z. B.: Ist die Stelle noch frei? Wie ist der Verdienst pro Stunde? Wie sind die Arbeitszeiten? etc.

C6

Sie haben eine Anzeige im Internet gelesen. Der Supermarkt „Poldi" sucht eine Aushilfe. Rufen Sie an und stellen Sie drei Fragen. Ihre Kursleiterin / Ihr Kursleiter arbeitet im Büro von „Poldi".

Z. B.: Ist die Stelle noch frei? Wie ist der Verdienst pro Stunde? Wie sind die Arbeitszeiten? etc.

C7

Welche Arbeitszeiten passen Ihnen gut? Wann möchten Sie arbeiten?

Was bedeutet das Schild?	Ihre Tochter geht ins Bett. Was sagen Sie? „Gute Nacht. ...!" (gut schlafen)	Sie möchten etwas im Radio hören. Ihre Freundin spricht gerade. Was sagen Sie?	Im Straßenverkehrsamt: Sie haben ein Wort nicht verstanden. Was sagen Sie?	Wie heißen die Formen? ich ... du ... er/sie/es ... wir **dürfen** ihr ... sie/Sie ...	Ergänzen Sie: „Das habe ich nicht verstanden. Ich _ _ _ _ _ _ noch _ _ _ _ so _ _ _ Deutsch."

Wie heißen die Formen? ich **helfe** du ... er/sie/es ... wir ... ihr ... sie/Sie ...	Auf dem Amt: Sie verstehen „weiblich" nicht. Was sagen Sie?	Ergänzen Sie: „K_nn_n Sie _ _ _ bitte w_ _d_ _h_ _ _ _n?"	Erzählen Sie. Was müssen Sie im Deutschkurs machen?	Auf dem Amt: Sie verstehen „Familienstand" nicht. Was sagen Sie?

Erzählen Sie: Was müssen Sie heute noch tun? Zuerst ...	Erzählen Sie. Was dürfen Sie im Deutschkurs nicht machen?	Sie wohnen in Madagaskar und wollen in Deutschland Urlaub machen. Was brauchen Sie?	**Was bedeutet das Schild?**	Erzählen Sie: Wie kauft man eine Fahrkarte? Zuerst ...

Sie sehen etwas Tolles und wollen es Ihrem Sohn zeigen. Was sagen Sie?	Ihre Kinder sind sehr laut. Was sagen Sie?	Wie heißt das Wort? R _ s _ p _ _ _ Können Sie es erklären? *Tipp:* Man muss es bei einer Reise ins Ausland haben.

Der Mitarbeiter auf dem Amt spricht sehr leise. Was sagen Sie?

Fotos: Piktos: Rad © fotolia/sunt; Eis © Thinkstock/iStock/EdnaM
Schritte plus Neu 2, Lehrerhandbuch, 978-3-19-611081-4, © Hueber Verlag 2016
Illustrationen: Jörg Saupe, Düsseldorf

✂

Wie heißt Ihre Mutter mit Vornamen? → .... Mutter heißt	Wie alt ist Ihr Vater? → .... Vater ist .... Jahre alt.	Wie heißt unsere Lehrerin / unser Lehrer mit Familiennamen? → .... Nach- name ist ....
Mein Mann hat Kopfschmerzen. Was soll er tun? → Er	Wie geht's weiter? → ich *soll*, du *sollst*, er/es/sie .... , wir .... , ihr .... , sie .... , Sie	Arzt: „Machen Sie viel Sport!" Was *sollst* du machen? → Ich ....
Herr Bader hatte einen Unfall. .... Fuß ist ganz dick.	Frau Maier hatte einen Unfall. .... Hand ist ganz dick.	Der Lehrer ist krank. .... Kopf tut weh.
Sagen Sie es anders. Herr Weise hat Halsschmerzen. = ... Hals tut weh.	Nennen Sie zwei Körperteile mit „H": der H........................... , die H........................... .	Sagen Sie es anders: Ich habe Kopfschmerzen = ... Kopf tut ....
Sagen Sie es anders: Manuela hat Rückenschmerzen = ... Rücken tut	Frau Özdemir bekommt ein Baby. Sie ist	Herr Gonzales kann nicht singen. Er hat ....
Was hat sie? → Sie hat	Was hat sie? → Sie hat	Was hat er? → Er hat ....

Schritte plus Neu 2, Lehrerhandbuch, 978-3-19-611081-4, © Hueber Verlag 2016
Illustrationen: Jörg Saupe, Düsseldorf

Was hat sie? → Sie hat _____ . 	Arzt: „Bleiben Sie im Bett!" Was sagt der Arzt? → Er sagt, du _____ . 	Frau Kühn sieht nicht gut. Sie braucht einen Termin beim _____arzt. 
Marion ist schwanger. Sie hat einen Termin beim _____ . 	Unser Sohn ist krank. Wir brau- chen einen Termin beim _____arzt. 	▲ Ich habe Herzprobleme. ● Geh doch zu Dr. Klein. Er ist _____ . 
Wie heißt das Körperteil? Nenne Singular und Plural mit Artikel: _____  	Wie heißt das Körperteil? Nenne Singular und Plural mit Artikel: _____ 	Wie heißt das Körperteil? Nenne Singular und Plural mit Artikel: _____ 
Wie heißt das Körperteil? Nenne das Wort mit Artikel: _____ 	Wie heißt das Körperteil? Nenne Singular und Plural mit Artikel: _____  	Wie heißt das Körperteil? Nenne das Wort mit Artikel: _____ 
Ioanna hatte einen Unfall. _____ Auge tut weh. 	Herr Ludwig geht kann heute nicht arbeiten. _____ Hand tut weh. 	Kweku kann heute nicht Hand- ball spielen. _____ Arm tut weh. 

Schritte plus Neu 2, Lehrerhandbuch, 978-3-19-611081-4, © Hueber Verlag 2016
Illustrationen: Jörg Saupe, Düsseldorf

Kopiervorlage L11 / Wiederholung

Sabrina _____ in die U-Bahn.

Herr Roth geht _____ Post.

Mario sitzt _____ Eva.

Gehen Sie geradeaus und dann die (2.) _____ Straße rechts.

Gehen Sie hier geradeaus und dann die (1.) _____ Straße links.

Gehen Sie _____ Karolinenplatz.

Gehen Sie die Kapuzinerstraße geradeaus und dann die (3.) _____ Straße rechts.

Wo wohnen Sie?
→ Ich wohne

_____ .

Herr Roth ist _____ Friseur.

Herr Roth ist _____ Schwimmbad.

Herr Otto _____ hier _____ .

Herr Roth fährt _____ Neuss.

Das Mädchen wartet _____ der Haltestelle.

Frau Kunze sitzt im Englischkurs _____ Herrn Braun.

Die Männer sitzen _____ der Bank.

Ich fahre mit _____ .

Fahren wir mit _____ ins Zentrum?

Wie fahren Sie zum Deutschkurs?
→ _____
_____ .

Peter liegt _____ Bett.

Wo ist die Katze?
→ _____
_____ .

An der Haltestelle „Am Stein" müssen Sie _____ .

ZIEL

Schritte plus Neu 2, Lehrerhandbuch, 978-3-19-611081-4, © Hueber Verlag 2016
Illustrationen: Jörg Saupe, Düsseldorf

Das ist Lin _____
_____ Deutschkurs.

Was sagt die Frau?

Sie möchten mit einer Freundin ins Kino gehen. Sie rufen sie an, aber sie ist nicht da. Sprechen Sie auf die Mobilbox.

Im Zug ist es sehr warm. Sie möchten das Fenster öffnen. Fragen Sie die anderen Fahrgäste <u>höflich</u>.

Sie sind im Restaurant. Sie möchten die Speisekarte. Fragen Sie den Kellner <u>höflich</u>!

Im Büro ist es kalt. Ein Kollege soll das Fenster zumachen. Bitten Sie ihn höflich.

▲ Entschuldigung,

können Sie den Computer reparieren?

● Bis Montag.

Das ist Lin _____
_____ Arbeit.

Tut mir leid, ich muss noch arbeiten. Ich habe erst _____ Stunde Feierabend.

▲ Mein Fahrrad ist kaputt. Wie lange brauchen Sie für die Reparatur?
● Nicht lange, _____ 18 Uhr.

Das ist ein _____ und eine _____.

Sie haben ein Handy gekauft. Sie wissen aber nicht, wie es funktioniert. Was lesen Sie?

Ihre Waschmaschine ist kaputt. Der Kundenservice soll kommen. Was sagen Sie am Telefon?

Sie rufen Freunde an. Die Mobilbox ist an. Was sagen Sie?

Ergänzen Sie die Artikel:
_____ Drucker
_____ Garantie
_____ Modell
_____ Reparatur

Ergänzen Sie die Ansage auf der Mobilbox.
„Bitte _____ Sie eine Nachricht. Ich _____ später _____."

Rufen Sie beim Kundendienst an. Sie möchten wissen, wann der Techniker kommen kann. Fragen Sie.

Was ist das?

Wie heißt das Gegenteil?
die Tür aufmachen
_____
die Heizung anmachen
_____

Das ist Lin _____
_____ Training.

„Helfen Sie mir!" Sagen Sie es <u>höflich</u>!

Im Bus hört ein Junge neben Ihnen sehr laut Musik. Er soll die Musik ausmachen. Bitten Sie ihn <u>höflich</u>!

Was sagt die Frau dem Techniker?

Sie rufen beim Amt an und sprechen auf die Mailbox. Sie bitten um Rückruf. Nennen Sie auch Namen und Telefonnummer.

Schritte plus Neu 2, Lehrerhandbuch, 978-3-19-611081-4, © Hueber Verlag 2016
Illustrationen: Jörg Saupe, Düsseldorf

Schritte plus Neu 2, Lehrerhandbuch, 978-3-19-611081-4, © Hueber Verlag 2016
Fotos: Brille © Thinkstock/iStock/badmanproduction; Jacke © Thinkstock/iStockphoto; Pumps © Thinkstock/iStock/lofilolo; Stiefel © Thinkstock/iStock/Lalouetto; Hemd © Thinkstock/iStock/demidofaleks; Tasche © fotolia/PhotoMan; Anzug © iStockphoto/timhughes; Schirm © Thinkstock/iStock/berents; Gürtel © Thinkstock/iStock/andrewburgess;
Illustration: Jörg Saupe, Düsseldorf

Start / Ziel

Nennen Sie vier Kleidungsstücke! *Der, die, das* nicht vergessen!

Die Jacke gefällt _____ gut, aber sie passt _____ nicht.

Was ist das? Artikel nicht vergessen!

Nennen Sie drei Abteilungen im Kaufhaus.

Sie probieren ein Kleid. Die Farbe gefällt Ihnen nicht. Sie möchten es in Blau. Fragen Sie.

Ergänzen Sie den Plural: der Rock _____; das Hemd _____; das Kleid _____.

Sie suchen die Elektroabteilung. Fragen Sie an der Information.

Nennen Sie drei Wörter zum Thema „Kleidung kaufen".

Welche Kleidung tragen Sie am liebsten?

Sie möchten die Stiefel in Größe 38 probieren. Fragen Sie die Verkäuferin.

Die Jacke _____ mir nicht. Ich finde sie hässlich.

Nennen Sie vier Farben.

Ergänzen Sie den Plural: der Schuh _____; der Pullover _____; der Mantel _____.

W_____ Jacke gefällt Ihnen besser? Die blaue oder die schwarze? – Die blaue.

Wie steht mir die Bluse? – Sie steht _____ gut! Genau deine Farbe!

Was ist Ihre Lieblingsfarbe?

Der Mantel ist zu lang. Fragen Sie die Verkäuferin nach einem anderen Modell.

Die Hose passt _____ nicht. Probier doch mal die!

Wow! Der Mantel steht _____ sehr gut!

Sie haben im Klassenzimmer eine Uhr gefunden. Was fragen Sie die anderen?

Wie findest du _____ Schal? Schön, aber zu teuer.

	A	B	C	D	E	F
1	Wie heißt das Fest?	Was ist Ihr Lieblingsfest? Warum?	Was ist das?	Sie heiraten. Wen laden Sie ein?	Was bringt der Osterhase?	Wann hat Ihr Vater Geburtstag? Nennen Sie das Datum!
2	Wie lange dauert Weihnachten?	Sie sind zu einem Fest eingeladen und kommen gern. Was sagen Sie?	Sie haben bald Geburtstag. Was wünschen Sie sich als Geschenk?	Wie heißt das Fest?	Wann haben Sie Geburtstag? Nennen Sie das Datum!	Wie heißt das Fest?
3	Wann hat Ihre Mutter Geburtstag? Nennen Sie das Datum!	Wie heißt das Fest?	Wann feiert man Valentinstag?	Was feiert man in Ihrem Land mit der (ganzen) Familie?	Welches Fest feiert man in Ihrem Land im Sommer?	In welchem Monat feiert man Weihnachten?
4	Sie sind zu einer Party eingeladen, haben aber keine Zeit, Was sagen Sie?	Wann feiert man in Ihrem Land Neujahr?	Sie feiern Geburtstag. Laden Sie Ihre Mitspieler dazu ein!	Wann haben Sie Geburtstag?	Wie heißt das Fest?	Sie sind zu einer Hochzeit eingeladen, können aber nicht kommen. Was sagen Sie?
5	Was feiert man in Ihrem Land mit der Partnerin / dem Partner?	Wie heißt das Fest?	Haben Sie Kinder? Wenn ja, wann sind sie geboren?	Was wünscht man sich in Deutschland am vom 24.–26. Dezember?	Sie haben bald Geburtstag. Was wünschen Sie sich als Geschenk?	Wie feiert man in Ihrem Land Neujahr?
6	Ihr Freund hat Geburtstag. Was sagen Sie?	Welches Fest feiert man in Ihrem Land im Frühjahr?	Was wünscht man sich in Deutschland am 31. Dezember / 1. Januar?	An welchem Fest singt man in Ihrem Land? Was singt man?	Wie heißt das Fest?	Was ist Ihr Lieblingsfest? Warum?
7	Was feiert man am 1. Mai?	An welchem Fest tanzt man in Ihrem Land?	Was macht man zur Vorbereitung auf Ostern?	Sie feiern Geburtstag. Wen laden Sie ein?	In welchem Monat feiert man Fasching?	Was feiern die Kinder?

Fotos: 1A © Thinkstock/iStock/juefraphoto; 1C © Thinkstock/iStock/Manuta; 2D © fotolia/Corinna Gissemann; 2F © fotolia/Tobilander; 3B © fotolia/Patrick Hermans; 4E © fotolia/Fotowerk; 5B © Thinkstock/iStock/SamRyley; 6E © PantherMedia/Carina Hansen; 7C © Thinkstock/iStock/Artranq; 7F © Thinkstock/iStock/JackFrog
Schritte plus Neu 2, Lehrerhandbuch, 978-3-19-611081-4, © Hueber Verlag 2016

Lösung für die Spielleiterin/den Spielleiter

	A	B	C	D	E	F
1	Ostern	*freie Antwort*	eine Geburts-tagstorte / ein Geburtstags-kuchen (mit Kerzen)	*freie Antwort*	Ostereier, klei-ne Geschenke	*freie Antwort*
2	Vom 24.–26. Dezember / drei Tage.	„(Danke für die Einladung!) Ich komme gern."	freie Antwort	Valentinstag	freie Antwort	Hochzeit
3	*freie Antwort*	Karneval / Fasching / Fastnacht	Am 14. Februar	*freie Antwort*	*freie Antwort*	im Dezember
4	„(Danke für die Einladung, aber) tut mir leid. Ich habe leider keine Zeit."	*freie Antwort*	z. B. „Ich möch-te meinen Ge-burtstag feiern und lade euch dazu ein."	*freie Antwort*	Weihnachten (oder Nikolaus)	(„Danke für die Einladung, aber) tut mir leid. Ich kann leider nicht kommen."
5	*freie Antwort*	Silvester	freie Antwort	„Frohe Weih-nachten!"	*freie Antwort*	*freie Antwort*
6	„Alles Gute / Alles Liebe (zum Geburts-tag)!" oder „Herzlichen Glückwunsch (zum Geburts-tag)!"	*freie Antwort*	„(Ein) Gutes neues Jahr!"	*freie Antwort*	Weihnachten	*freie Antwort*
7	„Tag der Arbeit"	*freie Antwort*	Ostereier bemalen	*freie Antwort*	im Februar	Geburtstag

Schritte plus Neu 2, Lehrerhandbuch, 978-3-19-611081-4, © Hueber Verlag 2016

Test zu Lektion 8

Name: _____

1 Finden Sie die Berufe. Ergänzen Sie auch den Artikel *der* oder *die*.

GERUN~~MECHATRONIKER~~KRANKENSCHWESTERDDOKTNBERGPOLIZISTINMIPROBERINER-
ÄRZTINMERINOBRIGAKELLNEROBSSAMMEKKUNSTKAMMINREISEFÜHRERBERGINGKLE-
RTARCHITEKTINERWERBINGKOCHEEMWUNGJOURNALISTFVERTISTERSEKRETÄRINCBE-
TERWBGTEVSTERTAXIFAHRERNUHGSZ

Beispiel: der Mechatroniker

a _____   f _____

b _____   g _____

c _____   h _____

d _____   i _____

e _____   j _____

Punkte _____ / 10

2 Ergänzen Sie *wann*, *seit wann / wie lange* und *seit, vor, ╱, für*.

Beispiel: Wann sind Sie geboren? ╱ 1995.

a Wann sind Sie nach Deutschland gekommen? – _____ zwei Monaten.

b Wie lange leben Sie schon in Hamburg? – _____ sechs Jahren.

c _____ sind Sie schon arbeitslos? – Seit drei Monaten.

d Wann hast du dein Diplom gemacht? – _____ 2011.

e _____ haben Sie Mechatroniker gelernt? – Vor fünf Jahren.

f Für wie lange suchen Sie eine Wohnung? – _____ zwei Jahre.

g _____ arbeiten Sie schon bei BMW? – Seit einem Monat.

Punkte _____ / 7

3 Was haben Sie gestern gemacht? Schreiben Sie. Benutzen Sie auch *war-/hatt-* in der richtigen Form.

~~Ich *lese* am Morgen die Anzeigen in der Zeitung.~~ Es *sind* viele Angebote für Altenpfleger dabei. Eine Anzeige *ist* besonders interessant und ich *schreibe* sofort eine E-Mail an den Pflegedienst. Schon zehn Minuten später *habe* ich eine Antwort von der Chefin. Am Nachmittag *gehe* ich zum Vorstellungsgespräch. Wir *sprechen* über die Arbeitszeiten und den Verdienst. Ich *bekomme* die Stelle. Juhu! Ich *bin* sehr glücklich.

Ich habe am Morgen die Anzeigen in der Zeitung gelesen.

_____

_____

_____

_____

Punkte _____ / 8

Schritte plus Neu 2, Lehrerhandbuch, 978-3-19-611081-4, © Hueber Verlag 2016

4 Was passt zusammen? Verbinden Sie.

a Was sind Sie von Beruf?

b Wie lange haben Sie als Köchin gearbeitet?

c Was machen Sie beruflich?

d Wo arbeiten Sie?

e Wie lange arbeiten Sie schon in der Bibliothek?

f Wann haben Sie als Verkäuferin bei Lindex angefangen?

1 Vier Jahre, aber jetzt bin ich arbeitslos.

2 Ich arbeite bei Heppel und Co.

3 Vor ca. einem Monat.

4 Ich bin Journalistin.

5 Seit einem halben Jahr.

6 Ich mache eine Ausbildung als Kranken- pfleger.

Punkte _____ / 5

5 Lesen Sie die Anzeigen. Was ist richtig? Kreuzen Sie an.

Für meinen Obst- und Gemüseladen suche ich für drei Nachmittage in der Woche eine/n **Verkäufer/in** (von 14.00 bis 18.30 Uhr), gern auch Student/in. Haben Sie Interesse? Dann rufen Sie bitte Herrn Stede an unter 04162/912103.

Ⓐ

Sekretärin für drei Vormittage in der Woche gesucht! Sie kennen die üblichen Computer- programme (Word, Excel) und sprechen sehr gut Deutsch und Englisch? Dann sind Sie richtig bei uns! Schreiben Sie an Herrn Weber: t.weber@mikrochip.de

Ⓑ

Beispiel: Herr Stede hat einen eigenen Laden.

Ⓐ

a ○ Herr Stede verkauft Obst und Gemüse.

b ○ Er braucht Hilfe im Verkauf.

c ○ Studenten können diese Arbeit nicht machen.

d ○ Die Arbeitszeiten sind von Montag bis Freitag.

e ○ Bei Interesse schreibt man eine E-Mail oder ruft an.

Ⓑ

f ○ Die Firma Mikrochip braucht eine Sekretärin.

g ○ Die Arbeitszeit ist drei Wochen.

h ○ Für diese Stelle brauchen Sie sehr gute Deutschkenntnisse.

i ○ Sie brauchen keine Computerkenntnisse.

j ○ Sie können dort anrufen.

Punkte _____ / 10

Gesamt _____ / 40

Schritte plus Neu 2, Lehrerhandbuch, 978-3-19-611081-4, © Hueber Verlag 2016

Name: _____

WORTSCHATZ

1 Ordnen Sie zu.

wiederholen ~~Automaten~~ beantragen Führerschein Angehörige ausfüllen Geschlecht
Behörde ausmachen ...visum verdienst

Beispiel: Das Busticket bekommst du am <u>Automaten.</u>

a Mit dem europäischen _____ darfst du in Deutschland Auto fahren.

b Was heißt _____ ? – Das bedeutet: Sind Sie männlich oder weiblich?

c Ein Amt nennt man auch _____ .

d Juliette aus Madagaskar möchte für 4 Wochen nach Deutschland kommen. Sie braucht
ein Besucher_____ .

e Meine Frau, mein Sohn und ich wohnen in der Wohnung. Ich habe also zwei
_____ .

f Du musst das Handy _____ . Beim Autofahren darf man nicht telefonieren.

g Wie viel Geld _____ du im Monat bei deiner neuen Arbeit?

h Auf dem Amt muss ich viele Formulare _____ .

i Tim muss einen Internationalen Führerschein _____ .

j Wie bitte? Können Sie das bitte _____ ?

Punkte _____ /10

GRAMMATIK

2 Ergänzen Sie in der richtigen Form.

Beispiel: Kinder, <u>wartet</u> einen Moment. Ich kann nicht so schnell. (*warten*)

a Hey, Sabine, _____ doch mal leise! (*sein*)

b _____ Sie das Formular da drüben _____ . (*abgeben*)

c Paul, _____ mir mal die Wasserflasche. Ich habe Durst. (*geben*)

d He, ihr zwei, _____ mir mal. Der Schrank ist schwer. (*helfen*)

e So, Julia, es ist acht Uhr. Ich mache das Licht aus. _____ gut! (*schlafen*)

f Dein Fahrrad ist kaputt. _____ doch mit dem Bus. (*fahren*)

Punkte _____ /6

3 *Müssen* oder *dürfen*? Ergänzen Sie in der richtigen Form.

Beispiel: Hey, nicht so schnell. Hier <u>darf</u> man nur 30 fahren.

a Mach die Zigarette aus. Hier _____ du nicht rauchen.

b Morgen _____ ich zum Zahnarzt gehen.

c Wir _____ morgen früh aufstehen. Der Zug fährt schon um 7 Uhr ab.

d Papa, _____ ich morgen den James-Bond-Film im Fernsehen sehen? Bitte, bitte!

Punkte _____ /4

Schritte plus Neu 2, Lehrerhandbuch, 978-3-19-611081-4, © Hueber Verlag 2016

KOMMUNIKATION

4 Ordnen Sie zu.

Ich kann noch nicht so gut Deutsch.   Können Sie mir helfen?   Noch einmal, bitte.

Was bedeutet das?   Bin ich hier richtig?   ~~Darf ich Sie etwas fragen?~~

Beispiel: ▲ Entschuldigung. *Darf ich Sie etwas fragen?*

       ● Ja, natürlich. Was möchten Sie denn wissen?

a ▲ Das Formular brauchen Sie für einen Antrag bei der Meldebehörde.

     ● Das habe ich nicht verstanden. _____

b ▲ Ich verstehe das Formular nicht. _____

     ● Ja, ich helfe Ihnen gern.

c ▲ „Bisherige Wohnung"? _____

     ● Das ist Ihre alte Wohnung.

d ▲ Nicht so schnell, bitte. _____

e ▲ Ich suche die Meldebehörde. _____

     ● Nein, da müssen Sie zu Zimmer 102.

Punkte _____ /10

SCHREIBEN

5 Was müssen Sie jeden Tag machen? Schreiben Sie fünf Sätze.

Ich muss jeden Morgen um 7 Uhr aufstehen. Dann ...

_____

_____

_____

_____

Punkte _____ /10

Gesamt _____ /40

Test zu Lektion 10

Name: _____

Schritte plus Neu 2, Lehrerhandbuch, 978-3-19-611081-4, © Hueber Verlag 2016
Illustrationen: Jörg Saupe, Düsseldorf

WORTSCHATZ

1 Was tut den Leuten weh? Ergänzen Sie.

Beispiel: Sein <u>Arm</u> tut weh.

a Ihr _____ tut weh.

d Ihre _____ tun weh.

b Seine _____ tut weh.

e Ihr _____ tut weh.

c Sein _____ tut weh.

f Ihr _____ tut weh.

Punkte _____ / 6

2 Finden Sie sechs Wörter → ↓. Ergänzen Sie auch *der, das* oder *die*.

B	E	G	U	N	F	A	L	L	C	H	N	O	P
G	I	H	E	U	I	E	Z	A	L	E	M	X	E
A	F	U	S	M	E	D	I	Z	I	N	R	A	R
D	A	S	A	L	B	E	W	E	L	S	A	N	G
R	E	T	S	T	E	R	A	B	E	N	K	I	N
E	F	E	R	Z	R	T	N	O	T	A	R	Z	T
O	B	N	E	M	O	R	I	L	U	K	E	N	A
K	A	L	A	P	O	T	H	E	K	E	T	U	L

Beispiel: <u>die Salbe</u>

_____   _____

_____   _____

_____   _____

Punkte _____ / 6

GRAMMATIK

3 Ergänzen Sie *mein, sein, ihr* und *Ihr* in der richtigen Form.

Beispiel: ● Wie siehst du denn aus? <u>Dein</u> Fuß ist ja ganz dick!
　　　　　 ■ Ja, ich habe auch starke Schmerzen.

a ● Guten Tag, Frau Grimm! Was haben Sie denn gemacht? _____ Hand ist ja ganz dick!
　　 ■ Ja, sie tut auch sehr weh.

b ● Wie geht's Sabine! Ist sie krank? _____ Nase ist ganz rot!
　　 ■ Ja, sie hat Schnupfen.

c ● Guten Tag, Herr Bergmann! Wie geht es Ihnen heute?
　　 ■ Danke, heute geht es mir schon besser, aber _____ Bauch tut noch etwas weh.

d ● Was hat Melanie denn gemacht? _____ Arm ist ja ganz dick!
　　 ■ Ja, sie ist hingefallen.

e ● Guten Abend, Frau Schubert! Was ist passiert? _____ Augen sind ja ganz rot!
　　 ■ Ja, sie tun auch weh und ich sehe nicht gut.

f ● Wie geht's Markus?
　　 ■ Besser. _____ Zahn tut nicht mehr so weh.

Punkte _____ / 6

4 Felix ist krank! Was sagt die Mutter? Ergänzen Sie.

Beispiel: Felix, geh ins Bett. Der Doktor hat gesagt, *du sollst viel schlafen.* (viel schlafen)

a Er hat auch gesagt, du _____. (Tee trinken)

b Und _____. (deine Medizin nehmen)

c _____. (nicht lesen)

d Ich _____. (deine Temperatur kontrollieren)

Punkte _____ / 4

KOMMUNIKATION

5 Einen Termin vereinbaren. Ordnen Sie das Gespräch.

a (...) Hm, diese Woche haben wir keinen Termin mehr frei. Aber Sie können nächsten Montag um 8 Uhr kommen.

b (...) Kann ich dann vielleicht morgen kommen?

c (...) Gut, dann komme ich morgen Nachmittag um 16 Uhr vorbei! Danke. Auf Wiederhören!

d (...) Mal sehen! – Ja, morgen von 16 bis 18 Uhr ist offene Sprechstunde. Da können Sie kommen.

e (1) Praxis Dr. Neumaier, guten Tag!

f (...) Guten Morgen. Hier ist Bremer. Ich habe Zahnschmerzen. Wann kann ich vorbeikommen?

g (...) Heute geht es nicht mehr. Der Herr Doktor ist nur noch eine halbe Stunde in der Praxis.

h (...) Das ist zu spät. Ich habe starke Schmerzen. Kann ich bitte heute noch kommen?

i (...) Bitte. Auf Wiederhören!

Punkte _____ / 8

LESEN

6 Lesen Sie den Text. Was ist richtig? Kreuzen Sie an.

Im Notfall soll man die Telefonnummer 112 wählen. Das ist die Nummer der Notrufzentrale. Man soll seinen Namen nennen und das Problem erklären. Arztpraxen sind nur von Montag bis Freitag geöffnet. In der Nacht und am Wochenende kann man den ärztlichen Notdienst anrufen. Oder man kann sofort ins Krankenhaus fahren. Dort gibt es Tag und Nacht eine Notaufnahme. Medikamente bekommt man in der Apotheke. Die meisten Apotheken sind nur Montag bis Freitag am Tag geöffnet. In der Nacht hat immer mindestens eine Apotheke für Notfälle geöffnet. Das ist jede Nacht eine andere Apotheke in der Stadt.

Beispiel: Die Notrufzentrale hat die Nummer   ○ 121   ⊗ 112

a Der Arzt hat nur
   1 ○ Montag und Freitag geöffnet.
   2 ○ Montag bis Freitag geöffnet.

b In der Nacht soll man
   1 ○ den ärztlichen Notdienst anrufen.
   2 ○ den Arzt anrufen.

c Die Notaufnahme
   1 ○ muss man anrufen und dann kann man kommen.
   2 ○ ist immer geöffnet und man kann einfach kommen.

d Medikamente
   1 ○ kann man im Krankenhaus kaufen.
   2 ○ bekommt man in der Apotheke.

e Alle Apotheken haben
   1 ○ Montag bis Freitag tagsüber geöffnet.
   2 ○ Montag und Freitag in der Nacht geöffnet.

Punkte _____ / 10

Gesamt _____ / 40

Schritte plus Neu 2, Lehrerhandbuch, 978-3-19-611081-4, © Hueber Verlag 2016

Test zu Lektion 11

Name: _____

1 Ergänzen Sie.

Beispiel: 🔲 *auf*

a ⬜ _____

b ⬜ _____

c ⬜ _____

d ⬜⬜ _____

e ⬜ _____

f ⬜ _____

g ⬜ _____

h ⬜ _____

Punkte _____ /4

2 Orte in der Stadt. Ergänzen Sie.

Beispiel: In der *Metzgerei* kauft Louis Fleisch.

a In der _____ kauft Louis Bücher.

b Am _____ kauft Louis Zeitungen und Getränke.

c Im Urlaub isst und schläft Louis im _____ .

d In der _____ bekommt Louis Briefmarken.

e An der _____ wartet Louis auf den Bus.

f Louis arbeitet. Seine Kinder Lena (4) und Leo (5) sind morgens im _____ .

Punkte _____ /6

3 Ordnen Sie zu.

| in die | zum | nach | ~~beim~~ | nach | ins | in den |

Beispiel: ▲ Wo ist Papa? ● Papa ist *beim* Arzt.

a ▲ Mama, wohin gehst du? ● Ich gehe noch schnell _____ Supermarkt.

b ▲ Hallo Paul. Gehst du _____ Hause? ● Nein, ich gehe _____ Kino.

c ▲ Fliegt ihr _____ USA? ● Ja, wir fliegen _____ New York.

d ▲ Ich will heute nicht _____ Kindergarten gehen. ● Warum nicht? Du bist doch gerne dort.

Punkte _____ /6

4 In der Stadt. Was ist richtig? Kreuzen Sie an.

Beispiel: Die Bank ist neben ○ die ☒ der Post.

a Die Autos stehen auf ○ dem ○ der Parkplatz.

b Die Post ist zwischen ○ der ○ die Bank und
 ○ der ○ die Apotheke.

c Die U-Bahn fährt unter ○ den ○ die Häusern.

d Die Kinder sind in ○ die ○ der Schule.

e Die Schule ist hinter ○ der ○ die Apotheke.

f Der Bus steht an ○ die ○ der Haltestelle.

Punkte _____ /6

Schritte plus Neu 2, Lehrerhandbuch, 978-3-19-611081-4, © Hueber Verlag 2016
Illustrationen: Jörg Saupe, Düsseldorf

KOMMUNIKATION

5 Am Schalter. Ordnen Sie das Gespräch.

(...) Nein, Sie bekommen die Fahrkarte nur am Automaten.

(...) In Rosenheim, na gut. Bekomme ich die Fahrkarte bei Ihnen?

(...) Und von welchem Gleis fährt der Zug ab?

(...) Von Gleis 10. Aber Sie müssen in Rosenheim umsteigen.

(1) Ich brauche eine Auskunft: Wann fährt der nächste Zug nach Salzburg?

(...) Vielen Dank.

(...) Um 17.05 Uhr.

Punkte _____ / 3

6 Was passt zusammen? Verbinden Sie.

a	Muss ich umsteigen?	1	Nein, das ist zu weit. Sie müssen mit dem Bus fahren.
b	Ist der Zug nach Freiburg schon abgefahren?	2	Gehen Sie immer geradeaus und dann die erste Straße rechts. Da fährt der Bus ab.
c	Kann ich zu Fuß gehen?	3	Nein, der hat 15 Minuten Verspätung.
d	Ist hier ein Hotel in der Nähe?	4	Gleich da vorne ist ein Supermarkt.
e	Wo kann ich hier Fleisch kaufen?	5	Ja, in Hannover.
f	Entschuldigung, ich suche die Bushaltestelle?	6	Ein Hotel? Tut mir leid, ich bin auch fremd hier.

Punkte _____ / 5

SCHREIBEN

7 Brittanys Tag. Schreiben Sie.

9 Uhr: Fahrrad → Schule

dann: Fahrrad → Bahnhof

14.07 Uhr: S-Bahn → Ismaning → Eltern

am Nachmittag: zurückfahren

danach: zu Fuß → Supermarkt

19.30 Uhr: mit Guido → Konzert

Um 9 Uhr fährt Brittany mit dem Fahrrad zur Schule. Um 13 Uhr kommt sie aus der Schule. Dann ...

Punkte _____ / 10

Gesamt _____ / 40

Schritte plus Neu 2, Lehrerhandbuch, 978-3-19-611081-4, © Hueber Verlag 2016

Test zu Lektion 12

Name: _____

Zeichnung Ü 2e © Hueber Verlag/Gisela Specht
Schritte plus Neu 2, Lehrerhandbuch, 978-3-19-611081-4, © Hueber Verlag 2016
Illustrationen: Jörg Saupe, Düsseldorf

WORTSCHATZ

1 Ordnen Sie zu. Achtung: Drei Wörter passen nicht.

| Tüte | Gebrauchsanweisung | ~~Essig~~ | Angebot | Rechnung | Stecker | Papier | Taste | Modell | Fenster |

Beispiel: Die Kaffeemaschine musst du mit _Essig_ reinigen.

a Du weißt nicht, wie deine Kamera funktioniert? Dann musst du die _____ lesen.

b Ich kann nichts drucken. Mein Drucker hat kein _____ mehr.

c Die Spülmaschine funktioniert so nicht. Der _____ muss in die Steckdose.

d Kann ich mal dein Telefon haben? Welche _____ muss ich zum Telefonieren drücken?

e Meine Sporttasche ist schon kaputt. Aber ich habe noch Garantie. Hier ist die

_____ .

f Oh, ich habe keine Tasche für die Bücher dabei. Könnte ich eine _____ haben?

Punkte ____ /6

GRAMMATIK

2 Ordnen Sie zu.

| nach dem | ~~vor dem~~ | vor der | beim | bei der | nach dem |

Beispiel: Tomasz isst _vor dem_ Training nur Obst.

a Das ist Herr Schmitz _____ Arbeit.

b Samuel sieht _____ Deutschkurs gern fern.

c Bea muss _____ Prüfung viel lernen.

d Das ist Gabi _____ Sport.

e Das ist Ahmad _____ Frühstück.

Punkte ____ /5

3 Ergänzen Sie *ab, am, bis, in* und *um*.

Beispiel: Herr Kunze ist morgen _ab_ 8 Uhr wieder im Haus.

a Wir haben jeden Tag _____ 20 Uhr und _____ Samstag _____ 18 Uhr geöffnet.

b Ihr Computer ist _____ zwei Tagen fertig. Dann können Sie ihn abholen.

c _____ 13 Uhr treffe ich mich mit Herrn Becker im Büro.

d Die Ferien beginnen _____ drei Wochen.

e Heute komme ich spät nach Hause. Ich muss _____ 22 Uhr arbeiten.

f Sie können Ihren Toaster morgen _____ 17 Uhr abholen.

Punkte ____ /8

KOMMUNIKATION

4 Schreiben Sie höfliche Bitten.

Beispiel: Mein Auto fährt nicht mehr. Kommen Sie vorbei.

Könnten Sie bitte vorbeikommen?

a Wir haben keine Kugelschreiber. Bestellst du Kugelschreiber?

b Hier ist eine Prüfung. Seid leise.

c Ich muss meinen Chef anrufen. Geben Sie mir Ihr Handy?

d Sie möchten sich für den Italienischkurs anmelden? Füllen Sie das Formular aus.

e Ich kann nicht so gut Deutsch. Wiederholen Sie das.

Punkte _____ /5

5 Anruf beim Kundenservice. Ordnen Sie das Gespräch.

a (...) Ja, richtig. Wann kann der Techniker kommen?

b (...) Was für ein Modell ist es denn?

c (...) Meine Spülmaschine funktioniert nicht.

d (...) Ja, hier sind Sie richtig. Sie sind beim Kundenservice.

e (...) Eine Turbo 700. Sie ist erst 5 Monate alt.

f (...) Elektro Mars, was kann ich für Sie tun?

g (...) Könnte ich bitte den Kundenservice sprechen?

h (...) Ah, dann haben Sie noch Garantie.

i (9) Er ist um 15 Uhr bei Ihnen.

Punkte _____ /8

LESEN

6 Lesen Sie die Anzeige. Was ist richtig? Kreuzen Sie an.

> **Sie suchen neue Ideen für die Küche?**
> **Kochen – Essen – und dabei neue Ideen mitnehmen!**
>
> Das Restaurant „Zur Rose" bietet Kochkurse bei unserem Chefkoch an. Sie kochen
> in kleinen Gruppen, machen alles selbst und bekommen am Ende die Rezepte.
> Die Kurse finden jeden Montagabend von 19.00 bis 22.00 Uhr statt.
> Anmeldung erforderlich unter 58 50 89 (Herr Aurich).

a ○ Der Koch macht alles selbst.

b ○ Die Kochkurse sind am Wochenende.

c ○ Man muss vorher anrufen.

d ○ Der Chefkoch macht die Kochkurse.

Punkte _____ /8

Gesamt _____ /40

Schritte plus Neu 2, Lehrerhandbuch, 978-3-19-611081-4, © Hueber Verlag 2016

WORTSCHATZ

1 Wie heißen die Kleidungsstücke? Ergänzen Sie.

das T-Shirt

_Punkte _____ /4_

2 Ergänzen Sie.

Ich fahre in den Ferien ans Meer und nehme mit: _einen Koffer_ _____ , _____ ,

_____ , _____ , _____ ,

und _____ zum Lesen.

_Punkte _____ /4_

GRAMMATIK

3 *Der, die das* oder *den*? Ergänzen Sie.

Beispiel: ● Sieh mal, die Hose!   ■ Die ist langweilig.

a ● Sieh mal, das Hemd!   ■ _____ ist super!

b ● Wie findest du den Mantel?   ■ _____ finde ich zu teuer!

c ● Und die Bluse?   ■ _____ ist günstig!

d ● Was sagst du zu dem Gürtel?   ■ _____ finde ich sehr schön! Aber – _____ ist zu teuer.

e ● Ach, sieh mal! Der Rock ist aber toll!   ■ Ja, _____ gefällt mit auch sehr gut!

_Punkte _____ /6_

4 Was passt? Markieren Sie.

Beispiel: ● Gefällt *mir/Ihnen/ihm* der Rock?   ■ Ja, aber er ist zu groß.

a ● Sag mal, Tanja, wie gefällt *ihnen/Ihnen/dir* das Kleid?   ■ Sehr gut! Wie viel kostet es?

b ● Wie findest du den Rock?   ■ Er gefällt *mir/ihm/dir* gut.

c ● Was sagst du zu der Hose?   ■ Die steht *ihm/ihr/dir* wirklich sehr gut! Nimm sie doch!

d ● Schmeckt *mir/euch/uns* der Salat?   ■ Ja, der ist sehr gut.

e ● Wem gehört das Wörterbuch?   ■ *Ihnen/Uns/Dir!* Wir haben es gestern hier vergessen.

f ● Frau Paulig, der Mantel steht *dir/Ihnen/euch* sehr gut!   ■ Vielen Dank!

_Punkte _____ /6_

Schritte plus Neu 2, Lehrerhandbuch, 978-3-19-611081-4, © Hueber Verlag 2016
Illustrationen: Jörg Saupe, Düsseldorf

5 Was ist richtig? Ergänzen Sie *gern*, *gut* oder *viel* in der richtigen Form.

Beispiel: ● Kannst du gut Auto fahren?   ■ Ja, aber ich fahre noch *besser* Fahrrad.

a   ● Möchtest du gern mal nach Wien fahren?   ■ Ja, aber noch _____ möchte ich
nach Zürich fahren und _____ möchte ich nach Berlin fahren.

b   ● Kannst du gut Samba tanzen?   ■ Ja, aber ich tanze noch _____ Salsa.
Und _____ tanze ich Tango.

c   ● Was kostet _____? Ein Flugticket nach Berlin oder ein Bahnticket nach Hamburg?
    ■ Das weiß ich nicht. Ich denke beides ist teuer.

Punkte _____ / 5

KOMMUNIKATION

6 Was passt? Ergänzen Sie.

| Die finden Sie im Obergeschoss   Nein, leider nicht. Den haben wir nur in Blau. |
| Tut mir leid, die gibt es nur noch in 42.   Der kostet nur 79 €. Das ist der Letzte. |
| Die Abteilung finden Sie im ersten Stock.   Die ist gleich da vorne, neben der Treppe. |

Beispiel: Sagen Sie mal, wo gibt es hier Schuhe? *Die finden Sie im Obergeschoss.*

a   Entschuldigen Sie, wo finde ich Elektroartikel?

b   Entschuldigung, haben Sie den Pullover auch in Rot?

c   Sagen Sie mal, was kostet denn der Mantel?

d   Entschuldigen Sie, wo ist denn hier die Kasse, bitte?

e   Sagen Sie mal, gibt es die Jacke auch in Größe 40?

Punkte _____ / 5

SCHREIBEN

7 Was machen Sie in Ihrer Freizeit / im Urlaub am liebsten? Schreiben Sie mindestens 5 Sätze.

_____

_____

_____

_____

Punkte _____ / 10

Gesamt _____ / 40

Schritte plus Neu 2, Lehrerhandbuch, 978-3-19-611081-4, © Hueber Verlag 2016

Test zu Lektion 14

Name: _____

Schritte plus Neu 2, Lehrerhandbuch, 978-3-19-611081-4, © Hueber Verlag 2016

W O R T S C H A T Z

1 Welches Datum ist heute? Heute ist der ... Ergänzen Sie.

Beispiel: (14.7.) *vierzehnte Juli* _____ .   c (30.3.) _____ .
a (17.4.) _____ .   d (1.12.) _____ .
b (23.5.) _____ .   e (5.9.) _____ .

Punkte ____ / 5

2 Ordnen Sie zu: *der, am, vom ... bis (zum)*.

| Vom ... bis | Geburtstag | Weihnachtsgeschenke | Am | ~~der~~ ~~Tag~~ | Datum | Der | Am | Ferien |

Beispiel: Welcher *Tag* ist heute?   – Heute ist *der* 14. Juli.
a Welches _____ ist heute?   – _____ 27. Januar.
b Wann bekommt man in Deutschland die _____ ?   – _____ 24. Dezember.
c Wie lange dauern die _____ ?   – _____ 12. _____ 23. April.
d Wann hast du _____ ?   – _____ 7. August.

Punkte ____ / 8

G R A M M A T I K

3 Was passt? Markieren Sie.

Beispiel: ● Ist das dein Fahrrad?   ■ Ja, ich habe *ihn/es/sie* erst seit zwei Wochen.

a ● Kennst du schon den neuen Film von Fatih Akin?   ■ Ja, ich habe *ihn/es/sie* schon gesehen. Er war super!

b ● Fährst du heute zum Fitness-Studio? Kannst du *mich/dich/euch* bitte mitnehmen?   ■ Ja, klar. Wann soll ich *mich/dich/uns* abholen?

c ● Kommt ihr heute mit ins Schwimmbad?   ■ Leider nein. Unsere Mutter ist im Krankenhaus. Wir besuchen *ihn/Sie/sie* heute.

d ● Entschuldigung, Herr Becker. Darf ich *dich/Sie/euch* etwas fragen?   ■ Natürlich.

e ● Hallo, Sabine. Hallo, Claudia. Wir haben *sie/es/euch* lange nicht gesehen. Wo wart ihr?   ■ Ach, wir haben für eine Prüfung gelernt. Aber jetzt haben wir *ihn/sie/uns* bestanden.

f ● Wie findest du mein Kleid?   ■ Es steht dir gut. Wo hast du *es/ihn/dich* gekauft?

Punkte ____ / 8

4 Verbinden Sie die Sätze mit *denn*. Schreiben Sie.

Beispiel: Laras Mutter kann nicht nach München kommen. Ihre Schwester ist krank.
Laras Mutter kann nicht nach München kommen, denn ihre Schwester ist krank.

a Sebastian darf nicht Tennis spielen. Der Arzt hat es verboten.

_____

b Maryam lernt Deutsch. Sie möchte in Deutschland eine Arbeit finden.

_____

c Robert macht viel Sport. Er will fit bleiben.

_____

Punkte ____ / 3

KOMMUNIKATION

5 Was sagen Sie? Ergänzen Sie.

Beispiel: Viel Glück!

a ....

b ....

c ....

d ....

e ....

f ....

Punkte .... /6

LESEN

6 Lesen Sie den Text. Was ist richtig? Kreuzen Sie an.

Endlich Abi!

Hej Leute, ich heiße Mads, bin 18 Jahre alt und habe letztes Jahr mein Abitur gemacht. Das war ein großer Tag für mich und meine Freunde! Endlich fertig mit der Schule! Das Abitur feiert man bei uns in Dänemark mit einer Fahrt durch die ganze Stadt, genauer gesagt von einem Haus zum anderen. Wir haben einen LKW gemietet und haben dann alle zusammen unsere Eltern besucht. In jedem Haus hat die ganze Familie auf uns gewartet und wir haben zusammen auf den Schulabschluss angestoßen! Alle haben uns zum Abi gratuliert und uns viel Glück gewünscht. Auf der Fahrt haben wir natürlich viel gesungen, getanzt und getrunken. Das hat Spaß gemacht! Das war ein ganz besonderer Tag für uns alle.

Das war letztes Jahr. Jetzt studiere ich in Kopenhagen Medizin und muss wieder viel lernen. Aber es gibt auch viele Partys. Jetzt aber ohne unsere Eltern ☺.

a Mads kommt aus
○ Deutschland.
○ Dänemark.
○ Österreich.

b Er hat
○ dieses Jahr Abitur gemacht.
○ vor zwei Jahren Abitur gemacht.
○ letztes Jahr Abitur gemacht.

c Das feiert man in Dänemark mit einer Fahrt
○ ans Meer.
○ von Elternhaus zu Elternhaus.
○ nach Kopenhagen.

d Die Eltern
○ geben den jungen Leuten Geschenke.
○ gratulieren den jungen Leuten zum Abitur.
○ singen mit den jungen Leuten.

e Auf der Fahrt haben Mads und seine Freunde viel
○ gegessen und getrunken.
○ gesungen und getrunken.
○ gegessen und getanzt.

Punkte .... /10

Gesamt .... /40

Schritte plus Neu 2, Lehrerhandbuch, 978-3-19-611081-4, © Hueber Verlag 2016
Illustrationen: Jörg Saupe, Düsseldorf

Lektion 8 Beruf und Arbeit

Folge 8: Total fotogen

Bild 1

Eda: So, Herr Koch? Wie war die Therapie? War's gut?

Herr Koch: Oh ja, Frau Baumann macht das ja wirklich so toll. Ach: Wann ist denn mein nächster Termin?

Eda: Entschuldigung, einen Moment bitte. Physiopraxis Baumann. Sie sprechen mit Eda Erden. Ach, hallo Lara! Du möchtest Sofia sprechen, oder? Nein, nein da kommt sie gerade. Sofia? Lara ist am Telefon.

Sofia: Danke, Eda. Hallo, Lara? Für euren Deutschkurs? Und das Thema ist „Arbeit und Beruf".

Eda: Entschuldigung, Herr Koch. Sie hatten eine Frage?

Bild 2

Sofia: Na sowas! Sie wollen ein Interview machen. Das Thema ist „Arbeit und Beruf".

Herr Koch: Na, da können sie mich interviewen. Ich arbeite schon seit 35 Jahren als Hausmeister.

Sofia: Sie brauchen auch Fotos.

Herr Koch: Kein Problem. Ich bin total fotogen. Na, Frau Erden, wann hab ich denn nun den nächsten Termin?

Eda: Am Freitag, Herr Koch? Von 16 Uhr bis 16 Uhr 30? Geht das bei Ihnen?

Herr Koch: Freitag, 16 Uhr. Ein super Interviewtermin, oder?

Sofia: Naja, warum eigentlich nicht?

Herr Koch: Na, dann bis Freitag! Tschüs, die Damen!

Beide: Tschüs, Herr Koch!

Bild 3

Lara: Okay, also Sofia, was bist du von Beruf?

Sofia: Ich bin Physiotherapeutin. Ich bin selbstständig und ich habe eine eigene Praxis.

Tim: Haha! Das macht Spaß!

Lara: Tim! Pscht jetzt! Sofia, wann hast du die Ausbildung gemacht?

Sofia: Das war vor zehn Jahren.

Tim: Und wie lange hat die Ausbildung gedauert?

Sofia: Drei Jahre. Dann habe ich mein Examen gemacht.

Tim: Hey, der Ball ist echt super!

Lara: Tim, komm mach du hier mal weiter ...

Bild 4

Tim: Okay. Und nach dem Examen? Hattest du dann gleich deine eigene Praxis?

Sofia: Nein, nein! Ich hatte ja noch fast keine Berufserfahrung. Also habe ich erstmal als Physiotherapeutin in einer Praxis gearbeitet.

Tim: Wie lange warst du denn da?

Sofia: Tja. Zuerst habe ich gedacht, ich mache das nur für ein Jahr. Aber es waren dann doch drei Jahre.

Lara: Haha! Das macht wirklich Spaß!

Tim: Lara!!!

Bild 5

Tim: Wie war dein Chef?

Sofia: Er war sehr, sehr professionell.

Tim: Aha. Da hast du sicher viel gelernt, oder?

Sofia: Genau.

Tim: Und seit wann bist du schon selbstständig?

Sofia: Meine Praxis habe ich jetzt seit vier Jahren. Ah, da kommt jetzt mein Patient, Herr Koch.

Lara: Wir machen dann noch die Fotos, oder?

Tim: M-hm

Herr Koch: Halli-hallo!

Bild 6

Sofia: Na, Herr Koch, wie geht's denn so?

Herr Koch: Prima.

Sofia: Haben Sie Ihre Übungen alle gemacht?

Herr Koch: Ja, natürlich. Jeden Tag! Ich war total aktiv.

Sofia: Sehr gut! Bitte mal ganz gerade sitzen!

Herr Koch: Ja.

Sofia: Locker, bitte! Ja, so ist es schön. So ist es genau richtig. ...

Herr Koch: Aah, das tut sehr gut!

Bild 7

Sofia: Und wechseln ...

Herr Koch: Wissen Sie was? Frau Baumann kann ihren Job.

Sofia: Und wechseln ...

Herr Koch: Seit einem Jahr habe ich Rückenprobleme. Ich war bei drei Therapeuten. Aber erst jetzt wird's besser.

Sofia: Und wieder wechseln ...

Herr Koch: Ich arbeite nämlich seit 35 Jahren als Hausmeister bei „TerraMax Immobilien".

Sofia: Und nochmal wechseln ...

Bild 8

Herr Koch: Und Sie sind Journalisten? Wo arbeiten Sie? Bei der Zeitung oder beim Fernsehen?

Sofia: Nein, Herr Koch. Das sind Lara Nowak aus Polen und Tim Wilson aus Kanada. Sie haben ein Interview mit mir gemacht.

Herr Koch: Ach, Sie sind internationale Journalisten?

Lara: Nein, nein. Wir lernen Deutsch. Wir machen ein Projekt für den Deutschkurs.

Herr Koch: Ach?

Tim: Ja, wir möchten etwas über Arbeit und Ausbildung in Deutschland wissen.

Herr Koch: Ach so!

Lara: Und Sie waren unser Fotomodell. Sie haben das wirklich toll gemacht! ...

Herr Koch: Na ja, was hab ich gesagt? Ich bin total fotogen!

Schritt B, B1

Lara: Wann hast du die Ausbildung gemacht?

Sofia: Das war vor zehn Jahren.

Tim: Und wie lange hat die Ausbildung gedauert?

Sofia: Drei Jahre. Dann habe ich mein Examen gemacht.

Tim: Und seit wann bist du schon selbstständig?

Sofia: Meine Praxis habe ich jetzt seit vier Jahren.

Schritt B, B2
Lara: Wie lange arbeiten Sie schon als Hausmeister?
Herr Koch: 38 Jahre!
Lara: Wann haben Sie die Ausbildung gemacht?
Herr Koch: Vor 40 Jahren!
Lara: Und seit wann arbeiten Sie bei „TerraMax Immobilien"?
Herr Koch: Seit 35 Jahren!

Schritt B, B4
Frau Szabo: Szabo?
Herr Winter: Guten Tag, spreche ich mit Frau Katalin Szabo?
Frau Szabo: Ja?
Herr Winter: Frau Szabo, mein Name ist Winter von der Firma „mediaplanet". Sie haben uns eine E-Mail geschrieben.
Frau Szabo: Ja, genau.
Herr Winter: Sie möchten gern ein Praktikum in unserer Marketing-Abteilung machen.
Frau Szabo: Ja, das ist richtig!
Herr Winter: Ich habe da noch ein paar Fragen an Sie. Haben Sie einen Moment Zeit?
Frau Szabo: Ja, natürlich.
Herr Winter: Sie schreiben, Sie haben Wirtschaft und Marketing studiert. Wann haben Sie denn Ihr Diplom gemacht?
Frau Szabo: Vor einem Jahr.
Herr Winter: Aha, und seit wann leben Sie hier in Deutschland?
Frau Szabo: Seit sechs Monaten.
Herr Winter: Im Moment machen Sie gerade ein Praktikum, richtig?
Frau Szabo: Ja, genau, bei „Inova-Marketing".
Herr Winter: Wie lange sind Sie schon dort?
Frau Szabo: Seit einem Monat.
Herr Winter: Aha. Und das andere Praktikum bei „S&P Media" in Köln, wann haben Sie das gemacht?
Frau Szabo: Bei „S&P Media"? Hm, das war vor zehn Monaten. Da habe ich noch in Ungarn gelebt und bin für das Praktikum nach Deutschland gekommen.
Herr Winter: Sie sprechen schon sehr gut Deutsch, Frau Szabo.
Frau Szabo: Oh, danke!
Herr Winter: Seit wann lernen Sie denn schon Deutsch?
Frau Szabo: Schon vier Jahre.
Herr Winter: Sehr schön. Frau Szabo, ich brauche noch Ihre Zeugnisse. Können Sie uns die schicken?
Frau Szabo: Ja, gut, das mache ich gleich heute.
Herr Winter: Prima. Sie hören dann in ca. zwei Wochen von uns. Vielen Dank, Frau Szabo, und auf Wiederhören!
Frau Szabo: Danke auch! Auf Wiederhören!

Schritt C, C1
Gespräch 1
Tim: Okay. Und nach dem Examen? Hattest du dann gleich deine eigene Praxis?
Sofia: Nein, nein! Ich hatte ja noch fast keine Berufserfahrung. Also habe ich erst mal als Physiotherapeutin in einer Praxis gearbeitet.
Tim: Wie lange warst du denn da?

Gespräch 2
Tim: Wie war dein Chef?
Sofia: Er war sehr, sehr professionell.
Tim: Aha. Da hast du sicher viel gelernt, oder?
Sofia: Genau.

Schritt D, D4
Frau: Café Rudolf?
Mann: Ja, guten Tag, mein Name ist Bechtold. Ich habe Ihre Anzeige gelesen. Sie suchen eine Servicekraft. Ist die Stelle noch frei?
Frau: Ja, sie ist noch frei.
Mann: Aha, und wie ist die Arbeitszeit?
Frau: Sie arbeiten immer am Vormittag von Montag bis Samstag von 8 bis 13 Uhr oder am Nachmittag.
Mann: Aha, und am Nachmittag wann?
Frau: Am Nachmittag immer von 15 bis 19 Uhr. Aber dann nur von Montag bis Freitag. Am Samstagnachmittag haben wir nicht geöffnet, da haben wir zu.
Mann: Ah ja, der Nachmittag passt mir sehr gut! Wie ist denn der Verdienst?
Frau: Wir zahlen 11 Euro pro Stunde.
Mann: Gut, okay.
Frau: Dann kommen Sie doch mal vorbei. Ehm, am Donnerstag um 10 Uhr. Passt das?
Mann: Ja, das passt.
Frau: Gut, dann bis Donnerstag.
Mann: Bis Donnerstag, Wiederhören!

Lektion 8, Audiotraining 1
Mein Beruf. Antworten Sie mit „Aha."
Hören Sie zuerst ein Beispiel:
Sprecher 1: Ich arbeite als Verkäuferin.
Sprecher 2: Aha. Du arbeitest als Verkäuferin.

Und jetzt Sie:
Sprecher 1: Ich arbeite als Verkäuferin.
Sprecher 2: Aha. Du arbeitest als Verkäuferin.
Sprecher 1: Ich bin Studentin.
Sprecher 2: Aha. Du bist Studentin.
Sprecher 1: Ja, ich studiere noch.
Sprecher 2: Aha. Du studierst noch.
Sprecher 1: Ich mache eine Ausbildung als Krankenpflegerin.
Sprecher 2: Aha. Du machst eine Ausbildung als Krankenpflegerin.
Sprecher1: Ich habe einen Job als Taxifahrerin.
Sprecher 2: Aha. Du hast einen Job als Taxifahrerin.
Sprecher 1: Ich bin angestellt.
Sprecher 2: Aha. Du bist angestellt.
Sprecher 1: Ich bin nicht berufstätig.
Sprecher 2: Aha. Du bist nicht berufstätig.
Sprecher 1: Ich bin zurzeit arbeitslos.
Sprecher 2: Aha. Du bist zurzeit arbeitslos.

Lektion 8, Audiotraining 2
Wie bitte? Fragen Sie nach.
Hören Sie zuerst ein Beispiel:
Sprecher 1: Ich bin 1990 geboren.
Sprecher 2: Wie bitte? Wann bist du geboren?
Sprecher 1: 1990.

Und jetzt Sie:
Sprecher 1: Ich bin 1990 geboren.
Sprecher 2: Wie bitte? Wann bist du geboren?
Sprecher 1: 1990.
Sprecher 1: Ich bin in Rom geboren.
Sprecher 2: Wie bitte? Wo bist du geboren?
Sprecher 1: In Rom.
Sprecher 1: Ich habe in Rom und Madrid gewohnt.
Sprecher 2: Wie bitte? Wo hast du gewohnt?
Sprecher 1: In Rom und Madrid.
Sprecher 1: Ich bin vor zwei Jahren nach Deutschland gekommen.
Sprecher 2: Wie bitte? Wann bist du nach Deutschland gekommen?
Sprecher 1: Vor zwei Jahren.
Sprecher 1: Ich lerne seit zwei Jahren Deutsch.
Sprecher 2: Wie bitte? Wie lange lernst du Deutsch?
Sprecher 1: Seit zwei Jahren.

Und jetzt noch einmal Sie: Antworten Sie mit Ihren Informationen.
Wann bist du geboren?
Sprecher 1: Wo bist du geboren?
Sprecher 1: Wo hast du schon gewohnt?
Sprecher 1: Wie lange lernst du Deutsch?

Lektion 8, Audiotraining 3
Berufserfahrung. Antworten Sie mit „Ja".
Hören Sie zuerst ein Beispiel:
Sprecher 1: Sie waren Taxifahrer, oder?
Sprecher 2: Ja, ich war Taxifahrer.

Und jetzt Sie:
Sprecher 1: Sie waren Taxifahrer, oder?
Sprecher 2: Ja, ich war Taxifahrer.
Sprecher 1: Der Job war einfach, oder?
Sprecher 2: Ja, der Job war einfach.
Sprecher 1: Waren die Kunden nett?
Sprecher 2: Ja, die Kunden waren nett.
Sprecher 1: Hatten Sie Spaß?
Sprecher 2: Ja, ich hatte Spaß.
Sprecher 1: Sie hatten viel Arbeit, richtig?
Sprecher 2: Ja, ich hatte viel Arbeit.
Sprecher 1: Sie haben auch eine Ausbildung als Verkäufer gemacht, oder?
Sprecher 2: Ja, ich habe auch eine Ausbildung als Verkäufer gemacht.
Sprecher 1: Haben Sie schon Berufserfahrung als Verkäufer?
Sprecher 2: Ja, ich habe schon Berufserfahrung als Verkäufer.

Lektion 9   Ämter und Behörden

Folge 9: Na los, komm mit!

Bild 1
Tim: Was machst du am Wochenende?
Lara: Ach, ich weiß noch nicht. Warum?
Tim: Ich möchte ein Auto mieten und nach Salzburg fahren.
Lara: Salzburg? Ist das weit?
Tim: Nein. Nicht mal zwei Stunden. Willst du mitkommen? Na, los! Komm mit!
Lara: Okay! Aber …
Tim: Ja?
Lara: Darf man denn hier so einfach ein Auto mieten?
Tim: Na klar! Man muss natürlich den Führerschein haben.
Lara: Bist du sicher? Weißt du, ich habe da mal im Internet nachgesehen. Warte mal!

Bild 2
Lara: Warte, na, wo war das denn?
Tim: Man DARF ein Auto mieten. Da bin ich total sicher.
Lara: Ah! Hier ist es. Guck mal!
Tim: „Mit einem ausländischen Führerschein darf man sechs Monate lang in Deutschland fahren." Und danach? Du, ich bin schon sechs Monate in Deutschland. Darf ich jetzt nicht mehr Auto fahren, oder was?
Lara: Naja, vielleicht stimmt das ja auch gar nicht. Hm. Ich will das jetzt aber genau wissen.
Tim: Ich auch.

Bild 3
Tim: Entschuldigen Sie, ich brauche eine Auskunft. Ich komme aus Kanada Darf ich mit meinem Führerschein in Deutschland fahren?
KVR: Mit dem kanadischen Führerschein dürfen Sie in Deutschland ein halbes Jahr lang fahren.
Tim: Was? Darf ich danach nicht mehr Auto fahren?
KVR: Doch, aber dann brauchen Sie einen deutschen Führerschein. Oder den kanadischen Führerschein plus einen internationalen Führerschein.
Tim: Aha. Und den internationalen Führerschein, wo bekomme ich den?
KVR: Den bekommen Sie hier bei uns.
Tim: Aah, gut! Was muss ich da machen?
KVR: Zuerst müssen Sie einen Antrag ausfüllen.
Tim: Und dann bekomme ich sofort den internationalen Führerschein?
KVR: Leider nein. Im Moment dauert das ungefähr sechs Wochen.
Tim: Was?! Oh Mann!

Bild 4
Lara: Hm. Dann muss ich wohl auch einen internationalen Führerschein beantragen, was?
KVR: Sind Sie auch aus Kanada?
Lara: Nein, ich komme aus Polen.

KVR: Na, dann gibt's ja kein Problem. Sie sind EU-Bürgerin. Sie haben Ihren Führerschein in der EU gemacht. Sie dürfen also in der EU Auto fahren.
Lara: Aber wie lange?
KVR: Na, immer.
Lara: Oh! Toll! Ach, ich liebe die EU!

Bild 5
Lara: Weißt du was?
Tim: Hm?
Lara: ICH miete das Auto. So einfach ist das.
Tim: Meinst du?
Lara: Du, sieh mal! Da vorne ist ja gleich eine Autovermietung. Du, da gehen wir jetzt hin und fragen einfach mal. Na los, komm mit!
Tim: Ja, gleich. Geh du schon! Ich will noch schnell in den Laden da. Ich hab so einen Hunger.
Lara: Okay. Äh, Tim, warte mal!
Tim: Ja?
Lara: Bring ein Wasser für mich mit!
Tim: Na dann, bis gleich.

Bild 6
Tim: Und? Was ist? Kein Auto?
Lara: Nein. Es geht leider nicht
Tim: Warum denn nicht?
Lara: Ich bin zu jung.
Tim: Wie bitte? Zu jung? Du bist zwanzig, oder?
Lara: Sie sagen: Man muss mindestens einundzwanzig sein, verstehst du?
Tim: Ach, wie blöd! Hier, dein Wasser.
Lara: Danke. Warte mal! Ich glaube, ich hab DIE Idee. Na los, komm mit!
Tim: Nicht mal in Ruhe essen kann man! Warte! Warte doch!

Bild 7
Lara: Hier, sieh mal! Fernbus München – Salzburg
Tim: Was? Busfahren? Na, das dauert aber sicher ziemlich lange
Lara: Nein, gar nicht! Hier: Das dauert auch nur zwei Stunden.
Tim: Wirklich?
Lara: Und eine Fahrt kostet nur neun Euro.
Tim: Hey! Das ist ja billig!
Lara: Na, sag ich doch!

Bild 8
Tim: Z-O-B. Was bedeutet denn das?
Lara: Zimmer ohne Balkon.
Tim: Was?
Lara: Nein! Zentraler Omnibusbahnhof.
Tim: Und was wollen wir hier?
Lara: Na, die Fahrkarten kaufen ...
Tim: Ach so! Na, du bist aber schnell!
Lara: Na los, komm mit!
Tim: Salzburg, wir kommen!

Schritt A, A1b
Tim: Guten Tag. Ich brauche den internationalen Führerschein. Was muss ich da machen?
KVR: Sie müssen einen Antrag ausfüllen.

Schritt A, A2a und b
Mann: Wie? Also nein! Das versteht doch kein Mensch! Kein Mensch versteht das!
Frau: Sagen Sie mal, haben Sie ein Problem?
Mann: Ja! Der Automat da! Der funktioniert nicht!
Frau: Doch, doch. Der funktioniert. Sie müssen zuerst das Fahrtziel auswählen.
Mann: Was?
Frau: Das Fahrtziel! Wo möchten Sie denn hinfahren?
Mann: Nach Starnberg.
Frau: Nach Starnberg. So! Und danach müssen Sie hier auswählen: Erwachsener oder Kind?
Mann: Na, Erwachsener natürlich!
Frau: Ja? Na, gut. Jetzt zeigt er den Preis an – sechs Euro, sehen Sie?
Mann: Sechs Euro. Aber ich habe keine sechs Euro! Ich hab nur 'nen Zehn-Euro-Schein.
Frau: Der geht auch. Den müssen Sie einfach hier reinschieben.
Mann: Wo?
Frau: Hier.
Mann: Da?
Frau: Ja.
Mann: Ah?
Frau: Hören Sie? Hier kommt die Fahrkarte und da ist das Wechselgeld.
Mann: Aha! Ist ja gar nicht so schwer.
Frau: Sag' ich doch!
Mann: Also, vielen Dank dann ...
Frau: Bitte, bitte! Hallo?
Mann: Ja?
Frau: Sie müssen die Fahrkarte noch stempeln.
Mann: Ja, ja, stempeln, das weiß ich schon ...
Frau: Männer!

Schritt B, B1a
Lara: Du, sieh mal! Da vorne ist ja gleich eine Autovermietung. Du, da gehen wir jetzt hin und fragen einfach mal. Na los, komm mit!
Tim: Ja, gleich. Geh du schon! Ich will noch schnell in den Laden da. Ich hab so einen Hunger.
Lara: Okay. Äh, Tim, warte mal!
Tim: Ja?
Lara: Bring ein Wasser für mich mit!

Schritt B, B2a
Lehrer: Guten Morgen!
Schüler: Guten Morgen!
Lehrer: So, wir fangen an! Seid bitte nicht so laut! Und macht doch die Handys aus. So, jetzt öffnet bitte die Bücher auf Seite 14.
Ein Schüler: Was sollen wir machen? Wie bitte? Wo?

Lehrer: Pscht. Hört doch bitte zu! Seite 14. Wir fangen mit den Hausaufgaben an. Pablo, fang du bitte mit Übung zwei an. Ah! Was ist denn heute los?

Schritt C, C1

Tim: „Mit einem ausländischen Führerschein darf man sechs Monate lang in Deutschland fahren." Und danach? Du, ich bin schon sechs Monate in Deutschland. Darf ich jetzt nicht mehr Auto fahren, oder was?
…
Ich brauche eine Auskunft. Ich komme aus Kanada Darf ich mit meinem Führerschein in Deutschland fahren?
KVR: Mit dem kanadischen Führerschein dürfen Sie in Deutschland ein halbes Jahr lang fahren.
Tim: Was? Darf ich danach nicht mehr Auto fahren?
KVR: Doch, aber dann brauchen Sie einen deutschen Führerschein. Oder den kanadischen Führerschein plus einen internationalen Führerschein.
Tim: Aha. Und den internationalen Führerschein, wo bekomme ich den?
KVR: Den bekommen Sie hier bei uns.
Tim: Aah, gut! Was muss ich da machen?
KVR: Zuerst müssen Sie einen Antrag ausfüllen.
Lara: Hm. Dann muss ich wohl auch einen internationalen Führerschein beantragen, was?
KVR: Sind Sie auch aus Kanada?
Lara: Nein, ich komme aus Polen.
KVR: Sie sind EU-Bürgerin. Sie haben Ihren Führerschein in der EU gemacht. Sie dürfen also in der EU Auto fahren.

Schritt D, D2

Herr Greco: Entschuldigen Sie. Darf ich Sie etwas fragen?
Frau: Ja, natürlich. Wie kann ich helfen?
Herr Greco: Ich verstehe das Formular nicht so gut. Was bedeutet denn „bisherige Wohnung"?
Frau: Das ist Ihre alte Adresse. Also, wo Sie bis jetzt gewohnt haben. Wie ist denn die alte Adresse?
Herr Greco: Ah, meine alte Adresse: Das war die Friedrichstraße 209 in Berlin.
Frau: Gut, dann tragen Sie das hier ein. Und hier müssen Sie noch das Geschlecht ankreuzen.
Herr Greco: Wie bitte? Was heißt „Geschlecht"?
Frau: „M" steht für „männlich", also für „Mann" und „w" steht für „weiblich". Das bedeutet „Frau".
Herr Greco: Ach so. „Familienstand", also nein, Deutsch ist wirklich schwer. Ähm, ich verstehe dieses Wort nicht: Familienstand.
Frau: Sind Sie ledig oder verheiratet, geschieden oder leben Sie getrennt?
Herr Greco: Ich bin verheiratet.
Frau: Dann müssen Sie „verheiratet" reinschreiben.
Herr Greco: Ah ja, alles klar – So, fertig.
Frau: Moment. Sie sind verheiratet? Dann müssen Sie auch Ihre Angehörigen anmelden.
Herr Greco: Tut mir leid. Das habe ich nicht verstanden. Noch einmal, bitte.
Frau: Sie müssen auch Ihre Angehörigen anmelden. Ihre Familie, also Ihre Ehefrau, Ihre Kinder …

Herr Greco: Ah! Meine Frau und meine Tochter.
Frau: Genau! Dann müssen Sie nur noch unterschreiben und das war es dann auch schon. Sie bekommen hier noch die Anmeldebestätigung.

Lektion 9, Audiotraining 1

Zusammen lernen. Wiederholen Sie mit „Gut".
Hören Sie zuerst ein Beispiel.
Sprecher 1: Zuerst müssen wir den Text lesen.
Sprecher 2: Gut. Zuerst müssen wir den Text lesen.

Und jetzt Sie.
Sprecher 1: Zuerst müssen wir den Text lesen.
Sprecher 2: Gut. Zuerst müssen wir den Text lesen.
Sprecher 1: Dann müssen wir die Wörter lernen.
Sprecher 2: Gut. Dann müssen wir die Wörter lernen.
Sprecher 1: Und dann müssen wir Grammatik-Übungen machen.
Sprecher 2: Gut. Und dann müssen wir Grammatik-Übungen machen.
Sprecher 1: Danach müssen wir ein Diktat schreiben.
Sprecher 2: Gut. Danach müssen wir ein Diktat schreiben.
Sprecher 1: Zum Schluss dürfen wir eine Pause machen.
Sprecher 2: Gut. Zum Schluss dürfen wir eine Pause machen.

Lektion 9, Audiotraining 2

Das Wort verstehen Sie nicht. Fragen Sie nach.
Hören Sie zuerst ein Beispiel:
Sprecher 1: Für die Einreise brauchen Sie ein Visum.
Sprecher 2: Einreise? Ich verstehe das Wort nicht. Was bedeutet das?

Und jetzt Sie.
Sprecher 1: Für die Einreise brauchen Sie ein Visum.
Sprecher 2: Einreise? Ich verstehe das Wort nicht. Was bedeutet das?
Sprecher 1: Haben Sie Ihren Ausweis dabei?
Sprecher 2: Ausweis? Ich verstehe das Wort nicht. Was bedeutet das?
Sprecher 1: Was ist Ihr Familienstand?
Sprecher 2: Familienstand? Ich verstehe das Wort nicht. Was bedeutet das?
Sprecher 1: Sie brauchen auch eine Krankenversicherung.
Sprecher 2: Krankenversicherung? Ich verstehe das Wort nicht. Was bedeutet das?
Sprecher 1: Sie können die Gebühren dort bezahlen.
Sprecher 2: Gebühren? Ich verstehe das Wort nicht. Was bedeutet das?

Lektion 9, Audiotraining 3

Das darf man nicht!
Hören Sie zuerst ein Beispiel:
Sprecher 1: laut sein
Sprecher 2: Hier darf man nicht laut sein.

Und jetzt Sie.
Sprecher 1: laut sein
Sprecher 2: Hier darf man nicht laut sein.

Sprecher 1: Musik hören
Sprecher 2: Hier darf man nicht Musik hören.
Sprecher 1: telefonieren
Sprecher 2: Hier darf man nicht telefonieren.
Sprecher 1: schnell fahren
Sprecher 2: Hier darf man nicht schnell fahren.
Sprecher 1: grillen
Sprecher 2: Hier darf man nicht grillen.

Zwischendurch mal …
Ka-fau-er – ach, ist dort nicht das Kreisverwaltungsreferat?
Herr Gingrich: Ja, guten Tag! Hier Gingrich. Wer ist da?
Können Sie das bitte wiederholen?
Ka-fau-er? Ach, ist dort nicht das Kreisverwaltungsreferat?
Ach so! K V R! Kreis – Verwaltungs – Referat. Ich verstehe.
Ähm, darf ich Sie etwas fragen?
Ich komme aus Amerika und wohne jetzt hier. Da muss
man doch ein Formular ausfüllen, oder?
Gingrich, Harry
Ich verstehe.
Ja, danke. Ich warte.
Mitarbeiter: Meldestelle, Buchstabe K
Herr Gingrich: Ja, hallo! Können Sie mir helfen? Ich brauche
eine Auskunft.
Ich komme aus Amerika und wohne jetzt hier. Da muss
man ein Formular ausfüllen, oder?
Ein was …? Das habe ich nicht verstanden.
Ein Meldeformular, ja richtig! Und da möchte ich gern …
Wie bitte? Was haben Sie gesagt?
Ach so, mein Name: Gingrich.
Nein, nicht Kingrich. Gingrich! Gingrich, mit „Ge" nicht mit
„Ka"!
Ach so!
Ich verstehe.
Okay, ich warte.
Mitarbeiter: Meldestelle, Buchstabe G
Herr Gingrich: Ja, guten Tag, mein Name ist Gingrich, mit
„Ge" Ich habe eine Frage: Muss man das Meldeformular bei
Ihnen im Ka Vau Err ausfüllen?
Ach so, man kann das auch zu Hause machen?
Prima! Aber ich habe kein Formular Was muss ich da
machen?
Wie bitte? Herunter …was? Ich verstehe dieses Wort nicht.
Aaah! Ich kann das herunterladen! Download! Jajajaja!
Was? Herunterladen, ausdrucken, dann ausfüllen, unter-
schreiben und mit der Post an das Ka Vau Err schicken. Ja,
prima! Das mache ich. Auf Wiederhören!
Uff …

Lektion 10   Gesundheit und Krankheit

Folge 10: Unsere Augen sind so blau …

Bild 1
Ioanna: Was? So spät schon? Oje! Die S-Bahn fährt nicht
mehr.
Lara: Komm, gehen wir zu Fuß!

Ioanna: Ein Nachtspaziergang?
Lara: Ja! Das ist doch toll…
Ioanna: So toll wie der Typ gerade? Du weißt schon …
Lara: Der mit den roten Haaren?
Ioanna: Ja hahaha!

Bild 2
Lara: Er hat immer so getanzt: Küss die Hand, schöne Frau,
deine Augen sind so blau …
Ioanna: Ja, genau! „Deine Augen sind so blau!" „Deine
Augen sind so blau!" Hahaha! Seine Augen waren blau,
nicht meine! Aaahh!
Lara: Ioanna! Was ist?!
Ioanna: Ooh, mein Auge! Mein Auge tut so weh!
Lara: Zeig mal! Oh je! Du Arme! Willst du zum Arzt gehen?
Ioanna: Nein, nein. Es geht sicher gleich wieder.
Lara: Meinst du?
Ioanna: Ja, es ist schon in Ordnung. Auu!
Lara: Nein! Komm! Wir gehen doch besser zum Arzt.
Ioanna: Um die Zeit hat doch keine Praxis geöffnet.
Lara: Doch! Ich weiß, wo wir hingehen.

Bild 3
Lara: Siehst du: die Krankenhaus-Notaufnahme hat Tag und
Nacht geöffnet. Hier war ich schon mal mit Sofia und Lili.
Mitarbeiterin: Guten Abend!
Lara / Ioanna: Guten Abend!
Mitarbeiterin: Oh je! Was ist denn hier passiert?
Lara: Meine Freundin hatte leider einen kleinen Unfall.
Ihr Auge tut weh.
Mitarbeiterin: Da drüben im Wartebereich können Sie sich
hinsetzen. …
Ioanna: Okay.
Mitarbeiterin: Dr. Meinert? Hier wartet eine junge Dame
auf Sie. Ja, in Ordnung. Der Doktor kommt gleich. Ähm, …
Lara: Ja?
Mitarbeiterin: Ihre Freundin soll bitte das Formular
ausfüllen, ja? …
Lara: Okay.

Bild 4
Ioanna: Was hat sie gesagt?
Lara: Du sollst das Formular ausfüllen.
Ioanna: Gib her
Lara: Hier …
Ioanna: Du, sag mal: Sieht es wirklich so schlimm aus?
Lara: Ähm, warte! Da, sieh selbst!
Ioanna: Das ist nicht wahr, oder?
Doktor: Meinert, hallo.
Lara / Ioanna: Hallo!
Doktor: Na, das sieht ja schick aus!
Ioanna: Hahaha! Sehr witzig.
Doktor: Na, dann kommen Sie mal mit
Ioanna: Mann! Das sieht so hässlich aus!

Bild 5
Doktor: Na, wo haben Sie denn die Schmerzen?
Ioanna: Na hier, hier vorne, sieht man das nicht?

Doktor: NUR hier?
Ioanna: Ja ...
Doktor: Aha. Bitte machen Sie das Auge mal ganz weit auf. Wieder zu. Und nochmal auf. Können Sie ganz normal sehen?
Ioanna: Ja ...
Doktor: Das ist schon mal gut. Stehen Sie auf und gehen Sie jetzt mal ein paar Schritte. So, stehenbleiben. Mal ein Bein hoch. Gut, jetzt das andere Bein hoch. Und jetzt: beide Beine hoch. Nein, Quatsch!

Bild 6
Doktor: Also, ich denke, das war Glück im Unglück: Sie haben ein blaues Auge, das ist schon alles.
Ioanna: Und was macht man da?
Doktor: Kühlen Sie das Auge. Und gehen Sie gleich ins Bett. Sie brauchen Ruhe. Haben Sie Schmerztabletten zu Hause?
Ioanna: Nein, ich glaube nicht.
Doktor: Da haben Sie schon mal zwei.
Ioanna: Danke ...
Doktor: Aber wenn's Probleme gibt, kommen Sie sofort wieder, ja?
Ioanna: Mach ich.
Doktor: Also dann: Tschüs und gute Besserung.
Ioanna: Vielen Dank! Tschüs!

Bild 7
Ioanna: Lara, ich bin fertig!
Lara: Aha. Und was hat er gesagt?
Ioanna: Es ist nur ein blaues Auge.
Lara: Oh, das ist gut.
Ioanna: Ich soll das Auge kühlen.
Lara: Hm-hm.
Ioanna: Und ich soll Schmerztabletten nehmen und ach ja: Ich soll gleich ins Bett gehen.
Lara: Aha ...
Ioanna: Das Auge sieht ja so schrecklich aus! Sag mal Lara, was machst du da eigentlich?
Lara: Na?!
Ioanna: Nein! Lara!
Lara: Was ist? Hast du was gegen Partnerlook?

Bild 8
Lara / Ioanna: „Gute Nacht schöne Frau, unsere Augen sind so blau!"
„Unsere Augen sind so blau – so blau – so blaublaublaublaublau!"

Schritt C, C2
ältere Frau: Muss ich wirklich die Medizin nehmen?
Pflegerin: Ja, natürlich. Der Arzt hat doch gesagt, Sie sollen zwei Tabletten nehmen!
ältere Frau: Was? Ich soll zwei Tabletten nehmen?
Pflegerin: Genau!

Schritt C, C3a und b
Gespräch 1
Apothekerin: Ja bitte.
Kunde: Ja, hallo. Also ich bin im Moment oft sehr müde. Nicht nur am Morgen.
Apothekerin: Gehen Sie denn manchmal spazieren?
Kunde: Nein, bei dem Wetter?
Apothekerin: Gehen Sie ruhig bei jedem Wetter raus. Das ist gut für Sie.
Kunde: Ja, ja. Gibt es denn keine Tabletten?
Apothekerin: Natürlich, wir haben hier zum Beispiel FIT 2000. Das sind Vitamine. Die können Sie eine Woche lang nehmen.
Kunde: Wunderbar! Ja, dann. Einmal FIT 2000.
Apothekerin: Das macht 17 EURO 99.

Gespräch 2
Apothekerin: Ja, bitte.
Kundin: Meine Tochter hustet viel.
Apothekerin: Oh ja, das höre ich. Na, wie heißt Du denn?
Kind: Mira.
Kundin: Haben Sie da was?
Apothekerin: Ja, wir haben Saft oder Tabletten.
Kundin: Ich glaube wir nehmen lieber Saft.
Apothekerin: Gut. Geben Sie Mira den bitte dreimal am Tag. Nach zwei, drei Tagen sehen Sie eine Besserung. Wenn nicht dann gehen Sie zum Arzt.
Kundin: Gut, dann machen wir das. Vielen Dank.

Gespräch 3
Kundin: Guten Tag.
Apothekerin: Ja, bitte.
Kundin: Ich war gestern in der Sonne.
Apothekerin: Ja, das sieht man, Sie sind ein bisschen rot.
Kundin: Ich war gestern am See. Jetzt tut es mir hier weh. Und ein bisschen Fieber habe ich auch.
Apothekerin: Ich gebe Ihnen eine Salbe. Hier.
Kundin: Gut.
Apothekerin: Kann ich sonst noch etwas für Sie tun?
Kundin: Nein, danke.
Apothekerin: Dann macht das 15 EURO 90.
Kundin: Bitte.

Schritt D, D1
Hakim: Youssef.
Gabi: Hallo Hakim.
Hakim: Hallo, Gabi! Wo bist du denn?
Gabi: Tut mir leid. Ich bin noch zu Hause. Ich bin krank.
Hakim: Oh, das tut mir aber leid.
Gabi: Ja. Mein Hals tut sehr weh.
Hakim: Du kommst also heute nicht in die Firma.
Gabi: Genau. Der Arzt sagt, ich soll bis Freitag zu Hause bleiben.
Hakim: Bis zum 27.?
Gabi: Genau!
Hakim: Ja, dann gute Besserung Gabi. Erhol dich!
Gabi: Danke. Tschüs.

Schritt E, E1 und E2
Arzthelferin: Praxis Doktor Hellmann, guten Tag.
Patient: Guten Morgen, hier Kuhn. Könnte ich bitte einen Termin haben?
Arzthelferin: Wann haben Sie denn Zeit? Am Vormittag oder am Nachmittag? Morgen haben wir am Nachmittag einen Termin frei! Und übermorgen am Vormittag.
Patient: Ich möchte bitte heute kommen. Es ist dringend!
Arzthelferin: Ach so, es ist ein Notfall.
Patient: Ja, ich hatte einen kleinen Unfall.
Arzthelferin: Wann können Sie denn kommen?
Patient: Gleich! Ich wohne ganz in der Nähe.
Arzthelferin: Dann kommen Sie doch in 20 Minuten.
Patient: Sehr gut. Dann komme ich sofort vorbei.
Arzthelferin: In Ordnung. Bis später. Und bringen Sie bitte Ihre Versichertenkarte mit!
Patient: Das mache ich. Vielen Dank. Bis gleich.

Schritt E, E5b
Frau: Hallo, ich bin hier am Goetheplatz.
Mann: Aha. Und was ist passiert?
Frau: Ein Unfall mit einem Motorrad.
Mann: Ist jemand verletzt?
Frau: Ja, ein Mann. Sonst keiner.
Mann: Aha. Eine Person. Und was ist mit dem Mann?
Frau: Er sagt: Sein Bein tut sehr weh.
Mann: Wie ist Ihr Name, bitte?
Frau: Müller. Sarah Müller.
Mann: Gut, Frau Müller. Der Notarzt ist in ein paar Minuten am Unfallort. Bitte bleiben Sie bei dem Verletzten.

Lektion 10, Audiotraining 1
Das tut so weh! Antworten Sie mit „Oje".
Hören Sie zuerst ein Beispiel:
Sprecher 1: Ich habe Bauchschmerzen.
Sprecher 2: Oje! Dein Bauch tut weh!

Und jetzt Sie.
Sprecher 1: Ich habe Bauchschmerzen.
Sprecher 2: Oje! Dein Bauch tut weh!
Sprecher 1: Ich habe Halsschmerzen.
Sprecher 2: Oje! Dein Hals tut weh!
Sprecher 1: Ich habe Kopfschmerzen.
Sprecher 2: Oje! Dein Kopf tut weh!
Sprecher 1: Ich habe Rückenschmerzen.
Sprecher 2: Oje! Dein Rücken tut weh!
Sprecher 1: Ich habe Zahnschmerzen.
Sprecher 2: Oje! Dein Zahn tut weh!

Lektion 10, Audiotraining 2
Was sagt die Ärztin? Wiederholen Sie mit „sollen".
Hören Sie zuerst ein Beispiel:
Sprecher 1: Gehen Sie gleich ins Bett.
Sprecher 2: Die Ärztin sagt, ich soll gleich ins Bett gehen.
Und jetzt Sie.
Sprecher 1: Gehen Sie gleich ins Bett.
Sprecher 2: Die Ärztin sagt, ich soll gleich ins Bett gehen.

Sprecher 1: Trinken Sie viel Tee.
Sprecher 2: Die Ärztin sagt, ich soll viel Tee trinken.
Sprecher 1: Nehmen Sie Schmerztabletten.
Sprecher 2: Die Ärztin sagt, ich soll Schmerztabletten nehmen.
Sprecher 1: Sprechen Sie nicht so viel.
Sprecher 2: Die Ärztin sagt, ich soll nicht so viel sprechen.
Sprecher 1: Gehen Sie sofort in ein Krankenhaus.
Sprecher 2: Die Ärztin sagt, ich soll sofort in ein Krankenhaus gehen.
Sprecher 1: Bleiben Sie im Bett und schlafen Sie viel.
Sprecher 2: Die Ärztin sagt, ich soll im Bett bleiben und viel schlafen.

Lektion 10, Audiotraining 3
Einen Termin vereinbaren. Antworten Sie auf die Fragen.
Hören Sie zuerst ein Beispiel:
Sprecher 1: Könnte ich bitte einen Termin haben? morgen
Sprecher 2: Morgen haben wir einen Termin frei.

Und jetzt Sie.
Sprecher 1: Könnte ich bitte einen Termin haben? morgen
Sprecher 2: Morgen haben wir einen Termin frei.
Sprecher 1: Könnte ich bitte einen Termin haben? am Freitag
Sprecher 2: Am Freitag haben wir einen Termin frei.
Sprecher 1: Könnte ich bitte einen Termin haben? übermorgen
Sprecher 2: Übermorgen haben wir einen Termin frei.
Sprecher 1: Könnte ich bitte einen Termin haben? am Nachmittag
Sprecher 2: Am Nachmittag haben wir einen Termin frei.
Sprecher 1: Könnte ich bitte einen Termin haben? morgen Vormittag
Sprecher 2: Morgen Vormittag haben wir einen Termin frei.

Lektion 11   In der Stadt unterwegs

Folge 11: Alles im grünen Bereich

Bild 1
Lara: Ja? Hallo? Sofia? Was ist denn los? Walter ist krank? Oh! H-hm Das Auto? Wann muss es denn dort sein? Um zwölf machen die zu? Gut. Ich frühstücke mit Lili und dann gehen wir zu Walter und holen das Auto. Kein Problem. Tschüss, bis nachher.
Lili: Morgen!
Lara: Guten Morgen, Lili!
Lili: Was ist denn?
Lara: Dein Opa hat eine Erkältung und Fieber.
Lili: Wo ist er denn? Ist er beim Arzt? ...
Lara: Nein, im Bett.
Lili: Und wo ist Mama?
Lara: Sofia ist in der Apotheke und holt Medikamente. Und wir zwei sollen Walters Auto zur Werkstatt bringen.
Lili: Jaaa! Du und ich, wir fahren mit dem Auto.

Bild 2
Lili: Hier, der Autoschlüssel. ...
Lara: Aha. Und wohin sollen wir jetzt fahren?
Lili: Na, zur Autowerkstatt.
Lara: Ja. Aber wo ist die?
Lili: Äh, hier ist die Adresse Und wir haben ja das Navi.
Lara: Ach so.
Navi: Willkommen! Bitte geben Sie Ihre Zieladresse ein.
Lili: Moment.

Bild 3
Navi: Fahren Sie nun 200 Meter geradeaus. Fahren Sie dann nach links. Fahren Sie dann an der Ampel nach rechts.
Lara: Du, das ist aber ein super Auto. Wie schnell fährt das denn?
Lili: Sehr schnell, glaub ich.
Navi: Fahren Sie nun nach rechts. Fahren Sie dann 1400 Meter geradeaus.
Lara: Ich möchte so gern mal richtig schnell fahren.
Lili: Na, dann mach's doch!
Lara: In der Stadt darf man aber nur 50 fahren.

Bild 4
Lili: Hey, Lara! Sieh mal das Schild da drüben! Da geht's zur Autobahn.
Lara: Wo? Wo denn?
Lili: Da, vor der Brücke links.
Lara: Ja, aber wir müssen doch zur Werkstatt.
Lili: Ach komm! Wir haben noch soo viel Zeit.
Lara: Meinst du?
Lili: Na klar! Alles im grünen Bereich.
Navi: Bitte fahren Sie geradeaus. Sie fahren falsch. Sie fahren falsch.
Lili: Du bist jetzt mal ruhig!
Navi: Sie fahren fal...
Lili: Sie fahren genau richtig. Bitte fahren Sie jetzt auf die Autobahn. Fahren Sie dann ganz schnell.

Bild 5
Lili: Juhuu! Das ist toll!
Lara: Ja, Walters Auto fährt wirklich super. Aber sollen wir nicht lieber zurückfahren?
Lili: Nein! Bleiben Sie auf der Autobahn. Alles im grünen Bereich Fahren Sie lieber zur Tankstelle und kaufen Sie dort ein Eis für Lili.
Lara: Na schön.

Bild 6
Lara: Hhhh, Lili!
Lili: Was ist denn?
Lara: Da! Guck mal auf die Uhr! Es ist schon zwanzig nach elf!
Lili: Oh-oh! Wann müssen wir bei der Werkstatt sein?
Lara: Um zwölf.
Lili: Oh-oh!
Lara: Was machen wir denn jetzt?
Lili: Wir schalten das Navi wieder ein. ...

Navi: Fahren Sie zweitausendvierhundert Meter geradeaus. Fahren Sie dann nach rechts.

Bild 7
Lili: Wie spät ist es?
Lara: 11 Uhr 58, nein 11 Uhr 59
Navi: Fahren Sie an der Ampel nach links. Fahren Sie dann einhundert Meter geradeaus.
Lili: Da sieh mal! Da vorne ist die Werkstatt. Hörst du? Jetzt ist es genau zwölf.
Navi: Sie haben Ihr Ziel erreicht.
Lili: Hey, guck mal: Die machen gerade zu.
Lara: Hallo! Halt! Nicht schließen! Warten Sie!

Bild 8
Lara: Danke! Also dann ein schönes Wochenende!
Mechaniker: Ja, Ihnen auch!
Lili: Ja, hallo Mama? Ja, wir sind noch bei der Autowerkstatt. Ja ja, das war kein Problem. Wir kommen dann mit der S-Bahn zurück. Bis gleich! Und?
Lara: Alles klar! Das war aber wirklich in letzter Sekunde. Puhhh!
Lili: Na also, sag ich doch! Alles im grünen Bereich.

Schritt A, A1
Navi: Fahren Sie nun 200 Meter geradeaus. Fahren Sie dann nach links. Fahren Sie dann an der Ampel nach rechts.
Lara: Du, das ist aber ein super Auto. Wie schnell fährt das denn?
Lili: Sehr schnell, glaube ich.
Navi: Fahren Sie nun nach rechts. Fahren Sie dann 1400 Meter geradeaus.
Lara: Ich möchte so gern mal richtig schnell fahren.

Schritt A, A2
Mann: Entschuldigen Sie. Ich suche den Bahnhof.
Frau: Also, das ist ganz einfach. Sie gehen geradeaus weiter. Dann kommen Sie an einen Platz. Das ist der Karolinenplatz. Am Karolinenplatz gehen Sie nach links und dann wieder geradeaus. Am Kino gehen Sie nach rechts. Ehm ... Nach circa dreihundert Metern sehen Sie schon den Bahnhof.
Mann: Vielen Dank. Sehr nett von Ihnen.

Schritt B, B1
Gespräch 1
Lili: Morgen!
Lara: Guten Morgen, Lili!
Lili: Was ist denn?
Lara: Dein Opa hat eine Erkältung und Fieber.
Lili: Wo ist er denn? Ist er beim Arzt?
Lara: Nein, im Bett.
Lili: Und wo ist Mama?
Lara: Sofia ist in der Apotheke und holt Medikamente. Und wir zwei sollen Walters Auto zur Werkstatt bringen.
Lili: Jaaa! Du und ich, wir fahren mit dem Auto.

Gespräch 2

Frau: Guten Tag.
Mann: Guten Tag.
Frau: Bekomme ich hier auch Fahrkarten für die S-Bahn?
Mann: Ja. Hier oder am Automaten. Wohin möchten Sie denn?
Frau: Zum Karolinenplatz.
Mann: Zum Karolinenplatz? Da fahren Sie am besten mit der U-Bahn. Das sind nur zwei Stationen von hier. Möchten Sie einen Einzelfahrschein oder ein Tagesticket für die Zone Innenraum?

Gespräch 3

Mann: Wollen wir uns noch das Filmmuseum ansehen?
Frau: Ja gern. Was meinst du? Sollen wir zu Fuß gehen?
Mann: Moment. Wir sind hier. Das Museum ist da. Zu Fuß ist es vielleicht doch ein bisschen weit. Wir können aber mit der Straßenbahn fahren. Guck, die Linie 6 fährt direkt zum Museum.

Gespräch 4

Sohn: Tschüs, Mama. Ich muss los – Fußballtraining. Ich nehm das Auto, okay?
Mutter: Nein, das Auto bleibt hier. Du kannst sehr gut mit dem Fahrrad fahren. Es sind nur ein paar hundert Meter zum Fußballplatz.
Sohn: Mann! Nichts darf man. Aber gut – ich nehme das Fahrrad. Auch wenn es gerade regnet!

Gespräch 5

Frau: Wo ist die Schule nur? Hallo! Sie! Entschuldigen Sie. Können Sie mir helfen? Ich suche die Gutenberg-Schule.
Mann: Zur Schule wollen Sie? Hm. Da sind Sie eine Station zu weit gefahren. Fahren Sie am besten mit dem nächsten Bus zurück. Sie können jeden Bus nehmen. Die fahren alle in dieselbe Richtung. Sehen Sie, da kommt schon einer.

Schritt C, C1

Lara: Ich möchte so gern mal richtig schnell fahren.
Lili: Na, dann mach's doch!
Lara: In der Stadt darf man aber nur 50 fahren.
Lili: Hey, Lara! Sieh mal das Schild da drüben! Da geht's zur Autobahn.
Lara: Wo? Wo denn?
Lili: Da, vor der Brücke links.
Lara: Ja, aber wir müssen doch zur Werkstatt.
…
Lili: Juhuu! Das ist toll!
Lara: Ja, Walters Auto fährt wirklich super. Aber sollen wir nicht lieber zurückfahren?
Lili: Nein! Bleiben Sie auf der Autobahn. Alles im grünen Bereich.
…
Lili: Wie spät ist es?
Lara: 11 Uhr 58, nein 11 Uhr 59
Navi: Fahren Sie an der Ampel nach links. Fahren Sie dann einhundert Meter geradeaus.

Schritt D, D1b

Lara: Ja? Hallo? Sofia? Was ist denn los? Walter ist krank? Oh! H-hm Das Auto? Wann muss es denn dort sein? Um zwölf machen die zu? Gut. Ich frühstücke mit Lili und dann gehen wir zu Walter und holen das Auto. Kein Problem. Tschüss, bis nachher.
Lili: Morgen!
Lara: Guten Morgen, Lili!
Lili: Was ist denn?
Lara: Dein Opa hat eine Erkältung und Fieber.
Lili: Wo ist er denn? Ist er beim Arzt? …
Lara: Nein, im Bett.
Lili: Und wo ist Mama?
Lara: Sofia ist in der Apotheke und holt Medikamente. Und wir zwei sollen Walters Auto zur Werkstatt bringen.
Lili: Jaaa! Du und ich, wir fahren mit dem Auto. …

Schritt D, D2

Mann: Ist der Chef nicht da?
Frau: Nein, tut mir leid. Er ist beim Zahnarzt.

Schritt E, E1

Durchsage 1
Frau: Meine Damen und Herren an Gleis 2, Ihr Zug fährt in Kürze ab. Bitte steigen Sie ein. Türen schließen selbsttätig. Vorsicht bei der Abfahrt. Wir wünschen eine angenehme Reise.
Durchsage 2
Mann: Verehrte Fahrgäste, bitte beachten Sie: Intercity 2159 nach Dresden Hauptbahnhof über Weimar, Naumburg, Leipzig, Abfahrt 14 Uhr 42, kommt voraussichtlich 10 Minuten später an. Wir bitten um Entschuldigung.
Durchsage 3
Frau: Meine Damen und Herren an Gleis 7, bitte beachten Sie: Intercity 79697 von Hamburg Altona nach Nürnberg Hauptbahnhof über Kassel Wilhelmshöhe, Fulda, Würzburg, Abfahrt 22 Uhr 21, fährt heute von Gleis 8 ab. Wir bitten um Verständnis.
Durchsage 4
Mann: Meine Damen und Herren, willkommen in Weimar. Dieser Zug endet hier. Bitte alle aussteigen.
Durchsage 5
Mann: Meine Damen und Herren, willkommen in Hannover. Ihre nächsten Reisemöglichkeiten: S4 nach Hildesheim, Abfahrt 19 Uhr 19 von Gleis 1, Intercity 149 nach Berlin Ostbahnhof, Abfahrt 19 Uhr 21 von Gleis 9, Regionalexpress nach Norddeich, Abfahrt 19 Uhr 21 von Gleis 12.

Schritt E, E2a und b

Frau 1: Entschuldigen Sie. Ich brauche eine Auskunft. Wann fährt der nächste Zug nach Bad Cannstatt?
Frau 2: Moment. Um 9 Uhr 50.
Frau 1: Muss ich umsteigen?
Frau 2: Ja. In Stuttgart. Der Zug kommt um 11 Uhr 8 dort an und Sie haben um 11 Uhr 22 Anschluss nach Bad Cannstatt. Gleich am Bahnsteig gegenüber.
Frau1 : Ah, gut. Bekomme ich die Fahrkarte bei Ihnen oder am Fahrkartenautomaten?

Frau 2: Am Automaten und hier am Schalter. Wie Sie wollen.
Frau 1: Gut, dann bitte eine Fahrkarte einfach.
Frau 2: 63 Euro, bitte. Und hier Ihre Fahrkarte.
Frau 1: Eine Frage noch: Von welchem Gleis fährt der Zug ab?
Frau 2: Von Gleis 9.
Frau 1: Vielen Dank.

Lektion 11, Audiotraining 1
Wo ist ...? Antworten Sie auf die Fragen.
Hören Sie zuerst ein Beispiel:
Sprecher 1: Entschuldigung, wo ist hier der Kindergarten?
neben – Supermarkt
Sprecher 2: Da vorne. Neben dem Supermarkt.

Und jetzt Sie.
Sprecher 1: Entschuldigung, wo ist hier der Kindergarten?
neben – Supermarkt
Sprecher 2: Da vorne. Neben dem Supermarkt.
Sprecher 1: Entschuldigung, wo ist hier eine Post?
an – Ecke
Sprecher 2: Da vorne. An der Ecke.
Sprecher 1: Entschuldigung, wo ist hier das Krankenhaus?
in – Baumstraße
Sprecher 2: Da vorne. In der Baumstraße.
Sprecher 1: Entschuldigung, wo ist hier ein Parkplatz?
hinter – Hotel
Sprecher 2: Da vorne. Hinter dem Hotel.
Sprecher 1: Entschuldigung, wo ist hier ein Café?
über – Bäckerei
Sprecher 2: Da vorne. Über der Bäckerei.
Sprecher 1: Entschuldigung, wo ist hier eine Bank?
zwischen – Museum – Kiosk
Sprecher 2: Da vorne. Zwischen dem Museum und dem Kiosk.

Lektion 11, Audiotraining 2
Einen Weg beschreiben. Wiederholen Sie mit „gut".
Hören Sie zuerst ein Beispiel:
Sprecher 1: Entschuldigung. Ich suche den Kindergarten. Wie komme ich dorthin?
Sprecher 2: Gehen Sie zuerst einfach geradeaus.
Sprecher 1: Gut. Ich gehe zuerst einfach geradeaus.

Und jetzt Sie.
Sprecher 1: Gehen Sie zuerst einfach geradeaus.
Sprecher 2: Gut. Ich gehe zuerst einfach geradeaus.
Sprecher 1: Gehen Sie dann die dritte Straße links.
Sprecher 2: Gut. Ich gehe dann die dritte Straße links.
Sprecher 1: Gehen Sie an der Ampel rechts.
Sprecher 2: Gut. Ich gehe an der Ampel rechts.
Sprecher 1: Gehen Sie 400 Meter geradeaus.
Sprecher 2: Gut. Ich gehe 400 Meter geradeaus.
Sprecher 1: Da sehen Sie den Kindergarten schon.
Sprecher 2: Gut. Da sehe ich den Kindergarten schon.

Lektion 11, Audiotraining 3
Mit dem Zug! Antworten Sie auf die Fragen.
Hören Sie zuerst ein Beispiel:
Sprecher 1: Wie komme ich nach Duisburg?
Sprecher 2: Sie müssen mit dem Zug fahren.

Und jetzt Sie:
Sprecher 1: Wie komme ich nach Duisburg?
Sprecher 2: Sie müssen mit dem Zug fahren.
Sprecher 1: Wie komme ich bitte zum Bahnhof?
Sprecher 2: Sie müssen mit dem Bus fahren.
Sprecher 1: Entschuldigung! Wie komme ich zum Hotel „Rose"?
Sprecher 2: Sie müssen mit der Straßenbahn fahren.
Sprecher 1: Ich möchte zum Bodensee. Wie mache ich das?
Sprecher 2: Sie müssen mit dem Auto fahren.

Zwischendurch mal ...
Lied: Entschuldigen Sie ...?
Entschuldigen Sie? Darf ich Sie was fragen?
Ich bin fremd in dieser Stadt.
Bitte können Sie mir sagen: Wie komm' ich denn von hier zur Universität?
Ich hab' einen Termin dort und ich bin schon viel zu spät.
Fahr' ich mit der U-Bahn, mit der S-Bahn, mit dem Bus?
Oder ist es nicht so weit?
Dann gehe ich zu Fuß.
Sie geh'n da vorne links an diesem Kiosk vorbei.
Und dann geh'n Sie immer weiter bis zu einer Bäckerei.
Neben dem Geschäft muss auch 'ne Buchhandlung sein.
Und hinter der geht rechts ein kleiner Weg hinein.
Aber Achtung! Dieser Weg ist wirklich ziemlich schmal
und ich glaub', es ist am besten, Sie fragen dort nochmal.
Da hinten? Da vorne? Danke, danke!
Links und rechts und Danke, danke!
Da oben? Da unten? Danke, danke!
Geradeaus? Das ist wirklich sehr nett!
Entschuldigen Sie? Darf ich Sie was fragen? Ich bin fremd in dieser Stadt.
Bitte können Sie mir sagen: Wie komm ich denn von hier zur Universität?
Ich hab einen Termin dort und ich bin schon viel zu spät.
Fahr' ich mit der U-Bahn, mit der S-Bahn, mit dem Bus?
Oder ist es nicht so weit?
Dann gehe ich zu Fuß.
Zur Universität? Aha, aha, aha, zur Universität, seh'n Sie mal, da geh'n Sie da hinter diesem Parkplatz rechts die Treppe hinauf und da oben bei der Apotheke dann geradeaus.
Und dann geh'n Sie immer weiter, bis es nicht mehr weitergeht.
Dann sind Sie in der Nähe von der Universität.
Da hinten? Da vorne? Danke, danke!
Links und rechts und Danke, danke!
Da oben? Da unten? Danke, danke!
Geradeaus? Das ist wirklich sehr nett!

Lektion 12   Kundenservice

Folge 12: Super Service!

Bild 1
Ioanna: Hey, Lara! Die Tasche habe ich ja noch nie gesehen. Ist sie neu?
Lara: Ja. Ich habe sie vor ein paar Tagen gekauft.
Ioanna: Super! Sie war sicher nicht billig, oder?
Lara: Nein, billig war sie nicht …

Bild 2
Ioanna: Oh, da, sieh mal! was ist das denn?
Lara: Was denn?
Ioanna: Na, da! Die Tasche ist ja schon kaputt.
Lara: Oh nein! Ich verstehe das nicht. Zu Hause war sie noch in Ordnung. Nein!
Ioanna: Hhh! Was ist denn jetzt passiert!

Bild 3
Ioanna: Oh je! Warte, ich helfe dir.
Lara: Danke! Oh Mann! So ein Pech!
Ioanna: Na, das müssen aber die in dem Laden reparieren. Hast du die Rechnung noch?
Lara: Na klar. Gleich nach dem Kurs geh ich hin.
Ioanna: Oh! In einer Minute fängt der Kurs an. Komm!

Bild 4
Lara: Guten Tag.
Verkäufer: Tag.
Lara: Entschuldigen Sie, bitte. Ich will Sie nicht bei der Arbeit stören. Aber: Könnten Sie mir bitte helfen?
Verkäufer: Hm? Was kann ich denn für Sie tun?
Lara: Sehen Sie mal: Die Tasche habe ich vor einer Woche hier bei Ihrem Kollegen gekauft.
Verkäufer: Aha …
Lara: Sie ist leider schon kaputt. Sehen Sie? Schon nach einer Woche, das ist doch nicht normal, oder?
Verkäufer: Zeigen Sie mal!

Bild 5
Verkäufer: Das können Sie ganz leicht selbst reparieren.
Lara: Ich? …
Verkäufer: Klar! Das geht ganz schnell, in fünf Minuten.
Lara: Ich glaube, Sie haben mich falsch verstanden. Würden Sie das bitte machen?
Verkäufer: Ja gut. Das kostet dann aber 50 Euro!
Lara: Wie bitte? Ich soll die Reparatur bezahlen?
Verkäufer: Na klar, die Tasche war doch ein Sonderangebot.
Lara: Nein! Das war kein Sonderangebot. Warten Sie. Sehen Sie: Da ist die Rechnung. Sonderangebot? Wo steht denn das? Könnten Sie mir das bitte zeigen?
Verkäufer: Tja ööhh …

Bild 6
Verkäufer: Ja, okay! Dann reparieren wir die Tasche eben kostenlos.

Lara: Aha. Schön. Wie lange brauchen Sie für die Reparatur?
Verkäufer: Na ja … Sie bekommen die Tasche in etwa vier bis sechs Wochen zurück.
Lara: Wie bitte?! Tut mir leid. So lange kann ich nicht warten.
Verkäufer: Tja, was soll ich machen?
Lara: Könnten Sie mir einfach eine neue Tasche geben? Sie haben doch sicher noch so eine.
Verkäufer: Leider nein.
Lara: Okay! Würden Sie mir dann bitte mein Geld zurückgeben?
Verkäufer: Ihr Geld? Tja, öhm …

Bild 7
Verkäufer: Warten Sie, öhm …vielleicht können wir die Tasche doch noch schnell reparieren.
Lara: Jetzt gleich?
Verkäufer: Nein.
Lara: Wie lange dauert es denn? Bis morgen?
Verkäufer: Hm, heute ist Freitag. Ab wann brauchen Sie die Tasche denn wieder?
Lara: Ab Montag.
Verkäufer: Sagen wir Dienstag. Ab Dienstag können Sie die Tasche abholen.
Lara: Na gut, Würden Sie mir bitte eine Plastiktüte geben?
Verkäufer: Öhm eine Plastiktüte?…
Lara: Für meine Sachen.
Verkäufer: Ja klar! Hier bitte: Kostenlos! Das gehört bei uns natürlich zum Service.

Bild 8
Lara: Hallo, Ioanna! Tasche? Du, ich habe keine Tasche mehr. Ich habe jetzt nämlich eine super Plastiktüte. Nein, das ist kein Spaß! Das ist „Service"! Ja genau: ein super Service!

Schritt A, A2
Lara: Guten Tag.
Verkäufer: Tag.
Lara: Entschuldigen Sie, bitte. Ich will Sie nicht bei der Arbeit stören. Aber: Könnten Sie mir bitte helfen?
Verkäufer: Hm? Was kann ich denn für Sie tun?
Lara: Sehen Sie mal: Die Tasche habe ich vor einer Woche hier bei Ihrem Kollegen gekauft.
Verkäufer: Aha …
Lara: Sie ist leider schon kaputt. Sehen Sie? Schon nach einer Woche, das ist doch nicht normal, oder?
Verkäufer: Zeigen Sie mal!

Schritt A, A3a
Radio Berlin: Frau Müller. Schöner Laden!
Jana Müller: Ja, danke.
Radio Berlin: Ihre Taschen sind der Hit hier in der Stadt. Wie erklären Sie sich das?
J.M.: Die Leute suchen das Besondere. Sie wollen auch Accessoires, Taschen, Hüte, Geldbeutel usw. Deshalb verkaufen wir nicht nur Kleider.

Radio Berlin: Und wie machen Sie das?

J.M.: Ich nähe auch einige Taschen und Kleider selber.

Radio Berlin: Sie nähen und verkaufen hier im Laden? Geht das denn, so ganz alleine?

J.M.: Das geht schon. Morgens habe ich Ruhe und Zeit. Da sortiere ich die Taschen und Kleider und frühstücke dann. Dann mache ich um zehn den Laden auf. Vor der Mittagspause kann ich Reparaturen machen und ein bisschen nähen. Da ist meistens nicht so viel los. Das ist super. Beim Mittagessen lese ich ein bisschen. Mal was anderes! Oft gibt es aber keine Zeit. Besonders viele Taschen und Kleider verkaufen wir nach der Mittagspause. Da haben unsere Kunden Zeit zum Einkaufen. Abends nach halb sieben kommen wieder weniger Kunden. Dann bestelle ich neue Ware. Schluss ist um 20 Uhr. So in etwa sieht mein Tag aus.

Radio Berlin: Ein langer Tag! Hoffentlich lohnt es sich.

J.M.: Ja, doch! Also, ich mag meinen Job. Es kommen interessante Leute in meinen Laden.

Radio Berlin: Das klingt nach einem Job, der Spaß macht. Ja, dann weiter noch viel Erfolg, Frau Müller.

J.M.: Danke!

Schritt B, B1

Lara: Aha. Schön. Wie lange brauchen Sie für die Reparatur?

Verkäufer: Na ja ... Sie bekommen die Tasche in etwa vier bis sechs Wochen zurück.

Lara: Wie bitte?!

...

Verkäufer: Warten Sie, öhm ...vielleicht können wir die Tasche doch noch schnell reparieren.

Lara: Jetzt gleich?

Verkäufer: Nein.

Lara: Wie lange dauert es denn? Bis morgen?

Verkäufer: Hm, heute ist Freitag. Ab wann brauchen Sie die Tasche denn wieder?

Lara: Ab Montag.

Verkäufer: Sagen wir Dienstag. Ab Dienstag können Sie die Tasche abholen.

Schritt B, B2

Gespräch 1

Frau: Mein Herd funktioniert nicht. Ich brauche dringend Hilfe. Wann kann der Techniker kommen?

Mann: In einer Stunde ist er bei Ihnen.

Gespräch 2

Frau: Mein Drucker ist schon wieder kaputt.

Mann: Oh je.

Frau: Wie lange brauchen Sie für die Reparatur?

Mann: Bis morgen. Sie können den Drucker ab 17 Uhr abholen.

Schritt C, C1

a: Könnten Sie mir das bitte zeigen?

b: Helfen Sie mir!

c: Geben Sie mir einfach eine neue Tasche!

d: Würden Sie mir dann bitte mein Geld zurückgeben?

Schritt D, D1 und D2

Ansage 1

Frau: Sie sind verbunden mit dem Anschluss von Susanne Begemann. Im Moment bin ich nicht erreichbar. Sie können mir gern eine Nachricht hinterlassen. Ich rufe Sie zurück. Vielen Dank.

Ansage 2

Mann: Guten Tag. Hier ist das Bürgeramt Süd. Sie brauchen einen neuen Pass oder Personalausweis, wählen Sie bitte die „1". Sie wollen Ihren Wohnsitz ändern und haben eine neue Adresse. Wählen Sie bitte die „2". Sie möchten einen internationalen Führerschein beantragen, wählen Sie bitte die „3". Für eine Ansage in englischer Sprache wählen Sie bitte die „Vier". Vielen Dank.

Ansage 3

Mann: Ja, guten Tag. Herr Tögel. Hier ist Gebrauchtwagen Schmitz. Sie waren gestern bei uns hier in der Landsberger Straße. Es geht um den Opel Astra. Sie bekommen das Auto für 1.500 Euro. Ich habe aber noch einen Interessenten. Bitte rufen Sie mich bis spätestens 17 Uhr zurück. Meine Nummer ist ...

Ansage 4

Frau: Guten Tag, Frau Brückner, Sie haben Ihren Sohn Johannes bei uns angemeldet. Er soll zweimal pro Woche Hilfe in Deutsch, für die achte Klasse bekommen. Wir haben jetzt einen Lehrer für Sie. Er kann dienstags und donnerstags nach 18 Uhr. Passt die Zeit? Bitte rufen Sie uns in den nächsten Tagen an. Vielen Dank. Auf Wiederhören.

Schritt E, E4

Frau Grave: Firma Express. Sie sprechen mit Annalena Grave. Was kann ich für Sie tun?

Herr Ukaj: Hallo, hier ist Ukaj. Könnte ich bitte den Kundenservice sprechen?

Frau Grave: Ja, hier sind Sie richtig. Hier ist der Kundenservice.

Herr Ukaj: Ah? Okay. Also, ich habe vor 12 Monaten eine Espresso Maschine gekauft. Typ City 3. Leider funktioniert sie nicht mehr.

Frau Grave: Was genau ist denn das Problem?

Herr Ukaj: Das Wasser läuft nicht durch.

Frau Grave: Ah! Die Maschine ist verkalkt. Haben Sie Essig im Haus?

Herr Ukaj: Sie meinen zum Kochen, für Salat und so?

Frau Grave: Genau.

Herr Ukaj: Ja, Essig hab ich. Und was mache ich mit dem Essig? Würden Sie mir das bitte erklären?

Frau Grave: Natürlich. Tun Sie so 200 Milliliter, also ungefähr ein Glas in den Wasserbehälter.

Herr Ukaj: Aha.

Frau Grave: Dann schalten Sie die Maschine ein und lassen Sie den Essig einmal wie Wasser durchlaufen.

Herr Ukaj: Und das funktioniert?

Frau Grave: Ja, schon. Sie können auch alle Informationen in der Gebrauchsanleitung finden.

Herr Ukaj: Also gut, dann mache ich das jetzt mal. Vielen Dank für Ihre Hilfe.

Frau Grave: Nichts zu danken. Wenn Sie noch Fragen haben, rufen Sie einfach noch mal an.
Herr Ukaj: Ja, mach ich! Danke. Tschüs!
Frau Grave: Tschüs!

Lektion 12, Audiotraining 1
Bitten formulieren! Sagen Sie es höflich.
Hören Sie zuerst ein Beispiel:
Sprecher 1: Kaufen Sie doch Briefmarken.
Sprecher 2: Könnten Sie bitte Briefmarken kaufen?

Und jetzt Sie.
Sprecher 1: Kaufen Sie doch Briefmarken.
Sprecher 2: Könnten Sie bitte Briefmarken kaufen?
Sprecher 1: Machen Sie doch das Handy aus!
Sprecher 2: Könnten Sie bitte das Handy ausmachen?
Sprecher 1: Machen Sie doch das Fenster zu.
Sprecher 2: Könnten Sie bitte das Fenster zumachen?
Sprecher 1: Machen Sie doch das Licht an.
Sprecher 2: Könnten Sie bitte das Licht anmachen?
Sprecher 1: Nehmen Sie doch die Briefe mit.
Sprecher 2: Könnten Sie bitte die Briefe mitnehmen?
Sprecher 1: Räumen Sie doch das Büro auf.
Sprecher 2: Könnten Sie bitte das Büro aufräumen?

Lektion 12, Audiotraining 2
Sie sind verbunden mit …. Wiederholen Sie.
Hören Sie zuerst ein Beispiel:
Sprecher 1: Guten Tag. Sie sind verbunden mit dem Anschluss von Familie Baumann.
Sprecher 2: Guten Tag. Sie sind verbunden mit dem Anschluss von Familie Baumann.

Und jetzt Sie.
Sprecher 1: Guten Tag. Sie sind verbunden mit dem Anschluss von Familie Baumann.
Sprecher 2: Guten Tag. Sie sind verbunden mit dem Anschluss von Familie Baumann.
Sprecher 1: Im Moment sind wir nicht erreichbar.
Sprecher 2: Im Moment sind wir nicht erreichbar.
Sprecher 1: Sprechen Sie bitte Ihren Namen und Ihre Telefonnummer nach dem Ton.
Sprecher 2: Sprechen Sie bitte Ihren Namen und Ihre Telefonnummer nach dem Ton.
Sprecher 1: Wir rufen zurück.
Sprecher 2: Wir rufen zurück.
Sprecher 1: Oder rufen Sie später noch einmal an.
Sprecher 2: Oder rufen Sie später noch einmal an.

Lektion 12, Audiotraining 3
Wann kann Ihr Techniker kommen? Antworten Sie auf die Fragen. Hören Sie zuerst ein Beispiel.
Wann kann Ihr Techniker kommen?
vor – Mittagspause
Vor der Mittagspause.

Und jetzt Sie:
Wann kann Ihr Techniker kommen?
vor – Mittagspause
Vor der Mittagspause.
Ich brauche dringend deine Hilfe. Wann hast du Zeit?
in – Stunde
In einer Stunde.
Ich möchte gern Herrn Meier sprechen. Wann ist er wieder da? nach – Mittagessen
Nach dem Mittagessen.
Wie lange brauchen Sie für die Reparatur?
bis – morgen Mittag
Bis morgen Mittag.
Wir müssen dein Fahrrad reparieren. Wann hast Du Zeit?
nach Arbeit
Nach der Arbeit.
Wann kann ich das Gerät abholen? in – drei Wochen
In drei Wochen.

Lektion 13 Neue Kleider

Folge 13: Ist das kalt heute!

Bild 1
Lara: Wah! Ist das kalt heute Morgen! Hoffentlich bekomme ich keine Erkältung. Ich glaube, ich bin schon ein bisschen krank!
Tim: Oh je! Du Arme!

Bild 2
Ioanna: Hey, ihr Zwei! Guten Morgen!
Tim & Lara: Guten Morgen! Guten Morgen, Ioanna!
Tim: Bahh, es ist wirklich ziemlich kalt heute!
Ioanna: Naja, nur so ein Hemd, das ist halt doch ein bisschen wenig, was? Sieh mal: Lara und ich haben es richtig gemacht. Moment mal, das ist doch … Ist das nicht Tims Jacke? …
Lara: H-hm
Ioanna: Hast du denn keine?
Lara: Naja, schon. Aber die ist soo hässlich!
Ioanna: Ach so.
Lara: Ich will mir ja schon lange eine Jacke kaufen. Ich glaube, am Samstag gehe ich in die Stadt.
Ioanna: Oh ja super, wir kommen mit. Du kommst doch auch mit, Tim, oder?
Tim: Mal sehen. Wenn ich nicht krank bin.

Bild 3
Tim: Gibt's hier auch Regenjacken?
Ioanna: Woah! Sieh mal, Lara! Die Jacke da! Die ist super!
Lara: Was? Welche Jacke denn?
Ioanna: Na, diese hier. Und die ist sicher auch schön warm. Komm doch! Zieh sie gleich mal an!
Tim: Aah! Dort drüben gibt's die Regenjacken! …

Bild 4

Lara: Und?
Ioanna: Toll! Die Jacke passt dir perfekt.
Lara: Wirklich? Tim, was meinst Du?
Tim: Hmm. Ich weiß nicht. Die ist doch zu groß. Du siehst wie eine Kartoffel aus, finde ich ...
Lara: Das ist ja wirklich sehr nett!
Ioanna: Also, mir gefällt sie sehr gut.
Lara: Aber sie ist wirklich etwas weit, oder?
Tim: Mir gefällt sie nicht. ...
Ioanna: Hör nicht auf ihn, Lara.
Lara: Nein, ich glaube, Tim hat recht.
Ioanna: Na gut, dann eben nicht ...

Bild 5

Tim: Weißt du was? Nimm doch so eine Regenjacke.
Lara: Ist die nicht zu dünn?
Tim: Die gibt es in Rot und in Dunkelblau. Hier sieh mal: Welche findest du besser?
Lara: Also, die in Dunkelblau gefällt mir gar nicht.
Lara: Diese hier finde ich etwas besser.
Ioanna: Na ja.
Lara: Ich glaube, die steht mir nicht.
Tim: Probier sie doch erst mal an!
Lara: Na gut ...

Bild 6

Tim: Hey, die ist doch richtig super!
Lara: Ja? Wirklich? Was meinst du, Ioanna?
Ioanna: Nein, die Farbe passt gar nicht zu dir.
Lara: Hm! Was jetzt?
Tim: Wir könnten noch um die Ecke in das Sportgeschäft gehen.
Ioanna: Ja stimmt! Da gibt es auch Jacken.
Lara: Gut. Dann geht schon mal vor. Ich komme gleich nach.

Bild 7

Ioanna: Da, sieh mal! Die Jacke gefällt ihr sicher ...
Tim: Welche denn? Welche meinst du?
Ioanna: Na, diese.
Tim: Pfff! Soll das ein Witz sein? Die ist ja total langweilig.
Ioanna: Was?
Tim: Die hier, die ist super! Na, was meinst du? ...
Ioanna: Nein, die gefällt mir gar nicht. Die Farbe! Uah! Wo bleibt Lara eigentlich? ... Hhh! Schau mal! Da!
Beide: LARA!

Bild 8

Lara: Na!? Was sagt ihr jetzt? Ist der nicht toll?
Ioanna: Ein Mantel? Naja, schade. Wir haben super Jacken gefunden.
Tim: Ja genau.
Ioanna: Hier: Die ist doch richtig gut, oder? ...
Tim: Und hier: Die ist noch besser.
Lara: Ja, das kann schon sein. Aber mein Mantel! Hach! Der steht mir am besten.
Tim: Na, wenn du meinst.

Schritt A, A2
Gespräch 1

Lara: Sieh mal, die Jacke da! Die ist super!
Ana: Ja, die ist wirklich schön! Und das Hemd hier, das ist auch super! Und der Anzug hier! Der gefällt Tim sicher! Und die Sonnenbrille auch!
Lara: Ja, die ist nicht schlecht! Und sieh mal der Gürtel! Der ist ja toll!
Ana: Aber die Schuhe da, die sind nicht so schön, oder?
Lara: Ja, die sind langweilig und auch zu teuer!

Gespräch 2

Lara: Wie findest du den Schirm?
Ana: Den finde ich sehr schön.
Lara: Und das Kleid?
Ana: Hm..., das finde ich hässlich. Aber die Tasche! Die finde ich super und auch günstig.
Lara: Ja, stimmt! Und die Stiefel?
Ana: Die finde ich auch toll!

Schritt B, B1

Lara: Und?
Ioanna: Toll! Die Jacke passt dir perfekt.
Lara: Wirklich? Tim, was meinst Du?
Tim: Hmm. Ich weiß nicht. Die ist doch zu groß. Du siehst wie eine Kartoffel aus, finde ich.
Lara: Das ist ja wirklich sehr nett!
Ioanna: Also, mir gefällt sie sehr gut.
Lara: Aber sie ist wirklich etwas weit, oder?
Tim: Mir gefällt sie nicht.
Ioanna: Hör nicht auf ihn, Lara.
Lara: Nein, ich glaube, Tim hat recht.
Ioanna: Na gut, dann eben nicht ...

Schritt B, B2
Gespräch 1

Junge Frau 1: Hast du Susannes Haare gesehen? Also, mir gefallen die nicht so gut, und dir?
Junge Frau 2: Mir gefallen die auch nicht. Aber die Brille sieht toll aus. Die steht ihr richtig gut!
Junge Frau 1: Ich weiß nicht. Die ist doch viel zu groß!

Gespräch 2

Junge Frau 1: Wie gefällt dir denn Jans Mantel?
Junge Frau 2: Super! Der steht ihm richtig gut! Und wie findest du die Hose?
Junge Frau 1: Hm, die passt ihm nicht richtig, finde ich.

Schritt C, C1

Lara: Na!? Was sagt ihr jetzt? Ist der nicht toll?
Ioanna: Ein Mantel? Naja, schade. Wir haben super Jacken gefunden.
Tim: Ja genau.
Ioanna: Hier: Die ist doch richtig gut, oder? ...
Tim: Und hier: Die ist noch besser.
Lara: Ja, das kann schon sein. Aber mein Mantel! Hach! Der steht mir am besten.
Tim: Na, wenn du meinst.

Schritt D, D1
Ioanna: Da, sieh mal! Die Jacke gefällt ihr sicher ...
Tim: Welche denn? Welche meinst du?
Ioanna: Na, diese.
Tim: Pfff! Soll das ein Witz sein? Die ist ja total langweilig.
Ioanna: Was?

Schritt E, E2
Kunde: Entschuldigung, können Sie mir bitte helfen?
Verkäufer: Ja, natürlich.
Kunde: Die Hose passt mir nicht. Sie ist zu klein. Haben Sie die Hose auch in Größe 52?
Verkäufer: Ja, einen Moment bitte. Ich bringe sie Ihnen. Hier, bitte, Größe 52.
Kunde: Vielen Dank. Hm, was meinen Sie: Ist die Hose jetzt nicht zu lang?
Verkäufer: Zu lang? Nein, Sie haben jetzt keine Schuhe an. Mit Schuhen ist sie genau richtig.
Kunde: Und der Pullover? Haben Sie den Pullover auch in Rot?
Verkäufer: Ja, Moment - hier, sehen Sie mal.
Kunde: Oh, Danke. Hm. Welcher Pullover steht mir besser? Der hier in Blau oder dieser in Rot?
Verkäufer: Ich denke, Ihnen steht Blau besser. Blau passt auch besser zur Hose.
Kunde: Gut, dann nehme ich diesen Pullover und diese Hose hier. Wo ist denn die Kasse bitte?
Verkäufer: Gleich hier vorne.

Lektion 13, Audiotraining 1
Das gefällt Ihnen nicht! Antworten Sie mit „nicht".
Hören Sie zuerst ein Beispiel.
Sprecher 1: Die Jacke gefällt mir gut.
Sprecher 2: Mir gefällt sie nicht.

Und jetzt Sie.
Sprecher 1: Die Jacke gefällt mir gut.
Sprecher 2: Mir gefällt sie nicht.
Sprecher 1: Die Hose passt mir sehr gut.
Sprecher 2: Mir passt sie nicht.
Sprecher 1: Die Stiefel stehen mir gut.
Sprecher 2: Mir stehen sie nicht.
Sprecher 1: Die Bratwurst schmeckt mir sehr gut.
Sprecher 2: Mir schmeckt sie nicht.
Sprecher 1: Die Musik gefällt mir gut.
Sprecher 2: Mir gefällt sie nicht.
Sprecher 1: Die Brille steht mir sehr gut.
Sprecher 2: Mir steht sie nicht.

Lektion 13, Audiotraining 2
Welcher Pullover? Fragen Sie nach.
Hören Sie zuerst ein Beispiel:
Sprecher 1: Der Pullover sieht wirklich toll aus.
Sprecher 2: Welcher Pullover?
Sprecher 1: Na, dieser da.

Und jetzt Sie:
Sprecher 1: Der Pullover sieht wirklich toll aus.
Sprecher 2: Welcher Pullover?
Sprecher 1: Na, dieser da.
Sprecher 1: Die Tasche gefällt mir sehr.
Sprecher 2: Welche Tasche?
Sprecher 1: Na, diese hier. Guck mal!
Sprecher 1: Das Kleid ist aber hässlich.
Sprecher 2: Welches Kleid?
Sprecher 1: Na, dieses Kleid da drüben.
Sprecher 1: Die Stiefel finde ich günstig.
Sprecher 2: Welche Stiefel?
Sprecher 1: Na, diese da vorne.
Sprecher 1: Boah, der Schirm ist aber teuer.
Sprecher 2: Welcher Schirm?
Sprecher 1: Na, dieser! Und zu groß ist er auch.
Sprecher 1: Das Handy ist toll – und so modern.
Sprecher 2: Welches Handy?
Sprecher 1: Na, dieses hier – für 259 Euro.

Lektion 13, Audiotraining 3
Gern, lieber, am liebsten. Antworten Sie auf die Fragen mit „Nein". Hören Sie zuerst ein Beispiel:
Sprecher 1: Spielst du gern Tennis? Fußball – Basketball
Sprecher 2: Nein. Ich spiele lieber Fußball. Und am liebsten spiele ich Basketball.

Und jetzt Sie:
Sprecher 1: Spielst du gern Tennis? Fußball – Basketball
Sprecher 2: Nein. Ich spiele lieber Fußball. Und am liebsten spiele ich Basketball.
Sprecher 1: Trinkst du gern Kaffee? Tee – Wasser
Sprecher 2: Nein. Ich trinke lieber Tee. Und am liebsten trinke ich Wasser.
Sprecher 1: Isst du gern Fleisch? Fisch – Gemüse
Sprecher 2: Nein. Ich esse lieber Fisch. Und am liebsten esse ich Gemüse.
Sprecher 1: Schreibst du gern Briefe? E-Mails – Nachrichten
Sprecher 2: Nein. Ich schreibe lieber E-Mails. Und am liebsten schreibe ich Nachrichten.
Sprecher 1: Magst du gern Hemden? Pullover – T-Shirts
Sprecher 2: Nein. Ich mag lieber Pullover. Und am liebsten mag ich T-Shirts.
Sprecher 1: Kochst du gern? backen – im Restaurant essen
Sprecher 2: Nein. Ich backe lieber. Und am liebsten esse ich im Restaurant.

Zwischendurch mal …
Hören: Männer mögen Mode

Gespräch 1
Frau 1: Du, guck mal da, die Kombination gefällt mir sehr gut.
Frau 2: Naja …
Frau 1: Naja? Du, das ist interessant: die Kombination weiße Hose und ein bisschen Farbe.
Also mir gefällt das sehr.

Frau 2: Ja? Vielleicht …
Frau 1: Und der Typ gefällt mir auch …
Frau 2: Ja stimmt, der ist süß.
Frau 1: Und die Jacke steht ihm gut.

Gespräch 2
Frau 1: Hoppla! Was haben wir denn da?
Frau 2: Der kommt ja wohl direkt aus den Alpen, oder?
Frau 1: Hollaradidoooh!
Frau 2: Schick ist das schon …
Frau 1: Ja, besonders die Hose.
Frau 2: Findest du die nicht auch toll?
Frau 1: Doch, ja die Farben sind sehr schön.
Frau 2: Braun und grün, blau, rot ja, das gefällt mir. Und schau mal die Socken und die Schuhe!
Frau 1: M-hm …

Gespräch 3
Frau 2: Du, schau mal, wie findest du DIE Kombination?
Frau 1: Welche denn?
Frau 2: Na, diese!
Frau 1: Oh Gott! Das ist ja schrecklich!
Frau 2: Warum denn?
Frau 1: Na sieh doch mal: Der Schal, der Hut, die Brille!
Frau 2: Also, ich finde das interessant.
Frau 1: Und die Hose ist auch zu lang. Nein, das geht ja gar nicht.
Frau 2: Die ist doch nicht zu lang! Die ist genau richtig.
Frau 1: Und der Schal Nein, tut mir leid. Das gefällt mir wirklich nicht.
Frau 2: Mir schon.

Gespräch 4
Frau 2: Aaach!
Frau 1: Was ist denn jetzt los?
Frau 2: Du, DIE Kombination gefällt mir am besten.
Frau 1: Welche denn?
Frau 2: Na, diese da! Die Jeans mit dem T-Shirt, die Turnschuhe, der Hut.
Frau 1: Ach, komm!
Frau 2: Nein. Das sieht gut aus.
Frau 1: Schwarzes T-Shirt, graue Hose und schwarze Schuhe Das ist mir alles viel zu langweilig.
Frau 2: Na, aber das ist modern.
Frau 1: Ach komm, dir sind die Kleider doch ganz egal! Du findest nur den Typ süß.
Frau 2: Also weißt du, ich glaube, du verstehst nichts von Mode …
Frau 1: Jaja …

Lektion 14   Feste

Folge 14: Ende gut, alles gut

Bild 1
Lili: Also, pscht jetzt! Eins, zwei, drei …
Alle: Hoch soll er leben, hoch soll er leben. Dreimal hoch!
Walter: Oh, vielen Dank! Das ist sehr lieb!
Lili: Jetzt musst du aber gleich die Kerzen auspusten, Opa!

Bild 2
Sofia: Alles Liebe zum Geburtstag, Papa! Ich wünsche dir ganz, ganz viel Glück und Freude und Gesundheit in deinem neuen Lebensjahr.
Walter: Danke, Sofia! Vielen Dank!
Lili: Alles Gute! Ich habe dich sehr lieb, Opa!
Walter: Ich dich auch, mein Spatz!
Lara: Herzlichen Glückwunsch, Walter! Alles Gute zum Geburtstag!
Walter: Vielen Dank, Lara! Oh, Hausschuhe! Wunderbar! Ja, wer kommt denn da noch?
Lara: Ähm, ich glaube, ich weiß es …

Bild 3
Tim: Hallo! Guten Morgen!
Alle: Hallo! Guten Morgen! Hey, Tim! Hallo!
Tim: Hallo Walter!
Walter: Ja hallo, Tim! Das ist ja eine Überraschung!
Tim: Alles, alles Gute zum Geburtstag, lieber Walter!
Walter: Das ist aber sehr nett von dir! Danke, Tim!
Tim: Wie alt wirst du denn heute?
Walter: Oh je! Frag lieber nicht! Sehr, sehr alt …
Alle: Ach komm! Du bist doch nicht alt. Du und alt? So ein Quatsch!

Bild 4
Tim: Ähm ach ja: Hier, das ist für dich.
Walter: Oh! Vielen Dank! Ja, was ist das denn?
Tim: Das ist ein Hula-Hoop-Reifen zum Mitnehmen! Siehst du?
Alle: Hey! Toll! Wow! Das ist ja super!
Tim: Damit kannst du jetzt überall trainieren.
Walter: Passt nur auf! Bald werde ich Hula-Hoop-Meister!

Bild 5
Sofia: Aber wir feiern heute nicht nur Geburtstag. Wir feiern auch Abschied.
Alle: Oooohhh!
Sofia: … denn nächste Woche endet der Deutschkurs. Und am 30. November fährt unsere liebe Lara leider wieder nach Hause.
Alle: Oooohhh!
Lili: Aber du kommst uns bald wieder besuchen, ja?
Lara: Natürlich, Lili.
Alle: Aaaaahhh!

Bild 6
Lara: Vielen Dank, Walter, Sofia und Lili. Ich hab mich bei Euch sooo wohl gefühlt. Wie zu Hause in meiner eigenen Familie.
Walter: Und genau so ist es ja auch, liebe Lara, denn für uns gehörst du nun zur Familie.
Lara: Oh!
Walter: Ja, wirklich, ich meine das ernst. Du bist wie eine zweite Tochter für mich.
Lara: Ach, Walter, das ist so lieb!
Lili: Nein, Opa! Sie ist für dich wie eine zweite Enkeltochter!
Walter: Ja, warum denn, Lili?
Lili: Na, das ist doch klar: Sie ist ja meine große Schwester, oder?

Bild 7
Sofia: Und du, Tim? Was machst du jetzt? Ich meine: nach dem Deutschkurs?
Tim: Ich fliege erst mal nach Hause. Aber ich komme schon bald wieder zurück nach Deutschland.
Lara: Hey! Erzähl mal.
Sofia: Wirklich? Erzähl doch mal!
Tim: Ich hab 'ne super Stelle bekommen.
Walter: Eine Stelle?
Lara: Was denn?
Sofia: Als was denn?
Tim: Als Assistant Manager in einem G&H-Hotel.
Lara: Wow!
Sofia & Walter: Gratuliere!
Lara: Toll!
Sofia: Das ist ja super!
Walter: Das ist ja prima, Tim!
Tim: Am 15. Januar fange ich an.
Walter: Das müssen wir feiern!
Sofia: Aber zuerst machen wir noch schnell das Geburtstagsfoto. Mit uns allen.
Lili: Ui ja!

Bild 8
Sofia: So ... Moment... Zehn, neun, acht, sieben, sechs, fünf, vier, drei, zwei, eins ...
Alle: „Cheese!"

Schritt A A1
Sofia: Aber wir feiern heute nicht nur Geburtstag. Wir feiern auch Abschied.
Alle: Oooohhh!
Sofia: ...denn nächste Woche endet der Deutschkurs. Und am 30. November fährt unsere liebe Lara leider wieder nach Hause.
Alle: Oooohhh! ....
Sofia: Und du, Tim? Was machst du jetzt? Ich meine: nach dem Deutschkurs?
Tim: Ich fliege erst mal nach Hause. Aber ich komme schon bald wieder zurück nach Deutschland.
Alle: Hey! Wirklich? Erzähl doch mal!
Tim: Ich hab 'ne super Stelle bekommen.

Alle: Eine Stelle? Was denn? Als was denn?
Tim: Als Assistant Manager in einem G&H-Hotel.
Alle: Wow! Gratuliere! Toll! Das ist ja super!
Walter: Das ist ja prima, Tim!
Tim: Am 15. Januar fange ich an.
Walter: Das müssen wir feiern!
Sofia: Aber zuerst machen wir noch schnell das Geburtstagsfoto. Mit uns allen.
Lili: Ui ja!

Schritt B, B1
Gespräch 1
Sofia: Alles Liebe zum Geburtstag, Papa! Ich wünsche dir ganz, ganz viel Glück und Freude und Gesundheit in deinem neuen Lebensjahr.
Walter: Danke, Sofia! Vielen Dank!
Lili: Alles Gute! Ich habe dich sehr lieb, Opa!
Walter: Ich dich auch, mein Spatz!

Gespräch 2
Lara: Vielen Dank, Walter, Sofia und Lili. Ich hab mich bei Euch sooo wohl gefühlt. Wie zu Hause in meiner eigenen Familie.
Walter: Und genau so ist es ja auch, liebe Lara, denn für uns gehörst du nun zur Familie.
Lara: Oh ...
Walter: Ja, wirklich, ich meine das ernst. Du bist wie eine zweite Tochter für mich.
Lara: Ach, Walter, das ist so lieb!

Schritt C, C1
Sofia: Aber wir feiern heute nicht nur Geburtstag. Wir feiern auch Abschied.
Alle: Oooohhh!
Sofia: denn nächste Woche endet der Deutschkurs. Und am 30. November fährt unsere liebe Lara leider wieder nach Hause.
Alle: Oooohhh! ...
Sofia: Und du, Tim? Was machst du jetzt? Ich meine: nach dem Deutschkurs?
Tim: Ich fliege erst mal nach Hause. Aber ich komme schon bald wieder zurück nach Deutschland.
Alle: Hey! Wirklich? Erzähl doch mal!
Tim: Ich hab 'ne super Stelle bekommen.
Alle: Eine Stelle? Was denn? Als was denn?
Tim: Als Assistant Manager in einem G&H-Hotel.
Alle: Wow! Gratuliere! Toll! Das ist ja super!
Walter: Das ist ja prima, Tim!

Lektion 14, Audiotraining 1
Glückwünsche. Wiederholen Sie.
Hören Sie zuerst ein Beispiel:
Sprecher 1: Alles Gute!
Sprecher 2: Alles Gute!
Und jetzt Sie:
Sprecher 1: Alles Gute!
Sprecher 2: Alles Gute!

Sprecher 1: Gratuliere!
Sprecher 2: Gratuliere!
Sprecher 1: Frohe Ostern!
Sprecher 2: Frohe Ostern!
Sprecher 1: Herzlichen Glückwunsch!
Sprecher 2: Herzlichen Glückwunsch!
Sprecher 1: Frohe Weihnachten!
Sprecher 2: Frohe Weihnachten!
Sprecher 1: Ich wünsche dir viel Glück!
Sprecher 2: Ich wünsche dir viel Glück!
Sprecher 1: Ein gutes neues Jahr.
Sprecher 2: Ein gutes neues Jahr.

Lektion 14, Audiotraining 2
Wann genau ist das? Sagen Sie das Datum.
Hören Sie zuerst ein Beispiel:
Sprecher 1: Wann hat deine Tochter Geburtstag?
fünf – März
Sprecher 2: Am fünften März.

Und jetzt Sie:
Sprecher 1: Wann hat deine Tochter Geburtstag?
fünf – März
Sprecher 2: Am fünften März.
Sprecher 1: Wann bist du geboren? 20 – Juli
Sprecher 2: Am 20. Juli.
Sprecher 1: Wann fährst du in den Urlaub? drei – Mai
Sprecher 2: Am dritten Mai.
Sprecher 1: Wann kommen deine Eltern zu Besuch?
sieben – August
Sprecher 2: Am siebten August.
Sprecher 1: Wann fängst du deinen neuen Job an?
dreißig – April
Sprecher 2: Am 30. April.
Sprecher 1: Wann beginnt der nächste Deutschkurs?
eins – Juni

Sprecher 2: Am ersten Juni.
Sprecher 1: Wann feiert man in Deutschland Weihnachten?
vierundzwanzig – Dezember
Sprecher 2: Am 24. Dezember.

Lektion 14, Audiotraining 3
Einladungen. Antworten Sie auf die Fragen.
Hören Sie zuerst ein Beispiel:
Sprecher 1: Ich mache morgen Abend eine Party.
Kommst du auch? Nein
Sprecher 2: Nein. Tut mir leid. Ich kann leider nicht
kommen.

Und jetzt Sie.
Sprecher 1: Ich mache morgen Abend eine Party.
Kommst du auch? Nein
Sprecher 2: Nein. Tut mir leid. Ich kann leider nicht
kommen.
Sprecher 1: Wir wollen am Wochenende grillen.
Kommst du auch? Ja
Sprecher 2: Ja, ich komme gern.
Sprecher 1: Ich lade dich zu meiner Hochzeit am
1. März ein. Nein
Sprecher 2: Nein. Tut mir leid. Ich kann leider nicht
kommen.
Sprecher 1: Ich feiere am Wochenende meinen
Geburtstag. Kommst du auch? Ja
Sprecher 2: Ja, ich komme gern.
Sprecher 1: Wir machen am Samstag ein Sommerfest.
Kommst du auch? Nein
Sprecher 2: Nein. Tut mir leid. Ich kann leider nicht
kommen.

Lektion 8 Beruf und Arbeit

Schritt A Übung 9
vgl. Seite AB 93

Schritt A Übung 10
a Ich arbeite zurzeit nicht. Ich möchte zuerst Deutsch lernen.
b Ich bin Lehrerin und arbeite in der Schule.
c Ich habe eine Stelle als Krankenschwester.
d Ich bin Schüler. Am Vormittag gehe ich zur Schule, aber am Abend habe ich einen Job als Pizzafahrer.
e Frau: Bist du selbstständig?
Mann: Ja, ich arbeite als Journalist. Ich schreibe eine Geschichte für die Zeitung.

Schritt D Übung 27
Josiane: Hallo, Norah, was machst du denn hier?!
Norah: Hallo, Josiane, wir haben uns ja lange nicht gesehen! Wie geht es dir?
Josiane: Gut, aber ich suche dringend einen Job.
Norah: Was möchtest du denn machen?
Josiane: Ach, ich möchte gern wieder als Kellnerin arbeiten. Aber das ist nicht so einfach. Abends und am Wochenende habe ich ja keine Zeit. Dann bin ich mit meiner Tochter zu Hause. Und vormittags bin ich beim Deutschkurs.
Norah: Hmm, das ist wirklich nicht so einfach. ... Guck mal, dort liegt eine Zeitung. Ich hole sie gleich mal, dann lesen wir die Stellenanzeigen. Vielleicht finden wir eine Stelle für dich. Sieh mal Josiane, das Restaurant am Markt sucht Servicekräfte.
Josiane: Ja, aber leider nur Vollzeit. Ich kann ja nur zwei bis drei Stunden am Nachmittag arbeiten. Dann hole ich immer meine Tochter aus dem Kindergarten ab.
Norah: Hm... Aber guck mal, hier werden Aushilfen gesucht.
Josiane: Als Servicekraft?
Norah: Nein, im Supermarkt. Die Ilda Supermärkte suchen Aushilfen auf 450-Euro-Basis. Dort kann man auch am Nachmittag arbeiten.
Josiane: Ach, super. Ah, hier steht auch die Telefonnummer. Da rufe ich gleich mal an. Guten Tag, mein Name ist Josiane Maitre.

Schritt D Übung 29c
Mitarbeiterin: Kaufhaus Wendler, guten Tag.
Frau Adamczyk: Guten Tag, Mein Name ist Adamczyk. Ich habe Ihre Stellenanzeige gelesen. Sie suchen eine Aushilfe im Bereich Sport. Ist die Stelle noch frei?
Mitarbeiterin: Ja, wir suchen eine Aushilfe für freitags und samstags jeweils drei Stunden.
Frau Adamczyk: Aha, jeweils für drei Stunden. Und wie ist die Arbeitszeit?
Mitarbeiterin: Am Freitag von 17.00 Uhr bis 20.00 Uhr und am Samstag von 12.00 Uhr bis 15.00 Uhr.
Frau Adamczyk: Gut. Das passt. Und wie ist der Verdienst pro Stunde?
Mitarbeiterin: Wir zahlen 8,50 € pro Stunde.

Frau Adamczyk: Gut.
Mitarbeiterin: Dann kommen Sie doch mal vorbei. Können Sie morgen um 12.00 Uhr?
Frau Adamczyk: Ja, da kann ich.
Mitarbeiterin: Gut, dann bis morgen, Frau Adamczyk. Auf Wiederhören!

Fokus Beruf: Nach der Aufgabenverteilung fragen
Übung 3
Chefin: Lisa ist leider immer noch krank. Du, Alicja, bist also auch die nächsten beiden Tage vormittags für zwei Stunden zusammen mit Saida an der Rezeption. Sie braucht dann deine Hilfe.
Alicja: Okay. Und wer räumt die Zimmer auf? Ich räume doch sonst immer vormittags die Zimmer auf und mache die Betten.
Chefin: Das machst du nachmittags zusammen mit Saida. Ich bin dann in der Zeit an der Rezeption.
Alicja: Ja, gut. Und wer ist morgens für das Frühstück verantwortlich? Lisa bereitet doch immer den Frühstücksraum vor.
Chefin: Ja, das ist richtig. Dafür bist du am Donnerstag und am Freitag zuständig, Alicja.
Alicja: Allein?
Ben: Ja, das kannst du. Du bist ja schon seit ein paar Wochen hier und hast Lisa auch schon manchmal geholfen. Und ich bin auch da und kann dir gern helfen.
Alicja: Gut. Kann ich denn auch wieder die Speisekarte schreiben?
Ben: Ja, klar. Das kannst du mittags machen.
Chefin: Gut, ich glaube, dann haben wir es. Hoffentlich ist Lisa nächste Woche wieder gesund. Bei Fragen oder Problemen könnt ihr natürlich immer gern zu mir kommen und fragen.
Ben: Ja, gut.
Alicja: Ja, okay. Aber eine Frage habe ich noch: Wann kann ich im Büro arbeiten? Ich möchte doch gern die Büroarbeiten kennenlernen.
Chefin: Ja, das geht diese Woche leider nicht. Das machen wir, wenn Lisa wieder da ist. Ist das in Ordnung?
Alicja: Ja, klar. Wie lange ist Lisa denn krank?
Chefin: Das weiß sie noch nicht. ... Vielleicht kommt sie nächste Woche wieder.
Alicja: Okay.
Chefin: Gut, dann wünsche ich euch einen schönen Feierabend. Wir sehen uns morgen.
Alicja: Ja, bis morgen.
Ben: Bis morgen, tschüs.

Lektion 9 Ämter und Behörden

Schritt A Übung 3a
vgl. Seite AB 104

Schritt B Übung 14a und b
vgl. Seite AB 107

Schritt B Übung 14c
1 Kommen Sie heute?
2 Essen Sie ein Brötchen!
3 Lernen Sie jeden Tag 10 Wörter!
4 Kommen Sie heute um fünf!
5 Essen Sie einen Apfel!
6 Lernen Sie jeden Tag eine Stunde?

Schritt E Übung 27
a
Aymen: Puh, endlich Feierabend! ... Bah, aber dieses Wetter! Der Regen hört überhaupt nicht mehr auf.
Florian: Mmh, der Sommer ist wirklich besonders kalt. Aber: Hast du nicht bald Urlaub, Aymen?
Aymen: Doch. In vier Wochen. Dann fahre ich nach Tunesien und besuche meine Eltern. Sonne, Meer, Relaxen ...
Florian: Du hast es gut!!
Aymen: Komm doch mit. Wir wohnen bei meinen Eltern, also ein supergünstiger Urlaub für dich.
Florian: Einfach so? Na ja, für dich ist so eine Reise einfach. Du brauchst kein Visum. Aber ich ... brauche ich als Deutscher nicht ein Visum für Tunesien?
Aymen: Nein, ich glaube nicht. Aber sieh doch zur Vorsicht im Internet nach. Ruf mich an, wenn du mehr weißt.
b
Florian: Die Einreise ist für Deutsche ohne Visum und mit folgenden Dokumenten möglich. Reisepass: Ja, Personalausweis: Ja, aber nur für Touristen mit Flug und Hotel. Ah, Mist!
Aymen: Ja? Hier Aymen.
Florian: Hallo, Aymen. Hier ist Florian. Du, ich sitze gerade am Computer ... Ich brauche kein Visum für Tunesien.
Aymen: Super.
Florian: Ja-a ... aber man muss einen Reisepass haben.
Aymen: Wo ist das Problem?
Florian: Ich habe gar keinen Reisepass, nur einen normalen Ausweis. Ich reise nicht so oft.
Aymen: Dann beantrag doch einen Reisepass.
Florian: Für die eine Reise?
Aymen: Willst du mitkommen oder nicht?
Florian: Doch, schon. Klar!
Aymen: Frag doch mal bei der Meldestelle. Es ist sicher nicht so schwierig, einen Pass zu bekommen.
Florian: Okay. Gute Idee, das mache ich. Tschüs.
Aymen: Bis dann.
c
Frau Kaiser: Auf Wiedersehen, Frau Czaplinska. Meldebehörde Neudorf, Sie sprechen mit Frau Kaiser.
Florian: Guten Tag, mein Name ist Florian Weinzierl. Ich brauche eine Auskunft ... also, ich habe keinen Reisepass und möchte wissen: Wie bekomme ich den?
Frau Kaiser: Sie müssen in die Meldebehörde kommen und Ihren Personalausweis und ein aktuelles Foto mitbringen.
Florian: Gut. Und wann bekomme ich den Pass ... kann ich ihn sofort mitnehmen?
Frau Kaiser: Nein, das dauert schon drei bis vier Wochen. Sie bekommen eine Nummer und können im Internet sehen: Jetzt ist Ihr Pass fertig.

Florian: Drei bis vier Wochen! ... Wissen Sie, ich will in vier Wochen nach Tunesien fahren.
Frau Kaiser: Ach so, Sie brauchen den Pass schnell. Wir haben auch einen Express-Service. Das dauert nur eine Woche, aber kostet mehr.
Florian: Ach so, ja: Was kostet der Reisepass denn normal?
Frau Kaiser: 59 Euro. Aber express kostet 91 Euro.
Florian: Okay, dann komme ich gleich morgen.
Frau Kaiser: Fein. Dann bis morgen, Herr Weinzierl.
Florian: Danke. Auf Wiederhören.

Fokus Alltag: Auf dem Wohnungsamt
Übung 3b
1
Herr Karadeniz: Bin ich hier richtig?
Beamtin: Ja, hier sind Sie richtig.
Herr Karadeniz: Wohin muss ich jetzt gehen?
Beamtin: Ziehen Sie zuerst eine Nummer und warten Sie dann bitte vor Zimmer 28.

2
Beamter: Muss es denn wirklich eine 4-Zimmer-Wohnung sein? So klein ist Ihre Wohnung doch gar nicht.
Herr Karadeniz: Na ja, das sehe ich aber anders. Ich finde, zwei Zimmer sind sehr wenig für fünf Personen.

3
Beamter: Aha. Fünf Personen: Sie, Ihre Frau und Ihre Kinder. Sie haben sicher auch oft Besuch, oder?
Herr Karadeniz: Muss ich Ihnen das sagen? Das ist doch meine private Sache.
Beamter: Da haben Sie recht. Tut mir leid, Herr Karadeniz.
Herr Karadeniz: Kein Problem. Das ist nicht so schlimm.

Fokus Beruf: Einen Arbeitsplan absprechen Übung 1
Mirko: Ja?
Chef: Hallo? Mirko?
Mirko: Ja!
Chef: Wo sind Sie denn gerade?
Mirko: In der Parkallee. Ich bin gerade fertig.
Chef: Sehr gut!
Mirko: Es ist jetzt elf Uhr, so um Viertel nach elf bin ich im Büro.
Chef: Nein, kommen Sie nicht ins Büro. Fahren Sie bitte gleich weiter in die Schillerstraße. Die genaue Adresse ist ...
Mirko: Moment, Chef. Ich will das schnell notieren. So. Jetzt. Ich höre.
Chef: Also das ist Schillerstraße 27 bei Braun, dort gibt's Probleme mit dem Wasser ...
Mirko: Okay, ich verstehe. Ich komme nicht ins Büro, ich fahre in die Schillerstraße 27 und die Leute dort heißen Braun, richtig?
Chef: Genau ...
Mirko: Und wann mache ich Mittagspause? Ich habe ja um 13 Uhr schon wieder einen Termin ...
Chef: Um 13 Uhr? Welchen denn?
Mirko: Moment, hier steht's: 13.00 Uhr, Schneider, Friedrichsallee.

Chef: Schneider, Friedrichsallee? Nein, nein, das ist nicht heute. Das ist morgen.

Mirko: Ach so?

Chef: Heute können Sie um 13 Uhr Mittagspause machen und um 14 Uhr sind Sie dann bei Zeman in der Gartenstraße 17. Dort sind Lampen im Flur kaputt.

Mirko: Ähh, noch einmal, bitte. Wie ist der Name?

Chef: 14.00 Uhr Zeman: Z – E – M – A – N, in der Gartenstraße 17.

Mirko: Gartenstraße 17, Lampen reparieren, 14 Uhr, alles klar.

Chef: Genau: 15 Uhr, Heimann, Klarastraße 3, Fenster putzen.

Mirko: Wie bitte? Heimann? Heute? Nicht am Montag?

Chef: Nein, nein, heute um 15 Uhr. Wie lange brauchen Sie da immer?

Mirko: Zwei Stunden, ungefähr.

Chef: Okay. Wir sehen uns dann morgen, ja?

Mirko: Gut, in Ordnung. Tschüs dann!

Chef: Tschüs!

Lektion 10   Gesundheit und Krankheit

Schritt C Übung 20

Moderator: Liebe Hörerinnen und Hörer, heute zum Gesundheitstag haben wir den Arzt Dr. Blum in unser Studio eingeladen. Er beantwortet alle Ihre Fragen rund um die Gesundheit. Rufen Sie uns einfach an unter der Nummer 080012543 oder senden Sie uns eine E-Mail an gesundheitstipps@radioinfo.de
Und hier haben wir schon die erste Anruferin am Telefon. Schönen guten Tag, Frau Elber. Was können wir für Sie tun?

Frau Elber: Guten Tag. Mein Mann schläft immer so schlecht und ist oft sehr müde. Was kann man da tun? Haben Sie einen Tipp für ihn, Dr. Blum?

Dr. Blum: Guten Tag Frau Elber, wie lange hat Ihr Mann denn schon Schlafprobleme?

Frau Elber: Schon seit zehn Wochen.

Dr. Blum: Hat er beruflich viel Stress?

Frau Elber: Ja, er hat sehr viel zu tun. Er ist abends auch immer müde, aber er kann nicht richtig schlafen. Es geht ihm wirklich gar nicht gut.

Dr. Blum: Ja, Schlafprobleme sind nicht schön. Spazieren gehen hilft da gut. Ihr Mann soll abends noch ein paar Schritte gehen. Das hilft sicher – besonders bei Stress. Und dann soll er natürlich abends keinen Kaffee oder schwarzen Tee trinken.

Frau Elber: Keinen Kaffee? Das sage ich meinem Mann gleich heute Abend. Vielen Dank!

Moderator: Und hier haben wir schon die nächste Hörerin. Frau Hallberg, warum rufen Sie an?

Frau Hallberg: Ich habe schon seit drei Wochen Kopfschmerzen. Können Sie mir helfen, Dr. Blum?

Dr. Blum: Trinken Sie auf jeden Fall viel Wasser. Das ist bei Kopfschmerzen besonders wichtig. Sitzen Sie oft am Computer?

Frau Hallberg: Ja, schon. Ich arbeite tagsüber am Computer und abends surfe ich oft im Internet oder ich sehe fern.

Dr. Blum: Fernsehen und surfen am Abend? Treffen Sie sich lieber mit Freunden oder machen Sie Sport. Das hilft Ihnen.

Frau Hallberg: Sport ist eine gute Idee! Danke.

Moderator: Dann wünschen wir Ihnen gute Besserung, Frau Hallberg ... Zu Kopfschmerzen haben wir auch ein paar Fragen per E-Mail bekommen.

Schritt D Übung 24
vgl. Seite AB 121

Schritt E Übung 30
1

Alex: Ja, hallo?

Sergej: Hallo, Alex.

Alex: Tag, Sergej.

Sergej: Du Alex, ich hatte heute einen Unfall mit dem Fahrrad.

Alex: Oje, ist es schlimm?

Sergej: Nein, nicht so sehr, aber mein Bein tut sehr weh.

Alex: Warst du schon beim Arzt?

Sergej: Ja, ich soll das Bein kühlen und zwei Wochen keinen Sport machen. Ich kann morgen also nicht zum Fußball mitkommen.

Alex: Schade! Kommst du denn am Donnerstag mit ins Kino?

Sergej: Ja, klar.

Alex: Na dann erst mal gute Besserung.

Sergej: Danke. Tschüs, Alex.

2

Patientin: Guten Tag, ich habe jetzt einen Termin.

Sprechstundenhilfe: Wie ist Ihr Name, bitte?

Patientin: Bönisch.

Sprechstundenhilfe: Bönisch ... Tut mir leid, Sie haben heute keinen Termin.

Patientin: Ich war aber am Montag hier in der Praxis und da habe ich den Termin für heute, Dienstag, 9.15 Uhr bekommen.

Sprechstundenhilfe: Tut mir wirklich leid, aber ich kann nichts finden. Einen Moment, bitte. Ah! Hier! Sie haben am Donnerstag einen Termin. Hier habe ich geschrieben: Donnerstag, 9.15 Uhr, Lea Bönisch.

Patientin: Oh nein, am Donnerstag kann ich nicht, da muss ich arbeiten.

Sprechstundenhilfe: Na ja, dann muss es heute noch gehen. Nehmen Sie doch bitte schon mal im Wartezimmer Platz.

Patientin: Okay, danke.

3

Ältere Frau: Notrufzentrale Krefeld, guten Tag.

Junger Mann: Hier ist ein Unfall passiert.

Ältere Frau: Wo sind Sie denn genau?

Junger Mann: Ich bin hier in der Norderstraße.

Ältere Frau: Aha. Und was ist passiert?

Junger Mann: Ein Fahrradunfall.

Ältere Frau: Ist jemand verletzt?

Junger Mann: Ja, eine Frau.

Ältere Frau: Und was ist mit der Frau?

Junger Mann: Sie hat starke Schmerzen in der Brust.
Ältere Frau: Gut, wie ist Ihr Name bitte?
Junger Mann: Seifert. Thomas Seifert. Soll ich auch die Polizei, also die 110 anrufen?
Ältere Frau: Ah – war noch jemand bei dem Unfall dabei?
Junger Mann: Nein, nur die Frau mit dem Fahrrad.
Ältere Frau: Dann müssen Sie die Polizei nicht anrufen. Bleiben Sie bitte bei der Frau und sprechen Sie mit ihr. Der Notarzt ist gleich bei Ihnen.

Lektion 11 In der Stadt unterwegs

Schritt A Übung 2

a
Mann: Wo ist hier die Post, bitte?
Frau: Gehen Sie dort an der Ampel nach rechts, dann die zweite Straße links und circa hundert Meter geradeaus. Die Post ist links.
b
Frau: Entschuldigung, wo ist die nächste Apotheke?
Mann: Gehen Sie hier nach links, dann die erste Straße rechts und dann die zweite Straße links. Da sind dann der Goetheplatz und die Apotheke.
c
Mann: Wo ist das Hotel „Loreley"?
Frau: Gehen Sie die erste Straße links. Dann geradeaus und die dritte Straße rechts. Da ist dann rechts das Hotel „Loreley".

Schritt B Übung 9a

1
Hörbild: Frau Singer fährt mit dem Fahrrad zum Bahnhof.
Durchsage: Am Gleis 3 fährt ein: S7 Kreuzstraße. Vorsicht bei der Einfahrt.
2
Hörbild: Frau Singer fährt mit der Bahn zur Kreuzstraße.
Durchsage: Nächster Halt: Kreuzstraße. Ausstieg in Fahrtrichtung links.
3
Frau Singer geht zu Fuß zur Schule.
4
Frau Singer fährt mit dem Auto zum Supermarkt.
Durchsage: Heute im Angebot: Ein Kilo Äpfel nur 1,49 Euro.

Schritt D Übung 22a

1 Zug
2 S-Bahn
3 zwischen
4 Zahnarzt
5 Metzgerei
6 Schweiz
7 Kiosk
8 Post
b
vgl. Seite AB 133

Schritt E Übung 28

a
Verehrte Fahrgäste, besuchen Sie doch einmal unser Bordrestaurant. Dort gibt es täglich verschiedene Menüs sowie Kaffee und Kuchen. Heute zum Beispiel: Schnitzel mit Pommes frites und Salat für nur 7,90 Euro; Kinderteller Snoopy für 3,90 Euro oder Apfelkuchen und eine Tasse Cappuccino für 2,90 Euro.
b
Guten Morgen, meine Damen und Herren. Willkommen im ICE 380 auf der Fahrt von Berlin nach München. Wir wünschen Ihnen eine angenehme Reise. Nächster Halt des Zuges ist Berlin Südkreuz.
c
Sehr geehrte Fahrgäste! Wegen eines technischen Defekts fahren zurzeit keine S-Bahnen. Bitte nutzen Sie Richtung Stadtzentrum die Buslinien 51 und 54 und Richtung Ostbahnhof die Buslinien 31 und 32. Vielen Dank. Ihre Verkehrsbetriebe.
d
Herzlich willkommen bei der Servicenummer der Bahn, was können wir für Sie tun? Haben Sie Fragen zu Planung und Buchung einer Zugreise? Dann sagen oder wählen Sie die 1. Brauchen Sie aktuelle Informationen zu Verspätungen und Fahrplanänderungen, sagen oder wählen Sie die 2. Möchten Sie mit einem Mitarbeiter sprechen, dann sagen oder wählen Sie die 3. Vielen Dank. Sie werden jetzt mit dem nächsten freien Mitarbeiter verbunden.

Fokus Beruf: Ein Termin bei einer Firma Übung 1

a
Alejandro: Hallo, das ist der Anrufbeantworter von Alejandro López. Nachrichten bitte nach dem Signal.
Frau Losert: Guten Tag, Herr López. Hier spricht Ursula Losert von der Firma Bause & Bause. Sie haben eine Bewerbung geschickt und … ja, wir möchten Sie gern zum Bewerbungsgespräch einladen. Unser Vorschlag für einen Termin ist nächste Woche Donnerstag, 15 Uhr. Passt das für Sie? Bitte rufen Sie mich an. Sie erreichen mich unter 040/123444. Vielen Dank.
b
Frau Losert: Guten Tag, Sie haben die Nummer der Firma Bause & Bause gewählt. Im Moment ist das Sekretariat nicht besetzt. Bitte hinterlassen Sie Ihre Nachricht und Ihre Nummer. Wir rufen Sie zurück. Vielen Dank.
Alejandro: Äh, ja, guten Tag, mein Name ist Alejandro López. Ich habe eine Einladung zum Bewerbungsgespräch … ja … und ich möchte nur sagen: Der Termin am Donnerstag passt gut. … Aber ich habe noch eine Bitte: Können Sie mir den Weg zu Ihrer Firma erklären? Ich wohne noch nicht lange in Lüneburg. Und in Hamburg war ich noch nie. Also, ähm, ja, das war es. Danke.
c
Alejandro: Hallo, das ist der Anrufbeantworter von Alejandro López. Nachrichten bitte nach dem Signal.
Frau Losert: Guten Tag, Herr López. Hier spricht noch einmal Ursula Losert von der Firma Bause & Bause. Leider

erreiche ich Sie nicht persönlich. Schade. Also ... Nehmen Sie den Zug nach Hamburg. Unsere Firma liegt sehr zentral, ganz in der Nähe vom Hauptbahnhof. Da findet man nur schlecht einen Parkplatz. In Hamburg nehmen Sie den Ausgang Hauptbahnhof-Süd. Dann nehmen Sie die U1 Richtung Großhansdorf und steigen an der ersten Haltestelle aus. Und dann ... ach, wissen Sie, was? Ich schreibe Ihnen dazu eine E-Mail. Dann haben Sie alle Informationen im Überblick. Auf Wiederhören, Herr López.

Fokus Beruf: Ein Termin bei einer Firma Übung 3
Frau Losert: Firma Bause & Bause, Sekretariat, Ursula Losert am Apparat.
Alejandro: Guten Tag, Frau Losert. Hier spricht Alejandro López. Frau Losert, ich habe doch heute einen Termin bei Ihnen. Aber jetzt habe ich ein Problem ...
Frau Losert: Oh.
Alejandro: Der Zug hat Verspätung. Ich komme erst um circa 15 Uhr in Hamburg an und kann leider nicht ganz pünktlich sein.
Frau Losert: Kein Problem. Danke für die Information. Nehmen Sie doch ein Taxi am Bahnhof. Dann müssen Sie nicht auch noch auf die U-Bahn warten. Wir bezahlen das Taxi.
Alejandro: Danke, das ist sehr nett. Dann bis später.
Frau Losert: Bis später, Herr López. Gute Fahrt noch. Wiederhören.

Lektion 12   Kundenservice

Schritt B Übung 15b
Frau: Media Kaufhaus, guten Tag. Sie sprechen mit Cosima Radu. Was kann ich für Sie tun?
Mann: Guten Tag, mein Name ist Lechner. Mein Smartphone funktioniert nicht mehr.
Frau: Was für ein Modell ist es denn?
Mann: Ein Vony S5. Ich habe noch ein Jahr Garantie.
Frau: Gut, dann bringen Sie Ihr Smartphone bitte vorbei. Wir schicken es dann zur Reparatur.
Mann: Wie lange dauert die Reparatur?
Frau: Tut mir leid, das kann ich Ihnen nicht sagen.
Mann: Gut, dann bis später. Auf Wiederhören.

Schritt C Übung 23
vgl. Seite AB 144

Schritt D Übung 24
1
Guten Tag, Sie sind verbunden mit dem Bürgeramt Nord. Unsere Sprechzeiten sind montags bis donnerstags jeweils von sieben Uhr bis 13 Uhr und freitags von acht Uhr bis zwölf Uhr. Am Donnerstag sind wir zusätzlich von 15 Uhr bis 18 Uhr für Sie da.
2
Hallo, Herr Keuner. Autowerkstatt Schwieger. Fabian Pohl hier. Ihr Auto ist morgen leider noch nicht fertig. Wir brauchen noch drei Tage. Ab Freitag können Sie das Auto abholen. Bei Fragen können Sie mich gern heute bis 19 Uhr anrufen.

3
Hallo, Klara. Steffi hier. Vor dem Training kann ich leider doch nicht mehr vorbeikommen. Wir telefonieren nach dem Training noch mal, ja? Ich rufe dich an. Ich habe morgen vor der Arbeit noch eine Stunde Zeit. Dann kann ich dir bei deinem Computerproblem helfen

Schritt E Übung 27
Frau Lex: Michaelas mobiler Friseur, Michaela Lex hier.
Frau Bertrams: Guten Tag Frau Lex. Mein Name ist Bertrams. Ich habe Ihre Anzeige gelesen. Nächste Woche kommen meine Enkel, da möchte ich gern gut aussehen. Und ich kann hier nicht weg – die Beine, wissen Sie ... – Sie kommen doch auch nach Hause, oder?
Frau Lex: Ja natürlich, ich komme gern zu Ihnen.
Frau Bertrams: Ich brauche eine neue Frisur. Was kostet das denn?
Frau Lex: 30 Euro.
Frau Bertrams: Gut, in Ordnung. Haben Sie diese Woche denn noch einen Termin frei?
Frau Lex: Ja, das ist kein Problem. Am Dienstagvormittag kann ich zu Ihnen kommen.
Frau Bertrams: Oh, das geht nicht. Am Dienstag kommt vormittags der Reparaturservice. Mein Kühlschrank ist kaputt. Können Sie auch am Nachmittag?
Frau Lex: Nein, tut mir leid. Aber am Mittwoch habe ich vormittags und nachmittags Zeit.
Frau Bertrams: Schön, am Mittwochvormittag passt es mir auch.
Frau Lex: Okay, dann bin ich um 10 Uhr bei Ihnen.
Frau Bertrams: Gut, dann bis Mittwoch.
Frau Lex: Wo wohnen Sie denn, Frau Bertrams? Geben Sie mir doch bitte Ihre Adresse.

Schritt E Übung 33a
vgl. Seite AB 147

Fokus Alltag: In einer Bank Übung 2
Herr Anders: Ja, guten Tag. Ähm, ich habe da eine Frage: Ich überweise jeden Monat meine Miete. Können Sie – oder kann die Bank das Geld auch automatisch überweisen?
Bankangestellte: Ja, natürlich! Das ist gar kein Problem. Sie müssen nur einen Dauerauftrag einrichten.
Herr Anders: Einen Dauerauftrag einrichten?
Bankangestellte: Ja. Dann überweisen wir jeden Monat automatisch die Miete.
Herr Anders: Oh, ja, das ist prima. Dann möchte ich das gern machen.
Bankangestellte: Gern. Dann gehen Sie bitte zu meinem Kollegen dort drüben.

Fokus Alltag: In einer Bank Übung 3
Bankangestellter: Guten Tag, Sie möchten einen Dauerauftrag einrichten? Dann sagen Sie mir kurz Ihren Namen.
Herr Anders: Hauke Anders.
Bankangestellter: Hauke Anders. So dann suche ich Sie mal kurz im Computer. Ach, da habe ich Sie schon.

Herr Anders: Und was brauchen Sie jetzt alles?
Bankangestellter: Ich brauche jetzt erst mal den Empfänger.
Herr Anders: Den Empfänger?
Bankangestellter: Ja. Wer soll denn die Miete bekommen? Ich brauche den Namen. Also Ihren Vermieter. Das ist der Empfänger.
Herr Anders: Aha, ach so, ja. Das ist Herr Kuhrt, Wilfried Kuhrt. K – U – H – R – T.
Bankangestellter: Wilfried Kuhrt. Und dann brauche ich noch die IBAN und die BIC von Herrn Kuhrt.
Herr Anders: Ja, Moment, die habe ich hier, also, die IBAN ist „DE21 6609 8880 4647 8910 37".
Bankangestellter: Also: DE21 6609 und weiter? Können Sie bitte noch einmal wiederholen?
Herr Anders: Ja: DE21 6609 8880 4647 8910 37.
Bankangestellter: Danke, das habe ich. Jetzt noch die BIC.
Herr Anders: Ja: COBBDEFFXXX.
Bankangestellter: COBBDEFFXXX, richtig?
Herr Anders: Ja, stimmt genau.
Bankangestellter: Gut! Und wie hoch ist die Miete?
Herr Anders: 450 Euro im Monat. Für Juni habe ich schon bezahlt.
Bankangestellter: Aha, dann fängt der Dauerauftrag Ende Juni an und wir überweisen die Miete dann jeden Monat, immer am Monatsende. Ist das in Ordnung?
Herr Anders: Ja, prima, danke.
Bankangestellter: Nichts zu danken! Ach ja. Moment mal. Wir müssen ja noch den Verwendungszweck eintragen. Das ist ja die Miete …
Herr Anders: Ja, ja, Miete – genau.
Bankangestellter: Okay, das war's dann. Auf Wiedersehen und schönen Tag noch!
Herr Anders: Ihnen auch! Auf Wiedersehen.

Lektion 13   Neue Kleider

Schritt A Übung 3

a
Mann: Na, wie gefällt dir die Jeans?
Frau: Die finde ich toll!
Mann: Ja, die passt wirklich gut. Und das Hemd?
Frau: Das ist zu klein, oder?
Mann: Nein, das finde ich auch super!
b
Frau: Sieh mal, die Stiefel. Die sind wirklich schön.
Mann: Ja, die finde ich auch schön, aber teuer.
Frau: Stimmt. Und wie findest du den Anzug?
Mann: Den finde ich toll.
Frau: Ja, und der ist auch günstig!

Schritt B Übung 17
vgl. Seite AB 154

Schritt D Übung 27
Elena: Sieh mal, Matteo! Da sind Winterjacken. Die sind gerade im Sonderangebot! Du brauchst doch dringend eine Jacke. Diese da ist doch schön.

Matteo: Welche? Die Blaue?
Elena: Nein, die in Braun. Die hier. Die passt bestimmt. Und? Wie findest du sie?
Matteo: Ist die nicht etwas zu lang?
Elena: Nein, die ist genau richtig. Und die Farbe steht dir super. Oh, sieh mal. Diese Jacke hier ist ja toll.
Matteo: Soll das ein Witz sein? Die ist doch viel zu klein.
Elena: Die ist doch nicht für dich! Das ist eine Frauenjacke. Genau so eine habe ich den ganzen Winter gesucht! Oh, die sieht doch wirklich super aus. Was meinst du?
Matteo: Ja, die steht dir gut.
Elena: Gibt es die auch in Blau?
Matteo: Ja, hier ist sie in Blau, aber in Schwarz gefällt sie mir besser.
Elena: Stimmt, mir auch. Okay, dann nehme ich die Schwarze.
Matteo: Was kostet sie denn?
Elena: 120 Euro.
Matteo: Was? So viel? Aber das sind doch Sonderangebote, oder? Ich finde die Jacke sehr teuer!
Elena: Ja, das ist schon viel Geld. Aber diese Jacken kosten sonst fast 200 Euro, da sind 120 Euro günstig.
Matteo: Na, dann. Dort drüben können wir bezahlen.
Elena: Wo ist denn die braune Jacke?
Matteo: Die gefällt mir nicht so gut. Vielleicht ist ein Mantel doch besser.
Elena: Ja, wir können da hinten mal gucken. Da sind noch mehr Jacken und Mäntel.

Schritt E Übung 31c
Kundin: Können Sie mir bitte helfen? Ich suche eine Hose.
Verkäufer: Ja, gern. Welche Größe haben Sie?
Kundin: Ich brauche Größe 36.
Verkäufer: Und welche Farbe hätten Sie gern?
Kundin: Ich hätte gern Schwarz oder Blau.
Verkäufer: Hier habe ich eine schöne Hose in Schwarz.
Kundin: Gut, dann probiere ich sie mal an.
Verkäufer: Und? Passt Ihnen die Hose?
Kundin: Na ja, sie ist ein bisschen klein. Haben Sie die auch in 38?
Verkäufer: Leider nicht. Die habe ich nur in dieser Größe.
Kundin: Das ist schade.
Verkäufer: Aber in Weiß habe ich sie auch in 38. Hier, bitte.
Kundin: Weiß ist auch nicht schlecht. Ich ziehe sie mal an.
Verkäufer: Und, passt die besser?
Kundin: Ja, die passt mir. Die nehme ich.

Fokus Alltag: Einen Rabatt aushandeln Übung 4
Kundin: Entschuldigung.
Verkäuferin: Ja, bitte?
Kundin: Ich hätte gern den Fahrradhelm. Aber sehen Sie, er hat hier einen kleinen Fehler. Gibt es da einen Rabatt?
Verkäuferin: Na ja … wir können Ihnen einen Rabatt von 5 Euro geben. In Ordnung?
Kundin: Okay. Dann nehme ich den Helm.
Kunde: Entschuldigung.
Verkäuferin: Ja, bitte?

Kunde: Ich hätte gern den Fahrradhelm. Aber sehen Sie, er hat hier einen kleinen Fehler. Gibt es da einen Rabatt?
Verkäuferin: Na ja ... wir können Ihnen einen Rabatt von 5 Euro geben. In Ordnung?
Kunde: Nein, das ist zu wenig. 10 Euro?
Verkäuferin: Also gut.

Lektion 14   Feste

Schritt A Übung 4

a
Hallo Anna, vergiss nicht Omas Geburtstag am 4. Oktober! Ich mache Kaffee und Kuchen! Deine Schwester kommt auch. Tschüs, Mama.

b
Frau Kaiser. Hier ist Herr Lauer. Vergessen Sie bitte nicht Ihren Antrag. Sie müssen den Antrag bis zum 31. Dezember abgeben. Es ist wirklich dringend.

c
Zahnarztpraxis Dr. Schuster, guten Tag. Herr Begemann, entschuldigen Sie bitte. Leider müssen wir Ihren Termin morgen absagen. Die Ärztin, Frau Dr. Schuster, ist krank. Wir müssen einen neuen Termin machen. Haben Sie am Mittwoch Zeit? Der 5. September, um 10 Uhr 30? Das ist der nächste freie Termin. Rufen Sie mich bitte zurück. Auf Wiederhören.

d
Hallo, Olga. Du, ich habe eine super Nachricht! Ich habe Konzertkarten für den 16. März. Toll, oder? Kommst du mit?

e
Huhu, Carla hier. Es ist wieder soweit! Ich mache eine Party. Am 20. Juli. Du kommst doch, oder? Ruf mich bitte an! Also, am 20. Juli. Nicht vergessen! Tschüs.

Schritt C Übung 14
vgl. Seite AB 167

Fokus Alltag: Um Hilfe bitten Übung 1 und 2

1
Elsa: aha ... und was macht deine Mutter, Dejaneira?
Dejaneira: Meine Mutter? Sie arbeitet bei einer Versicherung. Sie ist eine Versicherungs- ... ähh ... Wie sagt man auf Deutsch?
Elsa: Versicherungs-Expertin?
Dejaneira: Jaja, Expertin stimmt schon, aber es gibt auch ein deutsches Wort. Eine ... hach ...
Elsa: Ah! ... Du meinst Versicherungs-Fachfrau?
Dejaneira: Ja genau! Das Wort meine ich. Wie spricht man das richtig aus? Sag es bitte noch mal, Elsa!
Elsa: Fachfrau.
Dejaneira: Aha.

Elsa: Versicherungs-Fachfrau. Und jetzt du!
Dejaneira: Versicherungs-Fachfrau? War das richtig so?
Elsa: Ja, das war sehr gut. Hey, du bist ja 'ne Deutsch-Fachfrau!

2
Laura: Hmmm, Sascha, sind die Brezeln nicht lecker?
Sascha: Wie bitte?
Laura: Die Brezeln, die schmecken wirklich gut.
Sascha: Hm, weißt du, Laura, manchmal verstehe ich nicht richtig, was die Leute sagen.
Laura: H-hm.
Sascha: Du bist doch Deutschlehrerin. Hast du vielleicht einen Tipp für mich? Wie kann ich das üben?
Laura: Na ja, mach doch einfach, was du gerade machst.
Sascha: Hmm? Was mache ich denn?
Laura: Auf Partys gehen, mit Leuten sprechen.
Sascha: Und das hilft?
Laura: H-hm. So lernst du es am besten.
Sascha: Und was ist mit Grammatik? Ich möchte auch mehr über die Grammatik wissen. Welches Buch soll ich denn kaufen? Welches ist für mich am besten? Was meinst du?
Laura: Mit welchem Lehrwerk arbeitest du denn?
Sascha: Mit ‚Schritte plus Neu'.
Laura: Na, dann ist alles klar: zu ‚Schritte' gibt es ja eine eigene Übungsgrammatik.
Sascha: Ach so?
Laura: Als ‚Schritte-Neu'-Lerner kannst damit besonders gut üben.
Sascha: Super! Gleich morgen gehe ich in die Buchhandlung! Kommst du mit?
Laura: Äh ... ja ... warum nicht!?
Sascha: Hey cool!
Laura: Du, das war aber jetzt kein Deutsch, gell!

3
Karl: Na, gefällt dir die Party, Kim?
Kim: H-hm. Und deine Wohnung finde ich schön.
Karl: Oh, danke! Sie ist alt, aber dafür auch billig.
Kim: Mein Appartement ist klein und teuer. Viel zu teuer. Ich suche dringend eine billige Wohnung oder ein Zimmer.
Karl: Ach, du suchst ein Zimmer?
Kim: Ja. Weißt du vielleicht etwas für mich, Karl?
Karl: Warte! Ingrid! Ingrid!! Kommst du mal?
Ingrid: Ja? Was ist denn, Karl?
Karl: Du möchtest doch ein Zimmer vermieten, oder?
Ingrid: Ja, warum?
Karl: Hier, das ist Kim. Sie sucht eins.
Kim: Hallo, Ingrid!
Ingrid: Hallo, Kim! Du kannst dir das Zimmer gern mal ansehen.
Kim: Ich kann aber nur 150 Euro im Monat zahlen.
Ingrid: Ist schon okay.

Lektion 8   Beruf und Arbeit

Foto-Hörgeschichte

vgl. Transkriptionen zum Kursbuch, Seite 190

Laras Film

Eda Erden

Eda: Hallo, ich heiße Eda Erden. Ich bin 24 Jahre alt. Ähh … meine Eltern sind vor 28 Jahren aus der Türkei nach Deutschland gekommen. Ja, ich bin also in Deutschland geboren und ich bin auch Deutsche. Ich war auf der Realschule und habe vor acht Jahren meinen Abschluss gemacht. Ich habe dann eine Ausbildung als Arzthelferin gemacht. Der Beruf heißt jetzt aber eigentlich nicht mehr Arzthelferin oder Arzthelfer. Jetzt heißt es: Medizinischer Fachangestellter oder Medizinische Fachangestellte. Naja, ist ja auch egal. Ich habe zwei Jahre lang in einer Arztpraxis gearbeitet. Dann habe ich Sofia kennengelernt, also meine Chefin. Sie hat eine Praxishelferin gesucht. Tja, und so arbeite ich jetzt seit drei Jahren als Praxishelferin hier in der Physiopraxis Baumann.
Sofia: Zum Glück! Zum Glück!
Eda: Die Arbeit hier macht mir ganz viel Spaß und meine Chefin ist sehr nett.
Sofia: Kann ich auch noch schnell was sagen? Meine Mitarbeiterin Eda ist auch sehr nett und sie macht ihren Job total super!

Videotraining

Film 1 Was bist du von Beruf?

Lara: Sag mal, was bist du denn von Beruf?
Tim: Ich bin Musiker.
Lara: Ah! Musiker!
Tim: Aber ich arbeite als Taxifahrer.
Lara: Du hast ein Taxi?
Tim: Nein. Ich bin angestellt. Ich arbeite bei einer Taxifirma.
Lara: Ach so. Macht das Spaß?
Tim: Naja, es geht so.
Tim: Sag mal, was machst du eigentlich beruflich?
Lara: Ich bin zurzeit arbeitslos.
Tim: Aha.
Lara: Ich war Verkäuferin in einem Drogeriemarkt.
Tim: Und? Wie war das?
Lara: Ich hatte viel Arbeit. Die Kolleginnen waren nicht nett. Und der Job war sehr langweilig!
Tim: Na, das war ja dann nicht so toll, was?
Lara: Genau. Aber ich mache jetzt bald eine Ausbildung als Kosmetikerin.
Tim: Aah! Das macht sicher mehr Spaß.
Lara: Ja, genau.
Lara: Was sind Sie eigentlich von Beruf, Herr Artmann?
Tim: Ich bin Friseur.
Lara: Aha. Und wo arbeiten Sie? … Sind Sie angestellt?
Tim: Nein, ich bin selbstständig. …
Lara: Ah! Sie haben also einen Friseursalon?
Tim: Ja, ich habe einen eigenen Friseursalon.
Lara: Hey, toll!

Film 2 Ist die Stelle noch frei?

Lara: Oswald GmbH? Hallo?
Tim: Guten Tag, mein Name ist Maier.
Lara: Guten Tag! Was kann ich für Sie tun?
Tim: Ich habe Ihre Anzeige gelesen. Sie suchen einen Verkäufer?
Lara: Ja genau. Das ist richtig.
Tim: Ist die Stelle noch frei?
Lara: Ja, die Stelle ist noch frei.
Tim: Wie ist die Arbeitszeit?
Lara: Die Arbeitszeit ist von Montag bis Samstag von acht Uhr dreißig bis vierzehn Uhr.
Tim: Und wie ist der Verdienst pro Stunde?
Lara: Sie bekommen dreizehn Euro fünfzig pro Stunde.
Lara: Und jetzt Sie!
Tim: Firma Dreier, hallo?
Aha! Was kann ich für Sie tun?
Ja genau. Das ist richtig.
Ja, die Stelle ist noch frei.
Die Arbeitszeit ist von Montag bis Freitag von acht bis siebzehn Uhr.
Sie bekommen elf Euro pro Stunde.
Und nochmal Sie!
Lara: Blumen Hader, hallo?
Guten Tag! Was kann ich für Sie tun?
Ja genau. Das ist richtig.
Ja, die Stelle ist noch frei.
Die Arbeitszeit ist von Montag bis Samstag von dreizehn bis achtzehn Uhr.
Sie bekommen elf Euro zwanzig pro Stunde.

Zwischendurch mal Film

Heidis Lieblingsladen

Heidi: Hallo! Mein Name ist Heidi Engler. Sagen Sie mal: Essen Sie auch so gern Obst und Gemüse? Also, ich liebe es! Äpfel, Karotten, Weintrauben, Salat … Hmm!
Das ist mein Obst- und Gemüsehändler. Er heißt Kenan Çınar.
Kenan: Hallo!
Heidi: Bei Kenan bekomme ich immer das beste Obst und das beste Gemüse.
Kenan: Oh, danke!
Heidi: Dafür arbeitet Kenan aber auch von früh morgens bis spät abends. Möchten Sie das mal sehen? Kein Problem, ich habe einen Arbeitstag von Kenan Çınar für Sie fotografiert. Bitteschön!
Kenan ist ganz früh am Morgen aufgestanden. Er hat nur schnell einen Kaffee getrunken und dann ist er in den Tag gestartet. Mit seinem Kleinlaster ist er in die Großmarkthalle gefahren. Dort hat er ganz frisches Obst und Gemüse eingekauft. Damit ist er dann zu seinem Laden gefahren. Dort hat er seine Einkäufe ausgeladen und alles für den Verkauf vorbereitet. Alles schön? Alles in Ordnung? Gut! Um acht Uhr hat Kenan seinen Laden geöffnet. Bald sind die ersten Kunden gekommen. Und so war es dann auch den ganzen Tag. Von acht Uhr morgens bis acht Uhr abends. Kenan hat ohne Pause geöffnet. Am Nachmittag ist Kenans jüngere Schwester Zeynep gekommen. Sie hilft Kenan manchmal für ein

oder zwei Stunden. Und dann war auch schon der Abend da. Der Abend, ja. Aber nicht der Feierabend. Kenan hat seinen Laden um 20 Uhr geschlossen. Dann hat er fertig aufgeräumt und alles sauber gemacht. Dann hat er die Kassenabrechnung gemacht. Alles fertig? Puh! Na endlich! Erst um neun Uhr war Kenan wieder zu Hause. Tja, ganz schön lang, so ein Tag als Obst- und Gemüsehändler, was?
Kenan: Ja, das stimmt schon. Aber die Arbeit macht Spaß. Und ich bin mein eigener Chef, verstehst du?
Heidi: Ja, das war ein Arbeitstag von Kenan Çınar. Wir sagen Tschüs!
Kenan: Tschüs!
Heidi: Und jetzt brauche ich noch zwei Kilo Kartoffeln, Kenan.
Kenan: Aber klar doch, mehlig oder festkochend?
Heidi: Mehlig.
Kenan: Zwei Kilo?
Heidi: Genau.

Lektion 9   Ämter und Behörden

Foto-Hörgeschichte

vgl. Transkriptionen zum Kursbuch, Seite 192–193

Laras und Tims Film

Das „dürfen"-und-„müssen"-Spiel
Tim: Heute haben wir im Deutschkurs die Verben „dürfen" und „müssen" gelernt.
Lara: Und jetzt machen wir das „dürfen"-und-„müssen"-Spiel.
Tim: Das Spiel ist ganz einfach. Es geht so: Man muss Verkehrsschilder finden, mit Beispielen für „dürfen" und für „müssen". Und für jedes Beispiel bekommt man einen Punkt. Und mit zehn Punkten hat man gewonnen.
Lara: Juhuu!
Lara: Hier darf man nicht halten und hier muss man nach rechts fahren. Zwei zu null! Hier darf man parken, aber das ist nicht kostenlos. Man muss einen Parkschein kaufen. Vier zu null!
Tim: Das stimmt nicht ganz: Von 23 Uhr bis 9 Uhr darf man hier kostenlos parken. Also: Vier zu eins.
Lara: Hey! Warte!
Tim: Also: Hier darf man normal nicht halten, aber Achtung: Hotelgäste dürfen schon kurz halten. Und hier darf man parken. Aber von 6 bis 23 Uhr darf man nur eine Stunde lang parken und muss dafür bezahlen. Fünf zu vier!
Lara: Siehst du: Rot. Jetzt muss man stehen bleiben. Fünf zu fünf.
Tim: Also: Man darf nicht gehen. Sechs zu fünf.
Lara: Hey! Das ist unfair! Haha! Guck mal! Jetzt darf man gehen. Sechs zu sechs.
Hier muss man geradeaus fahren. Sieben zu sechs.
Tim: Hier darf man nur nach rechts oder nach links fahren. Sieben zu sieben.
Lara: Also: man darf nicht geradeaus fahren. Acht zu sieben. Hihi!
Tim: Mann!

Tim: Hier ... hier ... ähm ...
Lara: Hier darf man nicht wenden. Neun zu sieben.
Tim: Oh nein!
Lara: Hier ...ähm ... hier ...
Tim: Hier dürfen die Fußgänger zuerst gehen. Neun zu acht!
Lara: Also müssen die Autos warten! Zehn zu acht! Ha! Ich habe gewonnen! Ich habe gewonnen!

Videotraining

Film 1 Darf ich Sie etwas fragen?
Lara: Entschuldigung.
Tim: Ja?
Lara: Darf ich Sie etwas fragen?
Tim: Aber sicher.
Lara: Ich brauche eine Auskunft.
Tim: Ich höre.
Lara: Meine Freundin hat gesagt, man muss Hundesteuer zahlen. Stimmt das?
Tim: Sind Sie die Hundehalterin?
Lara: Hunde- ... was? Moment, das habe ich nicht verstanden.
Tim: Die Hundehalterin. Sind Sie die Hundehalterin?
Lara: Hundehalterin? Ich kann noch nicht so gut Deutsch. Können Sie das bitte erklären?
Tim: Okay: Ist das Ihr Hund?
Lara: Ja, ja, Bello ist mein Hund.
Tim: Gut. Dann sind SIE die Hundehalterin.
Lara: Ach so. Und was bedeutet das?
Tim: Das bedeutet: Sie müssen Hundesteuer zahlen.
Lara: Noch einmal, bitte. Können Sie das wiederholen?
Tim: Sie müssen für Ihren Hund Hundesteuer bezahlen.
Lara: Ach so!
Lara: Und was muss ich jetzt machen? Können Sie mir helfen? Wohin muss ich gehen?
Tim: Das können Sie alles zu Hause am Computer machen.
Lara: Wirklich?
Tim: Zuerst müssen Sie ein Formular herunterladen. Dann müssen Sie es ausdrucken. Danach müssen Sie es ausfüllen und unterschreiben. Und zum Schluss schicken Sie das Formular zum Einwohnermeldeamt. So einfach ist das.
Lara: Vielen Dank. Das ist sehr nett.
Tim: Kein Problem. Tschüs
Lara: Tschüs.
Tim: Tschüs Bello!

Film 2 Wie macht man das?
Tim: Du, sag mal: Wie geht das mit der Hundesteuer?
Lara: Das ist ganz einfach. Pass auf! Zuerst musst du das Formular herunterladen. Dann musst du das Formular ausdrucken. Danach musst du das Formular ausfüllen und unterschreiben. Zum Schluss musst du das Formular zum Einwohnermeldeamt schicken.
Tim: Danke!
Und jetzt: Sie!
Lara: Ja genau: Wie schreibt man eine Adresse? Können Sie mir helfen?

Tim: Zuerst müssen Sie den Namen schreiben. Dann müssen Sie die Straße und die Hausnummer schreiben. Danach müssen Sie die Postleitzahl und den Ort schreiben. Zum Schluss müssen Sie das Land schreiben.

Lara: Na prima! Siehst du, jetzt weiß ich es.

Lektion 10   Gesundheit und Krankheit

Foto-Hörgeschichte

vgl. Transkriptionen zum Kursbuch, Seite 195–196

Laras Film

Frau Doktor Lili

Lili: Der Nächste, bitte! Guten Tag!

Teddy: Guten Tag, Frau Doktor Lili. Ich bin leider krank.

Lili: Oh je! Was haben Sie denn?

Teddy: Mein Hals tut so weh.

Lili: Sie haben Halsschmerzen?

Teddy: Ja, genau und ich glaube, ich habe Fieber.

Lili: Fieber auch?

Teddy: Hm-hm.

Lili: Sagen Sie mal bitte „Aaaaa!"

Teddy: „Aaaaaa!"

Lili: Auweia! Oje, oje! Das sieht aber gar nicht gut aus! Hey! Lara! Hör auf!

Lara: Ach komm, Lili! Das ist doch lustig!

Lili: Nein! Das ist gar nicht lustig!

Lara: Na? Was macht dein Hals? Was hat die Frau Doktor gesagt?

Teddy: Sie hat gesagt, mein Hals ist rot und ich habe ein bisschen Fieber.

Lara: Oje? Was sollst du denn jetzt machen?

Teddy: Ich soll gleich nach Hause gehen und einen Tee trinken und … ach ja, … ich soll gleich ins Bett gehen und schlafen.

Lara: Na, dann: schnell nach Hause! Tschüs und gute Besserung!

Teddy: Ja, danke!

Videotraining

Film 1 Es ist dringend!

Lara: Praxis Dr. Helmau. Sie sprechen mit Frau del Vecchio.

Tim: Hallo, hier ist Heiko Weinreich. Könnte ich bitte einen Termin haben, Frau del Vecchio?

Lara: Um was geht es denn?

Tim: Ich habe Rückenprobleme.

Lara: Hm, morgen Nachmittag haben wir noch Termine frei. Wann haben Sie denn Zeit?

Tim: Hören Sie, ich möchte bitte heute kommen. Es ist dringend!

Lara: Ach so?

Tim: Ja, ich habe Schmerzen. Mein Rücken tut sehr weh.

Lara: Oje! Wann können Sie denn kommen?

Tim: Ich kann sofort kommen.

Lara: Jetzt gleich? Hmm. Ja gut, Herr Weinreich, dann kommen Sie doch in 20 Minuten.

Tim: Super! Vielen Dank!

Lara: Aber Sie müssen vielleicht etwas warten, ja?

Tim: Kein Problem.

Lara: Dann bis gleich.

Tim: Bis gleich.

Film 2 Was soll ich machen?

Tim: Hallo? Hören Sie? Ich sage Ihnen jetzt, was Sie machen sollen, okay?
Also, zuerst mal: Ganz wichtig ist: den Fuß kühlen.

Lara: Was soll ich machen?
Ich soll den Fuß kühlen? Aha.

Tim: Dann noch was und auch wichtig: Schmerztabletten nehmen.

Lara: Was? Was sagt der Doktor?
Ich soll Schmerztabletten nehmen? Ja gut.

Tim: Sehr wichtig ist auch: Heute mal im Bett bleiben.

Lara: Was hat er denn jetzt gesagt?
Ich soll heute mal im Bett bleiben? Okay.

Tim: Und dann: Drei Tage lang nicht so viel gehen.

Lara: Was meint der Doktor?
Ich soll drei Tage lang nicht viel gehen? Oh, wie langweilig!

Tim: Und bitte: Morgen noch mal in der Praxis anrufen.

Lara: Was hat er denn jetzt noch gesagt?
Ich soll morgen noch mal in der Praxis anrufen? Ja gut.

Zwischendurch mal Film

Alfons, der Hypochonder

Sprecher: Das ist Alfons. Alfons hat ein Problem. Er ist ein Hypochonder. Er ist gesund, aber er kann es nicht glauben. Er denkt immer, er ist krank. Jeden Tag hat er eine neue Krankheit. Am Montag sagt er, mein rechtes Ohr ist so groß. Am Dienstag sagt er, meine Zähne sind heute so gelb. Am Mittwoch sagt er, meine linke Hand ist dick. Am Donnerstag sagt er, meine Nase ist eiskalt. Am Freitag sagt er, meine Beine sind so kurz. Am Samstag geht Alfons in sein Lieblingsgeschäft und kauft ein. Am Sonntag geht es Alfons richtig gut. Einen Tag lang. Aber dann kommt schon wieder der Montag. Armer Alfons …

Lektion 11   In der Stadt unterwegs

Foto-Hörgeschichte

vgl. Transkriptionen zum Kursbuch, Seite 197–198

Tims Film

Der Agent

Tim: Ich bin hier in der Schillerstraße, an der Ecke Schwanthalerstraße. Ich habe Lara gerade in der Schwanthalerstraße gesehen. Da! Da ist sie! Sie wartet jetzt an der Fußgängerampel. Sie geht über die Straße und jetzt geht sie nach rechts. Nein, sie bleibt beim „Hotel Daheim" stehen. Will sie etwa in das Hotel gehen? Nein, jetzt geht sie wieder nach links über die Schillerstraße und geht geradeaus weiter und nein: hinter dem Auto bleibt sie schon wieder stehen. Was macht sie denn jetzt? Jetzt steht sie zwischen den Autos. Was will sie denn da? Ah, sie geht schon wieder über die Straße. Oh-oh! Jetzt muss ich aufpassen! Uff, das war …

Lara: Hey! Sag mal!? Was machst du da eigentlich, Tim? Ich denke, du willst nur schnell ein Cola kaufen?

Tim: Öhm, nichts. Äh, ich übe nur lokale Präpositionen …

Lara: Komm, ich habe Durst. Da drüben im Café gibt's sicher Cola.

Videotraining

Film 1 Das ist gleich hier in der Nähe.

Lara: Ähm, Entschuldigung, können Sie mir helfen? Ich suche das Restaurant „Deutsche Eiche".

Tim: Tja, tut mir leid, ich komme nicht von hier. Aber warten Sie mal, ich sehe mal nach. Ah! Das ist ja gleich hier in der Nähe!

Lara: Wirklich?

Tim: Ja, schauen Sie mal: Sie gehen zuerst zweihundert Meter geradeaus und dann nach links.

Lara: Geradeaus und dann nach links. Und das war's schon?

Tim: Genau!

Lara: Ja super! Vielen Dank!

Tim: Sehr gern! Tschüs!

Lara: Tschüs.

Tim: Äh, hallo? Entschuldigung?

Lara: Ja?

Tim: Eine Frage: Wo ist denn hier der Kindergarten „Sonnenschein"? Er ist doch hier in der Nähe, oder?

Lara: Ja, ja, der ist gar nicht weit weg. Sie gehen jetzt geradeaus bis zum Ballplatz und dann nach rechts in die Sandstraße.

Tim: Zuerst zum Ballplatz und dann nach rechts in die Sandstraße?

Lara: Genau. Und dann noch etwa hundert Meter geradeaus. Und schon sind Sie da.

Tim: Oh, sehr nett! Vielen Dank. Und schönen Tag noch!

Lara: Bitteschön. Tschüs!

Lara: Ähm, Entschuldigung?

Tim: Ja?

Lara: Ich bin fremd hier. Darf ich Sie etwas fragen?

Tim: Na klar.

Lara: Ist hier in der Nähe eine Post?

Tim: Eine Post? Hm, warten Sie mal. Ah ja! In der Rosenstraße ist eine Post.

Lara: Aha. Und wo ist die Rosenstraße?

Tim: Die Rosenstraße ist gleich da drüben. Sehen Sie mal: Sie gehen an der Ampel über die Straße und dann nach links.

Lara: Über die Straße und dann nach links.

Tim: Genau. Und die erste Straße rechts ist dann schon die Rosenstraße.

Lara: Super! Das ist ja wirklich nicht weit.

Tim: Naja, vielleicht zwei- oder dreihundert Meter.

Lara: Wunderbar! Danke! Auf Wiedersehen!

Tim: Kein Problem! Tschüs!

Film 2 Das Wasser ist im Glas.

Lara: Wo ist das Glas, Tim?

Tim: Das Glas ist auf dem Tisch. Und wo ist das Wasser, Lara?

Lara: Das Wasser ist im Glas.

Tim: Genau! Und jetzt Sie!

Lara: Wo ist die Bushaltestelle?

Die Bushaltestelle ist hinter der Ampel.

Tim: Und wo ist die Ampel?

Die Ampel ist vor der Bushaltestelle.

Lara: Wo ist die Frau?

Die Frau ist an der Bushaltestelle.

Tim: Wo ist der Mann?

Der Mann ist an der Ampel.

Lara: Wo ist der Mann?

Der Mann ist neben der Frau.

Tim: Und wo ist das Wasser?

Lara: Und das Wasser ist jetzt im Bauch.

Tim: Genau.

Zwischendurch mal Film

Verkehr und Verkehrsmittel

Sprecher: Deutschland ist DAS Autoland. In keinem anderen Land gibt es so viele Straßen und so viele Autos. Auf manchen Autobahnstrecken, darf man so schnell fahren wie man möchte. Man darf, aber oft geht es nicht. Auch diese Leute hier möchten gerne schneller fahren, aber sie können nicht. Es ist einfach zu viel Verkehr. Naja, zum Glück gibt es auch andere Verkehrsmittel. Zum Beispiel die S-Bahnen. „S-Bahn" bedeutet „Schnellbahn" oder „Stadtbahn". Es sind Züge, mit denen man aus den kleinen Vororten in die Großstadt fahren kann. In vielen Großstädten gibt es auch U-Bahnen. Mit der U-Bahn kommt man schnell von einem Stadtteil in den nächsten oder von einem Ende der Stadt ans andere. Das „U" steht für „Untergrund". Die U-Bahnen fahren unter der Erde. Oben, in manchen Straßen der Stadt, fahren Straßenbahnen. Sie halten an sehr vielen Haltestellen und sind nicht so schnell wie die U-Bahnen. Natürlich gibt es auch Busse. Da kommt gerade einer. Und das ist die Bushaltestelle. Die Haltestellen und Schilder können von Stadt zu Stadt etwas unterschiedlich aussehen. Nur die Staus, die sehen überall gleich aus.

Lektion 12   Kundenservice

Foto-Hörgeschichte

vgl. Transkriptionen zum Kursbuch, Seite 201

Laras Film

Laras Taschenschnellwechsel

Lara: Tatata-Taaa! Das ist meine neue Tasche. Ich habe sie vor einer halben Stunde gekauft. Ist sie nicht toll?! Hach! Ich finde sie einfach wunderbar! In zehn Minuten treffe ich Freunde. Ich mache jetzt einen Taschenschnellwechsel.

Aaalso: Meine Kaugummis, mein Geldbeutel, meine Kosmetiksachen, mein ... uaäähh! Was ist das denn? Mein Deo, meine Sonnenbrille, mein Parfum, mein Ladekabel, meine Schlüssel, meine Taschentücher ... Igitt! So! Ich geh dann mal los! Tschüs! Mein Smartphone! Na sowas!

Videotraining

Film 1 Könnte ich bitte mit Ihrem Chef sprechen?
Lara: Herr Ober? Würden Sie mir bitte ein Glas Wasser bringen?
Tim: Sehr gern.
Lara: Ähm, Entschuldigung? Könnte ich bitte ein neues Messer haben? Das hier ist nicht sauber, sehen Sie?
Tim: Entschuldigen Sie bitte.
Lara: Ja, ja.
Tim: Hier bitte!
Lara: Danke schön. Könnte ich jetzt bitte etwas Brot haben, Herr Ober?
Tim: Ja, natürlich.
Lara: Uhh! Es ist ziemlich kühl hier. Herr Ober, könnten Sie bitte das Fenster zu machen?
Tim: Wenn Sie möchten.
Lara: Ähh, und noch etwas.
Tim: Ja? Bitte?
Lara: Haben Sie Zeitungen?
Tim: Ja.
Lara: Würden Sie mir bitte eine bringen?
Tim: Sehr gern.
Lara: Würden Sie mir dann bitte auch die Rechnung bringen?
Tim: Gern.
Lara: Herr Ober? Hier ist ein Fehler in der Rechnung.
Tim: Ein Fehler?
Lara: Ich hatte nur ein Glas Wasser, nicht zwei. Was ist das denn? Würden Sie bitte höflich bleiben? Könnte ich bitte mit Ihrem Chef sprechen? Und Sie da! Würden Sie jetzt bitte die Kamera ausmachen?

Film 2 Sprechen Sie bitte nach dem Ton.
Tim: Und jetzt eine Übung.
Lara: Zuerst ein Beispiel:
Ansage: Sie sind verbunden mit der Massagepraxis Klein. Im Moment sind wir nicht erreichbar. Sprechen Sie bitte nach dem Ton: Ihren Namen, Ihre Telefonnummer und Ihre Nachricht. Wir rufen zurück.
Lara: Hier spricht Lara Nowak. Meine Telefonnummer ist 0176-33498701.Ich hätte gern einen Massagetermin. Ich kann am Montagnachmittag ab 15 Uhr kommen. Vielen Dank! Auf Wiederhören.
Tim: Und jetzt Sie!
Ansage: Guten Tag. Sie sind verbunden mit der Autowerkstatt Heintz. Wir sind im Moment nicht erreichbar. Sprechen Sie bitte nach dem Ton: Ihren Namen, Ihre Telefonnummer und Ihre Nachricht. Wir rufen zurück.
Tim: Hallo! Hier spricht Johann Remmler. Meine Telefonnummer ist 0651 248670. Mein Auto ist kaputt und ich hätte gern einen Reparaturtermin. Danke! Auf Wiederhören!
Lara: Und nochmal Sie!
Ansage: Hallo! Sie sind verbunden mit der Bäckerei Herrmann. Im Moment sind wir nicht erreichbar. Bitte sprechen Sie nach dem Ton: Ihren Namen, Ihre Telefonnummer und Ihre Nachricht. Wir rufen zurück.
Lara: Hallo! Hier spricht Maria Gräfe. Meine Telefonnummer ist 030 10225673. Ich möchte für Samstagmorgen 20 Brötchen bestellen. Ab wann kann ich sie abholen? Vielen Dank und auf Wiederhören.

Zwischendurch mal Film

Reise durch Deutschland, Österreich und die Schweiz
Walter: Was machst du denn da?
Emma: Meine Freundin Miriam hat geschrieben: Liebe Emma, in zwei Monaten reise ich nach Europa und möchte natürlich auch nach Deutschland, nach Österreich und in die Schweiz kommen. Kannst du mir sagen, was ich unbedingt ansehen soll?
Walter: Na ja, das ist ja klar, oder? Als schreib auf. Als erstes gleich mal B...
Emma: Stopp Walter, sag' jetzt bitte nicht Berlin.
Walter: Was? Warum denn nicht?
Emma: Na ja, Berlin, Hamburg, München, Wien, Zürich ... Das kennt doch wirklich jeder!
Walter: Ach so. Du meinst es sollen mal nicht die großen, bekannten Städte sein?
Emma: Genau. Mal was anderes. Aber trotzdem interessant und toll. Verstehst du?
Walter: Mhm.
Emma: Siehst du? Sag ich doch.
Walter: Ähm, Moment mal! Doch, ich hab was!
Emma: Echt?
Walter: Mhm! Die Uckermark und die Mecklenburgische Seenplatte
Emma: Hmmm ...
Sprecher: Die Uckermark und die Mecklenburgische Seenplatte sind zwei wunderschöne Landschaften im Nordosten von Deutschland. Die Uckermark liegt im Bundesland Brandenburg und die Mecklenburgische Seenplatte mit ihren vielen kleinen und großen Seen liegt im Bundesland Mecklenburg-Vorpommern.
Emma: Da fällt mir auch was ein. Weißt du wo es mir besonders gut gefällt?
Walter: Na sag schon.
Emma: An der Nordsee!
Sprecher: Im nördlichsten deutschen Bundesland, in Schleswig-Holstein, laden Strandkörbe zum Baden im Meer ein. Zum Beispiel in der Nähe des kleinen Ortes Sankt Peter-Ording. Hier gibt es kilometerlange weiße Sandstrände. Wer möchte kann wandern, mit dem Rad fahren oder einfach nur die gute Seeluft genießen.
Walter: Aber jetzt haben wir schon drei Landschaften und noch keine einzige Stadt.
Emma: Stimmt, wir brauchen mal 'ne Stadt!

Walter: Zum Beispiel: Essen

Emma: Was? Essen? Bist du wirklich sicher?

Sprecher: Essen liegt im Westen Deutschlands im Bundesland Nordrhein-Westfalen. Die Stadt hat mehr als eine halbe Millionen Einwohner und eine interessante Geschichte. Im 19. und 20. Jahrhundert war hier im Ruhrgebiet das wichtigste Zentrum der deutschen Kohle und Stahlwirtschaft. Seit ein paar Jahrzehnten ist das Vergangenheit, aber viele der interessanten Industriebauwerke gibt es noch und man kann sie sogar besichtigen.

Emma: So jetzt habe ich auch eine Stadt. Nein, eigentlich sogar zwei Städte. Frankfurt am Main und Weimar.

Walter: Aha! Der alte Goethe, ha?

Sprecher: Der berühmteste Dichter Deutschlands kommt aus Frankfurt am Main. Hier in diesem Haus ist Johann Wolfgang von Goethe 1749 geboren. Und so sieht Frankfurt heute aus. Es ist die fünftgrößte deutsche Stadt und einer der wichtigsten Bankenplätze in Europa. Mit seinen 660.000 Einwohnern ist Frankfurt zehnmal so groß wie Weimar im Bundesland Thüringen. Aber auch Weimar ist sehr bekannt. Es ist die Stadt der deutschen Klassik. Unsere wichtigsten klassischen Schriftsteller Goethe und Schiller haben beide hier in Weimar gelebt.

Walter: So, jetzt möchte ich aber auch mal was mit Kultur empfehlen!

Emma: Okay. Was denn?

Walter: Hier bitte.

Emma: Oh, schön. Das ist aber nicht in Deutschland oder?

Walter: Doch.

Sprecher: Diese Moschee steht im deutschen Bundesland Baden-Württemberg im Schlosspark von Schwetzingen. Sie wurde in den Jahren von 1778 bis 1795 gebaut. Die orientalische Kultur war damals bei Architekten und Künstlern in Mode. Von Schwetzingen sind es nur ein paar Kilometer bis nach Heidelberg. Heidelberg ist eine alte Universitätsstadt. Hier gibt es viele Gassen und schöne Plätze, wo man wunderbar spazieren gehen und sehen kann wie es in Deutschland früher mal war.

Emma: So, jetzt genug mit Kultur und Stadt. Wir brauchen mal wieder was anderes. Z. Bsp. ...

Walter: ... einen der größten Seen von Mitteleuropa!

Sprecher: Das ist der Bodensee, fotografiert von einem Satelliten. Er ist über sechzig Kilometer lang und ungefähr 500 Quadratkilometer groß. Am östlichen Ende des Bodensees sehen wir unten die Stadt Lindau, die zum Teil auf einer Insel liegt. Der Bodensee gehört zu allen drei großen deutschsprachigen Ländern. Zu Österreich, zu Deutschland und zur Schweiz.

Emma: Schweiz ... Alpen ... die Schweizer Berge!

Walter: Warte mal: Schreib Matterhorn.

Emma: Ma-tter-horn.

Walter: Ja.

Sprecher: Im Kanton Wallis im Süden der Schweiz findet man einen ganz besonderen Berg. Mit seinen 4.478 Metern ist er zwar nur der siebthöchste Berg in den Alpen, aber für viele Menschen ist das Matterhorn einer der schönsten Berge der Welt.

Emma: Na Walter, Möchtest du da mal rauf?

Walter: Da rauf? Boa, viel zu anstrengend. Dann lieber nochmal Kultur!

Emma: Wo?

Walter: In Linz.

Sprecher: Mit 190.000 Einwohnern ist Linz die drittgrößte Stadt in Österreich und die Hauptstadt des Bundeslandes Oberösterreich. Als Industriestadt hatte Linz lange Zeit ein ziemlich schlechtes Image. Es gab viele Probleme, zum Beispiel beim Umweltschutz. Doch in den letzten Jahrzehnten hat sich das sehr geändert. Linz wurde zu einer der naturfreundlichsten Gemeinden Österreichs und zu einem Zentrum für moderne europäische Kunst und Musik. Wem so viel Stadt, Kunst und Kultur zu laut und zu modern sind, der muss von Linz aus nicht weit fahren. Zwischen Linz und Wien liegt das niederösterreichische Waldviertel. In dieser schönen Landschaft findet man viel Ruhe und so manche Erinnerung an die gute alte Zeit.

Emma: Linz und das Waldviertel. So, ich glaube wir haben jetzt wirklich genug Ziele für Miriam oder?

Walter: Ziele schon, aber Kaffee haben wir keinen mehr.

Emma: Na los, bestell halt noch einen. Man!

Walter: Immer muss ich alles machen!

Emma: Och, du Armer!

Lektion 13 Neue Kleider

Foto-Hörgeschichte

vgl. Transkriptionen zum Kursbuch, Seite 203–204

Laras Film

Welche Hose soll ich kaufen?

Lara: Hallo, liebe Ioanna, ich habe ein Problem. Du musst mir bitte helfen. Ich habe hier drei Hosen gefunden und sie gefallen mir leider alle drei gleich gut. Ich zeige sie dir gleich mal, okay? Welche Hose soll ich denn bloß kaufen? Welche gefällt dir am besten? Und welche steht mir am besten? Ich bleibe noch ein bisschen in der Stadt und gehe jetzt erst mal einen Kaffee trinken. Kannst du mich vielleicht anrufen und mir Deine Meinung sagen? Danke! Du bist so ein Schatz!

Videotraining

Film 1 Er gehört mir.

Tim: Sag mal, wem gehört denn der Stift?

Lara: Hm?

Tim: Gehört er dir?

Lara: Welcher Stift?

Tim: Na, dieser hier.

Lara: Der gehört mir nicht.

Tim: Prima! Dann gehört er jetzt mir.

Lara: So? Gefällt er dir?

Tim: Ja! Er gefällt mir sehr gut.

Lara: Tja, wie schade!

Tim: Was ist schade?

Lara: Mir gefällt er nämlich noch viel besser.

Tim: Hey! Aber er gehört mir!
Lara: Sag selbst, lieber Stift: Wem gehörst du denn?
Tim: Ich gehöre euch beiden. ...
Lara: Was hat er gesagt?
Tim: Er hat gesagt, er gehört uns beiden.
Lara: Na ja, vielleicht ist es am besten so.
Tim: Pscht! Du gehörst doch mir!

Film 2 Diese Übung gefällt mir am besten.
Tim: Weißt du was?
Lara: Na?
Tim: Diese Übung gefällt mir am besten.
Tim: Welche Farben gefallen Toni?
Lara: Rot gefällt ihm gut.
Gelb gefällt ihm besser.
Orange gefällt ihm am besten.
Tim: Genau. So geht das. Und jetzt Sie!
Welches Obst mag Mia?
Lara: Orangen mag sie gern.
Äpfel mag sie lieber.
Ananas mag sie am liebsten.
Tim: Und nochmal Sie!
Wann läuft Max wieviel?
Lara: Am Montag läuft er viel.
Am Mittwoch läuft er mehr.
Am Samstag läuft er am meisten.
Lara: Und nochmal Sie!
Tim: Welche Blumen gefallen Lea?
Lara: Die Tulpen gefallen ihr gut.
Die Rosen gefallen ihr besser.
Die Lilien gefallen ihr am besten.

Lektion 14   Feste

Foto-Hörgeschichte

vgl. Transkriptionen zum Kursbuch, Seite 206–207

Laras Film

Alles Gute zum Geburtstag!
Lara: Hoch sollst du leben, hoch sollst du leben, dreimal hoch! Liebe Sofia! Heute ist der 21. Dezember, dein Geburtstag. Ich möchte dir von hier, aus Lublin, alles Liebe und Gute wünschen! Leider kann ich nicht bei dir und Lili sein. Das ist sehr schade, denn ich habe mich bei euch vom ersten bis zum letzten Tag wie zu Hause gefühlt. Aber bald komme ich wieder nach Deutschland und dann besuche ich Euch natürlich. Ähm, was wollte ich jetzt noch sagen? Ach ja: in ein paar Tagen ist schon Weihnachten. Ich feiere hier mit meiner Mama und mit meinen Großeltern. Feiert auch schön! Ich wünsche Dir schöne Weihnachtsfeiertage! So ein paar Tage Ruhe kannst du sicher gut brauchen, was? Also: alles Liebe für Dich und natürlich auch für Lili! Und für Walter. Tschüs!

Videotraining

Film 1 Ich mag dich.
Tim: Weißt du was? Ich mag dich.
Lara: Und ich mag dich.
Tim: Ja? Schön!
Lara: Ich mag dich und du magst mich. Ist das nicht super?
Tim: Ja! Oh! Hmm ... Wir mögen euch auch. Ist ja klar, oder?
Lara: Natürlich! Wir lieben euch. Wir lieben sie doch, stimmt's?
Tim: Ja. Doch. Aber, ...
Lara: Aber, was?
Tim: Was meinst du: Lieben sie uns auch?
Lara: Na ja, sagen wir mal: Sie mögen uns.
Ihr mögt uns doch, oder?
Tim: Hallo?
Lara: Hallo!?
Tim: Na, keine Antwort ist auch eine Antwort.
Lara: Aber du liebst mich.
Tim: Ich habe gesagt: Ich mag dich.
Lara: Ach so ist das?
Tim: Magst du mich jetzt nicht mehr?
Lara: Doch.
Tim: Hach! Da bin ich aber froh!

Film 2 Was passiert am 12. Juli?
Tim: Oh! Was ist denn das?
Lara: Das ist ein Spiel.
Tim: Ein Spiel?
Lara: Los, mach mal einen Satz! Du musst aber mit dem Datum anfangen. Also dann los.
Tim: Also: Am 4. Januar wird Onkel Robert 50.
Lara: Richtig! Der Satz muss heißen: Am 4. Januar wird Onkel Robert fünfzig.
Tim: Toll! Nochmal!
Lara: Na gut.
Tim: Muss ich wieder mit dem Datum anfangen?
Lara: Ja.
Tim: Am 24. August wird Lisa 25.
Lara: Genau! Am 24. August wird Lisa 25.
Tim: Das macht Spaß!
Lara: So! Und jetzt Sie!
Tim: Am 1. September beginnt mein Praktikum.
Lara: Und jetzt der nächste Satz.
Tim: Vom 28. Mai bis zum 7. Juni machen wir Urlaub.
Lara: Weiter geht's.
Tim: Am 16. März muss ich zum Zahnarzt.
Lara: Und noch ein Satz.
Tim: Am 28. Februar feiern meine Eltern Hochzeitstag.
Lara: Und jetzt der letzte Satz.
Tim: Am 12. Juli endet unser Deutschkurs.
Lara: Na das müssen wir aber feiern, oder?
Tim: Ganz genau! Und Sie auch!
Beide: Tschüs!

Lektion 8 Beruf und Arbeit

Schritt A

1 c 2 Bäckerei d 5 Praxis e 4 Zeitung f 3 Schule

2 **der** Polizist, Hausmeister, Lehrer, Verkäufer,
die Polizistin, Hausmeisterin, Lehrerin, Verkäuferin
die Krankenschwester, Journalistin, Hausfrau,
der Krankenpfleger, Journalist, Hausmann

3 **Musterlösung:** Bäcker/Bäckerin, Mechatroniker/
Mechatronikerin, Metzger/Metzgerin, Zahnarzt/Zahn-
ärztin, Chirurg/Chirurgin, Friseur/Friseurin

4 b Ja, ich arbeite als Taxifahrer. c Ich arbeite bei
Taxi2020. d Ja, ich fahre gern Auto.

5 b 5 Sie beruflich? c 7 eine Ausbildung als Mechatroniker. d 2 eine Stelle als Physiotherapeut. e 1 Riemer &
Partner angestellt. f 4 nicht berufstätig. g 3 selb-
ständig?

6 a studiere, habe b bist, arbeite c machst, gehe

7 **Musterlösung: a** Sofia Renzel ist Studentin. Sie hat
einen Job als Verkäuferin bei der Firma Maldi. **b** Chi-
ara Morrone ist Krankenschwester von Beruf. Zurzeit ist
sie arbeitslos und macht jetzt einen Deutschkurs.

8 **Musterlösung:** Mein Name ist Fatih Solak. Ich komme
aus der Türkei. Ich bin Bäcker von Beruf. Ich bin jetzt
selbstständig und habe eine Bäckerei in München.

9b Mechatroniker, Verkäufer, Schüler, Partner,
Hausmeister

10 a möchte b Lehrerin, arbeite, Schule c habe, eine,
Stelle, Krankenschwester d Schüler, gehe, habe, Pizzafahrer e arbeite, schreibe, Geschichte

Schritt C

11 b 1 Vor zehn Jahren. c 4 Zwei Jahre. d 3 Seit 2005.

12 b Wann c Was d Seit wann / Wie lange e Wie lange

13 geehrter, Praktikum, Wirtschaft, Diplom, zurzeit, weitere, Verfügung, freundlichen

14 einem Jahr, einem Monat, einem Monat

15 b seit c am, Von … bis d am e seit, am, vor f Am, am,
um, vor g Im

16 b zwei Jahren c zwölf Monate d einem Jahr e drei
Wochen f sechs Monaten g einem Jahr h einer Woche

17 1991, fünf Jahre, Im Sommer, seit fünf Monaten, vor
einem Monat

18 **Musterlösung:** Ich heiße Jakob. Ich bin 1976 in Bel-
grad geboren. Vor zehn Jahren bin ich nach Deutschland gekommen. Seit einem Jahr wohne ich in Frankfurt. Ich habe neun Jahre als Taxifahrer gearbeitet.
Dann drei Monate einen Kurs gemacht. Seit zwei
Monaten habe ich eine eigene Firma.

Schritt C

19 bin gefahren, bin gegangen, habe gefunden, habe
gezeigt, hat gemacht, habe getroffen, habe gearbeitet,
haben gehört

20

	sein		haben	
ich	bin	**war**	habe	**hatte**
du	bist	**warst**	hast	**hattest**
er/es/sie	ist	**war**	hat	**hatte**
wir	sind	**waren**	haben	**hatten**
ihr	seid	wart	habt	hattet
sie/Sie	sind	**waren**	haben	**hatten**

21 sind, ist, ist, ist, war, war, war, hatte, wart, waren, war,
Hattet, war, hatten, Warst, hatte

22 **a** waren, warst, hatte, hatte **b** war, hatte, war, hattest,
waren

23 Vor zwei Jahren bin ich nach Deutschland gekommen. Ich
hatte einen Job als Arbeiter. Der Job war einfach. Aber
ich hatte ja wenig Berufserfahrungen. Die Kollegen waren
nicht sehr nett. Und ich habe nicht gut Deutsch gesprochen. Ich hatte keine Freunde. Aber dann bin ich in einen
Sprachkurs gegangen. Dann habe ich eine Ausbildung
gemacht. Und Freunde habe ich dann auch gefunden.

Schritt D

24 b am Arbeitsplatz c beruflich d Abteilungsleiter

25 Das ist Luca Bianchi. Er ist 29 Jahre alt und kommt aus
Italien. Von Beruf ist er Architekt. In Italien war er neun
Monate arbeitslos. Vor drei Monaten ist er dann nach
Deutschland gekommen. Er hat sofort einen Job als
Fahrer bekommen. Er arbeitet tagsüber von 9.00 bis
17.00 Uhr. Dreimal in der Woche geht er in den
Deutschkurs. Er will schnell Deutsch lernen und bald
eine andere Stelle suchen. Vielleicht kann er dann
wieder als Architekt arbeiten.

26a A Montags, samstags, vormittags, nachmittags B Schülerin, Service, Kellnerin C Vollzeit, Koch, Teilzeit, befris-
tet D abends, Nachhilfe E Pflegedienst, Kranken-
schwestern, Senioren, halbtags, ganztags

26b 1 B, D 2 C, D

27a a Stellenanzeigen

27b richtig: 4

28a **Musterlösung:** Wie lange arbeitest du abends?, Wie
sind deine Kollegen?, Seit wann arbeitest du bei der
Firma?, Seit wann machst du deine Ausbildung?, Wie
lange machst du Pause?, Wo ist deine Firma?, Hast du
nette Kollegen?, Wie sind deine Arbeitszeiten?

29a A, K, A, K, A, K, A, K, K, K, A

29b 6, 11, 2, 1, 10, 3, 4, 9, 5, 7, 8

30 a für ein Jahr, vor drei Monaten b für einen Monat, für
einen Tag

31

	der Monat/Tag	das Jahr
seit/vor	ein**em** Monat/Tag	ein**em** Jahr
für	ein**en** Monat/Tag	ein **Jahr**

	die Woche	drei Monate
seit/vor	ein**er** Woche	drei Monat**en**
für	ein**e** Woche	drei **Monate**

Fokus Beruf: Eine Anzeige schreiben
1a 2 Altenpflegerin mit Erfahrung 3 Nachhilfe gesucht? 4 Brauchen Sie eine Kellnerin?
1b **Wer sucht einen Job und was kann die Person?** 2 Marta, deutschsprachige Altenpflegerin, viel Erfahrung als Pflegerin von Senioren 3 Eva, Studentin, viel Erfahrung als Nachhilfelehrerin 4 Franzi, Schülerin, Erfahrung im Service, kann kochen
Welchen Job sucht die Person? 2 Arbeit als Aushilfe 3 Job als Nachhilfelehrerin 4 Job als Kellnerin
Wann kann die Person arbeiten? 2 ein Tag in der Woche 3 ein bis zwei Stunden am Tag 4 montags, mittwochs und am Wochenende

Fokus Beruf: Nach der Aufgabenverteilung fragen
1 B an der Rezeption arbeiten C im Büro arbeiten D Betten machen
2 b Wer ist morgens für das Frühstück verantwortlich? c Kann ich wieder die Speisekarte schreiben? d Wann kann ich im Büro arbeiten?
3a an der Rezeption arbeiten, Zimmer aufräumen, Betten machen, den Frühstücksraum vorbereiten, die Speisekarte schreiben
3b **morgens:** den Frühstücksraum vorbereiten **vormittags:** für zwei Stunden an der Rezeption arbeiten **mittags:** die Speisekarte schreiben **nachmittags:** Betten machen

Lektion 9   Ämter und Behörden

Schritt A
1 b Wir c Sie d Ihr e Maria f Ich
2 b Wo kann ich den Ausweis abholen? c Was müssen wir hier ankreuzen? d Was muss er hier machen? e Ich will schnell Deutsch lernen. f Musst du am Samstag arbeiten?
3 2 kommen, kannst, willst 3 stricken, kann
4 A Sie müssen den Ausweis in Zimmer 107 abholen. B Also, wir müssen zuerst das Ziel wählen. C Du musst aufstehen. D Ihr müsst jetzt schlafen.
5 kann, muss, müssen, möchten, müssen
6 a will b wollen, könnt, müsst c muss d kann, muss
7 B Führerschein C Auto D Antrag F stempeln G Fahrkarte H Ausweis **Lösung:** Getränke
8 Zuerst muss man einen Sehtest machen. Danach muss man eine Fahrschule suchen. Und dann muss man dort Unterricht nehmen. Dann muss man zum Amt gehen und den Führerscheinantrag abholen. Und man muss den Antrag ausfüllen und viel zum Amt mitbringen: den Sehtest, den Ausweis, ein Foto. Zum Schluss muss man die Führerscheinprüfung machen.

Schritt B
9 b Komm doch mit! c Macht d Sei e Nimm
10 b Ruf, Ruft c Arbeite, Arbeitet d Hör, Hört e Lest f Iss, Esst g Schlaf

11 A Fahr doch Fahrrad oder lies ein Buch oder triff Kai oder spiel Fußball. Aber sei um 6 Uhr zu Hause. B Ruft doch Oma an oder malt ein Bild oder geht schwimmen oder spielt im Park. Aber macht zuerst die Hausaufgaben.
12 b komm bitte pünktlich!, kommt bitte pünktlich! c räum bitte auf!, räumt bitte auf! d schlaf nicht so lange!, schlaft nicht so lange! e sei bitte leise!, seid bitte leise!
13 B Iss nicht immer meine Sachen! C Bleib nicht so lange im Bad! D Seid nicht so laut! E Erklär Caro die Übungen.
14a 2 ↘ 3 ↘ 4 ↘ 5 ↗ 6 ↗
14c 2 ! 3 ! 4 ! 5 ! 6 ?
15 b Machen Sie einen Sprachkurs. c Lesen Sie die Anzeigen in der Zeitung. d Fragen Sie die Sekretärin. e Bezahlen Sie die Kursgebühren an der Kasse.

Schritt C
16 b Darf c dürfen d dürft e darfst f Darf
17 A Hier darf man nicht telefonieren. B Hier darf man doch telefonieren., Aber man muss leise sprechen. C Wir müssen warten., Wir dürfen nicht fahren. D Hier dürfen wir fahren.
18 b darf c muss d darf e dürfen f muss
19 Willst, muss, Kannst, müssen, kann, Dürfen
20a **erlaubt:** parken, Picknick machen, **verboten:** rauchen, Hunde mitbringen
20b 1 müssen 2 darf 3 dürfen

Schritt D
21 b Was heißt / Was bedeutet c Können Sie das bitte erklären? d Das Wort verstehe ich nicht.
22 Du kannst auf www.dresden.de das Meldeformular suchen. Dann musst du das Formular ausfüllen. Und danach musst du das Formular beim Amt abgeben
23 **Neue Wohnung:** Ritterstraße 25, 01097 Dresden, **Bisherige Wohnung:** Dammstraße 14, 01326 Dresden, **Vorname 1:** Yasmin, **Vorname 2:** Nahla, **Familienstand:** getrennt

Schritt E
24 b 5 der Pass oder der Ausweis c 2 das Ticket d 1 die Botschaft e 3 die Krankenversicherung
25 b erklären c besuchen d warten e kaufen f zuhören g verstehen
26 A Reise B ausfüllen, unterschreiben, gültig, Einkommensnachweis C Botschaft, warten D Gebühr, Monat, bar
27 a hat Angehörige in Tunesien. b hat keinen Pass. c Florian muss den Ausweis und ein Foto mitbringen., Er bekommt den Pass nicht sofort.

Fokus Alltag: Auf dem Wohnungsamt
1 eine andere Wohnung.
2 **Öffnungszeiten:** Mo-Fr 8.30–12.00 Uhr, Do 14.00–18.00 Uhr **Ansprechpartner:** Julian Meininger

3 **1** Wohin muss ich jetzt gehen? **2** Na ja, das sehe ich aber anders. **3** Muss ich Ihnen das sagen? Das ist doch meine private Sache., Kein Problem. Das ist nicht so schlimm.

Fokus Beruf: Einen Arbeitsplan absprechen

1b **13.00** Mittagspause **14.00** Zeman, Gartenstraße 17 **15.00** Heimann, Klarastraße 3 **17.00** frei

2 **A** Noch einmal, bitte., Stimmt das?, Tut mir leid ich verstehe Sie nicht., Nicht am Montag?, Nicht um 18 Uhr?, Richtig? **B** Gut. Alles klar., Ich verstehe.

3 **Musterlösung: a** Richtig?, Ich verstehe. **b** Noch einmal, bitte. **c** Nicht um 18 Uhr?, Okay, ich verstehe.

Lektion 10   Gesundheit und Krankheit

Schritt A

1 **B** Brust **C** Haar **D** Finger **E** Rücken **F** Bein **G** Mund **H** Ohr **I** Bauch **J** Fuß **K** Nase
Lösung: Krankenhaus

2 **b** die Brust (♂) / die Brüste (♀) **c** das Haar die Haare **d** der Finger die Finger **e** der Rücken die Rücken **f** das Bein die Beine **g** der Mund die Münder **h** das Ohr die Ohren **i** der Bauch die Bäuche **j** der Fuß die Füße **k** die Nase die Nasen

3 **a** meine **b** dein, mein **c** Ihr, Mein **d** Deine **e** Ihre

4 **b** Ihr **c** Sein **d** Seine

5

B Hung — (Sein) Bruder heißt Minh.
— (Sein) Hobby ist Badminton spielen.
— (Seine) Frau heißt Lan.
— (Seine) Kinder leben in Berlin.

6 Ihre, ihr, Ihre, Ihr, Sein, sein, seine, seine, Ihr

7 **b** sein, seine **c** Seine **d** Ihre **e** ihr, ihre

8 **Musterlösung:** Also, sein Name ist Ivano. Er kommt aus Italien und ist sehr nett und lustig. Seine ganze Familie ist seit 25 Jahren in Deutschland. Seine Schwester und seine drei Brüder sind in Deutschland geboren. Seine Schwester hat ein Restaurant. Das Restaurant ist am Schillerplatz. Die Pizzen sind sehr lecker. Ich habe Ivano dort getroffen und dann haben wir geheiratet.

Schritt B

9 **B** meine, Unser **C** eure, ihre **D** euer **E** Ihr

10 **B** eure **C** unser **D** ihre

11 eure, unser, euer, Unsere, ihre, unser

12a **1** euren Lehrer **2** ihre Telefonnummer **3** unseren Hund **4** euer Auto, deinen Vater

12b

einen	meinen	**deinen**	seinen	ihren	**unseren**
ein	mein	dein	sein	ihr	unser
eine	meine	deine	seine	ihre	unsere
-	meine	deine	seine	ihre	unsere

einen	**eueren**	ihren	Lehrer, Vater, Hund
ein	**euer**	ihr	Auto
eine	eure	**ihre**	Telefonnummer
-	eure	ihre	Hausaufgaben

13 **a** deinen, mein, meinen **b** Ihren **c** eure, unsere **d** unseren, euer

Schritt c

14 **a** Soll **b** sollst **c** soll **d** Sollen **e** sollt **f** Sollen

15

	Soll	ich wirklich zwei Tage zu Hause	bleiben	?
Du	sollst	ein paar Schritte	gehen	.
Er	soll	Sarah die Medizin morgens	geben	.
	Sollen	wir immer noch ruhig	sein	?
Ihr	sollt	nicht so viele Nachrichten	schreiben	.
	Sollen	die Kinder wirklich die Tabletten	nehmen	?

16 **b** Steh bitte endlich auf! **c** Seid bitte leise! **d** Sie sollen hier unterschreiben. **e** Kreuzen Sie bitte „Ja" oder „Nein" an! **f** Kommen Sie bitte zum Chef! **g** Ihr sollt hier warten. **h** Iss bitte nicht so viel Schokolade!

17 **a** soll **b** soll, darf **c** Willst **d** Willst, darf

18 **b 4** die Salbe hier verwenden. **c 1** bitte einen Liter kaufen? **d 2** hier nicht rauchen. **e 6** deinen Computer ausmachen. **f 3** meine Ohren warm halten.

19 **B** Sie dürfen hier nicht telefonieren. Sie müssen Ihr Handy ausmachen. **C** Willst du mitkommen?, Ich kann leider nicht mitkommen. Ich muss bis 20.00 Uhr arbeiten.

20a **1** Schlafprobleme **2** Kopfschmerzen

20b **2** ~~keinen Job~~ viel Stress **3** ~~morgens~~ abends **4** ~~zwei~~ drei **5** ~~kocht~~ sieht sie fern **6** ~~früh ins Bett gehen~~ Sport machen

Schritt D

21 **b** 22.10.1979 **c** 29.11. **d** 05.12.

22a Absender, Anrede, Unterschrift, Empfänger, Ort, Betreff, Datum

22b **1** der Absender **2** der Empfänger **3** der Ort **4** das Datum **5** der Betreff **6** die Anrede **8** die Unterschrift

23 „Sie": **Anrede:** Sehr geehrte Damen und Herren, Sehr geehrter Herr Sommer, **Gruß:** Mit freundlichen Grüßen
„Du": **Anrede:** Lieber Jakob, Liebe Klara, Hallo Schatz, **Gruß:** Liebe Grüße

Schritt E

25 einen Termin haben, einen Termin frei, bitte heute kommen, ist dringend, gleich vorbei, Ihre Versichertenkarte mit

26 4, 2, 1, 6, 3, 7, 5

27 a 2, 4, 5 b 3 c 1, 2, 5 e 6

28 b passieren c informieren d anrufen e geben f bleiben g verwenden

29 b 5 Ein Unfall mit einem Auto. c 4 Ja, eine Frau. d 6 Sie sagt, ihr Arm tut weh. Sie hat starke Schmerzen. e 1 Spengler. Sandra Spengler. f 2 In Ordnung.

30 1 b 2 c 3 a

Fokus Alltag: Einen Beipackzettel verstehen

1 eine Information für Patienten

2 **ja:** D, E **nein:** B, C, F

3 **richtig:** b, d

Fokus Beruf: Informationen zu Sicherheitsvorschriften

1 B Schild „Haarschutz tragen"– Man muss in einer Küche einen Haarschutz tragen. C Schild „rauchen verboten" – Man darf im Lager nicht rauchen. D Schild „Gehörschutz tragen" – Man soll einen Gehörschutz tragen. E Schild „Schutzhelm tragen" – Auf einer Baustelle muss man spezielle Kleidung tragen.

Lektion 11   In der Stadt unterwegs

Schritt A

1 b die Metzgerei c die Tankstelle d die Werkstatt e das Hotel f die Post g der Bahnhof h die Schule

2

3 b zweite, links c geradeaus, rechts

4 a Fahren Sie b in der Nähe, auch fremd hier c Ich suche, hier rechts d Wo ist bitte, dann an der Ampel links.

Schritt B

5 die Straßenbahn
das Flugzeug
die U-Bahn die S-Bahn
das Taxi das Fahrrad
der Bus der Zug

S	T	R	A	ß	E	N	B	A	H	N
A	U	T	O	T	O	C	U	X	E	T
ß	C	H	W	E	ß	T	S	E	G	R
F	L	U	G	Z	E	U	G	B	S	A
A	M	U	T	T	L	-	M	R	O	R
H	U	-	B	A	H	N	L	A	H	E
R	C	B	O	S	S	-	B	A	H	N
R	B	A	M	Z	E	O	P	A	R	B
A	O	H	A	U	K	I	U	D	E	A
D	S	L	H	G	T	A	X	I	R	H

6

	der	das	die
Ich fahre/ fliege/ reise mit ...	**dem Bus**	dem Auto	**der Straßenbahn**
	dem Zug	dem Flugzeug	**der U-Bahn**
		dem Taxi	**der S-Bahn**
		dem Fahrrad	

7 zum, zur, zum

8 a zum, mit dem b zur, Mit dem c zum, mit der

9a 2 S-Bahn, Kreuzstraße 3 zu Fuß, Schule 4 Auto, Supermarkt

9b Dann fährt sie mit der S-Bahn zur Kreuzstraße. Danach geht sie zu Fuß zur Schule. Am Nachmittag fährt sie mit dem Auto zum Supermarkt und kauft ein.

10 B hinter C unter D an E über F zwischen G in H vor I neben

11 b hinter c an d neben e auf f in

12 b vor c auf d unter e neben f hinter g an h über

Schritt C

13a 2 im 3 vor der 4 neben der 5 über dem 6 zwischen den 7 auf dem 9 hinter den

13b

Wo?	der	das	die	die
an, auf, hinter, in, neben, über, unter, vor, zwischen	dem Tisch	im Regal	der Uhr	den Flaschen
	am Kühlschrank	dem Buch	der Milch	den Büchern
	dem Herd			

14 In der, Neben der, Über der, unter den, zwischen den, Vor dem, Auf dem, Hinter dem, Im

Schritt D

15a **Wo?** 1 im Kino 3 in der Bäckerei, beim Zahnarzt 5 in Italien, in Rom, in der Schweiz 7 zu Hause **Wohin?** 2 ins Kino 4 zum Arzt, zur Apotheke 6 nach Spanien, in die Türkei, nach Izmir 7 nach Hause

15b

	Wo?	Wohin?
Person	bei Paul	zu Felix
	beim Zahnarzt	**zum** Arzt
Geschäft	**in der** Bäckerei	**zur** Apotheke
„Haus"/Ort	**im** Kino	**ins** Kino
	im Garten	**in den** Park
Land/Stadt	**in** Italien	**nach** Spanien
	in der Schweiz	**in die** Türkei
	in Rom	**nach** Izmir
	zu Hause	**nach** Hause

16 b zur c in die d beim e im f ins g zu h zu i nach j in der k in

17 b zu c Zur d im, beim e ins f in g nach h zu, nach, ins

18 sie findet keine Parkplatz, muss am Bahnhof parken, fährt sie mit der Straßenbahn zur Praxis, geht sie in die Bäckerei, isst einen Kuchen, will sie nach Hause fahren

19 b 1 c 6 d 5 e 2 f 4

20a 1 Ist die Adalbertstraße da hinten?, Wo kann ich hier eine Zeitung bekommen?, Und wo gibt es einen Kiosk?
2 Nein, sie ist gleich da vorne., Da müssen Sie zu einem Kiosk oder einer Buchhandlung gehen. Gleich da drüben an der Ecke, neben der Post.

20b ☐ Wo finde ich einen Copyshop?
● In der Adalbertstraße ist ein Copyshop.
☐ Ist die Adalbertstraße da hinten?
● Nein, sie ist gleich da vorne.
● Wo kann ich hier eine Zeitung bekommen?
☐ Da müssen Sie zu einem Kiosk oder zu einer Buchhandlung gehen.
● Und wo gibt es einen Kiosk?
☐ Gleich da drüben an der Ecke, neben der Post.

21a 2 A 3 B

21b **Musterlösung: 1** Hi Melanie. Ich bin ja neu in der Stadt, kannst du mir sagen wie ich zur Post komme? Danke! LG Milla – Da gehst du über den Heroldsplatz und dann links in die Schustergasse. Nach 200 Metern bist du da. LG Melanie
2 Hallo Oleg, ich bin leider krank. Kannst du für mich zur Apotheke gehen und Medikamente kaufen? Danke! Sven – Ja, klar. Das mache ich gern. Bis gleich!

22 1 z 2 s 3 z 4 z 5 z 6 z 7 s 8 s

Schritt E

23 B aussteigen C umsteigen

24 fährt ... ab, kommen ... an, Einfach, hin und zurück, Verspätung, Circa, Durchsage, Bahnsteig

25 2, 3, 7, 1, 4, 5, 6

26 **Musterlösung: A** Wo fährt der nächste Zug nach Buxtehude ab? **B** Fährt hier der Bus zur Siemensstraße ab? **C** Wie viel Verspätung hat der Zug nach Karlsruhe?, Vielen Dank.

27a 1 Am Bahnhof 2 Im Internet oder am Schalter.

27b 2 Wo muss man umsteigen? 3 Wie oft fährt der Bus?

27c 1 **Abfahrt:** 8:33 Uhr, **Gleis:** 8, **Ankunft Stuttgart:** 11:18 Uhr 2 **Abfahrt:** 10:05 Uhr, **Umsteigen in:** Stuttgart, **Fahrtzeit:** 2:00 Stunden 3 **Abfahrt:** 20:53 Uhr, **Ankunft:** 20:58 Uhr

28 **richtig:** a, c, d
falsch: b

Fokus Familie: Eine Kinderbetreuung finden

1 b 1 km c Kindergarten d vier e halbtags, auch am Wochenende

2 Kindergarten Hänsel & Gretel, Adresse: Winterstraße 43 28215 Bremen, Telefonnummer: 0421/17935

3 erste Straße links, geradeaus, nach rechts, neben

Fokus Beruf: Ein Termin bei einer Firma

1 b Wie kommt man zur Firma Bause & Bause? c Mit dem Zug.

2a **Adresse:** Alexanderstraße 38 in Hamburg
Weg zum Bahnhof: Vom Hauptbahnhof mit der U1 Richtung Großhansdorf, Ausstieg an der ersten Haltestelle Lohmühlenstraße, dann ca. 250 Meter zu Fuß, Ausgang Steindamm, erste Straße links (Stiftstraße), zweite Straße rechts

2b 2 ~~umsteigen~~ aussteigen 3 ~~200~~ 250 4 ~~geradeaus~~ die zweite Straße rechts

3 circa 15.00 Uhr, Problem, Taxi

Lektion 12   Kundenservice

Schritt A

1 b vor c nach d vor

2 A vor dem B beim D nach dem F bei der G bei den H nach den

3

	der Deutsch-kurs	das Training	die Arbeit	die Haus-aufgaben
vor/nach	**vor dem**	**nach dem**	der	**den**
bei	**beim**	beim	**der**	**den**

4 Sorin steht um halb sieben auf. Vor dem Frühstück joggt er. Beim Frühstück liest er Zeitung. Nach dem Frühstück fährt er mit dem Fahrrad zur Arbeit. Um zwölf Uhr macht er Mittagspause. Vor dem Mittagessen geht er 20 Minuten spazieren. Beim Mittagessen spricht er mit Kollegen. Sorin arbeitet bis 17 Uhr. Nach der Arbeit fährt er sofort nach Hause. Dann macht er Abendessen. Beim Abendessen sieht er fern. Nach dem Abendessen telefoniert er mit Ella.

5 vor, seit, nach

6 b Ja, seit dem Picknick am Sonntag. c Vor einem Jahr. d Nach dem Unterricht. e Vor einem Monat. f Seit einer Woche.

7

	der/ein	das/ein	die/eine	die/drei ...n
nach/vor/seit	**dem** Unterricht	**dem** Picknick	**der** Arbeit	den Prüfungen
	einem Monat	**einem** Jahr	**einer** Woche	drei Tagen

8 a vor einem b Vor einem c seit einer d Bei der e nach der f Seit einem g nach dem h Bei den

Schritt B

9 **in einer** Woche, Stunde
in einem Jahr, Monat
in zwei Tagen, Wochen Jahren

10 a Bis, Ab b in, Ab, in c Ab, Bis d bis, in

11 b Bis morgen. c Zwei Wochen. d Im Herbst.

12 a Wann, Wie lange b Bis wann, Wie lange, ab wann

13 **a** in **b** Ab wann, Ab, bis **c** Wann, Ab, bis **d** Wann, Am **e** Um, ab

14a **Musterlösung:** Wie lange arbeitet Kamila am Samstag? – Von 12 bis 20 Uhr. Wann hat Kamila Deutschkurs? – Von Montag bis Donnerstag, von 8 bis 10 Uhr. Ab wann ist Kamila bei Peter? – Ab Sonntag. Wie lange fährt Kamila zu Peter? – Eine Woche. Bis wann ist Kamila am Montag und Mittwoch bei der Arbeit? – Bis 20 Uhr.

15a 2, 8, 3, 6, 4, 5, 1, 7

Schritt C

16 **b** Könnten Sie bitte später noch einmal anrufen? **c** Würdet ihr bitte zuhören? **d** Würdest du bitte zum Bäcker gehen?

17

	könnte-	würde-	
du	Könntest du	**Würdest du**	bitte …?
Sie	**Könnten Sie**	**Würden Sie**	bitte …?
ihr	**Könntet ihr**	**Würdet ihr**	bitte …?

18 **a** Würden Sie bitte vorbeikommen? **b** Könnten Sie mir bitte den Weg erklären?, Würden Sie mir bitte den Weg erklären? **c** Könntest du bitte dein Handy ausmachen?, Würdest du bitte dein Handy ausmachen? **d** Könntet ihr bitte leise sein?, Würdet ihr bitte leise sein?

19 **b** Würden Sie bitte hier unterschreiben? **c** Würdet ihr jetzt bitte duschen? **d** Könntet ihr bitte ein bisschen aufräumen? **e** Könnten Sie bitte Papier kaufen? **f** Könntest du bitte noch eine Tüte Pommes frites mitbringen?

20 **B** Würdest/Könntest du bitte dein Zimmer aufräumen? **C** Würden/Können Sie bitte die Zigarette ausmachen. Rauchen ist hier verboten! **C** Würdet/Könntet ihr mir bei den Hausaufgaben helfen?

21 **b** zu **c** an **d** aus

22 **machen:** eine Party, ein Picknick, einen Kuchen, einen Kurs, eine Reise
anmachen, ausmachen: das Radio, den Computer, das Licht, die Heizung, den Herd
aufmachen, zumachen: die Tür, die Augen, den Schrank, das Fenster, den Mund, die Dose, die Flasche, den Laden

23 ☐ Erwin, hast du die Spülmaschine ausgemacht?
● Aber ja, die Spülmaschine ist aus.
☐ Hast du überall das Licht ausgemacht?
● Natürlich. Das Licht ist überall aus.
☐ Hast du die Balkontür zugemacht?
● Aber sicher. Die Balkontür ist zu.
☐ Und das Radio?
● Klar! Das Radio ist aus.
☐ Und die Fenster?
● Oje! Die Fenster sind auf.

Schritt D

24 **1** c **2** b **3** b

25 Moment, erreichbar, hinterlassen, Nachricht, rufen zurück

26a 2, 5, 1, 4, 7, 3, 6, 8

26b **Musterlösung:** Sehr geehrte Damen und Herren, ich habe vor einem Monat ein Kleid bei Ihnen gekauft. Ich habe schon vor einer Woche eine E-Mail an Falando geschrieben, aber ich habe bis heute keine Antwort bekommen. Können Sie mir bitte sagen, wann mein Kleid kommt? Mit freundlichen Grüßen Herta Unmut

Schritt E

27 **b** 30 Euro **c** Mittwochvormittag **d** 10 Uhr

28 **Musterlösung: Angebot:** Stefanos mobiler Koch: 5-Sterne-Koch; Liebe Kundin, lieber Kunde, Sie wollen eine Party machen und Freunde kommen zu Ihnen? Sie können oder möchten aber nicht kochen? Dann rufen Sie an, ich komme zu Ihnen nach Hause und koche ein leckeres Menü für Sie! Kontakt: Stefano Raccuia, Tel.: 0176/34 76 90 33,

29 **b** Stecker, Steckdose **c** Reinigung **d** Taste **e** Maschinen **f** Garantie

D	I	G	A	R	B	R	U
F	S	E	T	U	Z	A	A
L	Ö	B	B	L	O	M	R
G	A	R	A	N	T	I	E
P	X	A	U	W	S	Y	I
E	V	U	E	T	T	B	N
L	S	C	T	G	E	O	I
R	Ä	H	C	I	C	L	G
E	Q	S	E	F	K	G	U
I	R	A	T	S	D	B	N
M	E	N	J	S	O	L	G
A	N	W	T	Q	S	Ü	L
S	T	E	C	K	E	R	T
C	T	I	A	I	Z	L	C
H	U	S	U	T	K	R	C
I	W	U	K	A	S	B	A
N	Ü	N	T	S	E	C	H
E	O	G	A	T	O	L	M
N	V	D	A	E	M	Ä	O

30 **Telekommunikation:** die Nachricht, hinterlassen, zurückrufen
Kundenservice: anbieten, das Angebot, die Reparatur, die Garantie, die Rechnung, reparieren
Gebrauchsanweisung: der Stecker, die Steckdose, reinigen, die Taste, drücken

31 **B**rötchen **b**acken, eine **K**affeemaschine **k**aufen, **L**ara **l**acht **l**aut

33b die Reinigung, die Anmeldung, die Orange, langsam, anfangen

Fokus Beruf: Angebote verstehen

1 Ordner, DIN-A4-Papier, Kugelschreiber

2 **richtig:** c, e

3 **Kopierpapier: Menge:** 30 Pack.; **Preis pro Pack.:** 5,09€
Kugelschreiber: Menge: 3 Pack.; **Preis pro Pack.:** 8,59€

Fokus Alltag: In einer Bank

1a **B** Kontoauszüge und Überweisungen **A** Information und Kasse

1b 1 C 2 A, C 3 A 4 A, B

2 c

3 **Empfänger:** Wilfried Kuhrt; **Konto-Nr./IBAN:** DE21 6609 8880 4647 8910 37; **Bankleitzahl/BIC:** COBBDEFFXXX; **Betrag:** 450 EUR; **Verwendungszweck:** Miete

Lektion 13 Neue Kleider

Schritt A

1 **A** 2 Gürtel 3 Hose 4 Socken 5 Schuhe **B** 1 Tuch 2 Jacke 3 Bluse 4 Rock 5 Strümpfe

2 ein, einen, Das, der, die, den

3 **a** 4, 2, 5, 3, 1 **b** 3, 2, 5, 4, 1

4

	der Anzug	das Hemd	die Jeans	die Stiefel
Wer / Was **ist** schön?/ **passt** gut?/ **gefällt** dir?	**der**	**das**	die	**die**
Wen / Was **findest** du schön?	**den**	**das**	die	**die**

5 **a** die, Das, Das **b** den, den, der, Die, die

6 **a** Der, der, Den **b** die, Die, die, Die **c** den, Den **d** das **e** das, das, Das

7 **a** 4 Den **b** 3 den **c** 5 Der **e** 6 Das **f** 1 den **g** 8 der **h** 7 den

8 **b** hässlich **c** langweilig **d** krank **e** neu **f** kurz **g** klein **h** breit **i** warm **j** leise

9 **A** günstig, alt, neu, modern, schön, hässlich, groß, klein, langweilig, interessant **B** alt, neu, breit, schmal, lang, kurz, laut, leise **C** billig, günstig, alt, neu, groß, klein, langweilig, interessant, dünn **D** teuer, billig, günstig, alt, neu, langweilig, interessant **E** alt, neu, modern, schön, laut, leise, langweilig, interessant, schnell, langsam

Schritt B

10 **b** Passen **c** gefällt **d** hilft

11a 2 Der gefällt ihm sehr gut. 3 Natürlich, ich helfe euch gern. 4 Ja, das schmeckt mir total gut.

11b

		ich	du	er/sie	wir	ihr	sie/Sie
die Hose	passt	mir	dir	ihm/ihr	uns	euch	ihnen/Ihnen
der Job	gefällt						
ich	helfe						
das Eis	schmeckt						

12 **b** ihr **c** uns, euch **d** Mir, Ihnen

13 **b** Er schmeckt ihnen gut. **c** und sie möchte ihm gefallen. **d** Es steht ihr super. **e** Es schmeckt ihnen sehr gut.

14 **b** Das Kleid passt dir nicht. **c** Der Mantel gefällt ihm. **d** Die Jacke passt ihr nicht. **e** Der Salat schmeckt uns. **f** Gefällt euch das Hemd? **g** Schmeckt Ihnen die Pizza? **h** Gefallen ihnen die Stühle?

15 die Landschaft, der Hafen, der Berg, das Meer, der Strand, der Wald, das Dorf, die Bratwurst

Schritt C

18 **b** Beides zusammen. **c** Beides zusammen: Fahrrad fahren und Geige spielen. **d** Er fährt rückwärts Fahrrad und spielt dabei Geige.

19 **b** besser **c** mehr, am meisten **d** am liebsten **e** besser, am besten

20 **b** Ajit kann gut kochen. Aber noch besser repariert er Fahrräder. Und am besten spielt er Schach. **c** Raluka und Adrian wandern gern. Aber noch lieber fahren sie Rad. Und am liebsten fahren sie Motorrad.

Schritt D

21 **b** Welches, Dieses **c** Welche, Diese **d** Welcher, Dieser **e** Welche, Diese

22a 2 e 3 b 4 h 5 d 6 g 7 a 8 f

22b

	der Mantel/ Film	das Fahrrad/Auto	die Hose/ Brille	die Schuhe/ Würste
Wer / Was?	Welcher? Dieser.	Welches? Dieses.	Welche? Diese.	Welche? Diese.
Wen / Was?	Welcher? Diesen.	Welches? Dieses.	Welche? Diese.	Welche? Diese.

23 Welches Buch möchtest du? – Dieses da., Welche Schuhe soll ich nehmen? – Diese passen gut., Welchen Rock findest du besser? – Diesen da., Welcher Pullover gefällt dir besser? – Dieser hier., Welche Pizza möchtest du lieber? – Diese hier., Welchen Kuchen möchtest du? – Diesen Schokoladenkuchen da.

24 **a** Diesen **b** Welche **c** Welcher, Dieser **d** Welches, Dieses **e** Welche, Diese

25 **a** Welchen **b** welche, Diese **c** Welches, Dieses **d** diesen, Welchen, diesen **e** Welches **f** Welcher, Dieser

26 **a** mag, gefällt, magst, finde **b** mögen, finde **c** Mögen, mag **d** findest, gefallen **e** gefällt, finde

27a 1 Winterjacken 2 Elena

27b 1, 3, 6

Schritt E

28 **a** Geschirr: das Glas **b** Damenmode: das Kleid, die Bluse, der Rock **c** Drogerie und Kosmetik: die Zahnbürste, die Seife, die Zahnpasta **d** Elektrogeräte: der Kühlschrank, die Kaffeemaschine

29 **b** Da müssen Sie ins Untergeschoss gehen. **c** Ja, hier bitte. **d** Den gibt es im Obergeschoss.

30 **A** Die finden Sie gleich neben dem Eingang. **B** Haben Sie die Bluse auch in Rot? – Nein, in Größe 40 haben wir sie nur in Blau. **C** Ist die Größe so richtig? Ist die Hose nicht zu lang? – Nein, mit Schuhen ist sie perfekt. **D** Entschuldigung, wo ist denn die Kasse, bitte? – Dort vor dem Ausgang können Sie bezahlen.

31a K, K, V, K, K, V, K, V, V, K, K, K, V, K, V

31b 1, 13, 2, 5, 15, 4, 7, 12, 10, 8, 3, 9, 6, 11, 14

32 **a** falsch **b** richtig **c** richtig

33 **Musterlösung: a** Liebe Samira, Du fährst doch bald nach Marokko. Könntest du mir von dort etwas mitbringen? Zwei T-Shirts von „Onyx". Die finde ich so toll und in Marokko sind sie sicher günstig. Würdest du mir ein T-Shirt in Grün und ein T-Shirt in Blau mitbringen? Ich habe Größe 40. Vielen Dank und liebe Grüße, Laura

b Lieber Philipp, am Wochenende fährst du doch nach Dortmund zum Spiel Borussia Dortmund. Kannst du mir etwas mitbringen? Ich möchte gern eine Baseball-cap und eine Jacke aus dem Fan-Shop. Ich habe Größe 50. Danke und viele Grüße, Hakan

Fokus Alltag: Einen Rabatt aushandeln
1   **richtig:** b, c
2   **richtig:** c
3   C

Fokus Beruf: Schutzkleidung
1   c
2   **B** die Schutzhandschuhe **C** der Schutzhelm **D** der Schutzanzug **E** die Schutzbrille
3b **Automechaniker:** Schutzhandschuhe, Sicherheits-schuhe, (Schutzanzug)
    Bauarbeiter: (Schutzbrille,) Schutzhelm, Schutzhand-schuhe, Sicherheitsschuhe
    Chemiker: Schutzbrille, Schutzanzug
    Schweißer: Schutzbrille, Schutzhandschuhe, (Sicher-heitsschuhe,) Schutzanzug

Lektion 14   Feste

Schritt A
1   **A** April, Mai **B** Sommer, Juni, Juli **C** Herbst, September, Oktober, November **D** Winter Dezember, Januar, Februar
2   **b** Am zehnten Mai **c** Am fünften Mai **d** Am neunten Mai **e** Am siebten Mai **f** Vom elften bis zum fünfzehnten Mai **g** Am achten Mai **h** Vom zweiten bis zum dritten Mai
3   **b** der zwanzigste April **c** der fünfzehnte Juni **d** der zwölfte Februar **e** der dritte November **f** der erste Januar
4   **b** bis zum 31. Dezember **c** der 5. September **d** für den 16. März **e** am 20. Juli
5
Walter feiert heute Geburtstag. Er machte eine kleine Party. Sofia, Lara und Lili kommen und schenken Walter Hausschuhe. Er mag sie. Tim kommt auch. Er gratuliert und schenkt Walter einen Hula-Hoop-Reifen. Alle finden ihn lustig. Lara sagt: Sie muss bald zurück nach Polen. Und Tim erzählt: Er hat eine neue Arbeitsstelle in Deutschland. Alle sind ein bisschen traurig. Aber am Ende trinken sie Kaffee und essen Walters Geburtstagskuchen. Er schmeckt lecker. Und alle machen zusammen ein Foto. Ende gut, alles gut!

6
ich	du	er	es	sie	wir	ihr	sie/Sie
mich	dich	ihn	es	sie	uns	euch	sie/Sie

7   **a** sie, sie **b** es **c** euch **d** ihn, dich **e** mich **f** Sie

Schritt B
8   **B** euch **C** sie, sie **D** ihn, es, mich **E** uns
9   **b** Ich kenne ihn schon lange. **c** Sie finden sie da hinten. **d** Er arbeitet bei „Taxandgo". **e** Ich finde ihn nicht so schön. **f** Ich kann es nicht empfehlen. **g** Sie sind sehr schön.
10 **Musterlösung:** Ich habe sie schon geputzt., Ich habe sie schon gekauft., Ich habe sie schon geholt., Ich habe ihn schon gemacht., Ich habe sie schon gebacken., Ich habe es schon gekauft., Ich habe es schon gewaschen.

Schritt C
11 **b** heute Abend kommen Freunde. **c** es ist schon so spät. **d** er muss noch lernen.
12 **a** denn sie hat keinen Führerschein. **b** denn er mag keine Busse und Züge. **d** denn ein Busticket kostet nicht viel. **e** denn heute fahren die S-Bahnen nicht.
13 **Musterlösung: b** denn ich habe Geburtstag. **c** denn ich bin krank. **d** denn mein Fuß tut weh. **e** denn der Zug hat Verspätung. **f** denn ich habe Kopfschmerzen. **g** der Frühling, denn da gibt es viele Blumen.

Schritt D
15 **b** feiern **c** geben **d** wünschen **e** schreiben **f** kaufen **g** einladen
16 **2** werdet **3** wirst **4** werden **5** werden **6** werde
17a 7, 2, 5, 1, 4, 6, 9, 8, 10, 3
17b **Musterlösung:** Liebe Frau Schmid-Riemer, vielen Dank für die Einladung. Ich komme sehr gern. Herz-liche Grüße, Maria Hecht
17c **Musterlösung:** Liebe Frau Kunze, ich feiere meinen Geburtstag mit allen Kolleginnen und Kollegen und lade Sie zu Würstchen und Kartoffelsalat ein. Wann und wo: am 4. April, um 12.30 Uhr in der Cafeteria. Können Sie kommen? Ich würde mich freuen. Bitte geben Sie bis 1. April Bescheid. Herzliche Grüße, Sonja Meier

Schritt E
18 **A** Geschenke, Weihnachtsbaum **B** Ostern, feiern, Süßigkeiten **C** Silvester, Neujahr, Geburtstag, gratulie-ren, wünschen, Feuerwerk **D** Hochzeiten
19 **A** Frohe Weihnachten! **B** Frohe Ostern! **C** Ein gutes neues Jahr!
20 **b** 4 **c** 1 **d** 2
21 **a** 2 **b** 2 **c** 1

Fokus Beruf: Veranstaltungshinweise verstehen
1   **B Thema:** Ausbildung; **Datum/Uhrzeit:** 20. September, 17.00–23.00 Uhr; **Stadt:** Mannheim
    C Thema: Arbeitssuche; **Datum/Uhrzeit** 18.05., 17–19 Uhr; **Stadt:** Neudorf
2   **2** C **3** A

Fokus Alltag: Um Hilfe bitten
1   **A** Kim **B** Karl **C** Ingrid **E** Elsa **F** Sascha **G** Laura
2a **2** a **3** b
2b **Sascha:** ein Buch; **Kim:** ein Zimmer

Foto: Matthias Kraus, München

Lösungen zu den Tests

Lektion 8 Beruf und Arbeit

1 **a** die Krankenschwester **b** die Polizistin **c** die Ärztin **d** der Kellner **e** der Reiseführer **f** die Architektin **g** der Koch **h** der Journalist **i** die Sekretärin **j** der Taxfahrer

2 **a** Vor **b** Seit **c** Wie lange / Seit wann **d** / **e** Wann **f** Für **g** Seit wann / Wie lange

3 Es waren viele Angebot für Altenpfleger dabei. Eine Anzeige war besonders interessant und habe sofort eine E-Mail an den Pflegedienst geschrieben. Schon zehn Minuten später hatte ich eine Antwort von der Chefin. Am Nachmittag bin ich zum Vorstellungsgespräch gegangen. Wir haben über die Arbeitszeiten und den Verdienst gesprochen. Ich habe die Stelle bekommen. Juhu! Ich war sehr glücklich.

4 **b** 1 **c** 6 **d** 2 **e** 5 **f** 3

5 **A** richtig: a, b **B** richtig: f, h

Lektion 9 Ämter und Behörden

1 **a** Führerschein **b** Geschlecht **c** Behörde **d** ...visum **e** Angehörige **f** ausmachen **g** verdienst **h** ausfüllen **i** beantragen **j** wiederholen

2 **a** sei **b** Geben ... ab **c** gib **d** helft **e** Schlaf **f** Fahr

3 **a** darfst **b** muss **c** müssen **d** darf

4 **a** Noch einmal bitte. **b** Können Sie mir helfen? **c** Was bedeutet das? **d** Ich kann noch nicht so gut Deutsch. **e** Bin ich hier richtig?

5 **Musterlösung** muss ich in die Schule fahren. Danach muss ich meine Schwester vom Kindergarten abholen. Dann muss ich Hausaufgaben machen. Dann muss ich das Abendessen machen. Um 22 Uhr muss ich ins Bett gehen und schlafen.

Lektion 10 Gesundheit und Krankheit

1 **a** Auge **b** Hand **c** Hals **d** Ohren **e** Bein **f** Rücken

2 **waagerecht** der Unfall, die Medizin, der Notarzt, die Apotheke **senkrecht** der Husten, das Fieber

3 **a** Ihre **b** Ihre **c** mein **d** Ihr **e** Ihre **f** Sein

4 **a** sollst Tee trinken **b** du sollst deine Medizin nehmen **c** Du sollst nicht lesen **d** soll deine Temperatur kontrollieren

5 **von oben nach unten** 3 6 8 7 1 2 5 4 9

6 **a** 2 **b** 1 **c** 2 **d** 2 **e** 1

Lektion 11 In der Stadt unterwegs

1 **a** hinter **b** an **c** neben **d** zwischen **e** unter **f** über **g** in **h** vor

2 **a** Buchhandlung **b** Kiosk **c** Hotel **d** Post **e** Bushaltestelle **f** Kindergarten

3 **a** zum **b** nach, ins **c** in die, nach **d** in den

4 **a** dem **b** der, der **c** den **d** der **e** der **f** der

5 **von oben nach unten** 6 5 3 4 1 7 2

6 **a** 5 **b** 3 **c** 1 **e** 4 **f** 2

7 **Musterlösung** fährt sie mit dem Fahrrad zum Bahnhof. Sie fährt mit der S-Bahn um 14.07 Uhr nach Ismaning zu ihren Eltern. Am Nachmittag fährt sie zurück. Danach geht sie zu Fuß zum Supermarkt. Um 19.30 Uhr geht sie mit Guido in ein Konzert.

Lektion 12 Kundenservice

1 **a** Gebrauchsanweisung **b** Papier **c** Stecker **d** Taste **e** Rechnung **f** Tüte

2 **a** bei der **b** nach dem **c** vor der **d** nach dem **e** beim

3 **a** bis, am, bis **b** in **c** Um **d** in **e** bis **f** ab

4 **a** Könntest/Würdest du bitte Kugelschreiber bestellen? **b** Könntet/Würdet ihr bitte leise sein? **c** Könnten/Würden Sie mir bitte Ihr Handy geben? **d** Könnten/Würden Sie bitte das Formular ausfüllen? **e** Könnten/Würden Sie das bitte wiederholen?

5 **von oben nach unten** 8 5 4 3 6 1 2 7 9

6 **richtig** c, d

Lektion 13 Freizeit

1 **von links oben gegen den Uhrzeigersinn** die Jacke, der Pullover, die Hose, die Schuhe, der Mantel, der Rock, das Kleid, die Bluse

2 Kleider, einen Regenschirm, eine Seife, eine Zahnbürste, eine Zahnpasta, eine Fahrkarte / ein Ticket, ein Buch, eine Brille

3 **a** Das **b** Den **c** Die **d** Den, der **e** der

4 **a** dir **b** mir **c** dir **d** euch **e** Uns **f** Ihnen

5 **a** lieber, am liebsten **b** besser, am besten **c** mehr

6 **a** Die Abteilung finden Sie im ersten Stock. **b** Nein, leider nicht. Den haben wir nur in Blau. **c** Der kostet nur 79 €. Das ist der Letzte. **d** Die ist gleich da vorne, neben der Treppe. **e** Tut mir leid, die gibt es nur noch in 42.

7 **Musterlösung** Im Urlaub schlafe ich lange. Dann frühstücke ich gemütlich. Ich lese sehr gern und am liebsten mache ich schöne Fahrradtouren. Am Abend lade ich am liebsten Freunde ein und wir kochen zusammen. Manchmal fahren wir im Urlaub auch weg, aber im Sommer bin ich eigentlich lieber zu Hause und arbeite im Garten.

Lektion 14   Kinder und Schule

1 **a** siebzehnte April **b** dreiundzwanzigste Mai **c** dreißigste März **d** erste Dezember **e** fünfte September

2 **a** Datum, Der **b** Weihnachtsgeschenke, Am **c** Ferien, Vom, bis **d** Geburtstag, Am

3 **a** ihn **b** mich, dich **c** sie **d** Sie **e** euch, sie **f** es

4 **a** Sebastian darf nicht Tennis spielen, denn der Arzt hat es verboten. **b** Maryam lernt Deutsch, denn sie möchte in Deutschland eine Arbeit finden. **c** Robert macht viel Sport, denn er will fit bleiben.

5 **a** Herzlichen Glückwunsch! / Alles Gute zum Geburtstag! **b** Frohe Weihnachten! / Frohes Fest! **c** Viel Glück! **d** Frohe Ostern! **e** (Ein) Gutes neues Jahr! **f** Alles Gute!

6 **a** Dänemark. **b** letztes Jahr Abitur gemacht. **c** von Elternhaus zu Elternhaus. **d** gratulieren den jungen Leuten zum Abitur. **e** gesungen und getrunken.

Bewertungsschlüssel für die Tests:

Punkte	Bewertung
40 – 36 Punkte	sehr gut
35 – 32 Punkte	gut
31 – 28 Punkte	befriedigend
27 – 24 Punkte	ausreichend
23 – 0 Punkte	nicht bestanden